高等学校教材

新 能 源

邹才能	张福东	赵　群	郑德温	张　茜	孙粉锦	
葛稚新	张金华	方朝合	张梦媛	刘人和	薛华庆	编著
陈艳鹏	曹　倩	谷江锐	熊　波	陈姗姗	东　振	
苗　盛	曾　博	肖红平	刘卫红	廖　青	彭　涌	

石油工业出版社

内 容 提 要

本书在分析展望全球能源发展趋势和能源转型规律的基础上，全面系统介绍了新能源利用原理、关键技术与主要类型。从能源发展的基本规律出发，指出了化石能源向非化石新能源发展的必然性，科学、前瞻地阐明了发展新能源顺应能源发展规律和保障国家能源安全的重要意义，详细介绍了各项新能源技术，总结了传统能源公司的新战略，并分别论述了各类新能源的发展现状及应用前景。全书共分四篇，第一篇"能源大势"，包括能源发展规律、世界能源版图和能源发展大势。第二篇"新能源革命"，包括革命性能源技术和能源互联网技术。第三篇"传统能源公司新战略"，包括油公司能源新布局和煤电公司新布局。第四篇"新能源各论"，包括氢能、储能与新材料、地热、核能、风光潮汐等新能源。

本书可作为高等学校新能源专业师生的教材，也可供从事新能源领域的科研人员、管理人员、投资者以及国家能源相关决策部门参考阅读。

图书在版编目（CIP）数据

新能源 / 邹才能等编著 .— 北京：石油工业出版社，2019.5
ISBN 978-7-5183-2893-2

Ⅰ.①新… Ⅱ.①邹… Ⅲ.①新能源－能源经济－研究－世界 Ⅳ.① F416.2

中国版本图书馆 CIP 数据核字（2018）第 215375 号

出版发行：石油工业出版社
（北京安定门外安华里 2 区 1 号　100011）
　　网　址：www.petropub.com
　　编辑部：（010）64523544　图书营销中心：（010）64523633
经　　销：全国新华书店
印　　刷：北京九州迅驰传媒文化有限公司

2019 年 5 月第 1 版　2025 年 5 月第 2 次印刷
889×1194 毫米　开本：1/16　印张：17.25
字数：485 千字

定价：88.00 元
（如出现印装质量问题，我社图书营销中心负责调换）
版权所有，翻印必究

前　言

地球形成距今46亿年，人类诞生已有600万年。自原始人类第一次拿起火种之后，能源与水、粮食就构成人类赖以生存的三大要素。

能源是指自然界中能为人类生存及社会进步提供的能量资源。能源主要来自太阳、地球与月球三种途径。能源类型有一次能源、二次能源。通常也将能源分为传统能源、新能源两大类。传统能源主要包括木材、煤炭、石油与天然气等；本书讨论的"新能源"主要指非化石新能源，重点包括太阳能、风能、地热能、电能、氢能、新材料储能等。

科技进步、社会文明两大动力驱动了能源发展。世界能源结构已经发生了两次转换，第一次转换实现了煤炭对薪柴的能源革命，第二次转换实现了石油对煤炭的能源革命，当前人类能源发展正在进入新能源对传统化石能源的第三次重大转换期。

能源形态将从固态（木材+煤炭）、液态（石油）向气态（天然气）转换，能源碳数将从高碳（木材+煤炭）、低碳（石油+天然气）向无碳（新能源）延伸。未来能源将沿资源类型减碳化、生产技术密集化、利用方式多元化三大趋势发展。基于人工智能的网络大数据体系、互联网+能源网络的智能能源网络体系、纳米材料、石墨烯、电池储能等技术日新月异，新能源发电成本降低和电池储能技术的突破，将强力推动新能源时代的来临。

全球能源正在形成石油与天然气、常规与非常规、化石与非化石协同发展的三大新格局。稳油增气是发展大势，天然气快速发展，产量将超过石油，21世纪中叶将进入天然气发展时代。常规与非常规油气并举，已是各大石油公司的发展战略，坚持常规油气为勘探主体，开辟非常规油气战略新领域，按照资源预测，石油工业发展生命周期将超过300年。传统化石能源不可再生，可再生的非化石新能源必将完成对传统能源的终极革命。电力、氢能等是未来能源利用的重要方向。氢能与电能易于互换，有相对更好的储能效果，氢能可作为三次能源或多次能源进行转换，故氢能与电能的协同互换、多次能源转化，将是能源利用的新方向。

世界能源生产正在形成石油、天然气、煤炭、新能源"四分天下"的世界能源结构，2017年全球能源生产量133.2亿吨油当量，其中石油占32.93%、天然气占23.76%、煤炭占28.29%、新能源占15.02%。世界能源消费进入以油气为主的时代（约占57%），由于中国煤炭丰富、油气不足、新能源起步晚，决定中国正处于以煤炭消费为主的时代（61%）。

全球石油已迈入发展的"稳定期"，世界探明石油剩余可采储量2393亿吨，储采比54.5，年产量43.9亿吨。天然气步入发展的"鼎盛期"，世界探明天然气剩余可采储量193.5万亿立方米，储采比52.3，年产量3.7万亿立方米。煤炭进入发展的"转型期"，世界探明煤炭剩余可采储量1.17万亿吨，平均储采比达到134，年产量37.7亿吨油当量。新能源逐渐步入发展的"黄金期"，全球新能源资源利用时间可达千万年，取之不尽、用之不竭，理论上每年到达地球表面上的太阳辐射能为130万亿吨标准煤当量。2017年世界核能、水电、可再生能源等新能源总产量达到20.01亿吨油当量。

中国能源富煤炭但油气不足，能源生产面临三方面挑战。一是油气不断攀升的对外依存度令人担忧。初步预测2030—2035年，中国石油年产量1.6亿～1.8亿吨、天然气年产量1800亿～2000亿立方米，石油年消费量6.5亿～7.0亿吨、天然气年消费量5500亿～6000亿立方米，需要建立中国油气"安全消费峰值"预警体系，规避油气供应安全风险。二是能源生产结构不合理。中国能源结构"一大三小"（2017年煤炭占全国能源产量的70%、石油占8%、天然气占5%、新能源占17%）。三是新能源领域未来的支柱产业仍是雾里看花。中国风、光、水电发展已成一定规模，核电产能正集中建设，地热、生物质能、海洋能、水合物等领域仍处于起步探索或模仿阶段。

近年来，中国新能源产业发展势头强劲，在一次能源生产结构中的比例不断扩大到17%，成为能源的重要组成部分。中国水电资源丰富，核电发电量仍保持增长，占全国发电量比例也在提高。氢能被视为21世纪最具发展潜力的二次绿色能源之一，美国、日本、德国等发达国家相继把氢能产业提升到国家能源战略。通过一次能源（太阳能、风能、海洋能、热能等）的转换，获取氢和电能。氢气可以通过燃料电池技术来发电，电也可用于水制取氢气，实现整个能源网络的互联互通。在电网延伸的范围内，可取电之便利，在电网之外用氢气储能和供能。氢能可能成为未来战略性新能源。

预测2030年中国能源消费量将达到高峰值44亿吨油当量。面对全球气候变化、大力发展低碳能源的新时期，中国需加快常规—非常规油气、煤层气、水合物、氢气的生产与工业化试验，加快煤炭清洁化、新能源"两个规模"提前到来。当前，需要加快实现常规—非常规油气的"生产革命"，煤炭发展的"清洁革命"，新能源发展的"速度革命"，力争2050年前后实现能源结构从"一大三小"向煤炭、油气、新能源"三足鼎立"转换的能源结构革命。届时煤炭约占一次能源消费比例的40%，油气占30%，新能源占30%；2100年前后依靠新能源实现国家"能源自主"，化石能源约占一次能源消费比例的30%，非化石能源占70%，实现二者历史地位的转换。

人类对二氧化碳减排的迫切、对高碳化石能源向非碳能源转型的渴望，新能源对传统能源的替代规模、速度都将可能超出预期。能源也是一个国家强盛的动力、安全的基石。每一个国家都提出了能源战略，如美国的"能源独立"、中国的"能源革命"、日本的"氢能社会"等。随着人类对绿色生态环境需求的提升和低碳社会的到来，从传统化石能源向非化石新能源大转型，是能源发展的必然趋势与必须选择。能源资源一直沿着清洁、低碳，直至无碳的主线不断发展。全球能源生产和利用正在向更清洁、更高效、更方便、更安全、更可持续方向发展。或许还等不到化石能源枯竭，新能源接替就将提前到来。

编写本书的目的是揭示世界能源发展的基本规律，分析世界能源生产、消费现状与趋势，研判能源科技革命与颠覆性技术，基于中国能源禀赋提出能源发展策略、油气等能源公司战略发展的新布局，推动低碳天然气与新能源时代的到来。

本书力求科普性、实用性、战略性与前瞻性，可以作为能源相关院校的教材或参考书，也可以作为能源公司、国家相关部门制定相关政策的参考资料和依据。

本书共分四篇12章。第一篇"能源大势"，共有3章，分别是能源发展规律、世界能源版图、能源发展大势；第二篇"新能源革命"，共有2章，分别是革命性能源技术、能源互联网技术；第三篇"传统能源公司新战略"，共有2章，分别是油公司能源新布局、煤电公司新布局；第四篇"新能源各论"，共有5章，分别是氢能，储能与新材料，地热能，核能，风、光、潮汐等新能源。

前言由邹才能编写。导言由邹才能、赵群、熊波编写。第一篇主要由邹才能、赵群编写，郑德温、张金华参与编写。第二篇主要由张茜、孙粉锦、郑德温、陈艳鹏、陈姗姗编写，张福东、张金华参与编写。第三篇主要由张福东、张茜、谷江锐编写，郑德温、张金华参与编写。第四篇第八章主要由郑德温、张茜编写，张福东参与编写；第九章主要由郑德温、葛稚新、东振、薛华庆、苗盛编写，张金华、张福东、彭涌参与编写；第十章主要由曾博、曹倩、方朝合编写，郑德温、张茜参与编写；第十一章主要由刘人和、张梦媛、肖红平、刘卫红编写，张金华、张茜参与编写；第十二章主要由方朝合、张福东、郑德温编写，张金华、张茜参与编写。廖青负责本书图件的编辑工作。本书最后由邹才能、张福东、郑德温、赵群、张茜、张金华统编和修改。

本书编写过程中得到了中国石油勘探开发研究院新能源所同事的大力支持与帮助，得到了石油工业出版社马新福、冉毅凤编辑等的精心编辑和校对，在此一并表示诚挚谢忱。囿于本书主要作者专业知识范围有限，从事新能源实践经验不足，时间紧迫，书中难免有不当认识或不妥观点，以及参与本书编写或引用资料未能全部署名，书中不妥之处在所难免，恳请读者批评指正和理解，以期在下一次再版时修正！

2018 年 9 月

导 言

一、能源基本内涵

能源是指自然界中能为人类生存及社会进步提供的能量资源。能源主要来自太阳、地球与月球三种途径。能源类型有一次能源、二次能源。一次能源又分为可再生能源（水能、风能、太阳能、地热能、核能等）、不可再生能源（木材、煤炭、石油、天然气等）；二次能源包括电力、氢能、汽油、柴油、焦炭与激光等。通常也将能源分为传统能源、新能源两大类。传统能源主要包括木材、煤炭、石油与天然气等；本书讨论的"新能源"主要指非化石新能源，主要包括太阳能、风能、地热能、电能、氢能、新材料储能等。能源一般具有自然、社会与国家三个属性。随着革命性、颠覆性交叉学科与新能源科技创新，互联网智能化时代将提前到来，人类对二氧化碳减排的迫切、对高碳化石能源向非碳能源转型的渴望，新能源对传统能源的替代规模、速度都将可能超出预期。能源也是一个国家强盛的动力、安全的基石。每一个国家都提出了能源战略，如美国的"能源独立"、中国的"能源革命"、日本的"氢能社会"等。在科技创新、人类文明的推动下，从传统化石能源向非化石新能源大跨越，是能源发展的必然趋势与必须选择。或许还等不到化石能源枯竭，新能源接替就将提前到来。

二、能源第三次转换

地球形成距今46亿年，人类诞生有600万年。自原始人类第一次拿起火种之后，能源与水、粮食就构成人类赖以生存的三大要素。世界能源结构已经发生了两次转换，第一次转换实现了煤炭对薪柴的能源革命，第二次转换实现了石油对煤炭的能源革命，当前人类能源发展正在进入新能源对传统化石能源的第三次重大转换期。早期容易获取的木材满足了人类初期的取暖、烹饪等基本生存需求。随着煤矿开采技术的进步，能量密度较高的煤炭得到了广泛应用。1769年瓦特蒸汽机的发明，燃煤电厂的建设，促进了煤炭产业的快速发展，于18世纪80年代在一次能源消费比例中超过木柴，成为总量最大的一次能源，完成了木柴向煤炭的第一次重大转换。1886年由于内燃机的发明和应用，油气作为高效能源资源的需求大幅提升。油气地质开发理论、钻完井工程和炼化等技术的进步，促进油气产量大幅提升，在一次能源消费结构中的比例快速增长，1965年占比超过50%，取代煤炭成为第一大能源，完成了煤炭向油气的第二次重大转换。随着社会文明的进步，煤炭、石油等高碳能源利用带来的生态环境问题日益突出，引起人们的高度警醒和深刻反思。随着人类对绿色生态环境需求的提升和低碳社会的到来，传统化石能源向非化石新能源的第三次重大转换将成为必然。能源资源一直沿着清洁、低碳，直至无碳主线不断发展。全球能源生产和利用正在向更清洁、更高效、更方便、更安全、更智能、更可持续方向发展。

三、能源发展两大驱动力

科技进步、社会文明两大动力驱动了能源发展。薪柴到煤炭，煤炭、油气到可再生能源，每一次能源品种的替代、每一次转换既是科技创新驱动的结果，又是能源满足人类社会文明发展需要的结果。对同一种能源由兴起到兴盛的全生命周期，贯穿着开发利用科技的不断进步。社会文明发展驱动能源需求。原始社会能源主要满足生存需求；封建社会人类生活品质提高，初级工业生产使能源需求大幅提升；工业革命以来社会文明加快发展，人类对交通、信息和文化娱乐的需求大幅提升，现代工业对能源的需求量达到前所未有的高度。随着高碳能源在开发利用过程中产生的废水、废气、废渣等引发生态环境问题，能源生产和消费的生态需求已是新要求。能源减碳、绿色、智能与安全成为新趋势。

四、能源发展三大新格局

伴随社会文明进步和科技水平提高，全球能源正在形成石油与天然气、常规与非常规、化石与非化石协同发展的新格局。稳油增气是发展大势，天然气将形成对石油的超越，21世纪中叶将进入天然气发展时代；常规与非常规油气并举，已是各大石油公司的发展战略，坚持以常规油气为勘探主体，开辟非常规油气战略新领域，通过水平井大平台工厂化实现"人工油气藏"开发。按照资源预测，石油工业发展的生命周期将超过300年，从1859年世界石油工业开启至今已经过160年，现在还将至少剩下140年发展期。传统化石能源不可再生，可再生的非化石新能源必将完成对传统能源的终极革命。风能、太阳能、地热能以及当下快速发展的储能、氢能、核能等，均展现出广阔的前景。

五、能源发展三大趋势

能源形态将从固态（木材＋煤炭）、液态（石油）向气态（天然气）转换，能源碳数将从高碳（木材＋煤炭）、低碳（石油＋天然气）向无碳（新能源）延伸。未来能源将沿资源类型减碳化、生产技术密集化、利用方式多元化三大趋势发展。一次能源类型由高碳向非碳发展，即由化石能源走向非化石能源，世界终将进入清洁化能源时代。能源资源生产方式由简单生产向技术生产发展。原始人类从自然界中直接获取木柴作为能源，从煤矿开采到油田开发越来越体现工程技术的重要性，核能、风能、太阳能等新能源资源的开发均为技术密集型产业。能源利用方式由一次能源向二次能源或多次能源发展，电力、氢能等是未来能源利用的重要方向。氢能与电能易于互换，且有相对更好的储能效果，可作为三次能源或多次能源进行转换，故氢能与电能的协同互换多次能源转化，将是能源利用的新方向。

六、油气能源 10 条规律

新元古代以来，罗迪尼亚（Rodinia）与潘吉亚（Pangea）超大陆两次重要板块构造分与合的旋回，控制特提斯、劳亚、冈瓦纳和太平洋四大构造域，以及克拉通、被动大陆边缘、裂谷、前陆、弧前和弧后等六类沉积盆地的形成。演化形成六套主要烃源岩、碳酸盐岩与碎屑岩两类储层、泥页岩与膏盐两套区域性盖层。受以上因素控制，全球油气分布具有 10 条规律：（1）常规—非常规油气共生有序聚集；（2）特提斯域控制全球油气富集带的形成分布；（3）前陆冲断带控制构造油气田群的分布；（4）克拉通内隆起控制特大型油气田的展布；（5）台地边缘控制生物礁滩大油气田群的带状分布；（6）被动大陆边缘控制海洋特大型油气田的形成分布；（7）前陆前渊斜坡控制大规模重油沥青的赋存；（8）盆地沉积斜坡控制致密油气与煤层气的聚集；（9）盆地深水富有机质沉积控制页岩油气的滞留；（10）低温高压海底沉积控制水合物的展布。常规与非常规油气资源比例为 2∶8；常规油气资源主要分布于中东、俄罗斯、北美和拉丁美洲四大地区，非常规油气资源主要分布于北美、亚太、拉丁美洲和俄罗斯四大地区。已发现油气储量中 68% 来自特提斯域，被动大陆边缘盆地占全球待发现油气资源量的 49%。未来油气勘探主要集中在海域深水、陆上深层与非常规"两深一非"三大领域。油气不可再生，但可流动再利用。

七、能源生产四分天下

世界能源进入煤炭、油气向新能源第三次转换的新阶段，正在形成石油、天然气、煤炭、新能源"四分天下"的世界能源结构，2017年全球能源产量133.2亿吨油当量，其中石油占32.93%、天然气占23.76%、煤炭占28.29%、新能源占15.02%。全球石油储量总体充足，储采比一直保持在50以上，特别是中南美洲、中东地区储采比分别高达120、70。全球石油产量持续保持稳定增长，近10年平均增长率为8%，已迈入发展的稳定期。天然气有巨量资源（471万亿立方米），主要集中在中东、俄罗斯、北美和南美四大区域。天然气产量年均增长率约4%，保持快速增长，将步入发展的鼎盛期。煤炭作为最廉价的化石能源，将在世界能源结构中继续发挥重要作用。随着人类对生态环境的保护增加，煤炭利用将向高效清洁的方向转型，进入煤炭发展的转型期。新能源是指传统能源之外的各种刚开始开发利用或正在积极研究、有待推广的能源，如太阳能、地热能、风能、氢能、海洋能、生物质能和核聚变能等。新能源革命正在进行时，互联网+、人工智能和新材料等技术不断进步，新能源逐渐步入发展的黄金期。

八、煤炭进入转型期

2017年世界探明煤炭剩余可采储量1.17万亿吨，平均储采比达到134，产量37.7亿吨油当量；2017年中国探明煤炭剩余可采储量1388亿吨，储采比达到39，产量17.5亿吨油当量。煤炭利用将向集中、高效、清洁化方向转型，其在世界一次能源消费结构中的比例将进一步缩小。作为当前最廉价的化石能源，煤炭将在世界能源结构中继续发挥重要作用。煤炭集中、高效、清洁发电是煤炭资源利用的主要方向，减少散煤燃烧，超过一半的煤炭集中用于发电。通过大容量高参数燃煤发电、大型循环流化床发电、整体煤气化联合循环发电等技术，可使煤炭发电机组的热效率提升50%左右。煤化工能源转换成为煤炭清洁发展的新方向，如煤制气、煤制油等。以地上地下煤制气为例，其能源转化率可超过50%，在生产过程中可较好地控制硫、氮及粉尘等有害物质的排放，在当前技术经济条件下可实现效益发展。

九、石油迈入稳定期

石油从1859年发现以来，经历了160年的历史，被称为"工业的血液"，为世界经济和人类发展发挥了不可替代的作用。2017年世界探明石油剩余可采储量2393亿吨，储采比54.5，产量43.9亿吨，石油产量总体呈现稳步增长态势，在一次能源生产中占33%。随着常规石油勘探向深水、深层和北极拓展，全球新增探明石油储量仍在不断增加。理念创新和技术突破推动石油工业从常规向非常规跨越，非常规石油成为未来石油开发的全新领域。全球石油资源较为充足，已迈入发展的稳定期，预计在2040年石油生产达到50亿吨峰值。

十、天然气步入鼎盛期

天然气低碳环保，是最清洁的化石能源，具有清洁性；天然气可以满足人类最基本的生活需求，具有民生性；天然气是化石能源向新能源过渡的桥梁，具有过渡性。天然气将成为化石能源向新能源跨越中不可逾越的桥梁，或成为新能源共生共荣的伙伴。2017年世界探明天然气剩余可采储量193.5万亿立方米，储采比52.3，产量3.7万亿立方米，在一次能源生产中占23.8%，是增长最快的化石能源，已步入发展的鼎盛期。以美国页岩气为代表的非常规天然气革命，大幅提高了世界天然气产量规模。全球常规天然气与致密气、页岩气、煤层气三类非常规天然气资源丰富，天然气水合物资源量达到20000万亿立方米，是常规油气资源的20倍，剩余天然气资源巨量。预计天然气消费2030年超越煤炭、2040年超越石油，进入天然气时代，预计2060年达到5万亿立方米生产峰值。

十一、新能源渐入黄金期

全球新能源资源利用时间可达千万年，取之不尽、用之不竭，理论上每年到达地球表面上的太阳辐射能为130万亿吨标准煤当量，核聚变为3万亿吨油当量/年。新能源开发利用步伐加快，已经成为全球能源增长的新动力，新能源发展渐入黄金期。据国际能源署（IEA）统计，2017年世界核能、水电、可再生能源等新能源总产量达到20.01亿吨油当量，在一次能源消费结构中占比14.98%，新能源投资总额3335亿美元，接近油气上游投资4080亿美元。随着技术进步，新能源开发利用成本不断下降，与化石能源相比已经具有较强的竞争力。据国际可再生能源机构（IRENA）的数据，2017年世界陆上风电成本为0.06美元/千瓦时，太阳能光伏发电成本为0.10美元/千瓦时，煤炭发电成本为0.066~0.105美元/千瓦时。可再生能源（含水电）已成为全球新能源发展的主力并提速发展。基于人工智能的网络大数据体系、互联网+能源网络的智能能源网络体系、纳米材料、石墨烯、电池储能等技术日新月异，新能源发电成本的降低和电池储能技术的突破，将强力推动新能源时代的来临。

十二、世界油气与中国煤炭

全球能源生产和消费都有很大的不均衡性。世界能源消费进入以油气为主的时代（占57%），由于中国煤炭丰富、油气不足、新能源起步晚，决定中国正处于以煤炭消费为主的时代（61%）。2017年世界一次能源消费135.11亿吨油当量，其中消费煤炭37.32亿吨油当量（占27.62%）、石油46.22亿吨（占34.21%）、天然气31.56亿吨油当量（占23.36%）、新能源20.01亿吨油当量（占14.82%）。2017年中国一次能源消费31.32亿吨油当量，其中消费煤炭18.93亿吨油当量（占60.43%）、石油6.08亿吨（占19.42%）、天然气2.07亿吨油当量（占6.60%）、新能源4.24亿吨油当量（占13.55%）。

十三、世界化石能源版图

全球化石能源主要包括石油、天然气和煤炭，随着理论认识的不断深入和勘探技术水平的大幅提升，重塑了全球化石能源资源的新版图。2017年全球石油产量43.9亿吨（其中非常规占14%），天然气产量3.69万亿立方米（其中非常规占25%）。水平井平台式工厂化生产技术的进步，带来了非常规油气革命，正推动世界油气生产格局深刻调整。过去10年，世界石油产量稳定增长，天然气产量较快攀升。受中国等新兴经济体煤炭产能释放的影响，世界煤炭产量的不均衡性加大，亚太煤炭产量一枝独秀的局面被加强。2017年，全球煤炭产量77.3亿吨，亚太地区煤炭产量为53.6亿吨（占69.3%），中国煤炭产量35.2亿吨（占45.5%）。新兴经济体能源需求的强劲增长、生态环境承载极限的日益临近，人类在不同能源品种之间作出抉择。这种抉择直接深刻影响并重塑世界化石能源消费新版图。全球能源消费与社会经济发展水平、资源获取难易程度有关。美国和欧洲等发达国家/地区能源需求保持稳定；亚太新兴经济体能源需求快速增长，化石能源消费版图由北美、欧洲和亚太"三足鼎立"向东西半球"两极化"发展。2017年全球能源消费总量达到135.1亿吨油当量，比2000年增长了43.9%。其中亚太地区2017年能源消费量达到57.4亿吨油当量，比2000年增长了116.7%，成为全球能源消费增长的主要动力。欧洲和北美2017年能源消费量分别为29.5亿吨油当量和27.7亿吨油当量，比2000年分别增长了4.8%和0.6%，总体趋于稳定。

十四、世界新能源版图

受科技和经济发展水平以及资源禀赋的影响，新能源开发利用发展主要形成了欧洲、亚太和北美三大中心。受核电事故影响，全球核电发展呈现分化趋势，美国、日本和韩国等正在逐步放缓核电发展，中国等新兴国家因需求旺盛积极发展核电。2017年欧洲、北美和亚太地区核电消费量分别为2.58亿吨油当量（占比43.3%）、2.16亿吨油当量（占比36.2%）和1.12亿吨油当量（占比18.7%）。世界水电技术趋于成熟，行业发展主要受水能资源分布控制，形成亚太、欧洲、北美和中南美洲四个大区。2017年亚太、欧洲、北美和中南美洲水电消费量分别为3.72亿吨油当量（占比40.4%）、1.87亿吨油当量（占比20.4%）、1.64亿吨油当量（占比17.9%）和1.62亿吨油当量（占比17.7%）。太阳能、风能等其他可再生能源消费量将迅速增长，占比持续提升。可再生能源发电已成为主要能源利用方式。随科技水平不断进步，其他可再生能源正在形成亚太、欧洲和北美三大可再生能源版图。2017年亚太、欧洲和北美其他可再生能源消费量分别为1.75亿吨油当量（占比36.0%）、1.63亿吨油当量（占比33.4%）和1.10亿吨油当量（占比22.5%）。

十五、中国化石能源版图

中国煤炭资源丰富但油气相对不足的先天禀赋条件，决定了其特殊的能源生产与消费比例，构成"一大三小"的中国能源结构，2017年煤炭占中国能源产量的70%、石油占8%、天然气占5%、新能源占17%。化石能源产量稳步增长，煤炭产量一枝独秀。2017年，中国化石能源总生产量达到20.7亿吨油当量，其中煤炭占84.5%、石油占9.3%，天然气占6.2%。煤炭产量在2013年达到峰值后，需求减少呈现产量下降趋势。中国石油产量总体趋稳，2010年产量达到2亿吨，2015年产量达到峰值2.15亿吨，2017年产量下降至1.92亿吨。中国常规天然气进入持续增长期，非常规天然气步入跨越发展期。长期以来，中国能源消费结构中煤炭比重过高，石油和天然气比重偏低，从煤炭消费角度看中国能源处于高碳时代，预测到 2050 年中国煤炭消费占比 40%，达到世界 1965 年煤炭占比 41% 的水平，与全世界相比差了近 100 年。

十六、中国新能源版图

近年来，中国新能源产业发展势头强劲，在一次能源生产结构中的比例不断扩大到 17%，成为能源的重要组成部分。中国水电资源丰富，水电开发步伐加快，占比达到 10.5%。21 世纪以来，以三峡工程投入运行为标志，水电建设技术不断刷新世界纪录。在国家政策的大力推动下，中国风电产业蓬勃发展，风电新增装机容量、累计装机容量均稳居世界第一。2017 年中国新增装机容量 1966 万千瓦，累计装机容量达到 1.88 亿千瓦，同比增长 11.7%。由于政府设置了该两个领域发展上限值，光伏项目装机容量可能出现下跌。2017 年，中国光伏装机容量超过 96 吉瓦，预计 2018 年太阳能光伏装机容量仍将达 105 吉瓦，较上年同期增长 11%。中国地热资源相对丰富，地热资源总量占全球的 7.9%，可采储量相当于 4626.5 亿吨标准煤，地热以直接利用为主，地热电站有 5 处共 27.78 兆瓦。中国核电设备利用率下降，核电消纳依旧存在。中国核电发电量仍保持增长，占全国发电量的比例也在提高。中国核电总量规模较小，但近年核电建设步伐加快，在建核电规模居世界第一位。2010—2017 年，中国核电设备平均利用小时数总体呈下降趋势，2017 年中国核电设备平均利用小时数为 7108 小时。2017 年核电发电量为 2483 亿千瓦时，比 2016 年增长 16.7%。

十七、绿色能源战略

绿色能源战略是指以生产更多清洁能源为目标，以更加清洁低碳或非碳能源替代高碳化石能源。现有的能源结构过度依赖煤炭和石油，需逐步转变能源结构，提高绿色清洁能源在能源结构中所占的比例。可再生能源发展很快，但当前无法满足全球能源需求。天然气作为过渡能源，将发挥不可逾越的桥梁或伴生作用；氢能是一种优质新型能源，可发挥协同效应，共同构建风光电与氢能产业链体系，实现分布式能源的生产与集中式消费平衡发展，并以物联网和区块链等技术为依托，打造高效、智慧能源互联网，实现"智能源"的发展。

十八、氢能技术革命

氢气有很多优点，质量最轻，标准状态密度为 0.09 克 / 升，–252.76℃达到液化；导热最好，比大多数气体导热系数高出 10 倍；发热值高，是除核燃料外最高的，是汽油的 3 倍；燃烧性好，可燃范围大、燃点高、燃烧快；多种形态，以气态、液态或固态金属氢化物出现；资源广泛，以化合物形式广泛存在于水中；无毒环保，反应产物清洁，减少温室效应。氢能被视为 21 世纪最具发展潜力的二次绿色能源之一，美国、日本、德国等发达国家相继把氢能产业提升到国家能源战略。高电能储存难度大，风、光和地热等能源发电对电网有冲击性，通过电—氢的相互转化，可解决电力的储存难题，是目前较理想的新能源解决方案。氢能和电能可以互换，实现跨界能源的互联互通。通过一次能源（太阳能、风能、海洋能、热能等）的转换，获取氢和电能。氢气可以通过燃料电池技术来发电，电也可用于水制取氢气，实现整个能源网络的互联互通。在电网延伸的范围内，可取电之便利，在电网之外用氢气储能和供能。氢能可能成为未来极具战略性的新能源。

十九、能源互联网技术

能源互联网是指互联网信息技术与可再生能源相结合的产物。发展能源互联网，将从根本上改变对传统能源利用模式的依赖，推动传统产业向以可再生能源、信息网络为基础的新兴产业转变，是人类社会生活方式的一次根本性革命。推进能源与信息等领域新技术深度融合，统筹能源与通信、交通等基础设施网络建设，建设"源—网—荷—储"协调发展、集成互补的能源互联网。以可再生能源、分布式发电、储能、电动汽车等为代表的新能源技术，以及与物联网、大数据、云计算、移动互联网等为代表的互联网技术深度融合，能源互联网成为能源领域继智能电网后的又一战略性方向。

二十、储能技术革命

风、光、核能等新能源直接利用受区域限制，二次或三次转换是发展的主要方向。转换后的电能与氢能等储存，是新能源发展的关键。能量储存以能量转化形式划分类型，有冷热储能、机械储能、化学储能、电磁储能四大类。液态金属电池作为新型的廉价、高效电池体系，储能成本低、寿命长，有望在储能领域有较好应用。由于氢气是最清洁的能源，燃料电池是最清洁的能量转换装置，燃料电池技术已在寿命、成本方面取得重大进展，清洁制氢技术也有所突破,燃料电池与清洁制氢技术相结合,将成为未来最具竞争力的能源供应技术。

二十一、新材料之王石墨烯

石油被美称为20世纪的"黑金",石墨烯被称为21世纪的"黑金"。被称为第二"黑金"的石墨烯具有电子迁移率快、强度高、导电导热性俱佳、透光率高、质量小等优异特性,被誉为"新材料之王"。优越的材料性能使其在新能源、石油化工、电子信息、复合材料、生物医药和节能环保等领域有望引发关键技术变革。石墨烯有望成为引领新一代工业技术革命的战略性新材料。石墨烯在电化学储能领域的应用,特别是在超级电容器和电池领域有突破,将加快新能源革命进程。近年来,随着石墨烯电池技术的发展,石墨烯技术已在新能源领域产生重大影响。

二十二、核电技术

核能是原子核结构发生变化时释放的能量,核能释放包括核裂变和核聚变。核裂变所用原料铀1克就可释放相当于30吨煤的能量,而核聚变所用氘仅用560吨可为全世界提供一年的能量。海洋中氘的储量,可供人类使用几十亿年,是取之不尽、用之不竭的新能源。当前核能的利用主要是基于核裂变,核能的发展将逐渐由核裂变走向核聚变。地球上的核裂变资源属于矿产资源,蕴藏量有限。核能释放之后,不能在短期内自己恢复到核燃料,即是不可再生能源。尽管核裂变资源使用周期相对较长,但资源稀缺导致其难以成为世界主体能源。核聚变在一定程度上可看作可再生能源,因为聚变原料,即氢的同位素,在海洋中蕴藏量十分丰富,但获取要比氢气难,应用技术尚未成熟,短时间内难以形成规模化产业。

二十三、地热技术

地热能是仅次于太阳能的第二大清洁能源。近年来,全球地热产业蓬勃发展,到2020年中国地热能利用量占总能源消费比例将从目前的0.5%上升到1.5%。中国石化已基本完成中深层地热产业布局。中国石油地热和余热资源丰富,具有地热勘探开发技术和市场优势,正在优选地热利用方向、扩大地热利用规模、打造具有社会影响力的地热利用示范工程,促进中国石油节能减排、降本增效,实现油田清洁生产。

二十四、可再生能源

可再生能源主要包括太阳能、风能、水能、生物质能、海洋能、潮汐能、地热能等，主要来自太阳能的转化，在人类历史中可从自然界循环再生。人类近代社会大规模开发利用的煤炭、石油等化石能源，在人类历史中不能循环再生，是不可再生能源。随着世界化石能源发展带来的资源利用和环境问题，人们开始认识到可再生能源利用的重要性。

二十五、中国能源三大挑战

中国能源富煤炭但油气不足，能源生产面临三方面挑战：一是油气不断攀升的对外依存度令人担忧。国内油气产量无法满足国内需求，2017年石油对外依存度67.79%、天然气对外依存度39.4%。依此趋势对外依存度都将达到80%，急需控制过快增长，限制在合理安全可控范围。供需矛盾愈加突出，供给侧自主权在削弱，安全供给不稳定因素在增加。中国油气自产能力不足，只能实行全球化多渠道供给策略。二是能源生产结构不合理。中国能源结构"一大三小"（2017年煤炭占全国能源产量的70%、石油占8%、天然气占5%、新能源占17%）。从能源结构演变的碳角度类比，中国落后世界近100年，煤炭的清洁化开发利用已迫在眉睫。煤炭"一枝独秀"造成与石油、天然气、新能源三者间的互补联动性较差，导致国家能源供给抗风险能力较弱。三是新能源领域未来支柱产业仍是雾里看花。中国风、光、水电发展已成一定规模，核电产能正集中建设，地热、生物质能、海洋能、水合物等领域仍处于起步探索或模仿阶段。科学角度"限制方式"，不是解决根本问题的长远思路，"疏导方式"推进清洁化转型利用成为必然选择。

二十六、油气的安全消费峰值

2017年中国人均消费石油0.43吨、天然气170立方米，远低于发达国家水平，油气消费需求不断上升。需建立中国油气"安全消费峰值"预警体系。初步预测2030年，中国石油产量1.6亿～1.8亿吨、天然气产量1800亿～2000亿立方米，石油消费6.5亿～7.0亿吨、天然气消费5500亿～6000亿立方米，油气对外依存度都将超过70%。2017年冬季天然气供给"气荒"，充分体现中国天然气进口有安全风险。随着天然气对外依存度的增加，需要加强天然气基础设施建设，预测陆上管道气进口达到1600亿立方米、LNG进口量达到2000亿～2500亿立方米、地下储气库工作气量达到800亿～

1000亿立方米。为此，需在人工智能、大数据分析基础上，紧密跟踪国内外油气产量、消费量、气候、输送路径、库存和政治等多项因素，建立中国油气"安全消费峰值"预警体系，建议油气对外依存度控制在70%以内，系统规避油气供应安全风险。

二十七、油公司三个跨越

随着中国油气勘探开发程度的提高，油公司需要统筹常规与非常规、国内与国外、油气与新能源三个大局，推动"三个更大跨越"：一是常规油气向非常规油气更大跨越。全力提升国内常规油气生产能力，强力推进非常规油气增储上产，保持石油长期基本稳定生产，加快天然气快速生产。二是国内向国外更大跨越。深度参与"一带一路"建设，在现有海外合作区基础上，打造"一带一路"油气合作升级版，加快国内油气、管道油气、储库油气、LNG"四个产能"提前建设。三是油气向新能源更大跨越。太阳能、风能发电量增长最快，水电、核电在可再生能源发电中占比最高，氢能、储能、新材料、可再生能源最具颠覆性，加快煤炭清洁化利用和新能源"两个规模"提前到来，减少油气在中国能源利用中的时间跨度和安全压力。

二十八、中国能源战略

加快中国能源结构转型革命的最终目标，是构建新时代现代化能源体系，核心要义是优化提升能源体系清洁低碳和安全高效双重维度。需从中国地下资源禀赋客观实际，探寻一条低能耗可持续发展之路。预测2030年中国能源消费量将达到高峰值44亿吨油当量。面对全球气候变化、大力发展低碳能源的新时期，中国需加快常规—非常规油气、煤层气、水合物、氢气的生产，加快煤炭清洁化、新能源"两个规模"提前到来。当前，需要加快实现常规—非常规油气的"生产革命"，煤炭发展的"清洁革命"，新能源发展的"速度革命"，力争2050年前后实现能源结构从"一大三小"向煤炭、油气、新能源"三足鼎立"转换的能源结构革命。届时煤炭约占一次能源消费比例的40%，油气占30%，新能源占30%；2100年前后依靠新能源实现国家"能源自主"，化石能源约占一次能源消费比例的30%，非化石能源占70%，实现二者历史地位的转换。

目 录

前 言

导 言

第一篇 能源大势

第一章 能源发展规律 ········ 3
第一节 能源发展转换 ········ 3
第二节 能源发展格局 ········ 5
第三节 能源发展趋势 ········ 10
第四节 能源发展驱动力 ········ 12

第二章 世界能源版图 ········ 15
第一节 世界化石能源版图 ········ 15
第二节 世界新能源版图 ········ 23
第三节 中国化石能源版图 ········ 27
第四节 中国新能源版图 ········ 31

第三章 能源发展大势 ········ 34
第一节 世界能源发展方向 ········ 34
第二节 中国能源"四个革命" ········ 37

第二篇 新能源革命

第四章 革命性能源技术 ········ 47
第一节 氢能与燃料电池 ········ 47
第二节 储能技术 ········ 58
第三节 石墨烯材料 ········ 69
第四节 能源去碳化技术 ········ 75
第五节 核聚变发电 ········ 81

第五章 能源互联网技术 ········ 85
第一节 分布式能源 ········ 85
第二节 电力能源互联网 ········ 89

第三节　管道能源互联网 ··· 96
　　第四节　国外能源互联网发展模式 ··· 106

第三篇　传统能源公司新战略

第六章　油公司能源新布局 ··· 125
　　第一节　绿色能源战略 ·· 126
　　第二节　绿色升级战略 ·· 134
　　第三节　绿色科技战略 ·· 137
　　第四节　壳牌公司能源转型 ··· 141
　　第五节　BP 公司能源转型 ··· 148

第七章　煤电公司新布局 ·· 154
　　第一节　煤炭公司 ·· 154
　　第二节　电力公司 ·· 158

第四篇　新能源各论

第八章　氢能 ·· 171
　　第一节　氢能发展现状 ·· 171
　　第二节　氢能发展前景 ·· 181

第九章　储能与新材料 ·· 189
　　第一节　储能 ·· 189
　　第二节　新材料 ··· 196

第十章　地热能 ·· 202
　　第一节　开发利用现状 ·· 202
　　第二节　干热岩开发前景 ··· 209

第十一章　核能 ·· 220
　　第一节　核能利用现状 ·· 220
　　第二节　核聚变发展前景 ··· 225

第十二章　风、光、潮汐等新能源 ··· 233
　　第一节　太阳能 ··· 233
　　第二节　风能 ·· 238
　　第三节　潮汐能 ··· 247

参考文献 ··· 252

第一篇

能源大势

第一章　能源发展规律

自原始人类第一次拿起火种之后，能源与水、粮食就一道构成了人类赖以生存的三大要素。在人类能源发展的历史长河中，能源资源一直沿着清洁、低碳，直至无碳这条主线不断发展。近百年来，循着向低碳化发展的趋势，世界能源结构已经发生了两次巨大的转换，第一次转换实现了煤炭对薪柴的能源革命，第二次转换实现了石油对煤炭的革命。当前人类能源发展正在进入新能源对传统化石能源的第三次重大转换期，最终将实现新能源对化石能源的革命。

进入 21 世纪，在人类对环境的要求不断提高的大背景下，伴随着人类文明和互联网等科技的不断进步，世界能源格局正在悄然发生着第三次重大变革，全球能源生产和利用正在向着更清洁、更高效、更方便、更安全、可持续发展的方向发展。在不久的将来，人们将会明显地感受到以可再生能源为核心的新能源给人们生活带来的深刻影响，目前正处于第三次能源重大转换的前夜，未来将进入一个清洁、高效、无碳绿色能源（太阳能、风能、氢能等）时代。

第一节　能源发展转换

一、薪柴向煤炭

第一次转换：煤炭超越薪柴。自原始人类首次使用火种开始，能源便成为人类生存的必需资源。容易就地获取的木材满足了人类初期的取暖、烹饪等基本生存需求。随着煤矿开采技术的进步，能量密度较高的煤炭得到了广泛应用。在唐宋时期煤炭叫作石炭，已经在社会中具有较大规模的应用。苏东坡在徐州任太守期间，于元丰元年（公元 1078 年）12 月在徐州西南的白土镇，发现了储量可观、品质优良的煤矿。17 世纪中叶，明末宋应星的《天工开物》一书，系统地记载了中国古代煤炭的开采技术，包括地质、开拓、采煤、支护、通风、提升以及瓦斯排放等技术，说明当时的采煤业已发展到了一定的规模。

但在工业革命之前，薪柴一直占据能源消费的主体地位，以满足人类社会烹煮、取暖和简单工业生产的基本需求。1769 年瓦特发明了蒸汽机，随着第一次工业革命带动生产力的发展，薪柴已经不能满足人们对能源的需求（图 1-1）。煤炭由于易于开采、燃烧热量高、便于储藏运输等优点，成为驱动蒸汽机的动力源，并于 1880 年在一次能源消费比例中超过了木柴，成为消费量最大的一次能源。煤炭能源时代是人类社会进入化石能源时代的第一个阶段（图 1-1）。

二、煤炭向石油

第二次转换：石油超越煤炭。石油（Petroleum）这个名称源于希腊语的 Petra（岩石）和 Oleum（油）。最早的文字记载于宋朝沈括的《梦溪笔谈·杂志一》："鄜延境内有石油，旧说高奴县，出脂水，即此也。"1848 年俄国工程师 F.N. Semyenov 在巴库东北方的 Aspheron 半岛开

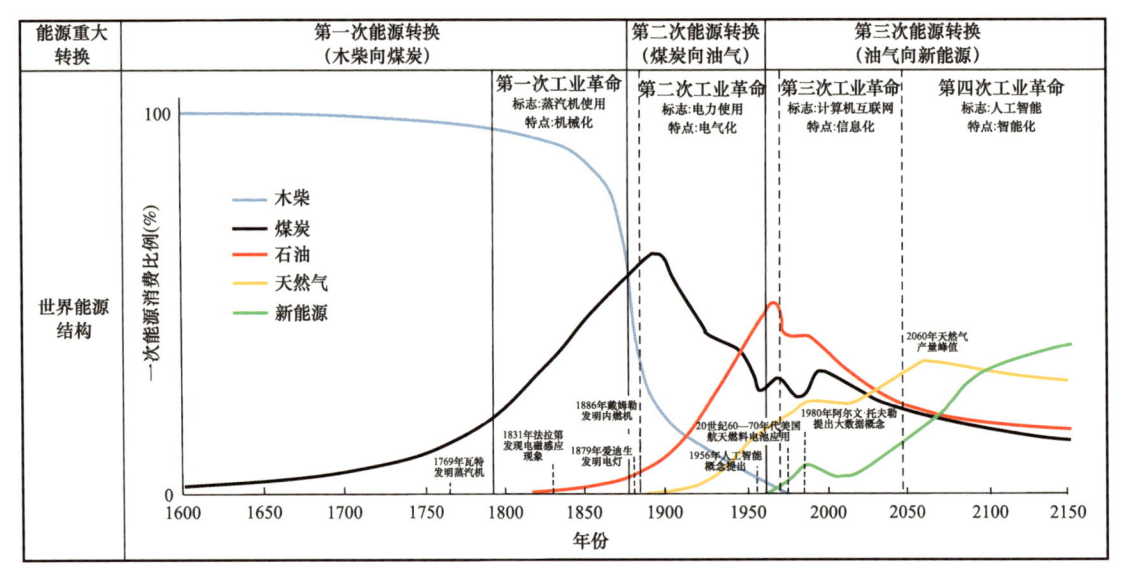

图1-1 世界科技发展与能源革命路线图

采了第一口现代油井。1853年发明石油蒸馏工艺。波兰科学家阿格纳斯·卢卡西维奇（Ignacy Lukasiewicz）通过蒸馏，从石油中得到了煤油。第二年，在靠近波兰南部克罗斯诺（Krosno）的Bobrka发现了第一个岩石油矿。1861年Meerzoeff在巴库的成熟油田上建造了第一家俄罗斯炼油厂。

1876年，奥托发明了内燃机，石油作为内燃机的动力正式走上历史舞台（图1-1）。内燃机的发明促进了交通运输工具的变革，使石油、天然气需求量快速增长，带动石油化工和天然气行业的发展。石油、天然气逐步成为继煤炭之后最重要的能源品种和化工原料，人类社会进入化石能源时代的第二个阶段——油气时代。

三、油气向新能源

第三次转换：新能源超越油气。人类利用能源的方式在继木柴向煤炭、煤炭向油气的转化已经基本完成之后，将经历油气向新能源的第三次重大转换。随着经济发展对能源需求的持续增长和文明进步，传统化石能源向非化石新能源的第三次重大转换将成为必然。

天然气是化石能源向新能源过渡的桥梁或伴生。在社会文明发展和科学技术进步两大动力的推动下，能源发展从固态（木材+煤炭）、液态（石油）向气态（天然气）转换，天然气成为化石能源向新能源跨越中不可逾越的桥梁或有伴生期，将最终推动人类能源消费与生态环境和谐发展（图1-1）。近年来，煤炭、石油等高碳能源利用带来的生态环境问题日益突出，20世纪初期英国伦敦"雾都"的形成和当前中国大范围的雾霾天气，煤炭等高碳化石能源的大规模利用是其主要诱因。随着人类对绿色生态环境需求的提升，天然气和新能源作为清洁能源在一次能源结构中的比例将逐步增大。据2018年BP（英国石油公司）世界能源统计，全球2017年能源消费结构中，石油占34%、天然气占23%、煤炭占28%、核能与水电等其他可再生能源占15%（图1-1）。全球一次能源正在迈入石油、天然气、煤炭和新能源"四分天下"的格局。

历次能源转换都是一个漫长的历史过程，新旧能源的更迭往往需要至少半个世纪甚至几个世纪的时间。世界能源发展经历了煤炭超越薪柴、石油超越煤炭两次重大变革，并正在经历从化石能源向可再生能源的变革。从能源变革历程看，薪柴时代经历了近250年，以煤炭为主导的能源时代持续85年左右，以石油为主导的能源时代大约持续80年。预计我们正在经历的天然气时代将持续50年，2060年天然气产量达到高峰。21世纪末将真正进入绿色清洁能源时代（图1-1）。

第二节 能源发展格局

伴随社会文明进步和科技水平提高，全球能源正在形成石油与天然气、常规与非常规、化石与非化石协同发展的新格局。从国际能源发展形势和油公司勘探开发动向看，稳油增气是大势所趋，天然气将形成对石油的第一次革命，进入天然气发展时代；常规与非常规并举已经被纳入各大油公司的发展战略，坚持以常规油气为勘探主体，做足常规，搞透非常规关键技术理论，循序渐进实现有效开发。传统化石能源不可再生，可再生的非化石新能源必将完成对传统能源的终极革命。风能、太阳能、地热能以及当下快速发展的储能技术及氢能，均展现出广阔的发展前景，或许还等不到化石能源枯竭，新能源革命就将提前到来。

一、石油与天然气

从国际能源发展形势和油公司勘探开发动向看，全球天然气资源充足，能源发展正进入天然气时代，当前全球能源发展已形成石油、天然气、煤炭和新能源"四分天下"的新格局。据BP（2018），2017年全球能源产量133.2亿吨油当量，其中石油占32.93%、天然气占23.75%、煤炭占28.29%、新能源占15.02%；2017年全球能源消费量135.1亿吨油当量，其中石油占34.21%、天然气占23.36%、煤炭占27.62%、新能源占14.81%（表1-1）。

表1-1 2017年世界、美国和中国能源生产/消费对比表

能源类型		世界		美国		中国	
		产量/消费量（亿吨油当量）	占比（%）	产量/消费量（亿吨油当量）	占比（%）	产量/消费量（亿吨油当量）	占比（%）
石油	产量	43.871	32.93	5.71	29.62	1.915	7.69
	消费量	46.219	34.21	9.133	40.87	6.084	19.42
天然气	产量	31.646	23.75	6.316	32.77	1.283	5.15
	消费量	31.56	23.36	6.358	28.45	2.067	6.60
煤炭	产量	37.686	28.29	3.713	19.26	17.472	70.13
	消费量	37.315	27.62	3.321	14.86	18.926	60.43
核电	产量	5.964	4.48	1.917	9.95	0.562	2.26
	消费量	5.964	4.41	1.917	8.58	0.562	1.79
水电	产量	9.186	6.90	0.671	3.48	2.615	10.50
	消费量	9.186	6.80	0.671	3.00	2.615	8.35
可再生	产量	4.868	3.65	0.948	4.92	1.067	4.28
	消费量	4.868	3.60	0.948	4.24	1.067	3.41
合计	产量	133.221	100.00	19.275	100.00	24.914	100.00
	消费量	135.112	100.00	22.35	100.00	31.321	100.00

天然气在一次能源结构中的比例逐渐加大，与石油一同形成当前世界一次能源生产和消费的主体。据 BP（2018），2017 年全球石油总产量 43.87 亿吨，总消费量 44.69 亿吨（图 1-2、图 1-3）；2017 年全球天然气总产量 31.64 亿吨油当量，总消费量 31.56 亿吨油当量（图 1-2、图 1-3）。与 2000 年相比，2016 年全球石油产量和消费量分别增长了 21%、24%，2016 年全球天然气产量和消费量分别增长了 46%、45%（图 1-2、图 1-3）。

天然气作为最清洁的化石能源，是当前人类为满足生态环境需求的最佳选择，随着生态环境的需求和科学技术的进步，世界能源在 21 世纪中叶将进入天然气新时代。能源消费结构进一步向清洁化、低碳化加速转变，2017 年相比 2016 年煤炭消费比重下降了 0.31%，天然气和非水电可再生能源消费比重分别上升 0.14% 和 0.16%。预计天然气在 2030 年前后超越煤炭、2040 年超越石油，成为向非化石能源发展路上最主要的能源，进入天然气时代。最终，随着经济社会对能源需求的持续增长和低碳社会的到来，传统化石能源向非化石新能源的第三次重大转换将成为必然。

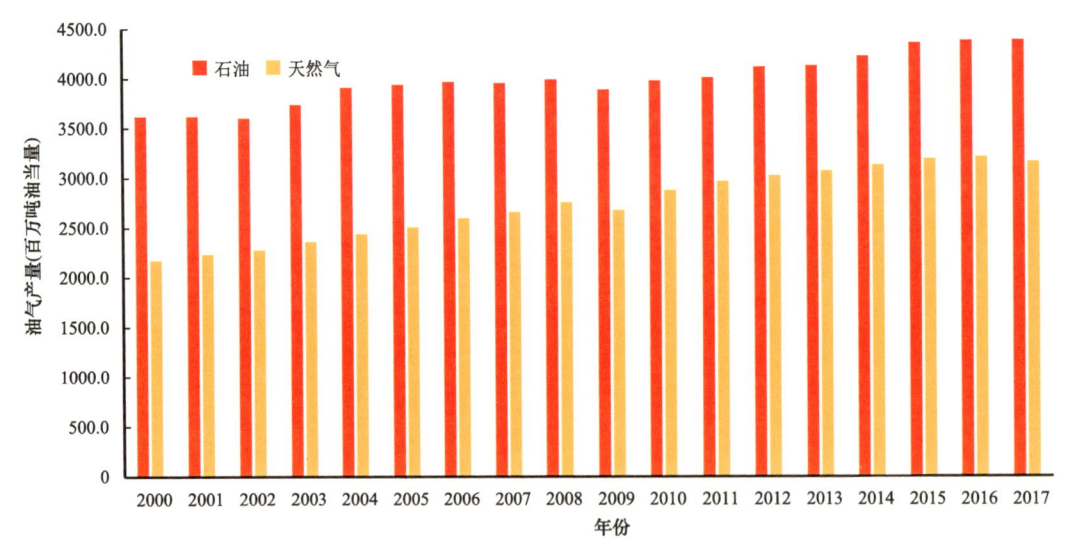

图 1-2 2000—2017 年全球石油与天然气产量对比图

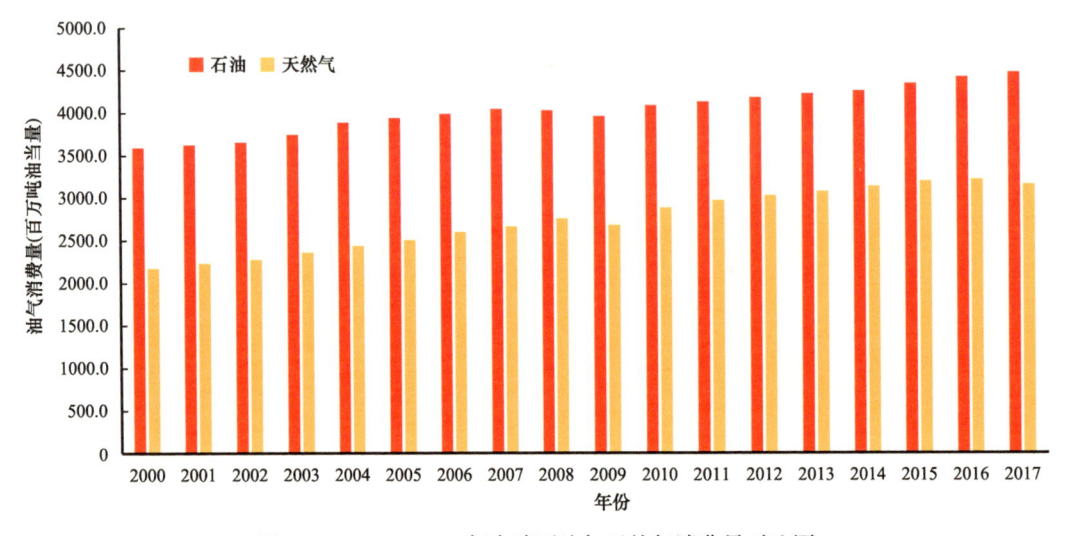

图 1-3 2000—2017 年全球石油与天然气消费量对比图

二、常规与非常规

常规与非常规并举已经被纳入各大油公司的发展战略，坚持以常规油气为勘探主体，做足常规，搞透非常规关键技术理论，循序渐进实现有效开发。在油气理论技术的推动下，全球油气勘探开发由简单到复杂、由构造到岩性、由浅层到深层、由陆地到海洋、由常规向非常规发展。2000年以来，由于以非常规页岩油气成藏理论认识的创新和以水平井多段压裂关键工程技术的突破，非常规油气资源潜力得以重新认识。全球非常规石油可采资源量为6200亿吨，与常规石油资源量大致相当；非常规天然气可采资源量约4000万亿立方米，大致是常规天然气资源量的8倍。

美国是非常规油气理论技术的先行者和非常规油气开发的领导者，非常规油气产量快速增长，已成美国油气产量主体。2017年美国石油总产量5.71亿吨，其中致密油产量2.2亿吨，非常规油占总产量的39%，对外依存度为34%（图1-4）。2017年美国天然气产量7395亿立方米，其中页岩气4772亿立方米、致密气1200亿立方米、煤层气280亿立方米，非常规占85%，对外依存度为0.4%（图1-5）。页岩油气产量增长，奠定了"能源独立"战略基础。据美国能源信息署（2016），2040年美国致密油产量可达3.5亿吨，Bakken和Austin白垩致密油增长潜力最大，占全美致密油产量增长的80%（图1-6）；2040年美国页岩气产量可达8000亿立方米，Marcellus、Utica和Haynesville页岩气增长潜力最大，占全美页岩气产量增长的75%（图1-7）。

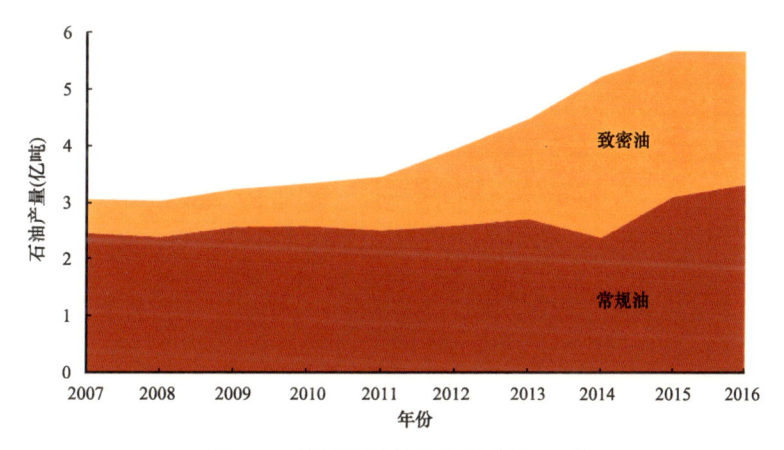

图1-4 美国石油产量构成（据EIA）

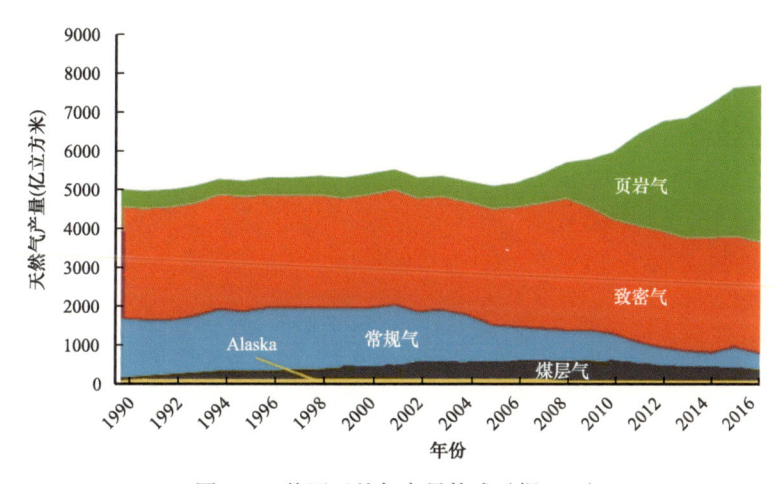

图1-5 美国天然气产量构成（据EIA）

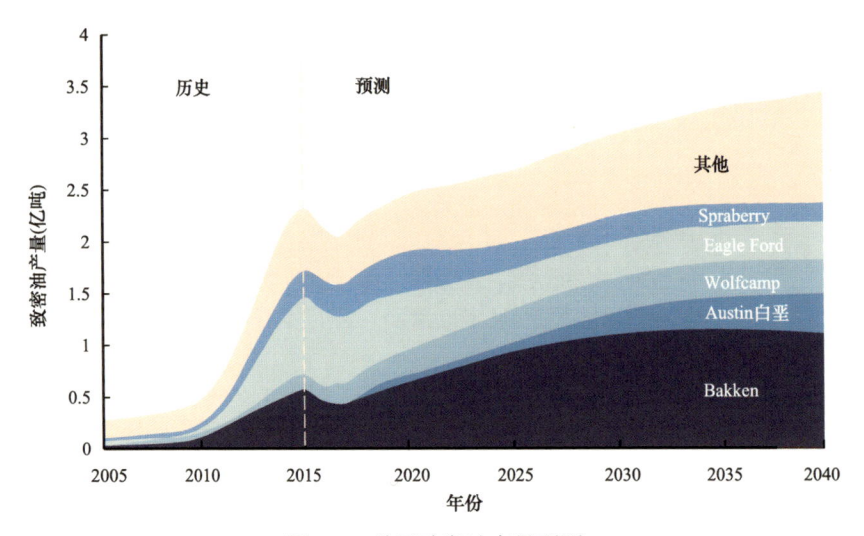

图 1-6 美国致密油产量预测

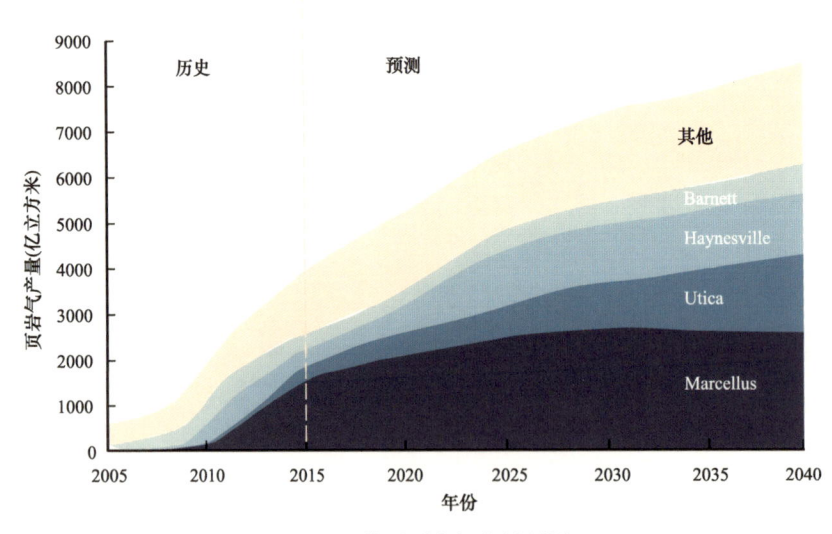

图 1-7 美国页岩气产量预测

中国已成为继美国、加拿大之后世界第三大非常规油气资源生产国。中国非常规油气资源量大，是未来油气增储上产的基础。据中国石油勘探开发研究院评价，中国非常规气技术可采资源量为 46.6 万亿立方米，其中页岩气 18.8 万亿立方米、致密气 16.5 万亿立方米、煤层气 11.3 万亿立方米；非常规油技术可采资源量为 551.8 亿吨，其中油页岩油 131.8 亿吨、致密油 12.3 亿吨、油砂油 7.7 亿吨，预测页岩油超过 400 亿吨。

中国非常规天然气产量占有重要比例，非常规油尚未实现实质性的规模开发突破。随着致密气、煤层气和页岩气等非常规天然气开发的相继突破，产量接续快速增长，步入跨越发展期，已成为天然气产量增长的主力。与 2016 年相比，2017 年中国非常规天然气产量增长 14%，达到 398 亿立方米，占天然气总产量的 28.6%。2005 年中国致密气产量取得突破，2012 年产量超过 300 亿立方米，2015 年产量达到 350 亿立方米后趋于稳定，2017 年产量为 343 亿立方米，占天然气总产量的 23.7%。2006 年中国煤层气开发取得突破后，受多方面因素影响产量增长相对较慢，2017 年产量为 45 亿立方米，占天然气总产量的 3.0%。2013 年中国页岩气开发取得突破后产量快速增长，2017 年产量达到 90 亿立方米，占天然气总产量的 6.0%。

三、化石与非化石

传统化石能源不可再生，可再生的非化石新能源必将完成对传统化石能源的终极革命。如果认可石油工业300年发展期的话，那么从1859年世界石油工业开启至今已经过超过150年，现在还剩下150年以上，这可能是化石能源的生命周期。风能、太阳能、地热能以及当下快速发展的储能技术及氢能，均展现出广阔的发展前景，或许还等不到化石能源枯竭，新能源革命就将提前到来。

新能源技术不断创新突破，非化石能源的生产和消费量迅猛增长，在一次能源结构中的比例快速攀升。据BP（2018），2017年全球化石能源总产量113.20亿吨油当量，2017年全球非化石能源总产量20.01亿吨油当量，分别占比85%和15%。与2000年相比，2017年全球化石能源产量增长了39.42%，非化石能源产量增长了62.16%，非化石能源产量增速远高于化石能源。特别是，非水电可再生能源由2000年的0.49亿吨油当量增长至2017年的4.87亿吨油当量，增长了8.9倍（图1-8、图1-9）。

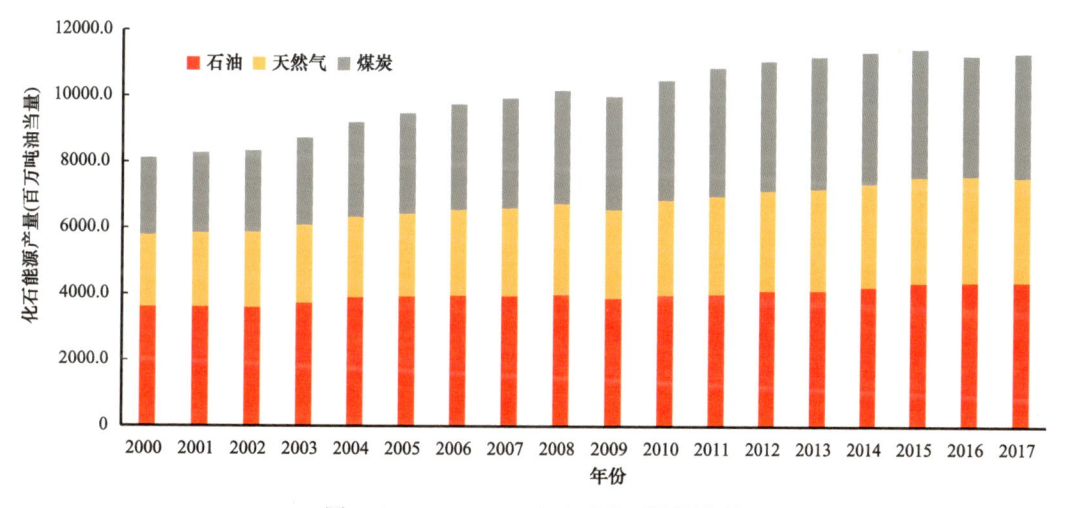

图1-8　2000—2017年全球化石能源产量

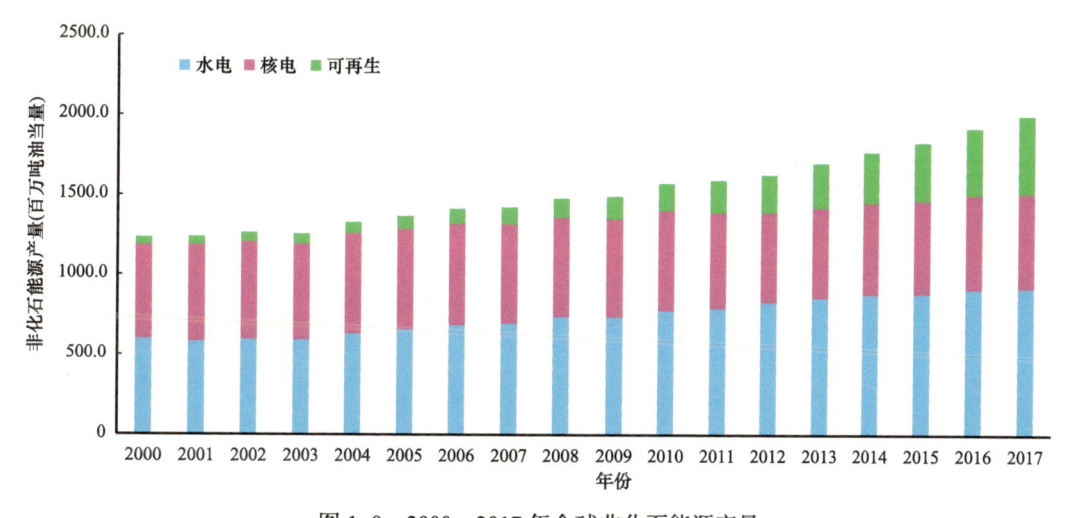

图1-9　2000—2017年全球非化石能源产量

预计2050年，世界一次能源需求量将达到175亿吨油当量，相比2016年增长约27%，年均增长0.65%。其中，2017—2030年间平均增长率为0.95%，2031—2050年间平均增长率为0.45%，增速呈现放缓趋势。可再生能源将在该期间以年均 6% 的高速迅猛增长；化石能源中的天然气和石油年均增长率分别为 1.3% 和 0.3%，呈现相对低速增长；煤炭则年均下降 0.8%，呈现负增长趋势。

第三节 能源发展趋势

从能源资源类型、生产方式和利用方式来看，未来能源发展将出现如下三大趋势：资源类型由高碳向低碳和非碳发展；开采方式由简单生产向技术生产发展；利用方式由直接一次向多次转化发展。

一、资源类型减碳化

一次能源类型由高碳向低碳发展。即由化石能源走向非化石能源，世界将进入清洁化能源时代。能源发展的总体脉络是由化石能源走向非化石能源。单位热值的碳含量：煤炭 26.37 吨/太焦耳、原油 20.1 吨/太焦耳、天然气 15.3 吨/太焦耳（1 太焦耳 =1×10^{12} 焦耳）；而水电、风电、核能、太阳能等不含碳。煤炭向油气、油气向新能源发展的过程中，各类型能源所产生的污染物量和碳排放量将越来越低，适应和满足了生态环境绿色发展的需求。

未来能源将会进一步向高能量密度、绿色化、多元化发展。能源演变基本遵循从低能量密度到高能量密度的过程。燃烧薪柴时代，能量密度为 10~20 兆焦耳/千克（1 兆焦耳 =1×10^{6} 焦耳）水平；以工业革命为标志，步入煤炭时代后，能量密度逐渐提高到 30 兆焦耳/千克以上；第二次工业革命后，进入石油时代，能量密度进一步提高到 40 兆焦耳/千克以上（图 1-10）。

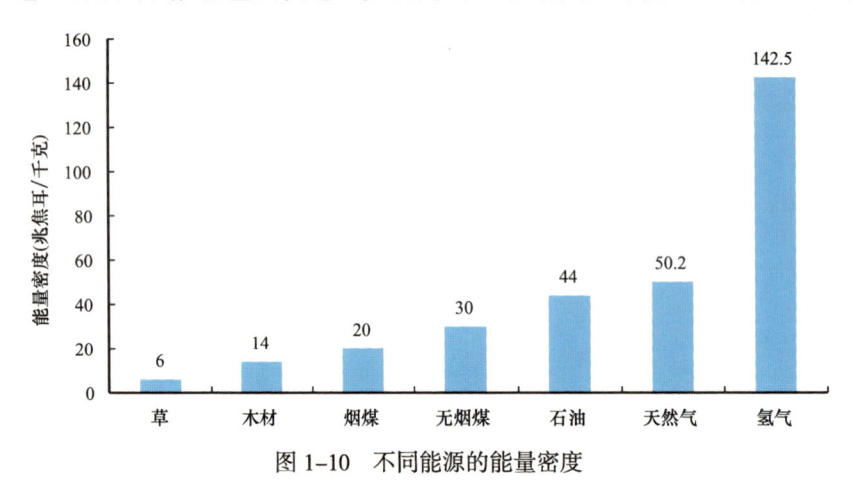

图 1-10 不同能源的能量密度

可再生能源几乎不含碳，近几年来在一次能源消费中的比重大幅提升。全球清洁能源市场维持了快速增长的趋势。截至 2016 年底，风电和光伏累计装机容量分别达到 467 吉瓦和 296 吉瓦（1 吉瓦 =1×10^{9} 瓦），保持了较高的增速。2017 年第三季度，全球对清洁能源的总投资为 669 亿美元，同比增长了将近 40%。其中清洁能源发电占比逐年稳步提升，2017 年 1—7 月 OECD（经济合作与发展组织）国家核电发电量占总发电量的 17.6%，水电占 14.5%，地热、风电、太阳能等则占 9.7%。其中地热、风电、太阳能等非核新能源发展较快，2017 年 1—7 月发电量为 594.2 太千瓦时，较 2016 年同期发电量增长了 12.5%，占比提高了 1 个百分点（IEA，2017）。中国可再生能源占比快速提升。2016 年中国风电、光伏、核电发电量占比分别达到 4.0%、1.1%、3.6%，2017 年前三季度占比达到 4.5%、1.8%、3.9%，呈逐年提升的趋势。

二、生产技术密集化

能源资源生产方式由简单生产向技术生产发展。从能源发展的大趋势来看，原始人类从自然界中直接获取木柴作为能源，从煤矿开采到油田开发越来越体现工程技术的重要性，核能、风能、太阳能等新能源资源的开发均为技术密集型产业。从某一类型能源的开发历程来看，也体现了技术的重要性。以油气开采为例，早期石油开采以直井为主，水平井技术和水力压裂技术的应用，使大量低产井获得了有效开发，水平井分段压裂技术的应用推动了一场能源领域的页岩油气革命。

新能源的开发利用更是体现了当今科技发展的最高水平。以新能源发电并网为例，相对于传统的集中式发电，新能源分布式的能源系统具有多样化、动态化、复杂化的特点，该系统包含众多参与者和多层次能源及信息流、资金流，不仅能对突如其来的电力中断有更好的掌控，还可以对能源消耗有更灵活的安排和计划。这种分布式能源网络需要充分发挥当前大数据和人工智能技术，以解决非连续、不稳定电力的生产和消费问题。

三、利用方式多元化

能源利用方式由一次能源向二次能源或多次能源发展，电力和氢能是未来能源利用的方向。第一次工业革命以前，作为能源的木柴和煤炭以直接热利用为主；随着1769年蒸汽机的发明，能源利用向动力方向拓展；1831年法拉第发现电磁感应之后，能源利用方式向电力方向发展，开启了能源利用的电气化时代。但电力储能技术一直难以出现重大突破，作为动力能源具有较大的局限性。氢能与电能易于互换，并且具有相对更好的储能效果，氢能可作为二次能源或多次能源进行转换，因此氢能与电能的协同互换式多次能源转化，将是未来能源利用的新方向。

电能具有传输方便和利用方便的特点，化石、核能和可再生等能源都可转化为电能加以传输或利用，是当前主要的能源利用方式之一。全球能源互联网以特高压电网为骨干网架（通道），以输送清洁能源为主导，由跨国、跨洲骨干网架和涵盖各国、各电压等级电网（输电网、配电网）的国家级智能电网构成，连接"一极一道"和各洲大型能源基地，适应各种分布式电源接入需要，能够将风能、太阳能、海洋能等可再生能源输送到各类用户，是服务范围广、配置能力强、安全可靠性高、绿色低碳的全球能源配置平台。预计到2020年加快推进各国清洁能源开发和国内电网互联，大幅提高各国的电网配置能力、智能化水平和清洁能源比重；2020—2030年，推动洲内大型能源基地开发和电网跨国互联，实现清洁能源在洲内大规模、大范围、高效率优化配置；2030—2050年，基本建成全球能源互联网，在全球范围实现清洁能源占主导目标，全面解决世界能源安全、环境污染和温室气体排放等问题。

电能储存难度大，风、光和地热等能源发电对电网的冲击大，因此通过电—氢的相互转化，可解决电力的储存问题，是目前最理想的新能源解决方案。氢能和电能可以互换，实现跨界能源的互联互通。通过一次能源（太阳能、风能、海洋能、热能等）的转换来获取氢和电能，同时氢气可以通过燃料电池技术来发电，而电也可以作用于水制取氢气，从而实现了整个能源网络的互联互通。在电网延伸的范围内可以取电之便利，而在电网之外用氢气储能和供能。氢能市场持续快速增长，在能源领域的作用迅速崛起。2009年中国氢气产量首次突破1万吨规模，随后一直保持快速增长，2017年中国氢气产量达到1910万吨，折合成标准状态气体为2139亿立方米，而2017年中国天然气产量仅为1470亿立方米（表1-2）。氢气在中国的市场占有率超过了天然气，主要用于农业合成化肥等产品。

表 1-2 中国氢气产量及 2020 年预测产量

产量	2016 年		2017 年		2020 年预测	
	万吨	亿立方米	万吨	亿立方米	万吨	亿立方米
全球氢气产量	6923	7754	7637	855	10378	11623
中国氢气产量	1797	2012	1910	2139	2542	2847
中国天然气产量		1371		1470		1800

氢能与氢燃料电池在交通领域、固定式发电领域、通信基站备用电源领域和物料搬运领域已经在商业化初期崭露头角，形成了德国模式和日本模式。德国氢能发展模式是以发展电转气模式为重点，为下游氢能应用提供便捷的基础设施，进而激活下游应用场景。政府和产业资本也积极推动氢能基础设施建设，以核心城市为中心，依托天然气管道系统逐步向外延扩展。日本氢能发展模式是普及氢能及氢燃料电池的下游应用，并不断拓展下游市场规模。2014 年，日本政府明确将大力普及家庭和工业用氢燃料电池，2015 年开始快速普及氢燃料电池汽车，计划在 2030 年向市场投入 530 万块家用氢燃料电池，相当于每 10 户日本家庭就有一块家用燃料电池。

第四节 能源发展驱动力

从能源工业的更迭历史来看，薪柴到煤炭、煤炭到油气，每一次能源品种的替代，每一次转换既是科技驱动的结果，又是能源满足人类社会文明发展要求的结果。因此，科技创新和社会文明发展是能源发展的两大驱动力。

一、科技创新驱动

科学技术进步驱动能源变革。从能源发展的三大转换来看，每一次能源转换的更迭都是能源科技创新的结果，对于同一种能源来说，由兴起到兴盛的全生命周期贯穿着开发利用科技的不断创新和进步。

1769 年，瓦特发明蒸汽机，开启第一次工业革命，人类进入了机器动力时代，煤炭作为高能量密度的燃料进入了全新发展期；1831 年法拉第发现电磁感应现象，1880 年爱迪生发明电灯，开启第二次工业革命，人类进入了电力工业时代，煤炭作为火电的主要原料，其需求量进一步提高（表 1-3）。与此同时，煤矿开采工艺技术不断进步，煤矿开采进入机械化时代，煤炭产量大幅提高。

表 1-3 三次技术革命与能源转型关键因素汇总表

参数	第一次工业革命（产业革命）	第二次工业革命（电气革命）	第三次工业革命（信息革命）
开始时间	18 世纪 60 年代	19 世纪 70 年代	20 世纪四五十年代
完成时间	19 世纪上半期	19 世纪末 20 世纪初	正在进行
主要标志	蒸汽机的发明和广泛运用	内燃机与电力的发明及广泛应用	原子能、计算机、航天工程、生物技术等领域取得重大突破
理论基础	牛顿的力学	法拉第的电磁学	控制论与爱因斯坦的相对论

续表

参数	第一次工业革命 （产业革命）	第二次工业革命 （电气革命）	第三次工业革命 （信息革命）
产生的 新兴产业	金属冶炼业、 机器制造业等	电力工业、化学工业、汽车制造业、造船业等	电子工业、核工业、航天工业、激光工业、信息工业等
交通工具	汽船（轮船）、火车	电车、汽车、飞艇、飞机	宇宙飞船
动力能源	改良的蒸汽机（煤炭）	发电机和电动机（电力）、内燃机（石油）	原子能或核能、太阳能
进入时代	蒸汽时代	电气时代	信息时代
生产方式	实现机械化生产	实现电气化生产	实现自动化生产
实质	机器生产代替手工劳动	蒸汽时代进入电气时代	电气化到自动化、智能化

在19世纪80年代，煤炭超过薪柴成为第一大能源，完成了第一次能源转换。由于内燃机的发明，石油作为内燃机的主要原料，其需求量大幅提高，人类能源发展逐步进入油气时代。在20世纪中叶，石油超过煤炭成为第一大能源，完成了第二次能源转换。根据BP统计数据，石油占世界一次能源消费量的比重在1973年达到峰值（占比48.7%）后逐年降低，到2017年，石油占比为33.46%；天然气所占份额不断提升，由1965年的15.8%上升到2017年的23.62%，提高了约8个百分点；煤炭的占比在1999年降到最低点后（约25%），又出现小幅回升，2017年占比27.93%。

薪柴可在自然界中直接获取，能源获取方式简单，能量密度低，以取暖和烹饪的简单利用方式为主；煤炭能源的获取需要露天开采和井下开采两种方式，开掘过程中需要采矿技术、安全技术和运送技术等，其可作为蒸汽机和火电的主要燃料；与煤炭相比，油气资源勘探开发技术更为复杂，油气资源的发现需要地质、地球物理、钻井工程、油藏工程、地面工程等多学科多工种的联合，特别是目前油气勘探开发向深海、深层和非常规领域发展，体现了当今科技的最高水平，是典型的技术密集型产业。

以油气发展为例，石油工业史就是一部科技发展史，油气地质理论技术不断创新，为经济社会持续发展提供了不竭的动力。在油气工业已有的150年发展历史进程中，其中有两次找油气理论的重大创新。第一次创新是找常规圈闭油气藏，第二次创新是找非常规"甜点区"。从常规向非常规油气跨越的石油科技革命，即常规油气圈闭成藏理论、非常规油气连续聚集理论、常规油气直井钻井技术、纳米与气驱提高油气采收率技术。理论技术推动石油工业不断向前发展，促使世界油气储量、产量保持平稳增长，2017年全球石油和天然气探明剩余可采储量分别为2393亿吨、193.5万亿立方米，产量约75.5亿吨油当量。科技进步推动油气资源的发现与利用，满足了人类社会发展对油气的需求。

二、社会文明驱动

社会文明的发展驱动能源需求。原始社会能源主要满足生存需求；封建社会人类生活品质提高，初级工业生产使能源需求大幅提升；工业革命以来社会文明加快发展，人类对交通、信息和文化娱乐的需求大幅提升，现代工业对能源的需求量达到前所未有的高度。近年来，随着高碳能源在开发利用过程中产生的废水、废气和废渣引发了一系列生态环境问题，能源生产和消费的生态需求已经进入能源发展历程。

原始社会生产力水平低，人类生存时刻面临挑战，薪柴作为能源用于烹饪、取暖和照明等基本生存需求。封建社会生产力水平提高，人类生活品质提高，并且初级工业生产使能源需求大幅提升，简单的烹饪和取暖不能满足生活需求。封建社会人类对铁器、瓷器等产品的需求量大幅增加，薪柴由于能量密度较低，不能满足工业需求。煤炭能量密度高、发热量大，逐步进入人类生活和生产，并且在冶炼、瓷器等工业中广泛应用。工业革命以来社会文明加快发展，内燃机作为高效动力工具在多个领域广泛应用，使得油气的需求量大幅提高。汽车、轮船和飞机等交通运输工具的产生，使得人类社会对能源的需求转向油气，促进了第二次能源重大转换。

工业革命以来由于生产力的大幅提高，人口数量和生活水平也大幅提高，因此人类对能源的需求量出现空前增长。高碳能源燃烧所带来的环境问题日益严重，环境污染和全球气候变暖已经成为当今人类面临的两大环境挑战。中国受其能源资源国情影响，以煤炭为主的能源消费结构，使得环境污染问题格外突出。近20年，北京、天津市加大天然气和新能源消费，煤炭比例较大下降；但周边仍以煤炭为主，造成环境污染严重。燃煤产生烟尘、二氧化硫、氮氧化物及二氧化碳等，对大气的污染非常严重。汽车尾气中排放的一氧化碳、碳氧化合物、氮氧化物、硫化物，对大气造成严重危害。2013年初北京及中东部被雾霾笼罩，与60年前的伦敦相似，近年明显改善。

矿物燃料（如煤、石油等）排放出大量的二氧化碳等多种温室气体，使得全球气候呈现变暖趋势。1981—1990年全球平均气温比100年前上升了0.48℃。在20世纪全世界平均温度约攀升0.6℃。北半球春天冰雪解冻期比150年前提前了9天，而秋天霜冻开始时间却晚了约10天。20世纪90年代是自19世纪中期开始温度记录工作以来最温暖的10年，在记录上最热的几年依次是1998年、2002年、2003年、2001年和1997年。气候变暖使得全球超大型台风、飓风、海啸等灾难发生频率明显升高，地球冰川融化使得生态环境发生明显改变。

为解决高碳能源带来的环境污染和气候变暖问题，人类发展对风能、太阳能、地热能等可再生能源的需求大幅提高。在新能源时代到来之前，天然气成为化石能源向新能源跨越中不可逾越的桥梁，将最终推动人类能源消费与生态环境和谐发展。据BP预测数据，到2035年，石油、煤炭在一次能源消费中的占比分别约为28%、24%，与2015年相比，都下降了近5个百分点；天然气的比重与2015年相比提升了1个百分点，约为25%；核能在一次能源消费中的占比仍然较低，提升了1.5个百分点左右；可再生能源的比重变化最大，将在未来的20年里上升近7.5个百分点。

第二章 世界能源版图

由于地壳形成与演化的差异性，全球化石能源分布具有较强的地域性，勘探开发、生产消费具有极大的不均衡性。随着社会文明的不断进步，人类对可再生能源、水电、核电、生物质燃料等新能源的需求量日益增大。近年来，非常规油气迅猛发展，中国、印度等发展中国家能源需求量快速增长，分别从供、需两个层面对传统能源格局产生了重大影响，油气已形成四大常规、四大非常规版图，煤炭形成亚太、北美和欧洲三大版图，新能源发展已初步形成欧洲、北美和亚太三大版图。

第一节 世界化石能源版图

一、化石能源资源版图

全球化石能源主要包括石油、天然气和煤炭，随着理论认识的不断深入和勘探技术水平的大幅提升，重塑了全球化石能源资源的新版图。非常规油气的发展重塑了传统油气资源版图。

1. 石油

全球石油探明储量丰富，主要分布在中东、亚欧大陆、美洲和亚太等地区。石油储采比54.5，已发现石油仍然可以维持人类50年以上的需求。据中国石油勘探开发研究院评价，世界常规油可采资源量为5350亿吨，主要集中在中东、俄罗斯、北美和南美四大区域；非常规油可采资源量为4209亿吨，略低于常规油。

据BP（2018），2017年全球石油储量1697亿吨，其中中东占47.6%、中南美占19.5%、北美占13.3%、欧洲占9.3%、非洲占7.5%、亚太占2.8%。与2000年相比，全球石油储量增长了30.4%。增长率主要来自中南美地区，该地区2000年石油储量为130亿吨，2017年为330.1亿吨，增长了154%（图2-1）。世界石油储量最多的国家主要有委内瑞拉、沙特阿拉伯、加拿大、伊朗和伊拉克，分别为303亿吨、266亿吨、169亿吨、157亿吨和149亿吨。总的来说，世界石油储量形成了中东、中南美和北美三大储量中心。

2. 天然气

世界常规天然气可采资源量471万亿立方米，主要集中在中东、俄罗斯、北美和南美四大区域。2000年以来，随着认识程度和技术水平的提升，以北美页岩气为代表的非常规天然气实现了规模发展，最新估算的全球非常规天然气可采资源量约4000万亿立方米，大致是常规天然气资源量的8倍。

据BP（2018），2017年全球天然气储量193.5万亿立方米，其中中东占40.9%、欧洲占32.1%、亚太占10.0%、非洲占7.1%、北美占5.6%、中南美占4.3%。与2000年相比，全球天然

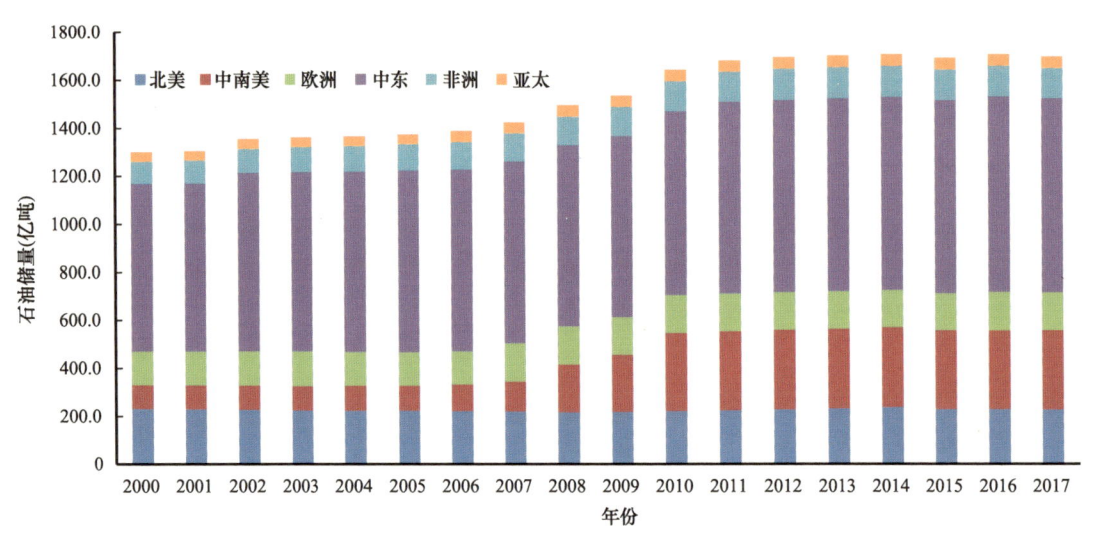

图 2-1　2000—2017 年全球石油储量分布变化图

气储量增长了 38.9%。增长率最大的四个地区分别为亚太、北美、欧洲和中东地区，该四个地区 2000 年天然气储量分别为 11.8 万亿立方米、7.5 万亿立方米、41.4 万亿立方米和 59.0 万亿立方米，2017 年分别增长至 19.3 万亿立方米、10.8 万亿立方米、62.2 万亿立方米和 79.1 万亿立方米（图 2-2）。世界天然气储量最多的国家主要有俄罗斯、伊朗、卡塔尔、土库曼斯坦和美国，分别为 33.2 万亿立方米、35.0 万亿立方米、24.9 万亿立方米、19.5 万亿立方米和 8.7 万亿立方米。总的来说，世界天然气储量形成了中东、欧洲和俄罗斯三大储量中心。

图 2-2　2000—2017 年全球天然气储量分布变化图

3. 煤炭

煤炭是世界上最为丰富的化石能源，资源总量超过 100 万亿吨，主要分布于欧洲及欧亚大陆、亚太和北美等三个地区。据 BP（2018），预计 2019 年全球煤炭储量为 10350 亿吨，其中亚太占 41.0%、欧洲占 31.3%、中南美占 1.4%、中东和非洲合占 1.4%。世界煤炭储量最多的国家主要有美国、中国、俄罗斯、澳大利亚和印度，分别为 2509 亿吨、1388 亿吨、1603 亿吨、1448 亿吨和 977 亿吨。总的来说，世界煤炭储量形成了北美、亚太和欧洲三大储量中心。

二、化石能源生产版图

技术进步带来的非常规油气革命正推动世界油气生产格局发生着深刻调整。过去 10 年，世界石油产量稳定增长，天然气产量较快增长。受中国等新兴经济体煤炭产能扩张的影响，世界煤炭产量的不均衡性加大，亚太煤炭产量一枝独秀的局面被加强。

1. 石油

全球石油产量进入稳定期，基本形成了中东、北美和俄罗斯三大石油产量中心。2017 年全球石油产量 43.87 亿吨，与 2000 年相比全球石油产量增长了 21.3%。其中，2017 年中东、北美、欧洲、中南美、亚太和非洲石油产量分别为 14.81 亿吨、9.17 亿吨、7.17 亿吨、3.68 亿吨、5.21 亿吨和 3.83 亿吨，分别占比 33.8%、20.9%、16.3%、8.4%、11.9% 和 8.7%。与 2000 年相比，2017 年中东、北美、欧洲、中南美、亚太和非洲石油产量分别增长了 28.8%、42.7%、18.3%、6.7%、-1.5% 和 3.4%（图 2-3）。2017 年石油产量最高的 5 个国家分别为美国、沙特阿拉伯、俄罗斯、加拿大和伊朗，产量分别为 5.71 亿吨、5.61 亿吨、5.54 亿吨、2.36 亿吨和 2.34 亿吨。

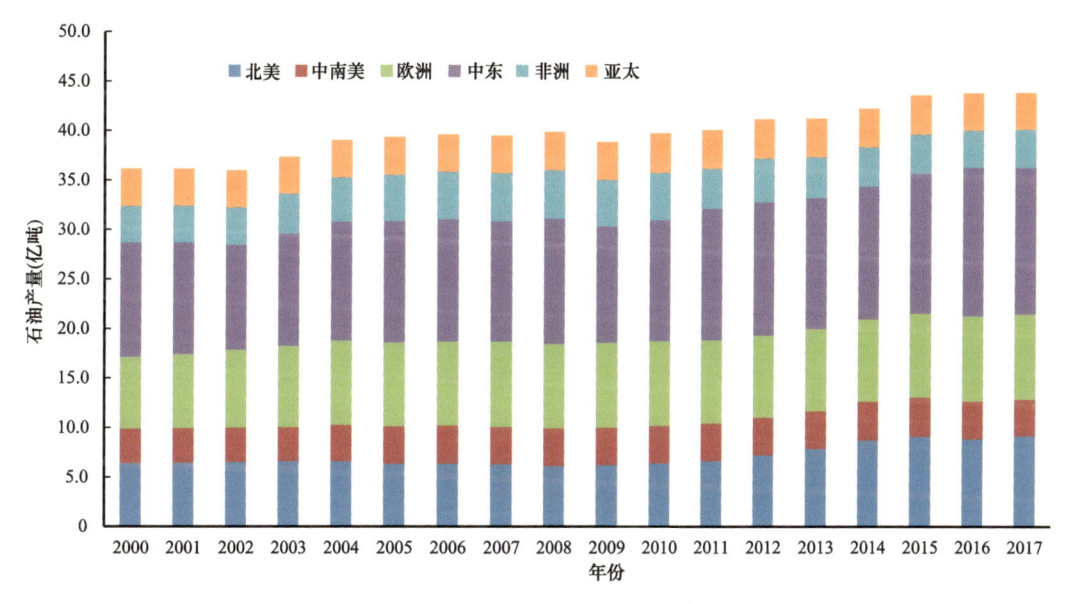

图 2-3　2000—2017 年世界石油产量

2000 年以来，北美地区非常规油勘探开发取得重大突破，致密油、油砂油等非常规油快速发展，推动北美石油产量增长 37.4%，成为全球石油产量的主要增长点。2000 年美国致密油产量不足 2000 万吨，2017 年美国致密油产量为 2.2 亿吨（图 2-4）。致密油产量不仅弥补了常规油的产量快速递减，而且使美国石油产量持续增长。

2. 天然气

全球天然气产量发展进入新时期，基本形成了欧洲、北美、中东和亚太四大天然气产量中心。2017 年全球天然气产量为 36803 亿立方米，与 2000 年相比全球天然气产量增长了 53.0%。其中，2017 年欧洲、北美、中东、亚太、非洲和中南美天然气产量分别为 10574 亿立方米、9515 亿立方

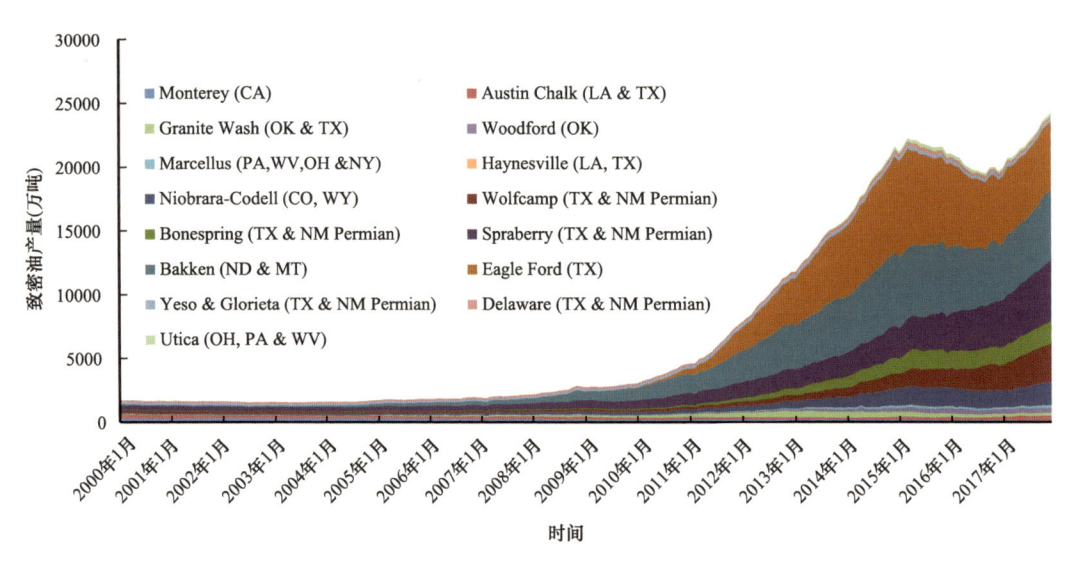

图 2-4　2000—2017 年美国致密油产量

米、6599 亿立方米、6075 亿立方米、2250 亿立方米和 1790 亿立方米，分别占比 28.7%、25.8%、17.9%、16.5%、6.1% 和 5.0%。与 2000 年相比，2017 年欧洲、北美、中东、亚太、非洲和中南美天然气产量分别增长了 13.1%、27.0%、213%、119%、69.6% 和 75.8%（图 2-5）。天然气产量最高的 5 个国家分别为美国、俄罗斯、伊朗、加拿大和卡塔尔，产量分别为 7395 亿立方米、6356 亿立方米、2239 亿立方米、1763 亿立方米和 1757 亿立方米。

图 2-5　2000—2017 年世界天然气产量

随着中东地区北方—南帕斯气田开发提速、亚太地区天然气开发加速和北美地区页岩气产量持续高速增长，中东、亚太和北美天然气产量分别贡献了全球天然气产量增长的 41.2%、31.1% 和 24.6%。2000 年以来，北美地区以页岩气为代表的非常规天然气勘探开发取得重大突破，推动北美天然气产量增长 26.6%。2017 年美国天然气产量 7395 亿立方米，其中页岩气产量 4772 亿立方米，成为天然气产量的主体（图 2-6）。

3. 煤炭

受中国等新兴经济体煤炭产能扩张的影响，世界煤炭产量的不均衡性加大，亚太煤炭产量一

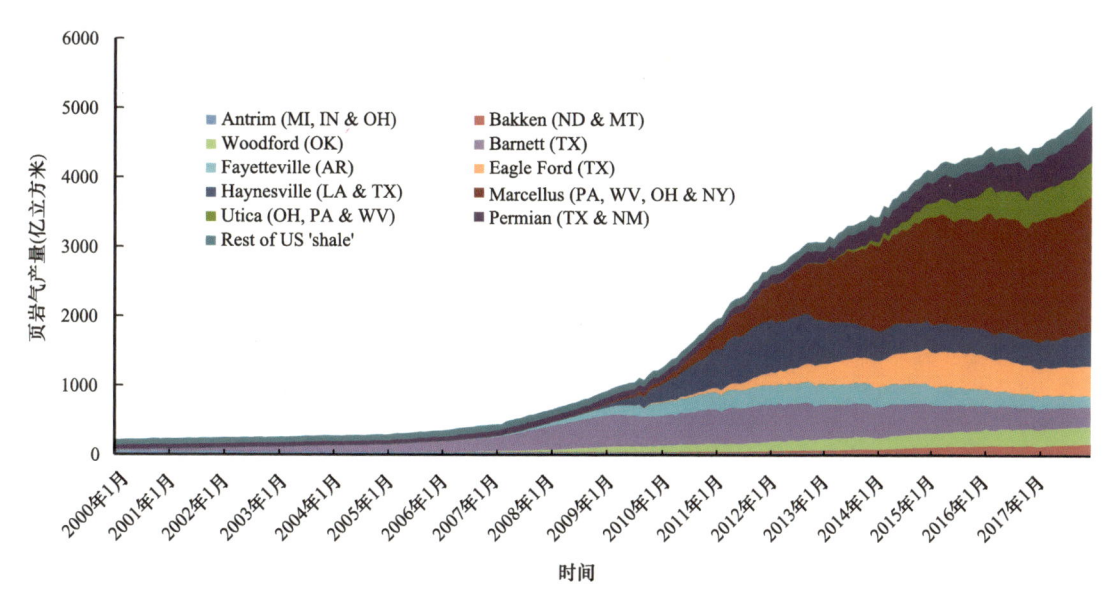

图 2-6　2000—2017 年美国页岩气产量

枝独秀的局面被加强，2013 年世界煤炭产量达到峰值后呈现下降趋势。2017 年全球煤炭产量为 77.3 亿吨，与 2000 年相比全球煤炭产量增长了 63.5%。其中，2017 年亚太、欧洲、北美、非洲、中南美和中东煤炭产量分别为 53.6 亿吨、12.2 亿吨、7.7 亿吨、2.7 亿吨、1.0 亿吨和 0.016 亿吨，分别占比 69.4%、15.8%、10.0%、3.5%、1.3% 和 0。与 2000 年相比，2017 年亚太、欧洲、北美、非洲、中南美和中东煤炭产量分别增长了 145%、2.4%、–28.8%、17.4%、85.7% 和 6.9%（图 2-7）。2017 年煤炭产量最高的 5 个国家分别为中国、印度、美国、澳大利亚和印度尼西亚，产量分别为 35.2 亿吨、7.16 亿吨、7.02 亿吨、4.81 亿吨和 4.61 亿吨。

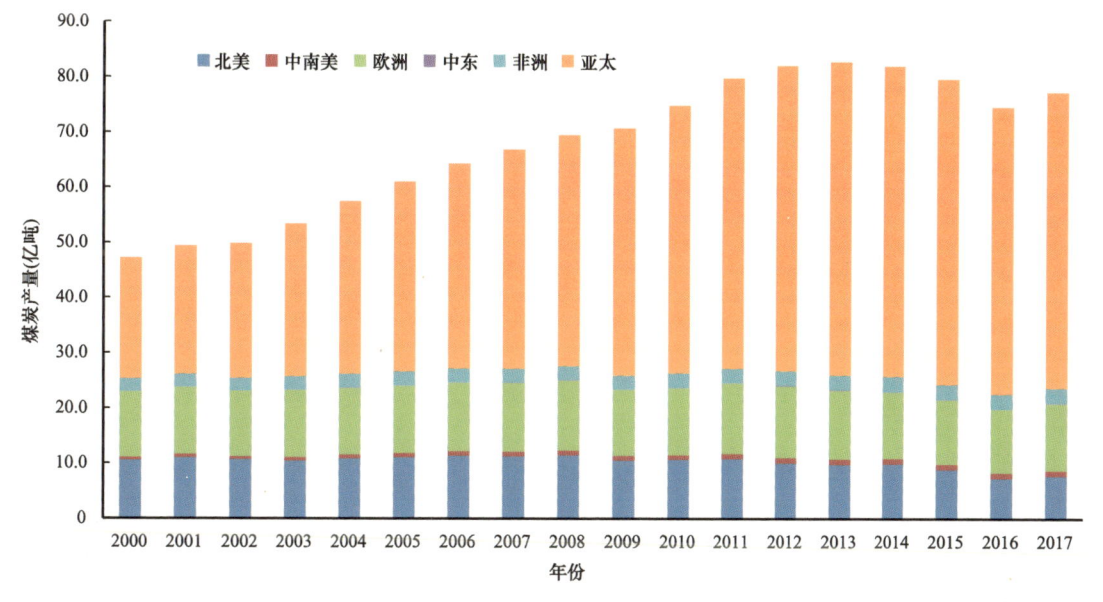

图 2-7　2000—2017 年世界煤炭产量

亚太、北美和欧洲煤炭产量占主体地位，中国的煤炭产量占全球的半壁江山。2013 年全球煤炭产量达到峰值的 82.75 亿吨后开始下降。2017 年世界前五大煤炭生产国中有 4 个在亚太地区，中国是全球煤炭产量的主力，占全球煤炭产量的 45.5%。

三、化石能源消费版图

新兴经济体能源需求的强劲增长和生态环境承载极限的日益临近，迫使人类在不同能源品种之间作出抉择。这种抉择直接而深刻地影响并重塑着世界化石能源消费的新版图。全球能源消费与社会经济发展水平、资源获取难易程度有关。美国和欧洲等发达国家/地区能源需求保持稳定；亚太新兴经济体能源需求快速增长，化石能源消费版图由北美、欧洲和亚太"三足鼎立"向东西半球"两极化"发展。2017年全球能源消费总量达到135.1亿吨油当量，比2000年增长了43.9%。其中亚太地区2017年能源消费量达到57.4亿吨油当量，比2000年增长了116.7%，成为全球能源消费增长的主要动力。欧洲和北美2017年能源消费量分别为29.5亿吨油当量和27.7亿吨油当量，比2000年分别增长了4.8%和0.6%，总体趋于稳定（图2-8）。

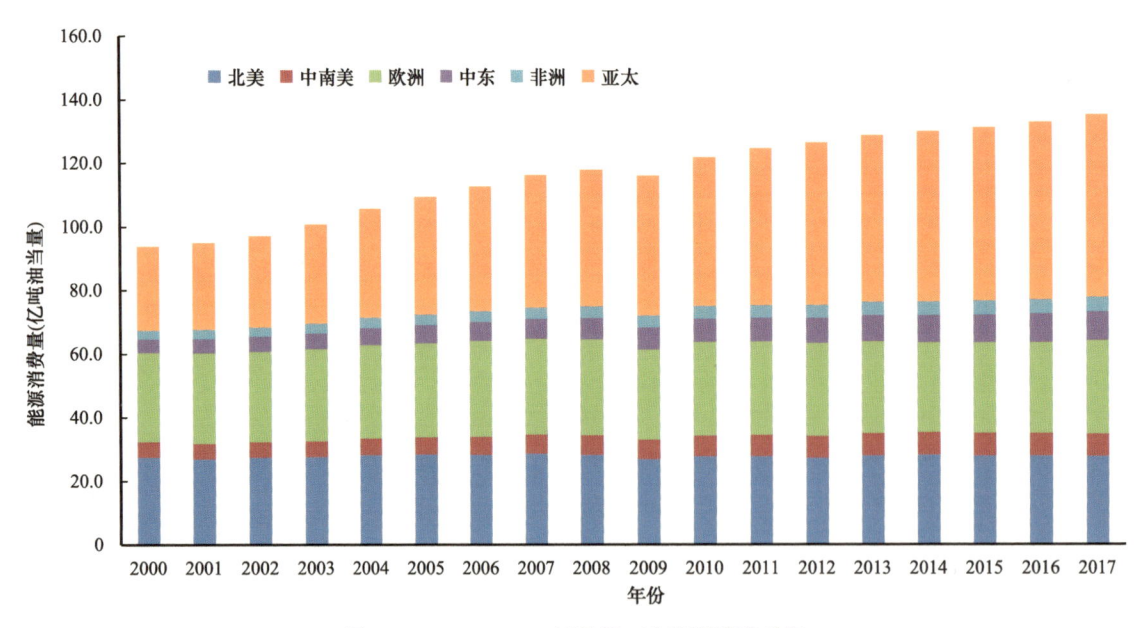

图2-8　2000—2017年世界一次能源消费总量

1. 石油

全球石油消费量总体趋稳，基本形成了亚太、北美和欧洲三大石油消费中心。2017年全球石油消费量为46.22亿吨，与2000年相比全球石油消费量增长了24.5%。其中，2017年亚太、北美、欧洲、中东、中南美和非洲石油消费量分别为17.11亿吨、10.6亿吨、9.41亿吨、4.0亿吨、3.2亿吨和1.9亿吨，分别占比37.0%、22.9%、20.4%、8.7%、6.9%和4.1%。与2000年相比，2017年亚太、北美、欧洲、中东、中南美和非洲石油消费量分别增长了60.2%、-4.3%、-3.1%、66.8%、33.8%和59.8%（图2-9）。2017年石油消费量最高的5个国家分别为美国、中国、印度、日本和沙特阿拉伯，消费量分别为9.1亿吨、5.96亿吨、2.21亿吨、1.81亿吨和1.66亿吨。

石油产量和消费量之间的不平衡促进了全球石油贸易，总体来说亚太、北美和欧洲既是全球石油的消费中心也是全球石油的进口中心。据BP（2018），2017年全球石油贸易总量21.84亿吨。其中，亚太地区的中国、印度和日本，2017年石油进口量分别为4.7亿吨、2.11亿吨和1.63亿吨，合计占全球石油进口量的38.6%；欧洲石油进口量为5.16亿吨，占全球石油进口量的23.6%；美国石油进口量为3.94亿吨，占全球石油进口量的18.0%。

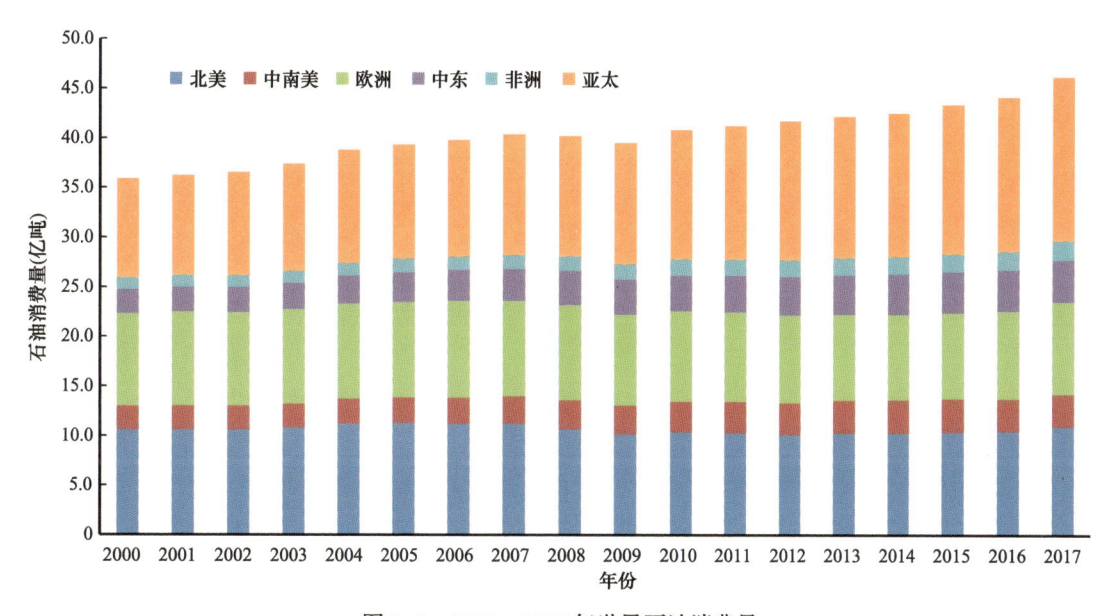

图 2-9　2000—2017 年世界石油消费量

2. 天然气

全球天然气消费量总体呈现快速增长趋势，基本形成了欧洲、北美和亚太三大天然气消费中心。2017年全球天然气消费量为36703亿立方米，与2000年相比全球天然气消费量增长了51.8%。其中，2017年欧洲、北美、亚太、中东、中南美和非洲天然气消费量分别为11063亿立方米、9428亿立方米、7696亿立方米、5364亿立方米、1734亿立方米和1418亿立方米，分别占比30.1%、25.7%、21.0%、14.6%、4.7%和3.9%。与2000年相比，2017年欧洲、北美、亚太、中东、中南美和非洲天然气消费量分别增长了12.4%、18.7%、161.1%、181.6%、80.3%和146.2%（图2-10）。2017年天然气消费量最高的5个国家分别为美国、俄罗斯、中国、伊朗和日本，消费量分别为7395亿立方米、4248亿立方米、2404亿立方米、2144亿立方米和1171亿立方米。

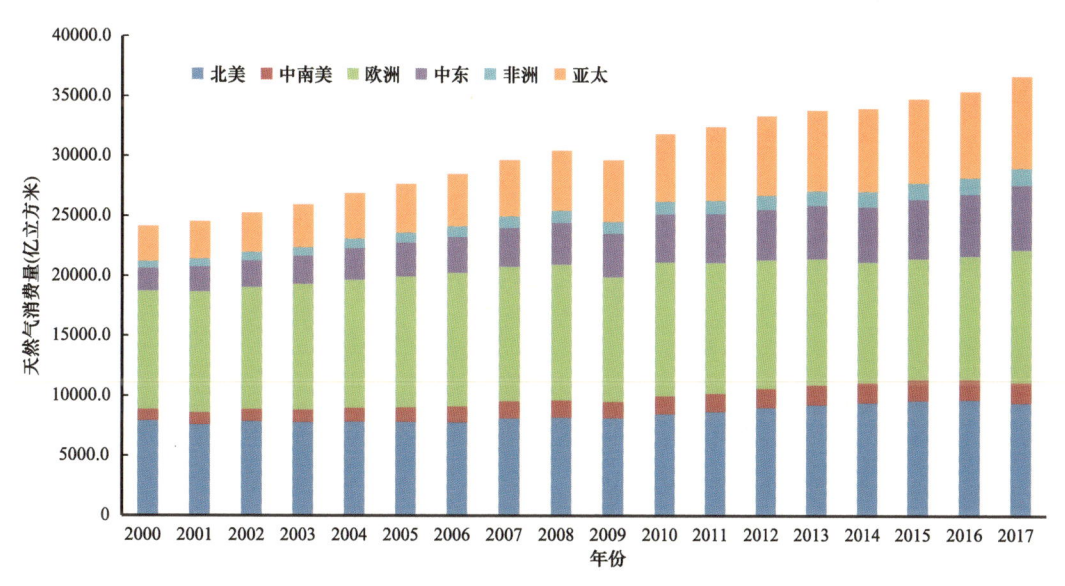

图 2-10　2000—2017 年世界天然气消费量

亚太地区中国、印度等新兴经济体的发展，使天然气需求量大幅增加，受资源限制天然气产量增长远低于消费量增长，天然气贸易在亚太地区表现活跃，全球天然气贸易中心向东移。2007—2017年，亚太地区天然气消费增长量比产量增长量多1007亿立方米；而中东和北美地区恰好相反，天然气产量增长量比消费增长量分别多817亿立方米和135亿立方米。据BP（2018），北美、亚太和欧洲是全球天然气贸易的三大中心，其中北美和欧洲天然气进口量基本稳定，亚太是全球天然气贸易量增长的主要地区。2007—2017年，全球天然气贸易量由7761亿立方米增长至11341亿立方米，增长了46.1%。其中，管道气由5467亿立方米增长至7407亿立方米，增长了35.5%；LNG（液化天然气）由2264亿立方米增长至3934亿立方米，增长了73.8%。

LNG技术的突破使天然气贸易摆脱距离限制，亚太地区成为天然气贸易量增长的最主要地区。2007年全球LNG贸易量为2264亿立方米，占总贸易量的29.2%；2017年全球LNG贸易量为3934亿立方米，占总贸易量的34.7%。2007年北美、欧洲和亚太天然气贸易量分别为1549亿立方米、4291亿立方米和1651亿立方米，LNG贸易量分别占天然气贸易量的15.5%、12.4%和90%；2017年北美、欧洲和亚太天然气贸易量分别为1559亿立方米、5514亿立方米和3465亿立方米，LNG贸易量分别占天然气贸易量的5.9%、11.9%和81.8%。

3. 煤炭

全球煤炭消费量总体呈现缓慢递减趋势，与煤炭产量结构类似，同为亚太一枝独秀。2017年全球煤炭消费量为37.32亿吨油当量，与2000年相比全球煤炭消费量增长了58.41%。其中，2017年亚太、欧洲、北美、非洲、中南美和中东煤炭消费量分别为27.5亿吨油当量、4.5亿吨油当量、3.9亿吨油当量、1.0亿吨油当量、0.3亿吨油当量和0.1亿吨油当量，分别占比73.7%、12.1%、10.4%、2.7%、0.8%和0.3%。与2000年相比，2017年亚太、欧洲、北美、非洲、中南美和中东煤炭消费量分别增长了140.7%、-13.7%、-36.2%、15.8%、66.1%和20.5%（图2-11）。2017年煤炭消费量最高的5个国家分别为中国、美国、印度、日本和俄罗斯，消费量分别为18.9亿吨油当量、3.32亿吨油当量、4.12亿吨油当量、1.20亿吨油当量和0.87亿吨油当量。

尽管亚太、北美和欧洲煤炭资源丰富，但在2014年全球煤炭消费量达到峰值的38.9亿吨油当量之后，消费量呈下降趋势，中国的煤炭消费量占全球煤炭消费量的半壁江山。世界前五大煤炭生产国中有三个在亚太地区，中国是全球煤炭消费的主力，占全球煤炭消费量的50.7%。

图2-11 2000—2017年世界煤炭消费量

第二节 世界新能源版图

一、核电版图

受核电事故影响，全球核电发展呈现分化趋势，美国、日本和韩国等正在逐步放缓核电发展，中国等新兴国家由于清洁能源发展需求旺盛积极发展核电。截至2017年底，美国运行核电站数量由100个以上降低到目前的60个，装机容量为99吉瓦。2011年日本受福岛核电站事故影响，日常一度停止核电生产，直至2015年才重启核电，2016年核电消费量仅为事故前的1/10。2017年韩国宣布全面取消正在准备的新核电站建设计划，不再延长核电站的设计寿命。亚洲是核电发展最积极的地区。截至2017年，在全球61座在建核电机组中，亚洲在建核电机组达27座，占比为44.26%；亚洲在建核电机组装机容量为30.21吉瓦，占全球在建核电机组装机容量的49%。

世界核电发展平稳，形成了欧洲、北美和亚太三大核电生产和消费中心。2017年世界核电消费量为5.96亿吨油当量，与2000年相比全球核电消费量增长了2.1%。其中，2017年欧洲、北美、亚太、中南美、非洲和中东核电消费量分别为2.58亿吨油当量、2.16亿吨油当量、1.12亿吨油当量、0.05亿吨油当量、0.036亿吨油当量和0.0146亿吨油当量，分别占比43.3%、36.2%、18.7%、0.8%、0.6%和0.3%。与2000年相比，2017年欧洲、北美、亚太、中南美和非洲核电消费量分别增长了-3.3%、9.2%、-1.4%、80.3%和15.0%（图2-12）。2017年核电消费量最高的5个国家分别为美国、法国、中国、俄罗斯和韩国，消费量分别为1.92亿吨油当量、0.90亿吨油当量、0.56亿吨油当量、0.46亿吨油当量和0.34亿吨油当量。

图2-12 2000—2017年世界核电消费量

二、水电版图

世界水电技术趋于成熟，行业发展主要受水能资源分布条件的控制，总体形成亚太、欧洲、北美和中南美四大区。2017年全球水电总装机容量达1246吉瓦，发电总量约4060太瓦时（9.2亿吨油当量）。美国和加拿大水电发展处于世界领先地位，水电装机容量分别为102吉瓦和79吉瓦（不含抽水蓄能）。美国政府鼓励发展水电，2014年颁布了两个法案，简化在现有水利基础设施上建设小型水电项目的审批流程，并且对在现有水利设施或拥有水电潜能场址建设的水电项目，将许可豁免水电容量标准由5兆瓦提高到10兆瓦。

世界水电发展迅猛，形成了亚太、欧洲、中南美和北美四大水电生产和消费中心，其中亚太是水电消费增长的主要中心。2017 年世界水电消费量为 9.2 亿吨油当量，与 2000 年相比全球水电消费量增长了 52.8%。其中，2017 年亚太、欧洲、北美、中南美、非洲和中东水电消费量分别为 3.72 亿吨油当量、1.87 亿吨油当量、1.64 亿吨油当量、1.62 亿吨油当量、0.29 亿吨油当量和 0.045 亿吨油当量，分别占比 40.4%、20.4%、17.9%、17.7%、3.2% 和 0.5%。与 2000 年相比，2017 年亚太、欧洲、北美、中南美、非洲和中东水电消费量分别增长了 216.4%、-1.1%、9.4%、29.0%、71.9% 和 145.6%（图 2-13）。2017 年水电消费量最高的 5 个国家分别为中国、加拿大、巴西、美国和俄罗斯，消费量分别为 2.61 亿吨油当量、0.90 亿吨油当量、0.84 亿吨油当量、0.67 亿吨油当量和 0.42 亿吨油当量。

图 2-13 2000—2017 年世界水电消费量

三、其他可再生能源版图

太阳能、风能等其他可再生能源将迅速增长，占比将持续提升。可再生能源发电已经成为主要的能源利用方式，引领可再生能源发展的未来。随着风能、太阳能等可再生能源开发利用科技水平的不断进步，初步形成了亚太、欧洲和北美三大可再生能源版图。2017 年世界其他可再生能源消费量为 4.87 亿吨油当量，与 2000 年相比全球其他可再生能源消费量增长了 893.5%。其中，2017 年亚太、欧洲、北美、中南美、非洲和中东其他可再生能源消费量分别为 1.75 亿吨油当量、1.63 亿吨油当量、1.10 亿吨油当量、0.33 亿吨油当量、0.055 亿吨油当量和 0.014 亿吨油当量，分别占比 36.0%、33.4%、22.5%、6.7%、1.1% 和 0.3%。与 2000 年相比，2017 年亚太、欧洲、北美、中南美、非洲和中东其他可再生能源消费量分别增长了 1590%、985.8%、450.8%、874.7%、1221.7% 和 13781.1%。2017 年其他可再生能源消费量最高的 5 个国家分别为中国、美国、德国、日本和巴西，消费量分别为 1.07 亿吨油当量、0.95 亿吨油当量、0.45 亿吨油当量、0.22 亿吨油当量和 0.22 亿吨油当量（图 2-14）。

1. 风电

风电作为技术成熟、环境友好的可再生能源，已在全球范围内实现大规模的开发应用。2016 年，风电在美国已超过传统水电成为第一大可再生能源，并在此前的 7 年时间里，美国风电成本下降了近 66%。在德国，陆上风电已成为整个能源体系中最便宜的能源。2017 年整个欧洲地区风电占电力消费的比例达到 11.6%，其中丹麦的风电占电力消费的比例继续增加 4 个百分点，达到 44.4%；德国为 20.8%，英国为 13.5%。2017 年全球陆上风电成本已经明显低于化石能源，逐渐接近水电，约 6 美分 / 千瓦时。2017 年新建陆上风电平均成本为 4 美分 / 千瓦时。IRENA（国际可再

图 2-14 2000—2017 年世界其他可再生能源消费量

生能源署)预计,2019 年全球成本最低的风电项目成本将达到 3 美分/千瓦时的水平,成为最经济的绿色电力之一。

世界风电已经形成了欧洲、亚太和北美三大生产和消费中心。2017 年世界风电消费量为 2.54 亿吨油当量,与 2000 年相比全球风电消费量增长了 3465%。其中,2017 年欧洲、亚太、北美、中南美、非洲和中东风电消费量分别为 0.87 亿吨油当量、0.83 亿吨油当量、0.68 亿吨油当量、0.13 亿吨油当量、0.03 亿吨油当量和 0.002 亿吨油当量,分别占比 34.3%、32.7%、26.8%、5.1%、1.0% 和 0.1%。与 2000 年相比,2017 年欧洲、亚太、北美、中南美、非洲和中东风电消费量分别增长了 1612%、14209%、4975%、22603%、4958% 和 2343%(图 2-15)。2017 年风电消费量最高的 5 个国家分别为中国、美国、德国、印度和西班牙,消费量分别为 0.65 亿吨油当量、0.58 亿吨油当量、0.24 亿吨油当量、0.12 亿吨油当量和 0.11 亿吨油当量。

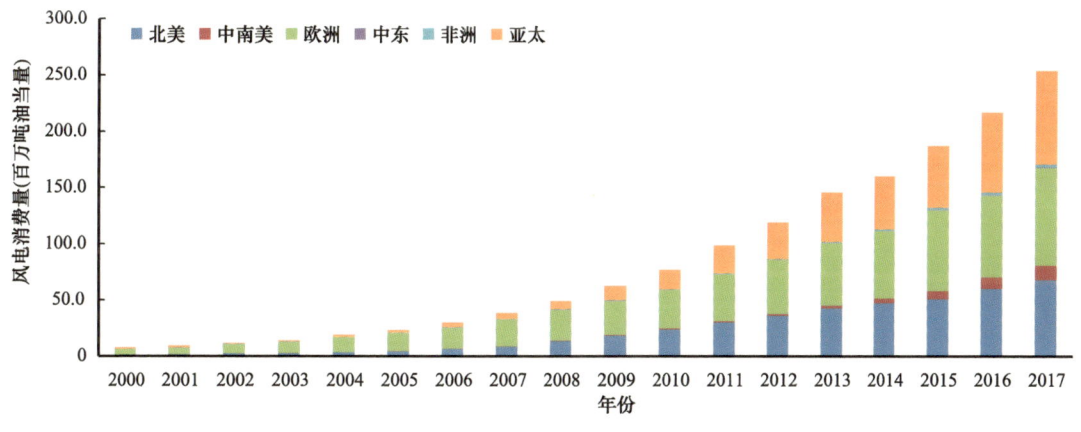

图 2-15 2000—2017 年世界风电消费量

2. 太阳能

全球太阳能利用市场向多元化发展,大国仍占主导地位。2017 年,全球太阳能市场猛增 26%,首次突破 100 吉瓦光伏装机容量。根据 GTM Research(可再生能源咨询机构),预计 2018 年将新增 106 吉瓦光伏装机容量。中国、美国、印度和日本在 2018 年将继续主导需求,但其在全球总体市场中的份额将从 2017 年的 82% 下降到 2018 年的 72%。每年安装 1 吉瓦及以上的国家数量将从现在的 9 个达到 14 个。巴西、埃及、墨西哥、荷兰和西班牙等国家在 2018 年装机容量首次跨越 1 吉瓦。

世界太阳能已经形成了亚太、欧洲和北美三大生产和消费中心。2017年世界太阳能消费量为1.00亿吨油当量,与2000年相比全球太阳能消费量增长了383倍。其中,2017年亚太、欧洲、北美、中南美、非洲和中东太阳能消费量分别为0.49亿吨油当量、0.28亿吨油当量、0.19亿吨油当量、0.02亿吨油当量、0.013亿吨油当量和0.011亿吨油当量,分别占比48.8%、28.3%、18.5%、2.0%、1.3%和1.1%(图2-16)。2017年太阳能消费量最高的5个国家分别为中国、美国、日本、法国和意大利,消费量分别为0.25亿吨油当量、0.18亿吨油当量、0.14亿吨油当量、0.09亿吨油当量和0.06亿吨油当量。

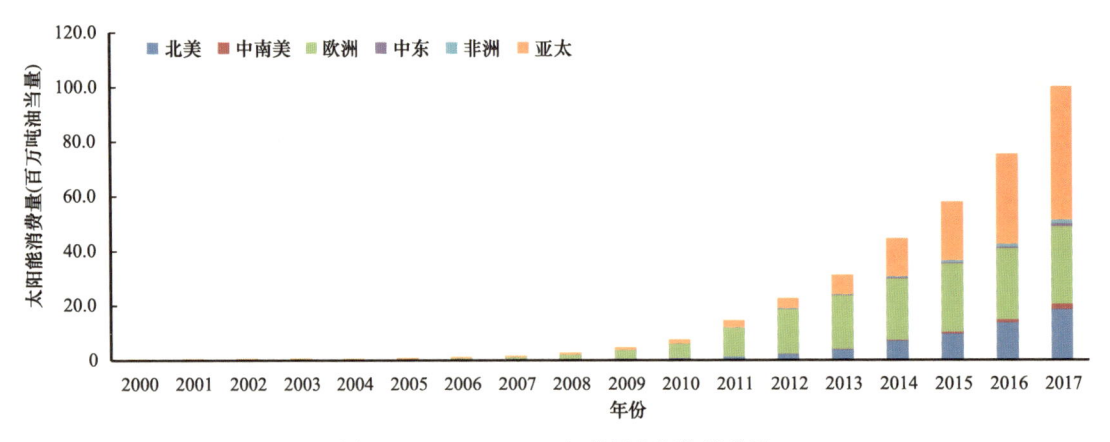

图2-16 2000—2017年世界太阳能消费量

3. 地热能

地热利用技术成熟,开发利用受地热资源分布限制,全球地热资源主要分布于四大地热带:一是环太平洋地热带,它是世界最大的太平洋板块与美洲、欧亚、印度洋板块的碰撞边界;二是地中海—喜马拉雅地热带,它是欧亚板块与非洲板块和印度洋板块的碰撞边界;三是大西洋中脊地热带,它是大西洋海洋板块开裂部位;四是红海—亚丁湾—东非裂谷地热带,它包括吉布提、埃塞俄比亚、肯尼亚等国的地热田。据有关部门统计,在距地球表面5000米深,15℃以上的岩石和液体的总含热量,据推算约为14.5×10^{25}焦耳,相当于4948万亿吨标准煤的热量。

2017年,全球地热能总装机容量为14305兆瓦,与2000年相比增加了56.4%。2016年,地热能利用最高的5个国家分别为美国、菲律宾、印度尼西亚、新西兰和意大利,总地热装机容量分别为3719兆瓦、1928兆瓦、1860兆瓦、978兆瓦和916兆瓦(图2-17)。

图2-17 2000—2017年世界主要国家地热能利用情况

第三节 中国化石能源版图

中国作为世界上最大的发展中国家，社会经济经过多年的快速发展，发生了翻天覆地的变化。中国煤炭资源较为丰富、油气资源相对不足的国情，决定了能源生产和消费具有其自身的特征。中国化石能源产业稳步发展，煤炭在化石能源中占有主体地位，石油产量趋于稳定，天然气产量快速增长。2017 年，中国化石能源总产量达到 20.67 亿吨油当量，其中，煤炭、石油和天然气分别占 84.5%、9.3% 和 6.2%。

一、化石能源资源版图

中国化石能源中煤炭资源相对丰富，油气资源相对缺乏，富煤但油气不足是中国能源资源的基本国情。中国煤炭资源总量约 5.0 万亿吨，总格局是西多东少、北富南贫。山西、内蒙古、陕西、新疆、贵州、宁夏等 6 省 / 自治区资源总量达 4.19 万亿吨，占全国煤炭资源总量的 84%。截至 2017 年底，中国煤炭探明储量为 1388 亿吨，占全球煤炭探明储量的 13.4%。

据国土资源部（2016），中国石油地质资源量为 1257 亿吨、可采资源量为 301 亿吨，截至 2017 年底，石油探明储量为 25.7 亿吨，占全球石油探明储量的 1.5%（图 2-18）；天然气地质资源量为 90.3 万亿立方米、可采资源量为 50.1 万亿立方米，天然气探明储量为 5.5 万亿立方米，占全球天然气探明储量的 2.9%（图 2-19）。中国非常规油气资源潜力可观。全国埋深 4500 米以浅页岩气地质资源量为 122 万亿立方米，可采资源量为 22 万亿立方米，目前累计探明地质储量为 10456 亿立方米，探明率仅 0.5%。埋深 2000 米以浅煤层气地质资源量为 30 万亿立方米，可采资源量为 12.5 万亿立方米，累计探明地质储量为 6293 亿立方米，探明率仅 2.1%。随着理论认识和工程技术的创新发展，油气资源潜力还有进一步增长的空间。

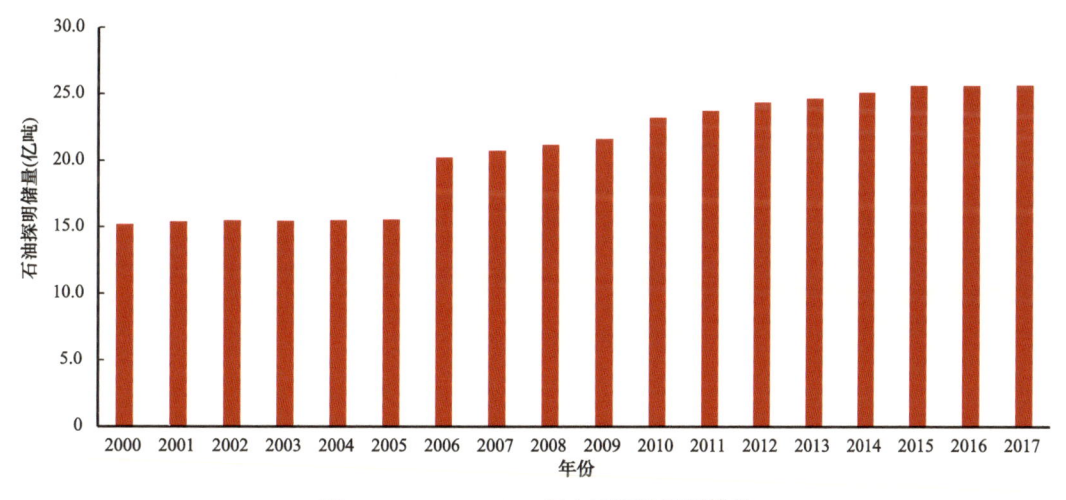

图 2-18 2000—2017 年中国石油探明储量

二、化石能源生产版图

中国化石能源产量稳步增长，煤炭产量一枝独秀。总体上，煤炭产能过剩，石油产量趋稳，天然气产量快速增长。2017 年，中国化石能源总产量达到 20.67 亿油当量，其中，煤炭、石油和天然气分别占 84.5%、9.3% 和 6.2%。

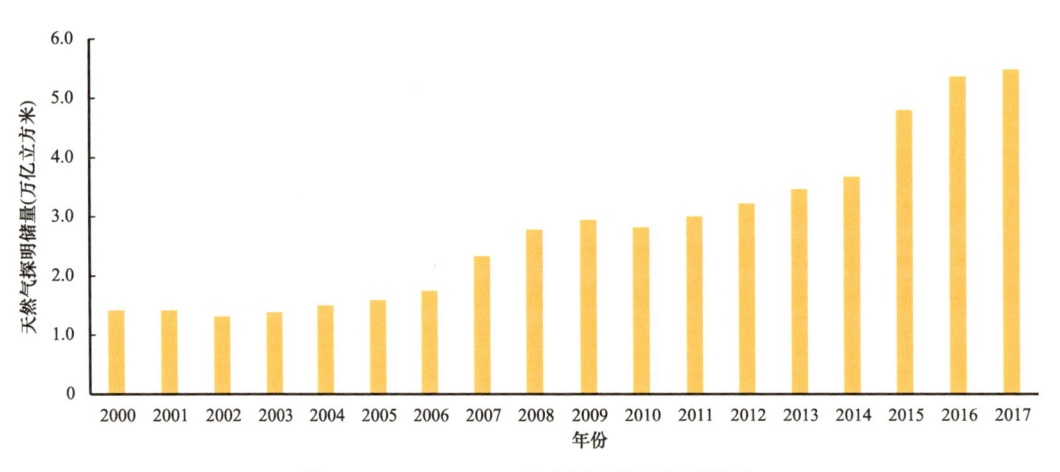

图 2-19　2000—2017 年中国天然气探明储量

1. 煤炭

中国煤炭产量在 2013 年达到峰值后，由于需求减少总体呈现产量下降趋势。2017 年中国煤炭产量为 35.2 亿吨，同比增加 1.1 亿吨，增长 3.2%（图 2-20）。中国煤炭产量在 2013 年达到峰值 39.7 万吨，此后需求放缓，煤炭产量逐年下降，2014 年和 2015 年同比降幅分别为 2.5% 和 3.3%，2016 年煤炭行业供给侧改革启动之后，煤炭产量下降至 34.1 亿吨，同比下降 9%。

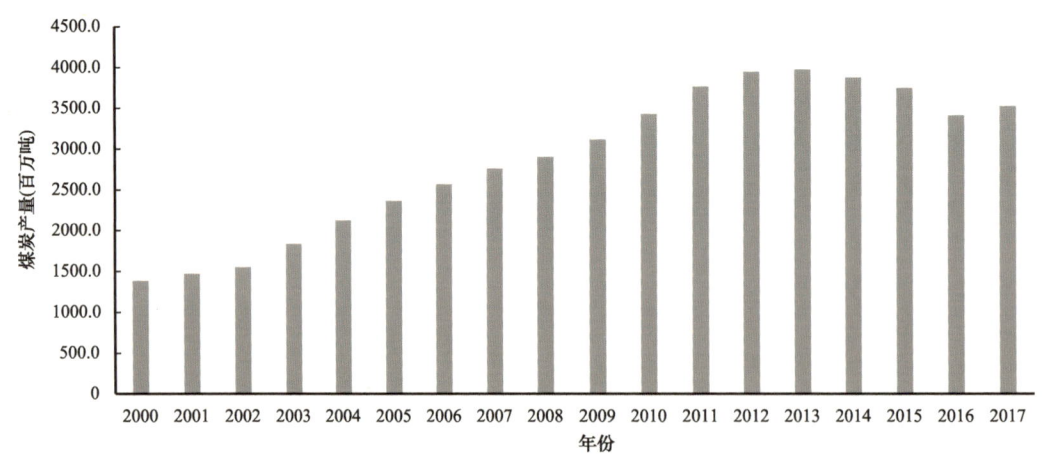

图 2-20　2000—2017 年中国煤炭产量

据国家能源局（2017），中国登记在册的生产煤矿有 3907 处，产能为 33.36 亿吨/年，分布在 26 个省区，山西、内蒙古、陕西三个省的在册生产煤矿产能分别为 9.05 亿吨/年、8.22 亿吨/年、3.82 亿吨/年，合计占比 63.22%。此外，已核准（审批）、开工建设煤矿有 1156 处（含生产煤矿同步改建、改造项目 83 处），产能为 10.62 亿吨/年，其中新建煤矿产能为 4.42 亿吨/年，资源整合煤矿产能为 4.14 亿吨/年，技术改造煤矿产能为 0.85 亿吨/年，改扩建煤矿产能为 1.21 亿吨/年。在建煤矿中已建成、进入联合试运转的煤矿有 230 处，产能为 3.63 亿吨/年，其中新建煤矿产能为 2.24 亿吨/年，资源整合煤矿产能为 0.98 亿吨/年，技术改造煤矿产能为 0.20 亿吨/年，改扩建煤矿产能为 0.21 亿吨/年。

2. 石油

中国石油产量总体趋稳，2010 年以来保持在 2 亿吨/年左右的水平。经过 60 余年的发展，中国初步形成了渤海湾盆地、松辽盆地、鄂尔多斯盆地、准噶尔盆地、塔里木盆地、珠江口盆地 6 个年产量超过1000万吨的石油生产基地，石油产量自从2010年突破2亿吨，近几年一直保持在2亿吨/年左右，但后期继续保持2亿吨/年的压力比较大，2017年中国石油产量为1.92亿吨（图2-21）。

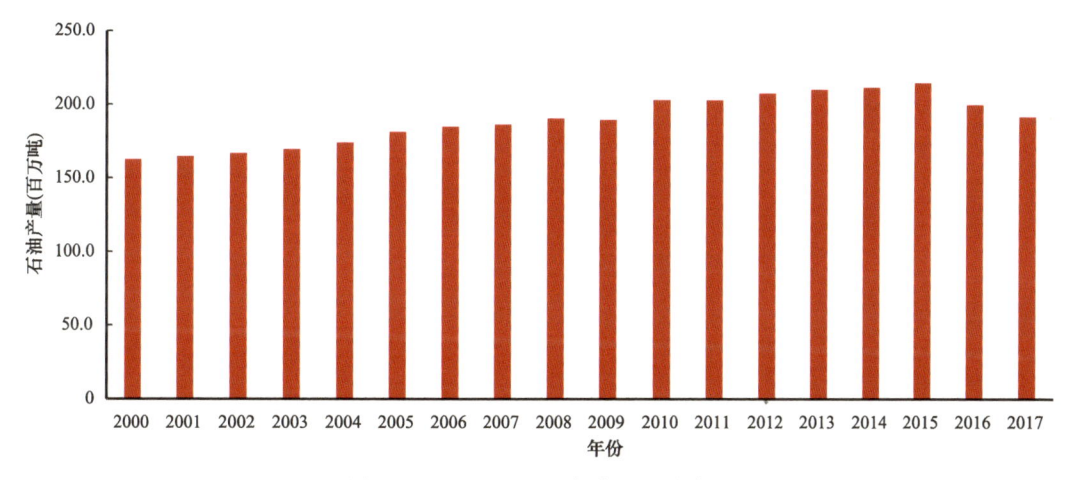

图2-21 2000—2017年中国石油产量

东部大中型油田渐入递减期，石油产量稳定难度逐步加大。东部的大庆、胜利和辽河油田产量均进入递减阶段。大庆油田作为石油产量最大的油田，从1976年到2002年，实现5000万吨以上连续27年高产稳产，之后开始产量递减，2017年石油产量为3400万吨。西部的长庆、克拉玛依等油田储层条件较差，产量增长难度较大。长庆油田储层致密，石油产量自2011年突破2000万吨后，目前每年稳产在2400万吨左右。

3. 天然气

中国常规天然气进入持续增长期，非常规天然气步入跨越发展期。与2016年相比，2017年全国天然气产量增长10%，达到1480亿立方米（图2-22），主要来自四川盆地、塔里木盆地和南海东部海域。随着常规、非常规天然气接续快速增长，中国天然气产量将持续增长。

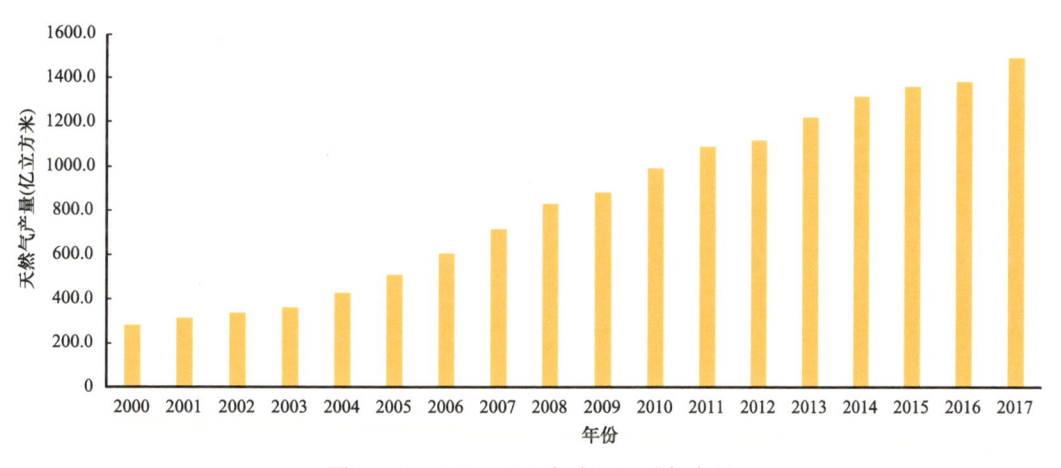

图2-22 2000—2017年中国天然气产量

常规天然气产量即将达到峰值，进入稳定发展期。自2000年以来，中国常规天然气产量持续快速增长，由2000年的280亿立方米增长至2014年的950亿立方米，年均增长48亿立方米。2014—2017年，常规天然气产量基本保持在950亿立方米左右，2017年产量为998亿立方米，占天然气总产量的67.43%，是天然气产量的主体。

致密气、煤层气和页岩气等非常规天然气开发相继突破，产量接续快速增长，步入跨越发展期，已成为天然气产量增长的主力。与2016年相比，2017年中国非常规天然气产量增长14%，达到482亿立方米，占天然气总产量的32.57%。2005年致密气产量取得突破，2012年产量超过300亿立方米，2015年产量达到350亿立方米后趋于稳定，2017年产量为343亿立方米，占天然气总产量的23.2%。2006年煤层气开发取得突破后，受多方面因素影响产量增长相对较慢，2017年产量为49亿立方米，占天然气总产量的3.3%。2013年页岩气开发取得突破后产量快速增长，2017年产量达到90亿立方米，占天然气总产量的6.1%。

三、化石能源消费版图

长期以来，中国能源消费结构中煤炭比重过高，石油、天然气消费比重偏低。2017年中国一次能源消费结构中，煤炭占60.4%、石油占19.4%、天然气占6.6%。从世界能源结构的平均水平来看，中国以煤炭为主的能源消费结构到2050年将达到世界1965年的水平（图2-23、图2-24）。

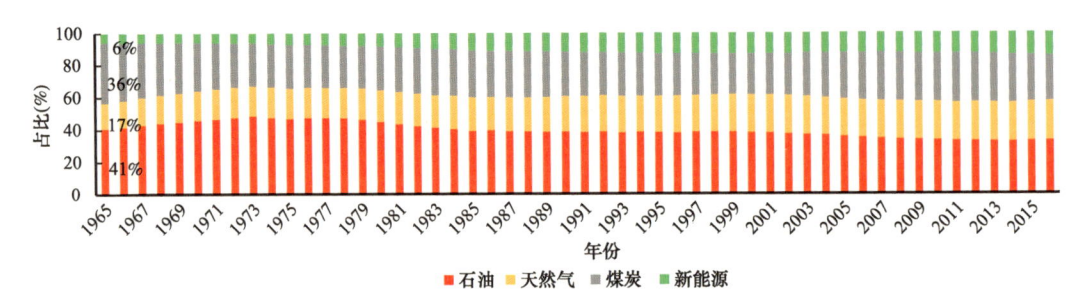

图2-23　1965—2016年世界一次能源消费结构变化图

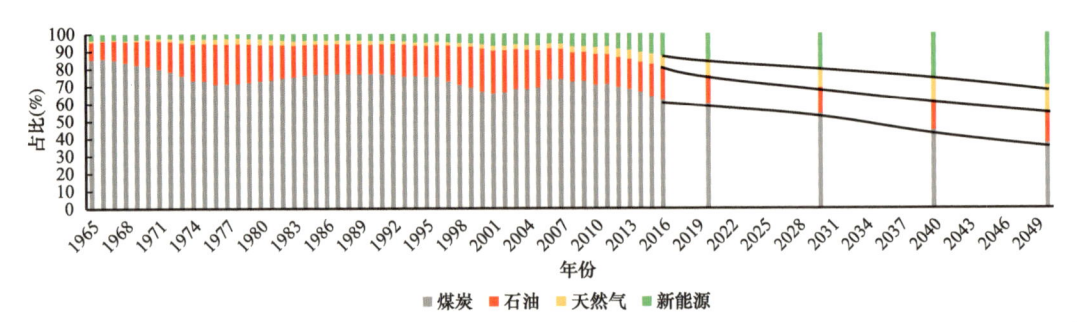

图2-24　1965—2050年中国一次能源消费结构变化图

1. 煤炭

近年来受大气污染问题影响，政府严控煤炭消费，中国煤炭消费量总体呈现降低趋势。全球煤炭消费量，中国占据半壁江山。2017年全球煤炭消费量合计37.32亿吨油当量，而其中中国煤炭消费量达18.93亿吨油当量，占比达到50.72%。煤炭将在较长时间内占中国能源消费的主导，短期内难以改变。2017年中国能源消费结构中，煤炭占主要地位，煤炭消费占比60.4%。据"十三五"规划，到2020年中国煤炭消费降至能源消费总量的58%。

进口煤是中国煤炭供给的重要补充，进口煤价和海运低价优势，推动中国煤炭进口量高位运行。自2009年起，中国由煤炭净出口国转变成煤炭净进口国，煤炭进口量从2009年的1.26亿吨持续攀升至2013年的3.27亿吨。2014年受国外煤炭到港价差收窄、煤炭进口关税上调及总量限制等因素影响，中国煤炭进口量出现大幅下降。2016年受供给侧改革等综合因素影响，煤炭供给紧平衡，中国煤炭进口量大幅增加，2016年中国煤炭进口25551万吨，与2015年同期相比增长25.2%，2017年上半年煤炭进口1.33亿吨，同比增加23.50%。

2. 石油

中国石油消费量持续增长，对外依存度不断提高。2017年全年，中国石油表观消费量为6.1亿吨，同比增长6.1%，石油对外依存度已达67.79%。从成品油消费来看，随着工业、交通运输等领域需求回暖，2017年全年中国成品油消费重归增长区间，增速由上年负增长转为正增长，其中煤油需求稳定和柴油需求持续改善是成品油表观消费量增速回升的主要因素。中国石油和化学工业联合会数据显示，2017年全年，中国成品油表观消费量为3.3亿吨，同比增长3.5%，增幅较2017年前三季度提高1.3个百分点，而上年同比下降1.0%。

2017年，在国内原油减产、原油加工能力增加等因素推动下，原油进口量突破4亿吨。原油进口量与国内产量之比持续扩大，由2012年的1.3∶1扩大到2.2∶1。中国2017年全年的原油进口量为840万桶/日，首次超过美国的790万桶/日，成为全球第一大原油进口国。据标普全球普氏信息显示，2017年中国在欧佩克成员国的原油进口量为470万桶/日，同比增长7.1%，达到2.3422亿吨/日，但市场份额从2016年的57.4%降至55.8%。

3. 天然气

中国天然气消费量快速增长，对外依存度呈现加速扩大趋势。2007年，中国天然气消费量超过产量后，对外依存度不断加大。2017年中国天然气消费量为2352亿立方米，同比增长15.3%，远高于天然气产量增速，天然气消费已进入快速增长期。国内天然气产量远不能满足天然气消费增长，2017年天然气进口量达到926亿立方米，对外依存度达到39.4%。

LNG进口量超过管道气，成为满足国内天然气需求缺口的主力。管道气受资源国限制，进口量稳定增长。管道气主要来自土库曼斯坦、缅甸、乌兹别克斯坦和哈萨克斯坦，2017年供气量为427亿立方米，比2016年增长10.9%。受消费需求拉动，LNG进口量快速增长，2017年进口量达到499亿立方米，同比增长39.0%。LNG主要来自澳大利亚、卡塔尔、印度尼西亚等国家，其中澳大利亚占46%。

第四节　中国新能源版图

近年来，中国新能源产业发展势头迅猛，在一次能源结构中的比例不断扩大，成为能源的重要组成部分。"十三五"规划中，2020年可再生能源发展目标是努力超越底线，即太阳能光伏装机容量从1.1亿千瓦增至2亿千瓦，风电装机容量从2.1亿千瓦增至3.5亿千瓦，生物质能发电装机容量从1500万千瓦增至3000万千瓦，总计增加5亿千瓦。

一、水电版图

中国水电资源丰富，水电开发步伐加快。21世纪以来，以三峡、南水北调工程投入运行为标志，中国进入了自主创新、引领发展的新阶段，先后竣工的小湾、龙滩、水布垭、锦屏一级等工程，建设技术不断刷新世界纪录。这一阶段中国更加关注巨型工程和超高坝的安全，注重环境保护，在很多领域居于国际引领地位，同时也全面参与国际水利水电建设市场，拥有一半以上的国际市场份额。

截至2017年底，中国水电装机容量为3.41亿千瓦，约占中国全口径发电设备装机容量17.77亿千瓦的19.2%；水电年发电量约1.16万亿千瓦时，约占全年发电量6.48万亿千瓦时的18%，与2000年相比增长了4.2倍。

二、核电版图

中国核电设备利用率下降，核电消纳问题依旧存在。不过中国核电发电量依旧保持增长，占全国发电量的比例也在提高。中国核电总量规模较小，近年核电建设步伐加快，在建核电规模居世界第一位（图2-25）。

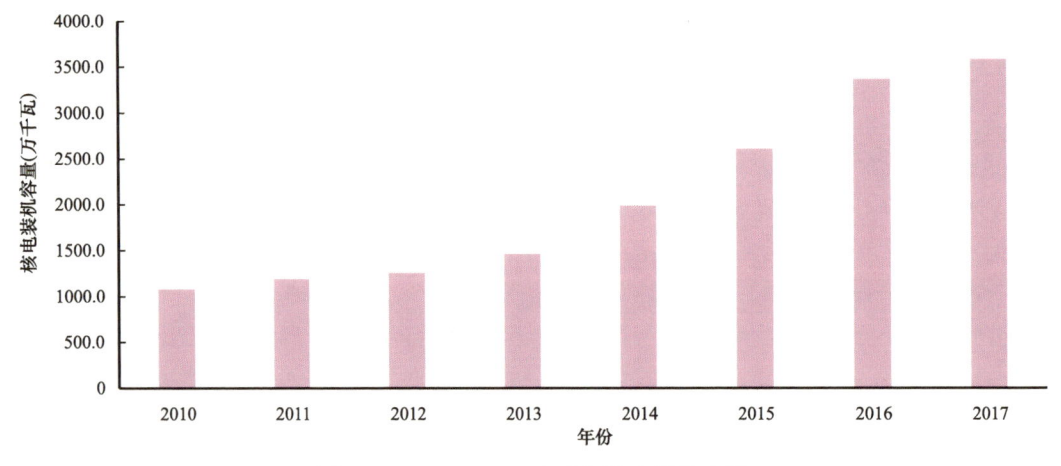

图2-25　2010—2017年中国核电装机容量

2017年中国核电装机速度放缓，红沿河核电、宁德核电、福清核电、防城港核电和昌江核电均遇到消纳问题，尤其红沿河核电，四台机组中有三台全年设备平均利用率低于60%。2010—2017年，中国核电设备平均利用小时数总体呈下降趋势，2017年中国核电设备平均利用小时数为7108小时。

三、其他可再生能源版图

1. 风电

在国家政策的大力推动下，中国风电产业蓬勃发展。2017年全国新增装机容量1966万千瓦，同比下降15.9%；累计装机容量达到1.88亿千瓦，同比增长11.7%，增速放缓（图2-26）。增速放缓的主要原因在于陆上风电现有产能利用率低，导致2017年中国陆上风电装机容量下滑19%至18.5吉瓦。尽管增速放缓，中国风电新增装机容量和累计装机容量均稳居世界第一。其中，2017年新增装机容量占全球比重37.40%，较排名第二的美国高12643兆瓦；累计装机容量占全球比重34.88%，是排名第二的美国的2.11倍。

2. 太阳能

根据市场研究公司（IHS Markit）报道，受政府新政策规定影响，太阳能光伏装机容量会出现下跌。2017年，中国光伏年装机容量超过96吉瓦，预计2018年太阳能光伏装机容量仍将达105吉瓦，较上年同期增长9.4%。公用事业和分布式发电是中国最大的两个市场领域。由于政府设置了这两个领域的发展上限值，项目装机容量预计会出现下跌。因此，预计2018年全球光伏装机容量将从113吉瓦降至105吉瓦。

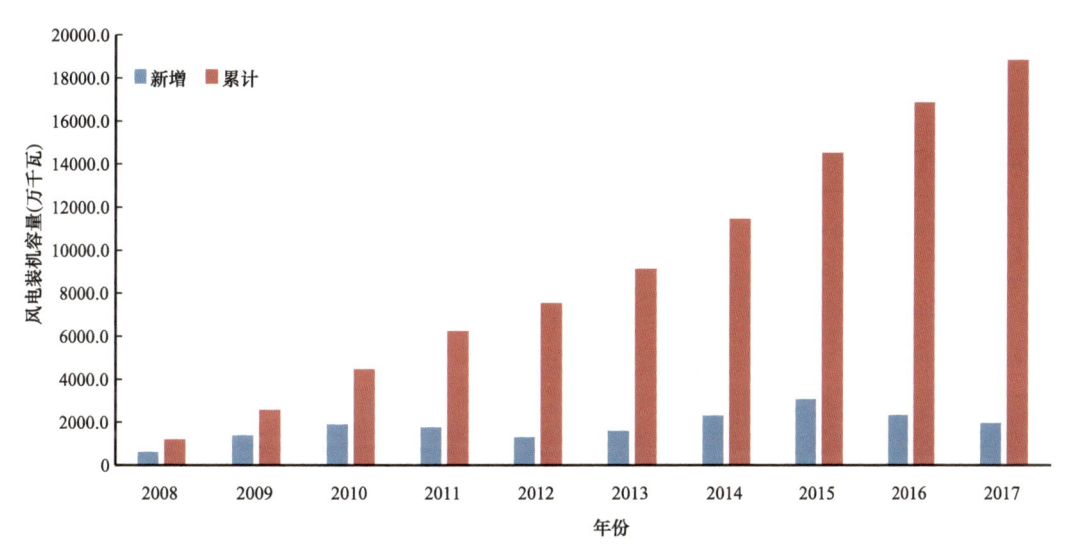

图 2-26　2008—2017 年中国风电装机容量

3. 地热能

中国是地热资源相对丰富的国家，地热资源总量约占全球的 7.9%，可采储量相当于 4626.5 亿吨标准煤。以中国西南地区最为丰富，已探明可利用地热能达 2 204.45 兆瓦，占全国勘查探明可利用地热能总量的 51.05%；其次是华北和中南地区，分别探明可利用地热能达 745.33 兆瓦和 685.75 兆瓦，占全国探明可利用地热能总量的 17.27% 和 15.89%；再次为华东地区，占全国总量的 9.92%；而以东北、西北地区最少，已探明可利用地热能分别仅占全国总量的 2.53% 和 3.34%。中国地热利用以直接利用为主，地热电站有 5 处共 27.78 兆瓦。

第三章 能源发展大势

按照能源发展的基本规律，世界能源进入煤炭、油气向新能源第三次转换的新阶段，正在形成石油、天然气、煤炭、新能源"四分天下"的新格局（图3-1）。面对中国油气资源禀赋客观条件与面临的严峻挑战，需要设定油气消费安全峰值，保持油气科学安全的对外依存度上限。将天然气+新能源作为中国能源革命的最大战略选择，加快天然气、煤制气、水合物和氢气发展，加快煤炭清洁化、新能源低廉化"两个规模"提前，加快能源结构从煤炭一枝独秀向煤炭、油气、新能源"三足鼎立"转型。中国的大型油公司需做好产业结构转型顶层设计，开展能源前瞻性导向研究，推动常规油气向非常规、国内油气向国外、油气产业向新能源的"三个更大跨越"，实现国际油公司向国际能源公司转变，保障国家能源供给安全。

第一节 世界能源发展方向

一、石油发展迈入稳定期

由于理论、技术和方法的不断创新，1956年哈伯特提出的石油产量峰值理论已被颠覆，世界石油产量高峰值不断攀升，高峰出现时间不断后延，很可能会延至21世纪中叶，世界石油工业生命周期也可能会超过300年。1986年以来，世界石油产量总体呈现稳步增长态势，综合多因素判断石油产量峰值应出现在2040年前后，峰值产量约50亿吨（图3-2）。

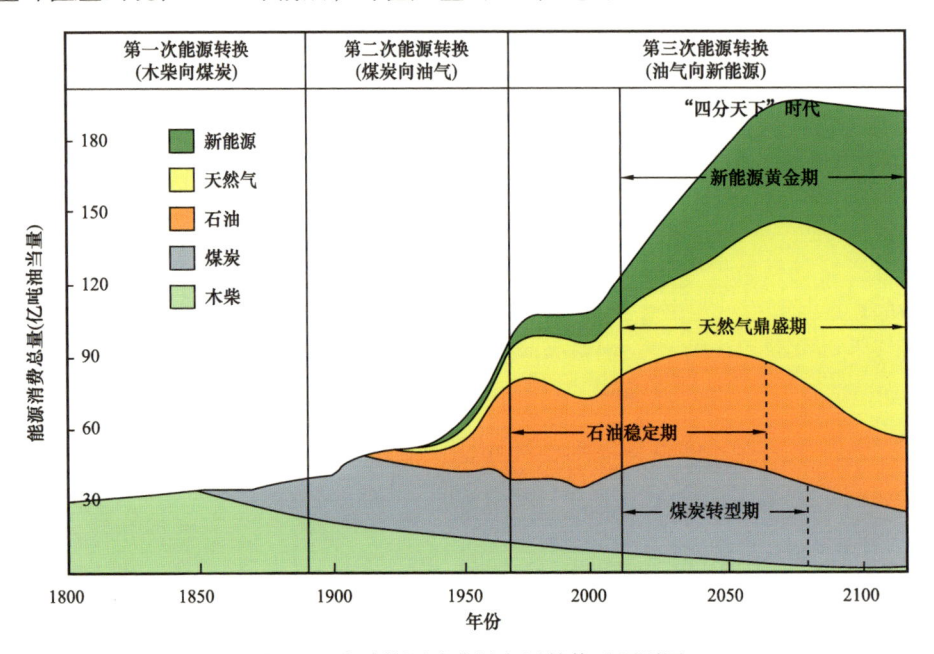

图3-1 全球能源消费量发展趋势及预测图

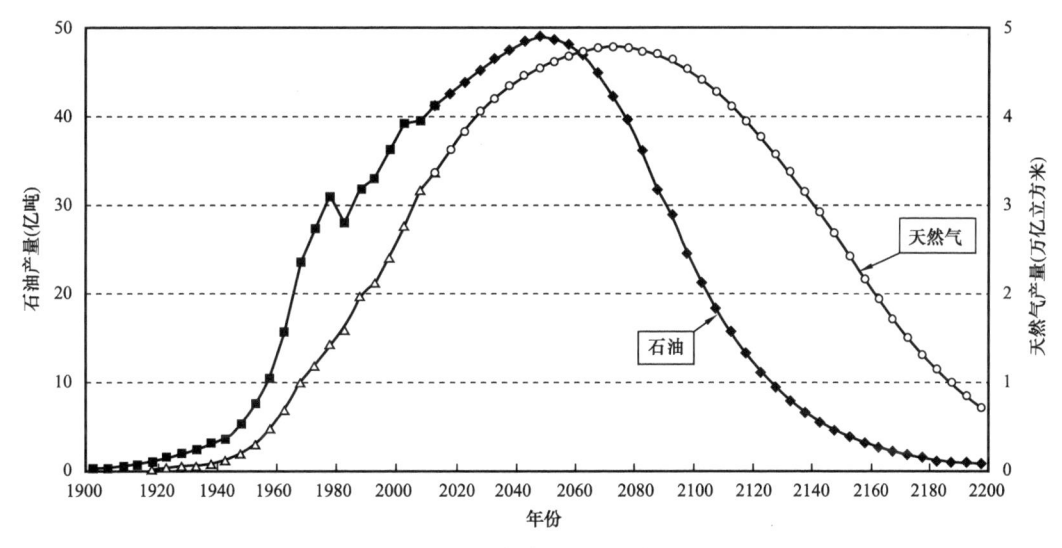

图 3-2 全球油气产量增长趋势预测图

随着石油工业的发展，世界常规石油勘探向深水、深层和北极拓展。2000—2012 年，全球新增探明石油储量 698 亿吨。其中，深水新增储量占 28%，主要分布在巴西、澳大利亚、西非、墨西哥湾四大深水区；深层新增储量占 16%，主要分布在中东、中亚地区；北极已发现油气田 423 个，探明储量 380 亿吨油当量，待发现储量 564 亿吨油当量。与此同时，理念的创新和技术的突破，推动着石油工业从常规向非常规跨越。以美国为例，借鉴页岩气理论技术与发展经验，致密油也实现了大规模开发利用，2017 年致密油产量为 2.2 亿吨，占美国石油总产量的 54%。据国际能源署（IEA）2013 年的预测，全球 42 个国家致密油技术可采资源达 449 亿吨，非常规油气有望成为未来石油开发的全新领域。

总体看，全球石油储量总体较为充足，储采比一直保持在 50 以上，特别是中南美、中东地区储采比分别高达 120、70，发展潜力还很大。全球石油产量持续保持稳定增长，近 10 年平均增长率为 8%，已迈入发展的稳定期。

二、天然气发展步入鼎盛期

天然气已步入快速发展阶段，是化石能源向新能源过渡的桥梁或伴生过渡，将在全球未来能源可持续发展中发挥支柱作用。天然气是非常现实的价格低廉、清洁环保的"三 A 能源"（Available—可获取的、Affordable—可承受的和 Acceptable—可接受的）。在过去 50 年时间里，其在全球一次能源消费结构中占比从 16% 跃升至 24%，是全球能源结构中增长最快的化石能源。

据美国地质调查局（USGS）、EIA（美国能源信息署）、国际能源署（IEA）、CEDIGAZ（独立天然气信息研究机构）等多家研究机构分析，全球常规天然气与致密气、页岩气、煤层气三类非常规天然气剩余可采资源量超过 800 万亿立方米，按当前生产规模测算，还可供开采约 250 年。

非常规天然气的突破与发展有望大幅提高世界天然气产量规模，延长天然气工业生命周期。自 20 世纪 70 年代以来，美国致密砂岩气、煤层气和页岩气快速发展，有效弥补了常规天然气的产量递减，特别是近期页岩气迅猛发展，更是助推美国天然气产量创历史新高，再次成为全球第一大产气国，2017 年美国天然气实现净出口 50 亿立方米，正在改变着全球能源供给格局。

从总体上看，天然气有巨量的资源和储量，将在能源结构中扮演更加重要的角色，是最现实、可获取的清洁能源，足以保障全球长时间的市场需求；全球天然气储量充足，截至 2017 年底储采比为 52.3。天然气储量、产量快速增长，将步入鼎盛期。国际性输气管网和 LNG 相关设施趋于完备，解决了天然气长距离运输的问题，天然气产量具有快速增长的基础。预计全球天然气产量峰值将出现在2060年前后，高峰产量约5万亿立方米。

三、煤炭发展进入转型期

煤炭作为最廉价的化石能源，将在世界能源结构中继续发挥重要作用。而随着人类生态环境保护需求的增加，煤炭利用将向高效清洁的方向转型。全球超过一半的煤炭资源都用于发电，煤炭高效清洁发电是煤炭资源利用的主要方向。

全球发现的煤炭储备丰富，储采比高达134，已发现探明煤炭储量还可以开采利用130年以上。煤炭在一次能源消费中的比例总体呈现下降趋势，但由于各国资源禀赋和经济发展的差异性，煤炭在短时间内仍是重要的化石能源之一。2017年，煤炭在全球一次能源消费中的占比跌至28%。中国煤炭消费占比降至60.4%，单位GDP（国内生产总值）能耗同比下降5%。世界三大产煤区中，北美、欧洲—欧亚大陆煤炭产量及消费量均呈下降趋势。

煤炭在世界一次能源消费结构中的比例将进一步缩小，但在局部地区仍具有成长性。煤炭在全球能源消费结构中的份额预计将从2017年的28%降至2022年的26%。到2022年，煤炭消费增长主要集中在印度、东南亚和亚洲其他几个国家。欧洲、加拿大、美国和中国的煤炭需求下降。过去三年全球有440吉瓦燃煤电站已被取消或推迟建设，其中超过250吉瓦在中国。IEA预测，煤炭需求将呈结构性而缓慢地下降，期间伴随一些与短期市场需求有关的波动。2022年全球煤炭需求将达到55.3亿吨标准煤，与目前水平基本相当。2016—2022年，燃煤发电量将每年增长1.2%，但在电力结构中所占的份额将降至36%以下。

煤炭需求中心正在转向。煤炭在欧盟大部分地区消费量将持续大幅减少，波兰和德国煤炭消费量是欧盟煤炭消费主体，占欧盟的一半以上。在波兰，预计2022年煤炭需求将保持稳定；在德国，煤炭需求总体下降，煤炭消费仍对煤炭、天然气和二氧化碳的相对价格高度敏感。巴基斯坦拥有丰富的褐煤资源，随着经济不断发展已经不能满足国内需求。IEA预测，2016—2022年巴基斯坦煤炭需求将增长三倍以上，进口煤炭占其消费量的一半。

四、新能源发展渐入黄金期

新能源是指传统能源之外的各种刚开始开发利用或正在积极研究、有待推广的能源，如太阳能、地热能、风能、氢能、海洋能、生物质能和核聚变能等。新能源技术快速发展，互联网+、人工智能和新材料等技术的不断进步，推动新能源产业迅猛发展，新能源发展已处于突破期，正在逐渐步入黄金期。发展新能源是实现低碳发展的关键，新能源开发利用步伐加快，已经成为全球能源增长的新动力。随着技术进步，新能源开发利用成本不断下降，与化石能源相比已经具有较强的竞争力。

加强新能源科技攻关已成共识，新能源革命到来的速度有可能会超过预期，特别是新能源发电成本的降低和电池储能技术的突破将强力推动新能源时代的来临。《SCIENCE》（科学）在创刊125周年之际，公布了125个最具挑战性的科学问题，其中石油的替代、核聚变等能源问题位列其中。2015年麦肯锡提出2025年决定未来经济的12大颠覆技术，可再生能源和储能技术是两项重要的颠覆技术。2015年12月12日，第21届联合国气候变化大会通过了《巴黎协定》，提出全球平均气温较工业化前水平升高控制在2℃之内，21世纪下半叶实现温室气体净零排放，实现该目标对新能源发展提出了更高的要求。基于人工智能的网络大数据体系，将在能源结构优化配置中发挥重要作用。通过发展分布式电网结构，促进互联网+能源网络的智能能源网络体系建设，以及合理利用氢能—电能的互换耦合等，将从根本上解决现有电网对可再生能源发电的消纳，进一步提升可再生能源的开发利用效率，最终使人类摆脱对化石能源的依赖。

以可再生能源为代表的新能源将持续加快发展。世界不同机构对可再生能源在一次能源消费结构中所占的比例预测不尽相同，但总体发展较快。英国石油公司、埃克森美孚公司认为2030—2040年可再生能源在一次能源消费结构中所占的比例将在15%以下。IEA预测的450ppm情景，即在气温上升幅度控制在2℃以内的可能性达到50%的条件下，2035年可再生能源在一次能源消费结构中所占的比例将达到27%；2DS情景，即气温上升幅度控制在2℃以内的可能性达到80%，预测2050年可再生能源在一次能源消费结构中所占的比例将达到40%。绿色和平组织认为2050年可再生能源在一次能源消费结构中所占的比例可达到80%，世界自然基金会甚至预测2050年该比例将达到95%。

第二节　中国能源"四个革命"

中国能源需求量可能在2030年前后达到峰值，约44亿吨油当量。中国人口基数大，油气资源相对匮乏。因此需要从国情出发，寻求一条低能耗可持续发展之路。参考英国、德国、法国、日本等发达国家人均能源消费量为2.9~3.5吨油当量，结合中国经济和人口发展情况，预计人均能源消费量需控制在3.0吨油当量的水平以下。根据国家卫生和计划生育委员会（2016）的统计数据，2030年中国人口将达到峰值14.5亿人、2050年将为13.8亿人。据此预测，2030年中国能源消费量将达到峰值44亿吨油当量，2050年将下降至40亿吨油当量。

应对全球气候变化、大力发展低碳能源的新时期，中国需要加快常规—非常规气、煤层气与煤制气、水合物、氢气"四个生产革命"，加快煤炭清洁化、新能源低廉化"两个规模"提前到来，加快煤炭"一枝独秀"向煤炭、油气、新能源"三足鼎立"的能源结构转型。借非常规油气革命的发展契机，增加产量延长石油工业生命周期，推动低油价引领低成本管理革命，保障中国油气供给多路径并更加安全，重构大国能源版图与政治新格局。当前中国能源发展的重点是要实现常规—非常规油气的生产革命，煤炭发展的清洁革命，新能源发展的速度革命，以最终实现中国能源发展的结构革命。

一、油气生产革命

中国总体进入常规与非常规并重发展期，需要通过油气的生产革命保障国家油气安全。常规石油产量将持续递减态势，以致密油为代表的非常规石油开发需加强实现低成本战略；常规天然气规模上产难度大，总体保持稳定，非常规天然气开发是未来发展的方向，LNG将是天然气供给的主体力量。

（1）非常规油资源开发将在中国石油产量中扮演重要角色，致密油是未来发展的主要方向。与传统资源国相比，中国石油生产成本较高。全球油气供给格局正处于转变期，石油价格低位运行对国内石油生产造成了强大冲击。中国石油对外依存度2017年达到67.79%，有专家预计到2018年底突破70%。若大幅减产将显著提高石油对外依存度，增加国家石油安全风险。因此，油价波动、老油田降产、非常规采收率低等因素，都将影响中国石油产量的长期稳定。但从国家石油安全大局出发，需要最大限度实现国内石油产量的稳定和技术革命。

致密油勘探开发在重点盆地已取得重要突破，形成3个10亿吨级、6个1亿吨级致密油区，并已在鄂尔多斯、松辽、准噶尔等盆地建立了8个致密油开发先导试验区，建成产能超过100万吨/年。陆相页岩油资源潜力很大，加快松辽、鄂尔多斯、准噶尔等盆地非常规油资源的开发示范试验建设，推动鄂尔多斯等盆地陆相页岩油革命。较乐观预测国内石油产量保持一定时间稳定，

2020年预计常规油产量为1.7亿吨，非常规油产量需达到0.3亿吨，对外依存度为66%；2025年预计常规油产量为1.5亿吨，非常规油产量需达到0.5亿吨，对外依存度为67%（图3-3）。

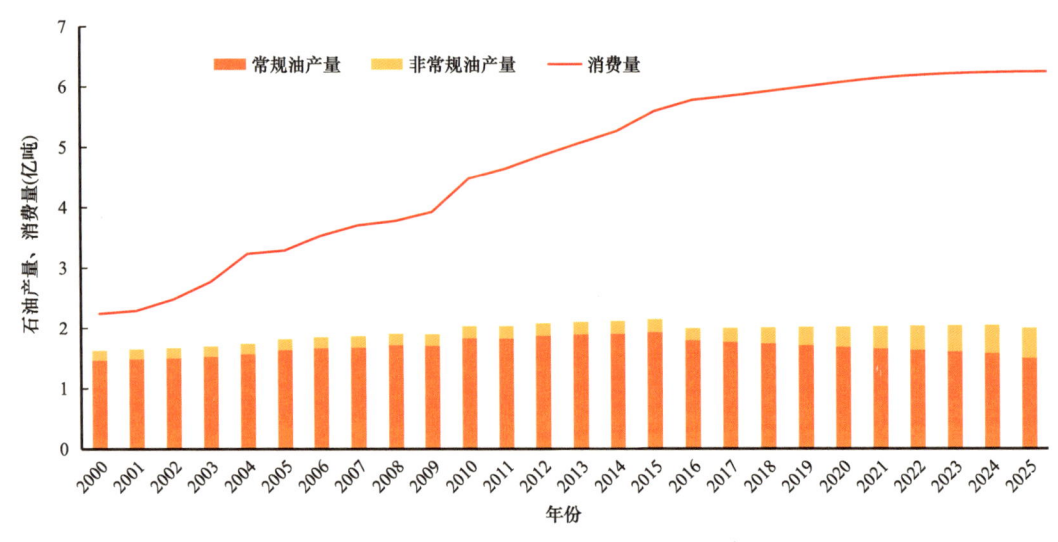

图3-3 中国石油产量与消费量预测

（2）中国天然气进入新时代，在国家政策引导和大力支持下，未来天然气工业必将大有可为，对中国能源结构转型将发挥不可替代的作用。天然气在"气化中国、美丽中国"征程中，将发挥不可替代的作用。天然气战略布局应立足中国天然气资源特点，采用上下游双轮驱动，坚持勘探开发理论技术创新，持续推进上游加快发展，充分利用国内外资源，夯实天然气供应体系；同时加强政策引导和基础设施投入，不断扩大天然气对传统能源的替代，拓展天然气消费利用新空间，实现天然气全产业链的规模化发展。

中国天然气需求将呈现出持续快速增长的态势，2050年中国天然气需求量将为6500亿~7000亿立方米。结合人口、经济、资源、环境和政治等多因素综合分析认为，2020年中国天然气需求量将达到3500亿立方米，占一次能源消费结构的10%；2030年天然气需求量将介于5500亿~6000亿立方米之间，占一次能源消费结构的12%；2050年天然气需求量将介于6500亿~7000亿立方米之间，占一次能源消费结构的15%（图3-4）。2030年三种峰值情景下的中国天然气产量将分别达到1800亿立方米、2000亿立方米、2200亿立方米。

① 低情景下2030年天然气产量为1800亿立方米。若常规天然气勘探无重大发现，2020年产量将维持在1000亿立方米左右，2030年产量递减至850亿立方米，2050年产量为400亿立方米。非常规气产量在现有领域稳步上升：致密气产量总体稳定，预计2020年为400亿立方米，之后保持稳产，预计2030年保持在400亿立方米，2050年将递减至300亿立方米；海相页岩气是产量增长的主力，2020年有望达到180亿~200亿立方米，2030年可达到400亿立方米，2050年达到500亿立方米；煤层气产量持续稳步增长，2020年有望达到60亿~100亿立方米，2030年可达到200亿立方米，2050年达到300亿立方米（图3-4）。

② 中情景下2030年天然气产量为2000亿立方米。若常规天然气勘探获较大发现，2020年产量将维持在1000亿立方米左右，2030年产量保持在1000亿立方米，2050年产量为600亿立方米。非常规气在现有领域产量相对较快增长：致密气产量总体稳定，预计2020年400亿立方米，2030年为450亿立方米，2050年将递减至350亿立方米；海相、陆相和海陆过渡相页岩气全面实现有效开发，2020年有望达到180亿~200亿立方米，2030年可达到450亿立方米，2050年达到600亿立方米；煤层气产量持续稳步增长，2020年有望达到60亿~100亿立方米，2030年可达到200亿立方米，2050年产量为300亿立方米（图3-4）。

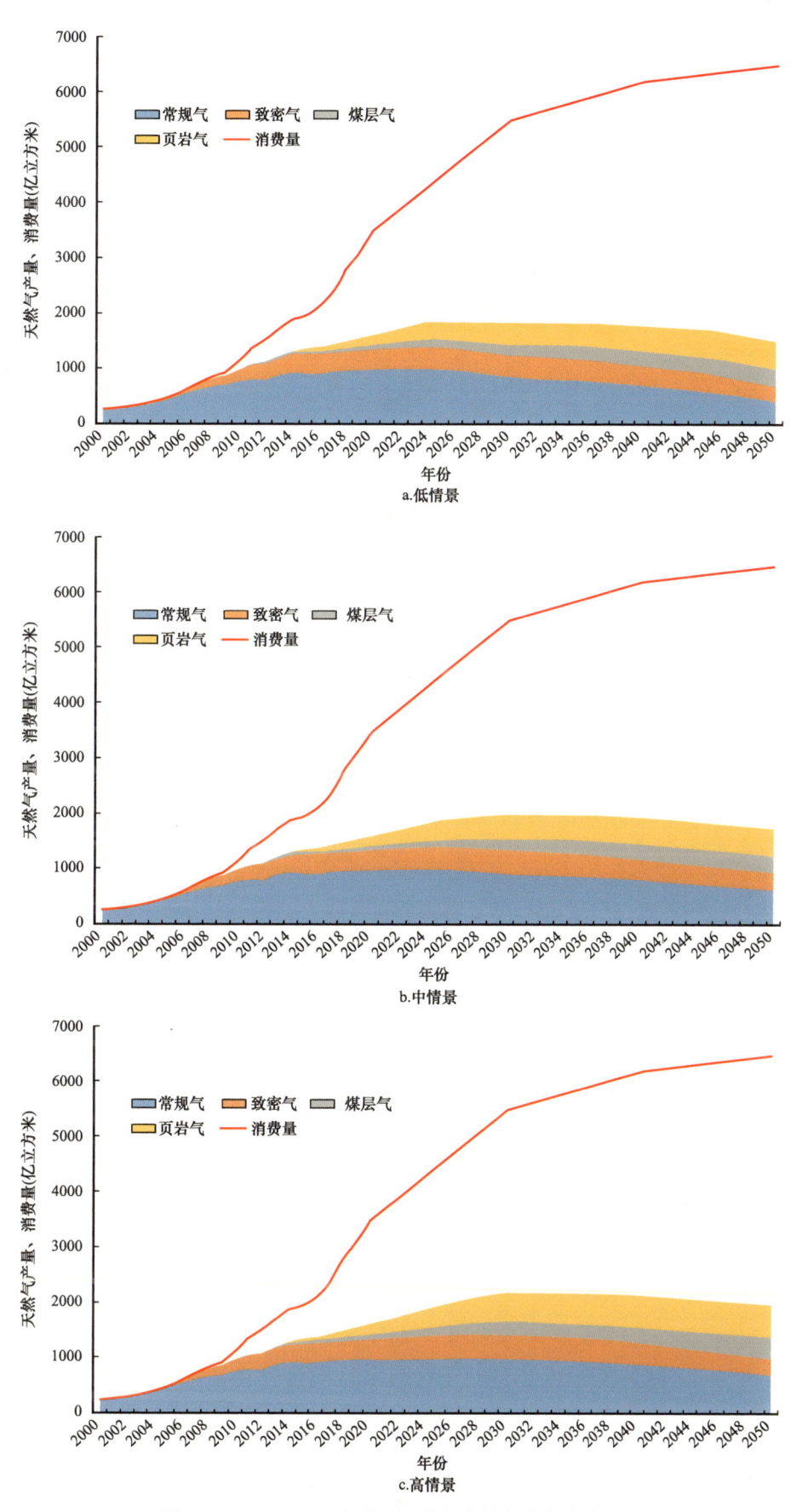

图 3-4　2000—2050 年中国天然气产量与消费量预测图

③高情景下2030年天然气产量为2200亿立方米以上。若常规天然气勘探获重大发现，2020年产量将维持在1000亿立方米左右，2030年产量保持在1000亿立方米，2050年产量为700亿立方米。非常规气在现有领域产量相对快速增长：致密气产量总体稳定，预计2020年为400亿立方米，2030年为450亿立方米，2050年将递减至350亿立方米；海相、陆相和海陆过渡相页岩气全面实现有效开发，2020年有望达到180亿~200亿立方米，2030年可达到500亿立方米，2050年达到600亿立方米；煤层气产量持续稳步增长，2020年有望达到60亿~100亿立方米，2030年可达到250亿立方米，2050年产量为400亿立方米（图3-4）。

（3）2020年后进口将成为天然气供给的主体。结合天然气进口方式、路径、资源和政治等因素分析，陆上管道气进口极限供给能力为1600亿立方米，其余天然气需求缺口主要以LNG方式进口。天然气管道输送的距离有限，陆上管道气主要由俄罗斯、中亚两个天然气产区进口，此外中东成为天然气进口的潜在对象。综合考虑陆上进口的路径、资源、产量、政治等多因素，按照目前俄罗斯和中亚两大管道气进口路径，2020年供给能力可达到750亿立方米、2030年达到1200亿立方米、2050年达到1400亿立方米；若能成功开辟中东管道气进口路径，2030年供给能力有望达到1350亿立方米、2050年达到1600亿立方米。

LNG成为满足需求缺口的主要途径。未来全球天然气供给相对宽松，多元化的LNG供给市场将有利于满足中国天然气需求缺口。目前国内已建和在建LNG接收站能力为6940万吨油当量，2020年按80%负荷测算接收能力为750亿立方米。若满足全国天然气消费需求，2030年LNG需要进口2000亿~2500亿立方米，将占中国天然气消费量的36%~45%，占天然气进口量的52%~66%；2050年LNG进口量将增长至3000亿~3500亿立方米，将占中国天然气消费量的46%~53%，占天然气进口量的66%~77%。

（4）努力加快水合物资源规模开发，加快拓展天然气供应空间。2011年美国能源部预测全球水合物资源量为20000万亿立方米，相当于20万亿吨油当量（国际科学界广泛引用数据），是常规油气资源量的20倍。水合物研发工作已经进入陆上和海上的现场试验阶段，其中仅有日本和中国开展了海域水合物试采。中国已完成高分辨率地震16.7万千米，钻探井88口，圈定2个千亿立方米级矿藏，控制资源量分别为1231亿立方米和1500亿立方米，初评中国海域水合物资源量约800亿吨油当量。2017年5月25日，在南海北部神狐海域荔湾3站位依托"海洋石油708"深水工程勘察船，利用完全自主研制技术、工艺和装备，全球首次成功实施海洋浅层非成岩天然气水合物固态流化试采作业。同年11月3日，国务院正式批准将天然气水合物列为新矿种，将极大地促使中国天然气水合物勘探开发工作进入新的发展阶段。水合物有巨量资源和储量，水合物生产革命可能比页岩气革命更加震撼。但目前仍要加强富集"甜点区"评价与工业化技术攻关，部署实施更大范围、更大精度的海域水合物勘查，为今后的产业化项目提供目标区。同时，加强全球海域与极地水合物国际合作，"甜点区"评价与工业化试验，助推水合物革命，提供海外充足的天然气供给能力。

二、煤炭清洁革命

从中国富煤但油气不足的能源资源国情出发，需要通过煤炭清洁革命实现清洁利用，推进煤炭清洁化工业技术和新能源主体工业技术的提前突破。突破煤炭清洁化工业技术，以在清洁的前提下延长煤炭资源的工业生命周期，是中国未来能源发展的关键问题。

中国以煤炭为主体的一次能源消费结构在短期内不会产生根本性的变化，立足国情，减少散煤直接燃烧、加强煤炭高效清洁利用是解决能源环境问题的关键。随着工业化步伐的推进和人民生活水平的日益提高，电力需求量增速加快，受能源资源结构和分布制约，煤炭成为中国电力行业的主要能源。电力是煤炭资源消费的主体，实现煤炭高效清洁发电是煤炭清洁利用的关键。为实现煤炭低碳清洁利用，需因地制宜、因厂制宜开展现役机组的升级改造，解决由于服役时间长、机组老化、设计和制造技术落后等因素造成的能耗高、污染物排放量超标等问题。

煤炭作为终端能源直接使用，能源利用效率低、环境污染问题严重。煤炭燃烧产生的二氧化硫、氮氧化物、细颗粒物排放分别占全国总量的80%、60%、70%，每1千克煤炭直接燃烧产生的二氧化硫、烟尘排放量分别为其发电的4倍、8倍，其中以散煤直接燃烧污染尤为严重。以2013年为例，中国散煤直接燃烧消费量约9亿吨，占煤炭消费总量的24%，产生的二氧化硫与20亿吨电煤燃烧大致相当，细颗粒物排放量接近电煤的3倍。减少煤炭直接低效燃烧的对策包括：（1）加快淘汰国内小型钢铁、水泥等行业的落后产能，实现产业升级；（2）加快推进中国城镇化步伐，实现城乡集中供暖、供气，积极发展小型可再生能源网络，以实现中国广大城乡的绿色发展。煤炭的高效清洁化利用是解决中国环境问题的关键。

中国煤炭行业要适应新时代对环保、节能、安全、职业健康的新要求，必须进一步加大去产能的力度，坚定不移去不安全产能、不环保产能、劣质产能、低效产能；同时大力发展安全产能、环保产能、优质产能、高效产能，切实搞好企业安全生产和职业健康工作，推动企业驶入绿色发展、安全发展、可持续发展的健康轨道。煤炭的清洁化发展方向：一是可以发电；二是煤制甲醇；三是大规模制氢。2017年，国家发展和改革委员会、国家能源局批复在建的15个炼化一体化项目中，有11个采用煤制氢。随着国内成品油升级的推进，国内新建炼油厂大多选择了全加氢工艺路线，以满足轻质油收率、产品质量、综合商品率等关键技术经济指标要求，极大地增加了氢气需求，推动了制氢市场的发展。

目前，通过大容量高参数燃煤发电、大型循环流化床发电、整体煤气化联合循环发电等技术，可使煤炭发电机组的热效率提升到50%左右。从神华三河热电厂和国电廊坊热电厂的实施效果看，其烟囱粉尘排放浓度最佳值已经达到每立方米0.23毫克，二氧化硫排放稳定在每立方米20毫克以内，氮氧化物稳定在每立方米30毫克左右，比燃气发电排放标准还要低得多，每千瓦时发电成本仅增加1~2分钱。如果允许其成本增加到0.1元左右，燃煤发电已经完全能够做到超洁净排放。国家能源局发布的数据显示，目前全国已经完成燃煤电厂超低排放技术改造5.8亿千瓦，超额完成了电厂超低排放改造计划的目标；到2020年，中国将全部完成燃煤电厂超低排放改造，实现清洁发电。

三、新能源速度革命

新能源时代加速到来可能会超过预期，我们需主动抓住新能源的速度革命，成为全球新能源革命的战略推动者和重要贡献者。国家政策引导，把握国内外能源发展形势，全方位战略布局国家能源安全格局，加快煤炭、油气和新能源"三足鼎立"新时代的到来，尽快改变煤炭一枝独秀的一次能源消费结构。

（1）加大可再生能源和水电等新能源资源的开发，是实现能源低碳发展的关键。按照《联合国气候变化框架公约》，中国政府承诺2016—2020年将二氧化碳排放量控制在100亿吨/年以下，到2030年非化石能源占一次能源消费比例将提高到20%，二氧化碳排放量将达到峰值。

中国可再生能源开发潜力很大。预计到2020年，中国风力发电量将达4500亿千瓦时，占总电量的5.3%，2030年有望超过10%；中国太阳能发电装机容量将超过1亿千瓦，2030年有望超过美国；全国水电装机容量将达到3.6亿千瓦，2030年达到4.5亿~5.0亿千瓦时。可再生能源发电装机容量快速增长与电网容纳能力不足的矛盾是限制新能源发展的瓶颈问题。通过优化调整电网结构，发展储能和多能源电网技术组合，可提升电网中可再生能源的消纳比例。电力的存储技术是决定新能源能否对传统化石能源实现革命性替代的关键。

（2）在确保绝对安全的前提下，谨慎有序发展核能资源的开发利用。由于世界范围内曾发生的几起重大事件，对于核电的使用与建设一直处于尴尬的境地，近几年呈现缓慢复苏发展的态势。中国核电发展需在安全的基础上，采用先进成熟的技术，着眼未来，适度有序发展。近年来，核电建设周期延长，装机增速明显放缓。2017年，中国核电装机容量达3582万千瓦，完成规划目标的28.5%。核电投产规模明显减小，2017年仅投产2台共218万千瓦。总之，核电发展应始终将安全放在首位，综合考虑地理位置、能源需求、技术水平等多方面因素，在国家能源总体战略框架中实现健康有序发展。

据《核电中长期发展规划（2011—2020年）》以及核电"十三五"规划，初步预判到2022年中国核电总体装机容量将超过6800万千瓦，在建装机容量超过3000万千瓦，2017—2022年年均复合增长率为13.25%，核电产业发展仍具一定空间。

（3）重视氢能产业发展，有望解决新能源发展的能量存储问题。氢能源被视为21世纪最具发展潜力的清洁二次能源，在技术上可以很容易地实现电能—氢能互换，该优点可解决可再生能源分布式发电的能量存储问题。中国是全球氢利用最大的国家，自从2009年首次突破1000万吨产量以来，连续9年保持世界第一。2016年，国家发展和改革委员会、国家能源局等联合发布了《能源技术革命创新行动计划（2016—2030年）》（发改能源〔2016〕513号），提出了能源技术革命重点创新行动路线图，部署了15项具体任务，其中就有氢能与燃料电池技术创新，标志着氢能产业已经纳入中国国家战略。

中国的加氢站近年来快速增长，目前在建和已建成加氢站共31座，其中建成运营的加氢站12座，分别位于北京、上海、广东、江苏、河南、湖北、辽宁、四川共8个省市。中国的氢能在交通领域的应用出现了爆发式增长，以广东佛山云浮为代表的产业园迅速建立，仅广东云浮的一个氢燃料电池项目就达到了年产2万套电堆和5000辆氢燃料电池车的产能。佛山南海区在其新能源汽车产业发展十年规划中明确提出，到2025年，南海区推广燃料电池叉车5000辆，燃料电池乘用车10000辆，燃料电池客车5000辆。

四、能源结构革命

中国煤炭生产消费独大，石油、天然气、新能源占比小的"一大三小"能源结构，已无法满足生态文明发展，需要加快煤炭、油气、新能源"三足鼎立"时代的到来，进行能源结构革命。从能源消费角度，世界正处于以油气能源为主的时代，中国处于以煤炭能源为主的时代。把握国内外能源发展形势，全方位战略布局国家能源安全，随着油气理论和技术的不断进步，油气资源储量丰富，产量供应总体相对宽松，国内能源结构调整进入难得的历史机遇期。当前国内一次能源消费结构中煤炭、油气和新能源分别约占61%、26%和13%，高碳化石能源消费比例过高导致环境污染严重，能源清洁化发展已经成为人民群众的迫切需求。因此，需要尽快改变煤炭一枝独秀的一次能源消费结构，在考虑能源安全的前提下，国内外全方位战略布局，加快能源结构调整，尽快实现煤炭、油气和新能源的"三足鼎立"，最终实现中国能源发展的结构革命。

提速国内油气生产能力、管道输送能力、LNG与储油气库能力等"三个能力"建设。全力提升国内天然气生产能力，实现西南、长庆、塔里木三大常规天然气产量基地稳产增产，强力推进海相页岩气、低煤阶煤层气等非常规天然气产量快速增长，积极推动南海天然气水合物"甜点区"技术工业化试验。强力提升陆上管道气输送能力，积极推动陆上管道气进口新路径。为保证管道气稳定供给，需在"一路一带"的大背景下，积极参与供给端天然气项目开发，同时探索建设管道气引进的新路径，推动管道气进口的多元化。全力提升LNG和储气库的战略地位，结合国内市场、地理和环境等因素，有序建设 LNG 和储气库相关基础设施，保障天然气消费需求。

在人工智能和大数据的基础上分析油气供给和消费特征，建立中国油气安全消费峰值预警体系。按照 2030 年 5500 亿～6000 亿立方米的天然气消费量，预测需要国内天然气产量达到 1800 亿～2200 亿立方米、陆上管道气进口量达到 1600 亿立方米、LNG 进口量达到 2000 亿～2500 亿立方米，天然气对外依存度将超过 64%。鉴于天然气资源特点，高比例对外依存度将加大天然气供气安全风险，2017 年冬季天然气供给"气荒"已充分体现中国天然气进口的安全风险。因此，需要在人工智能和大数据分析的基础上紧密跟踪国内外天然气产量、消费量、气候、输送路径、库存和政治等多项因素，建立安全消费峰值预警体系，规避天然气供应安全风险，及时调整进口途径。

从中国富煤但油气不足的能源资源国情出发，急速推进煤炭清洁化工业技术和新能源主体工业技术的提前突破。从能源发展的历史规律和中国能源结构出发，需要降低和缩短石油和天然气在中国能源结构的占比和时间，加快化石能源向新能源转换的历史进程，以降低对油气资源的长期依赖和带来的安全压力。因此，需要通过急速突破煤炭清洁化工业技术，急速突破新能源主体低廉化技术，加快新能源规模时代的提前到来，保障中国能源生产和消费的战略性、低碳性和持久性安全。

第二篇

新能源革命

第四章 革命性能源技术

第三次科技革命是人类文明史上继蒸汽技术革命和电力技术革命之后科技领域里的又一次重大飞跃。这是以原子能、电子计算机、空间技术和生物工程的发明和应用为主要标志，涉及信息技术、新能源技术、新材料技术、生物技术、空间技术和海洋技术等诸多领域的一场信息控制技术革命，具有技术群体化、复杂化、相互渗透化及信息共享等特征。

历史发展显示，每一次科技革命必将伴随着能源革命。当前，推动能源的革命性变革，已成为大国能源战略的重要取向，而发展新能源是核心任务之一。促进新能源的发展，可以推进能源结构乃至经济结构的转变，将对国民经济产生深远影响，能源工业未来的方向将是从能源资源型走向能源科技型。推动能源革命的关键在于技术创新，掌握了先进性、革命性能源技术，才能将技术优势转化为产业优势和经济优势。

在全球能源变革潮流下的中国，要着力打造先进性、革命性能源技术的竞争力和低碳发展优势，研发氢能、储能、石墨烯新材料、核聚变等前沿技术，构建智慧能源，推动能源互联网与分布式能源技术、智能电网技术、储能技术的深度融合，占领能源科技的制高点，引领全球能源技术创新和发展的进程。

第一节 氢能与燃料电池

二次能源是联系一次能源和终端用户的中间纽带，电能是当前应用最广泛的二次能源。氢作为化学能载体，正在成为与电一样重要的二次能源。氢能产业链主要包括氢的制取、储存、运输和应用等环节。氢既可广泛应用于传统领域，又可应用于新兴的氢能车辆以及氢能发电（包括热电联供分布式发电、发电储能等）。以大规模低成本制氢和安全储氢为主体的氢能技术，将推动动力产业转型和新能源汽车、分布式供能等新兴产业发展，具有改变能源结构的潜力，实现能源供给端到消费端的全产业链转变。燃料电池是氢能利用的关键技术关联，如同石油与内燃机、电与电动机的关系。

一、制氢技术

在氢能的利用过程中，制氢技术是其中的关键技术。氢气来源非常广泛，制取方法较多，目前主要是以天然气（CH_4）、原油（烃）或煤等为原料，与水蒸气在高温下经蒸汽转化法、部分氧化法、煤气化法等工艺生成。制氢主要技术路线见图4-1。

工业制氢主要包括以下四种方法：一是采用化石燃料制取氢气；二是从化工副产物中提取氢气；三是采用来自生物的甲醇甲烷制取氢气；四是利用太阳能、风能等自然能量进行电解水制氢。关键技术主要包括太阳能光热/煤炭协同制氢技术、生物质重整制氢技术、光催化制氢等技术。

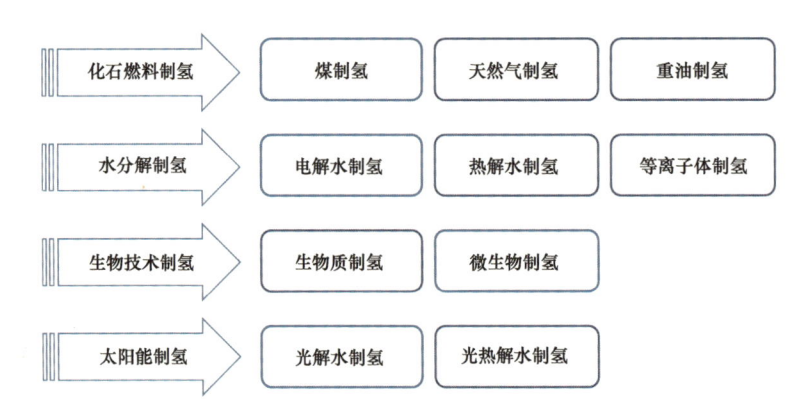

图 4-1 氢气制取主要技术路线图

1. 太阳能光热/煤炭协同制氢技术

太阳能光热/煤炭协同制氢技术是指利用太阳能聚焦、集束高温热技术，提供高温热能，可替代部分标准煤，通过太阳能加热至700℃以上，为煤气发生炉的原料提供热量，进而产生一氧化碳（CO）、氢气（H_2）等，生成的产物在氢气发生器中与水（H_2O）进一步作用制取氢，并采用热交换预加热装置采集反应释放的热量以及循环利用二氧化碳（CO_2），主要有两种可行的技术路线（图4-2和图4-3）。

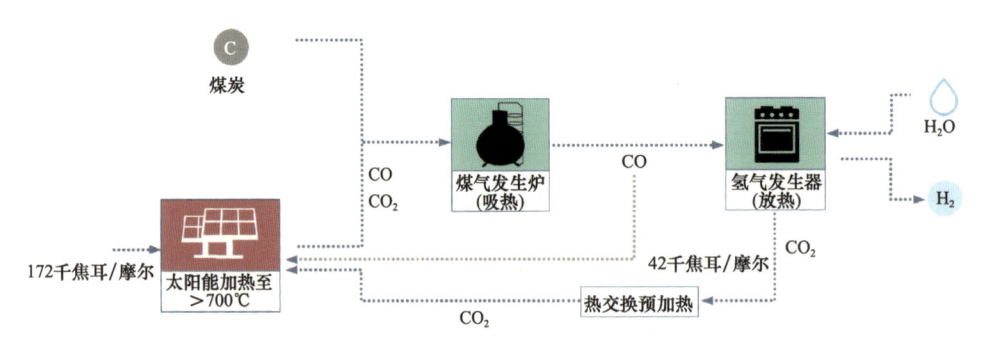

图 4-2 太阳能光热/煤炭协同制氢技术路线一

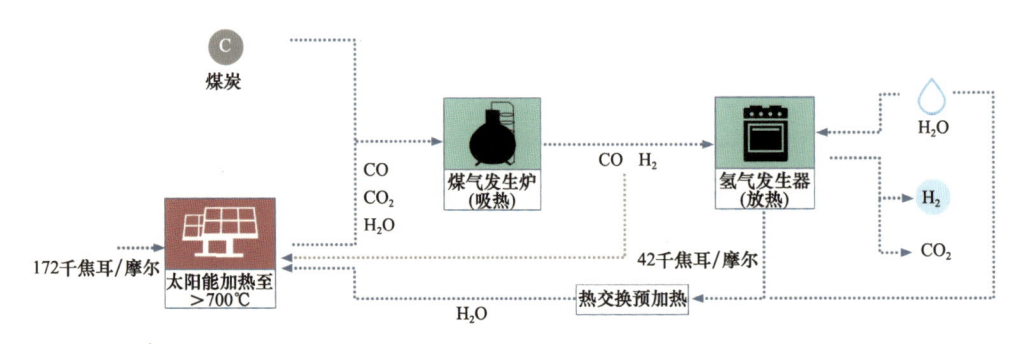

图 4-3 太阳能光热/煤炭协同制氢技术路线二

1）太阳能高温集热技术

在太阳能光热/煤炭协同制氢技术中，关键技术之一是太阳能高温集热技术。

太阳能是一种低密度、间歇性、空间分布不断变化的能源，对太阳能的收集和利用可以采用太阳能集热器，以更有效地吸收太阳辐射能和获得高温热能。集热器须采用聚焦、跟踪等技术，太阳能聚焦装置可以增加单位面积的太阳辐射强度，节省吸热材料，提高热利用效率；太阳跟踪系统可以使太阳光始终垂直照射在接收面，接收到的太阳辐射将大大增加。

太阳能高温集热技术可以分为集中型系统和分散型系统两大类。其中，太阳能光热/煤炭协同制氢技术利用的是集中型系统（图4-4），其通常由平面镜、跟踪结构、支架等组成定日镜阵列，这些具有自动跟踪太阳的定日镜始终对准太阳，把入射光反射到位于场地中心附近的高塔顶端的接收器上，使接收器中的传热介质达到高温，并可通过管道传到地面上的蒸汽发生器，进而产生高温蒸汽。

图4-4 集中塔式集热器系统

太阳能高温集热技术已相对较为成熟。1982年4月，美国在加利福尼亚州南部巴斯托附近的沙漠地区建成一座称为"太阳1号"的塔式太阳能热发电系统。该系统由包括1818面反射镜环的反射镜阵列及高达85.5米的高塔接收器组成。1992年该装置经过改装，用于示范熔盐接收器和蓄热装置。之后又建设"太阳2号"系统，并于1996年并网发电。

日本采用一种改进的熔盐储能方法，即把晴天获得的太阳辐射能输入某种易熔的盐类（如硝酸盐等），使盐类吸热熔化；而当熔盐凝固的时候，就释放出热能，以在夜间和隔天产生蒸汽，这样就可以避免发电过程的中断，并建造了一个容量为10000千瓦的大规模太阳辐射能发电站。

中国太阳能聚光集热项目也取得进展。南京建成国内首座70兆瓦塔式太阳能热发电示范工程，于2005年10月成功并网发电。中德计划在中国多个地区建立塔式太阳能集热站，利用太阳能光热/煤炭协同技术制取氢气。

2）太阳能光热/煤炭协同制氢技术的优势

传统的地面煤气化制氢是先将煤炭气化得到以氢气和一氧化碳为主要成分的气态产品，然后经过净化、一氧化碳变换和分离、提纯等处理而获得一定纯度的产品氢。虽然这种方式制氢量大、成本低，但也存在诸多弊端：（1）环境污染。煤制氢工艺产生的氢气会伴随二氧化碳的排放，加剧温室效应，造成环境污染。（2）能量浪费。在生产氢气的同时伴随大量热量的损失，这些能量没有被充分利用就直接散失。（3）氢气纯度问题。如果将生产的氢气用于燃料电池，因其中含硫量偏高，易使燃料电池的铂催化剂中毒，损坏燃料电池电堆。

中国大量的煤炭资源集中在内蒙古、陕西、新疆、青海、宁夏、山西、河北等地，这些地区有丰富的太阳能资源。利用太阳能高温集热技术和煤炭协同制取氢和一氧化碳，并以此为基础生产出甲烷（天然气）、甲醇、乙醇等基本原料后，可用管道廉价地输送到全国各地，替代煤炭、进口的石油和天然气。相对于传统煤制氢方法，不但减少二氧化碳排放，而且合理利用能量、减少燃煤污染，增强能源供应的安全性。

与传统煤制氢工艺相比，太阳能光热/煤炭协同制氢技术能够减少大约50%的煤炭用量。在阳光辐照较好的地区，在1平方米土地上光热聚焦可提供大约250千瓦时/年的高温热能，以1吨标准煤的热量为8134千瓦时计算，1平方米土地上光热聚焦提供的高温热能可以替代超过30千克的标准煤，1平方千米光热聚焦可以替代大约3万吨的标准煤。

3）利用太阳能高温集热技术直接制氢

利用太阳能高温集热技术可以直接制取氢气（STCH），并且没有温室气体和环境污染问题，但目前技术还不成熟，制氢效率比较低，成本也较高。随着技术的发展，太阳能热化学制氢技术将在工业生产中得到广泛应用。

STCH 的原理是利用太阳能集热器将太阳能聚集反应所需的温度，在反应器中通过金属氧化物分解吸热，将太阳能转化为化学能，再进行金属水解，使水分解制得氢气。STCH 的过程可以分为直接循环和混合式循环两种，直接循环只运用集中式太阳能，混合式循环需要额外利用一个电驱动的电解槽作为水分解循环系统的一部分。通常直接循环系统比较简单，但需较高的操作温度；混合动力系统的缺点包括增加了电气输入的复杂性和额外要求。

通过直接 STCH 工艺分解水所需的高温需要使用集中式太阳能，用于将阳光聚焦在热化学反应器上以产生高达 2000℃的温度，主要包括中央塔式和模块盘状式等两种形式。中央塔式是指具有定日镜的中央接收器/反应塔是在由适当尺寸的定日镜场（太阳跟踪镜场）包围的太阳能接收器中部署中央 STCH 反应堆；模块盘状式是使用多个较小规模的 STCH 反应器模块，每个反应器模块连接到跟踪盘式浓缩器（图 4-5）。

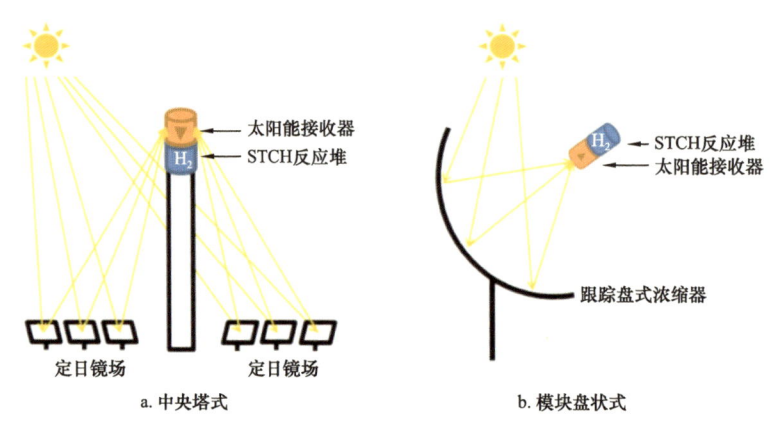

图 4-5 两种基于镜像的制氢方法

目前各国正在展开与太阳能光热技术相关的各种研究。德国科学家用 149 盏氙光灯组成了一个巨大的人造太阳，称为"融光"（Synlight），该设备外形似一个巨大的蜂巢，近 14 米高、16 米宽，旨在模仿太阳，产生光能以制造环境友好的氢能源。据德国国家航空航天研究中心（DLR）消息，Synlight 系统已经于 2017 年 3 月 23 日正式启动测试，灯光投射到 20 厘米 ×20 厘米的聚焦平面上，产生的辐射强度是太阳光照射同等面积的 1 万倍，温度最高可达 3000℃，大约是高炉温度的 2~3 倍，功率达 350 千瓦。DLR 太阳能研究所主任 Bernard Hoffschmidt 表示，Synlight 系统旨在将小型实验室的实验提升到一个新的水平，一旦用 350 千瓦人造光来制氢的技术成熟化，这一过程可以 10 倍放大，达到发电厂的技术水平，该目标有望 10 年内实现。但该研究中心的最终目的还是实现利用自然光制氢，目前 Synlight 系统的使用花费很大，运行四小时所消耗的电力相当于一个四口之家一年的消耗量。研究人员希望该模拟器能够为太阳能燃料制造带来更快的进展。此外，Synlight 系统也可以推进利用太阳能生产化学原料、减少碳排放等方面的研究。

2. 生物质重整制氢技术

生物质重整制氢技术可以分为两类：一类是以生物质为原料利用热物理化学原理和技术制取氢气，如生物质气化制氢、超临界转化制氢、高温分解制氢等；另一类是利用生物途径转换制氢，如直接生物光解、间接生物光解、光发酵、光合异养细菌水气转移反应合成氢气、暗发酵和微生物燃料电池技术。生物质发酵产物的甲烷、甲醇、乙醇等简单化合物也可以通过化学重整过程转化为氢气。目前生物质制氢的研究主要集中在如何高效而经济地转换和利用生物质。

1）生物质高温分解热裂解制氢

生物质热裂解是在高温和无氧条件下生物质发生反应的热化学过程。热裂解包括慢速裂解和快速裂解。生物质快速裂解制取生物油再重整制氢是目前该项技术研究的热点。热裂解效率和产量的提高依赖设备和工艺的改进、催化剂的选择及反应参数的优化。美国可再生能源实验室（NREL）率先在此方面做了一系列研究，并取得了成果。目前国内外的生物质热裂解反应器主要有机械接触式反应器、间接式反应器和混合式反应器。

2）甲醇转化制氢

甲醇转化制氢是指通过微生物发酵将生物质或废物转化为甲醇，然后通过重整制氢，主要技术有甲醇裂解制氢和甲醇重整制氢。当前的研究热点主要围绕催化剂结构的改进以及新型催化剂的选择。Huber 等在《Science》（科学）杂志发表了基于生物质的碳氢化合物催化制氢研究成果，发现在产氢效果类似的情况下以雷尼镍和锡（Raney Ni-Sn）非稀有金属作为催化剂不仅比铂金更经济，还能够降低甲烷生成量，提高氢产量。近年来，研究者也进行了水相中甲醇重整的研究，如 Shabaker 等开展了以 Pt/Al_2O_3（铂/氧化铝）为催化剂的液相甲醇重整制氢技术；Boukis 等研究了甲醇在超临界水中重整制氢，研究结果显示主要产物为氢及少量的二氧化碳，在不加催化剂的情况下甲醇的转化率达到 99.9%，并发现镍合金内壁对反应有影响，事先氧化内壁可以提高反应速率并降低二氧化碳浓度。

3）甲烷转化制氢

甲烷转化制氢是指利用废物及生物质为原料厌氧消化制取甲烷，再转化制氢，主要有甲烷催化热裂解制氢和甲烷重整制氢两种方式。甲烷制氢是制氢技术中研究最多的技术之一，但目前大部分研究针对天然气的甲烷转化制氢，厌氧消化产生的甲烷与天然气共重整的研究也有报道。围绕新技术以提高甲烷转化率的甲烷制氢是当前研究热点，如利用等离子体提高反应温度；确定最优的反应参数以及改进设备等；采用新的催化剂，研究了 Ni(镍)、CO(一氧化碳)、Pd(钯)、Pt(铂)、Rh（铑）、Ru（钌）、Ir（铱）等多种过渡金属和贵金属负载型催化剂；Ochoa 等通过吸附动力学和反应器模拟发现在甲烷蒸汽重整技术中以 Li_2ZrO_3（锆酸锂）作为吸附剂能够增加氢气的产量。

4）乙醇转化制氢

乙醇转化制氢是指通过微生物发酵将生物质或废物转化为乙醇，然后通过重整制氢。乙醇催化重整制氢是目前制氢领域研究较热门的技术之一。将乙醇制成氢气不仅对环保有利亦可增加对可再生能源的利用，但目前该技术仍处于实验室研发阶段。当前乙醇催化重整制氢的研究主要集中于催化剂的选择和改进等方面。乙醇转化效率和产氢量因不同的催化剂、反应条件以及催化剂的准备方法而有很大差异。Benito 等提出了以 ICP0503 作为催化剂的基于生物质的乙醇重整制氢机制，催化剂 ICP0503 催化效果稳定，并且该催化剂重整产生的气体可能无须净化处理，能够直接用于燃料电池。

3. 光催化制氢技术

光催化制氢技术的原理是光量子可使水等含氢化合物分子中的氢键断裂，产生氢气。当前，光催化制氢效率较低，如何选择催化剂是光催化制氢能否实现低成本的关键。

光催化制氢原理：

$$2(2a^*) + H_2O \longrightarrow 氢 + 1/2O_2 + 2(2a)$$

其中，2a 既是电子给予体，又是电子接收体，在光能的激发下，可以向水分子转移电子，使 H^+（氢离子）变为氢放出。

通常包括 Z 型制氢体系、光电化学催化制氢体系、悬浮体系等三种光催化制氢方法。

1）Z 型制氢体系

光合作用 Z 过程由两个不同的原初光反应组成。Sayama 等采用 RuO_2—WO_3（二氧化钌—三氧化钨）为催化剂，Fe^{3+}/Fe^{2+}（铁离子/亚铁离子）为电子中继体，可见光辐射（<460 纳米），Fe^{3+} 被还原成 Fe^{2+}，紫外光（<280 纳米）辐射，Fe^{2+} 与 H^+ 反应生成氢，H_2（氢气）与 O_2（氧气）比为 2∶1。在该模拟光合作用的 Z 过程中，电子中继体可循环使用，此外，电子中继体还有 I^-/IO_3^-。TiO_2（二氧化钛）表面镀 WO_3 薄膜，WO_3 吸收蓝光产生空穴，用于氧化水；DSSC-TiO_2 吸收透过的绿光和红光，产生具有高活性的导电电子还原氢。Z 型制氢体系的优点包括：利用了整个可见光；克服了单一半导体的局限性；理论效率约 47%，实际光转换效率已达到 8%。

2）光电化学催化制氢体系

通过光电极受激产生电子—空穴对作为氧化还原剂，参与电化学反应（图 4-6）。

光激发过程：$TiO_2 + h\nu \longrightarrow h^+ + e^-$。

光电极上氧化反应：$H_2O + 2h^+ \longrightarrow 1/2 O_2 + 2H^+$。

对电极上阴极反应：$2H^+ + 2e^- \longrightarrow H_2$。

总的光解水反应：$H_2O + h\nu \longrightarrow 1/2 O_2 + H_2$。

3）悬浮体系光催化制氢

在光催化制氢体系中，探索高效、稳定和经济的光催化材料是光催化制氢实用化的关键。催化剂通过一定的改性后可以大大提高其催化性能，常用的改性方法主要有尺寸量子化、离子掺杂、半导体复合、贵金属沉积等。

（1）尺寸量子化。

尺寸小的纳米微粒，表面所占的体积分数大，表面的活性位置增加，使其具备了作为催化剂的基本条件。价带电位正移，意味着纳米半导体粒子有更强的氧化或还原能力。纳米 TiO_2 粒子是最有应用潜力的一种光催化剂。

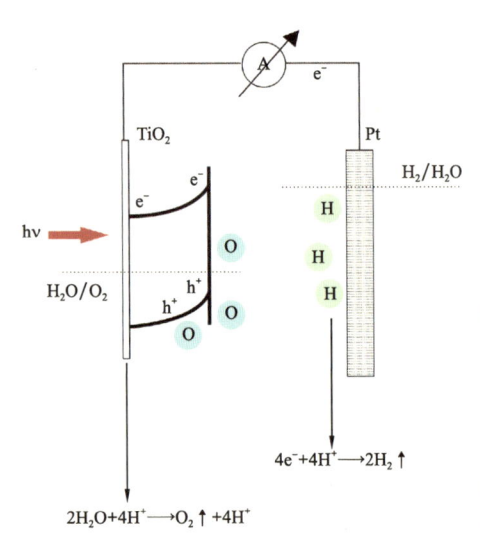

图 4-6 光电化学催化制氢体系

（2）离子掺杂。

离子掺杂会产生离子缺陷，可以成为载流子的捕获阱，延长其寿命。因离子尺寸不同，晶体结构会发生一定的畸变，致使晶体不对称性增加，提高了空穴分离效果。研究表明，在 TiO_2 中掺杂第Ⅱ、Ⅵ副族的金属离子可使催化活性显著提高。

（3）半导体复合。

复合半导体具有两种不同能级的导带和价带，能使吸收波长大大红移，复合半导体的晶型结构也使光催化活性得到提高。另外，复合半导体可以有效吸收光源中不同波长的光，因光源利用率提高而促使催化活性增加。

（4）贵金属沉积。

第Ⅷ族的 Pt（铂）、Ag（银）、Ir（铱）、Au（金）、Ru（钌）、Pd（钯）、Rh（铑）等是常用的沉积贵金属。适量的贵金属沉积在催化剂表面后利于光生电子和空穴的有效分离，亦能降低还原反应的超电压，从而提高催化活性。当半导体表面和金属接触时，有助于载流子重新分布，因肖特基势垒成为俘获激发电子的有效陷阱，光生载流子被分离，抑制了电子和空穴复合，电子和空穴的有效分离提高了催化剂的光量子效率。

二、储运氢技术

氢气的储存技术是目前氢能开发的主要技术障碍。氢气具有易燃、易爆、很难高密度储存等特征。如何实现高密度储氢，提高单位质量储氢密度（即储氢质量与整个储氢单元的质量之比）是衡量氢气储存技术是否先进的主要指标，也是实现氢能大规模商业化应用的前提。

1. 氢气的储存

氢气可以以气体、液体、固体、化合物等形态进行储存。目前，氢的储存方法有高压气态储氢、低温液态储氢、金属氢化物储氢、有机化合物储氢、微球储氢、碳纳米材料储氢等几种方式。

1）高压气态储氢

高压气态储氢是最普遍、最直接的储氢方式。高压气态氢储存装置有固定储氢罐、气体钢瓶和钢瓶组、长管气瓶及长管管束、车载储氢气瓶等。

固定储氢罐：近几年，国内在固定储氢罐的研发上已取得显著成果，在攻克多项关键技术的基础上，利用自有专利技术已成功研制出一种具有抑爆抗爆、缺陷分散、运行状态可在线监测的多功能全多层高压储氢罐，目前压力等级可达到45兆帕、77兆帕和98兆帕，相关技术指标达到国际领先水平。

高压气体钢瓶：使用温度范围为–50～60℃。中国常用的钢瓶容积多为40升（水容积），工作压力多为15兆帕，但是这种钢瓶只能储存6立方米、大约0.485千克的气体，储氢质量不足钢瓶自身质量的1%，效率低下，运输成本高。国外常用钢瓶多为50升（水容积），典型工作压力范围为15～40兆帕，常用工作压力为20兆帕。

长管气瓶组及长管管束：已经在一些制氢工厂、用氢企业和加氢站安装、运行。目前国内已建和在建加氢站一般都采用该储氢设备。

2）低温液态储氢

当气态氢降温到–253℃时将变为液体。各种储氢方式中，液态储氢能达到较高的储存体积密度和质量密度。液态氢存储的质量分数为5%～7.5%，体积容量约为0.04千克/升。液态氢储罐和液态氢拖车已在国内成功制造，并在航天等领域应用，一台15立方米的液态氢罐车可运输约1.05吨（约为12000立方米）氢气。

尽管氢的液化是一项成熟技术，但由于氢的一些特殊物理性质，如存在焦耳—汤姆逊转变温度、沸点低（20.4开尔文）、液态正—仲自发转化放热等，使氢的液化成本高，且储存和运输都有一定困难。氢气液化费用昂贵，要液化氢，首先得将氢预冷到焦耳—汤姆逊转变温度以下，然后经制冷循环获得液态氢，液化耗能4～10千瓦时/千克，几乎相当于三分之一液态氢的成本；液态氢的储存容器庞大，需要极好的绝热装置来隔热，避免沸腾汽化。

3）金属氢化物储氢

金属氢化物储氢的原理是氢分子与储氢合金接触，吸附在合金表面上，H–H键解离，成为原子状的吸附氢。金属氢化物储氢原理主要有三个过程。

（1）金属先吸收少量氢，形成含氢固溶体——MH_x（α相），合金结构保持不变，氢以原子形式存在。

$$M + x/2 H_2 \underset{\text{Abs.}}{\overset{\text{Des.}}{\rightleftharpoons}} MH_x + \Delta H$$

（2）固溶体进一步与氢反应，产生相变（结构改变），生成氢化物相——MH_y（β相）。

$$\frac{2}{y-x}\text{MH}_x + \text{H}_2 \longleftrightarrow \frac{2}{y-x}\text{MH}_y + Q$$

（3）继续提高氢压，金属中的氢含量略有增加。

金属氢化物按照组分划分主要有钛系、镁系、锆系和稀土四类，按照组分配比可分为AB_5、AB_2、A_2B和AB型。

钛系：典型代表TiFe，由美国Brookhaven国家实验室首先发现。

镁系：典型代表Mg_2Ni，由美国Brookhaven国家实验室首先报道。

锆系：典型代表$TiMn_{1.5}H_{2.5}$，由日本松下首先发现。

稀土：典型代表$LaNi_5$，由荷兰Philips实验室首先研制。

4）有机化合物储氢

有机化合物储氢技术是利用不饱和液态芳香烃和对应环烷烃之间的加氢、脱氢反应，可多次循环。稠杂环有机分子作为储氢载体的有机液体储氢技术，在加氢过程中，氢气以化学的方式被加到载体中形成稳定的氢化物液体，经过与石油产品相类似的普通储存与运输过程，在到达用户端时将载体中的氢气释放出供用户使用以获取能量。脱氢后的载体可以重复使用，反复循环。

例如用苯加氢得到环己烷，储氢密度大，质量分数可达到7.2%，其转化反应如下：

$$C_6H_6 + 3H_2 \longleftrightarrow C_6H_{12}$$

中国地质大学（武汉）利用不饱和芳香化合物催化加氢的方法，成功攻克了氢能在常温常压下难以储存和释放这一技术瓶颈，实现了氢能液态常温常压运输。储氢材料的技术性能指标超过了美国能源部颁布的车用储氢材料标准。实验研究显示，储氢分子熔点可低至-20℃，能在150℃左右实现高效催化加氢，并在常温常压下进行储存和运输；催化脱氢温度低于200℃，脱氢过程产生氢的纯度可高达99.99%，并且不产生CO、NH_3等其他气体；储氢材料循环寿命高、可逆性强（高于2000次）；储氢质量分数大于5.5%，体积容量大于50千克/米^3。

5）微球储氢

微球储氢是指利用玻璃微球来储存氢气，球体直径为200~500微米，壁厚0.2~0.5微米，加热到300~400℃，在高氢气压力（80兆帕）下，氢气透过球壁进入球体，当冷却到室温时，由于扩散速度显著降低而捕集到高压气体，通过加热可回收氢气。微球吸氢量较高，按质量分数计为5%~10%，存在的问题是当压力太高时常会产生球体破裂，在环境温度下球内吸收的氢气会发生缓慢泄漏。研究还表明，铝硅酸盐沸石晶体也具有适合氢分子大小的通道和孔隙，但与玻璃微球储氢一样，也必须在极高的压力下操作。目前微球储氢技术仍在探索阶段。

6）碳纳米材料储氢

碳纳米材料储氢是指利用碳纳米管等新型碳纳米材料进行储氢。碳纳米管是一种纳米尺度的、具有完整分子结构的新型碳纳米材料，是由石墨的一层碳原子卷曲而成的无缝、中空管体。碳纳米管具有优良的储氢性能，但是纳米碳管的价格昂贵，目前还未解决其规模制备的方法。

2. 氢的运输

目前，氢气输送方式主要有高压气态氢、液态氢和管道输送等三种方式。这三种方式在国内外均已有应用。目前，在管线钢与高压氢的相容性、管道的运营管理等方面开展系统的基础研究工作，为建设长距离、高压力的规模输氢管线创造条件。

欧洲拥有最长的输氢管线：氢气的长距离管道输送历史悠久，目前大约有1500千米输氢管道，世界最长的输氢管道建在法国和比利时之间，长约 400 千米。最早的长距离氢气输送管道于 1938 年在德国鲁尔建成，总长达 208 千米，输氢管直径在 0.15~0.30 米之间，额定的输氢压力约为 2.5 兆帕。

美国的输氢管线：美国现有氢气管道 720 千米（天然气管道 208 万千米），其中美国得克萨斯州休斯敦/阿瑟港输氢管线全长 225 千米。

中国的输氢管线：中国石化洛阳炼化公司济源至洛阳氢气输送管道工程，线路水平长度为 25 千米，年输气量 10.04 万吨；乌海—银川焦炉煤气输气管线，管道干线全长 216.4 千米，输气量 16.1 亿米^3/年，途经内蒙古、宁夏两自治区和乌海、石嘴山、银川三市，干线穿越多条高速公路、铁路以及黄河等复杂地带，气源为乌海千里山工业园区、西来峰工业园区的焦炉煤气和园区 LNG 工厂、清洁油工厂的氢气混合气。

三、燃料电池

燃料电池是指将存在于燃料与氧化剂中的化学能直接转化为电能的一种发电装置。1839 年英国的 Grove 发明了以铂黑为电极催化剂的简单氢氧燃料电池；1889 年 Mood 和 Langer 首次采用了"燃料电池"这一名称。21 世纪燃料电池成为重要的高新科技得以快速发展，并能够从氢气和氧气中获取电能。近二三十年来，由于一次能源的匮乏和环境污染问题的突出，开发利用新的清洁再生能源的呼声越来越高。燃料电池同时兼备无污染、高效率、适用广、无噪声和具有连续工作及模块化的动力装置等特征，受到世界各国的普遍重视。燃料电池用途广泛，既可应用于军事、空间、发电厂领域，也可应用于机动车、移动设备、居民家庭等领域。

1. 燃料电池基本原理

燃料电池由阳极、阴极和离子导电的电解质构成，工作原理与普通化学电池类似，燃料在阳极氧化，氧化剂在阴极还原，电子从阳极通过负载流向阴极构成回路，产生电流。燃料电池与常规电池的区别在于工作时需要连续不断地向电池内输入燃料和氧化剂，只要持续供应，燃料电池就会不断提供电能。

燃料电池的主要构成组件包括电极、电解质隔膜和集电器等。另还需匹配相应的辅助系统，包括反应剂供给系统、排热系统、排水系统、电性能控制系统及安全装置等。燃料电池的电极是燃料发生氧化反应与氧化剂发生还原反应的电化学反应场所，影响其性能好坏的关键因素是催化剂的性能。

2. 燃料电池的类型

按照不同分类方式，可以将燃料电池分为多种类型。

以电解质类型，可分为碱型、磷酸型、聚合物型、熔融碳酸盐型、固体电解质型燃料电池。

以燃料的处理方式，可分为直接式、间接式和再生式燃料电池。其中，直接式燃料电池按温度的不同又可分为低温、中温和高温三种类型：低温燃料电池包括碱性燃料电池（AFC，工作温度为 100℃）、固体高分子型质子膜燃料电池（PEMFC，也称为质子交换膜燃料电池，工作温度为 100℃以内）和磷酸型燃料电池（PAFC，工作温度为 200℃）；高温燃料电池包括熔融碳酸盐型燃料电池（MCFC，工作温度为 650℃）和固体氧化型燃料电池（SOFC，工作温度为 1000℃）。间接式燃料电池包括重整式燃料电池和生物燃料电池。再生式燃料电池中有光、电、热、放射化学燃料电池等。

以开发时间顺序，可分为三类燃料电池：磷酸型燃料电池（PAFC），称为第一代燃料电池；

熔融碳酸盐型燃料电池（MCFC），称为第二代燃料电池；固体氧化型燃料电池（SOFC），称为第三代燃料电池。这些电池均需用可燃气体作为其发电用的燃料。美国宇航局曾经长期使用氢燃料电池为太空船供电，氢燃料电池将成为未来一种更清洁的商业发电方式。

1）氢燃料电池

氢燃料电池是把化学能直接转化为电能的电化学发电装置，使用氢这种化学元素，制造成储存能量的电池。基本原理是电解水的逆反应，把氢和氧分别供给阳极和阴极，氢通过阳极向外扩散和电解质发生反应后，放出电子通过外部的负载到达阴极。

氢燃料电池的电极用特制多孔性材料制成，是氢燃料电池的一项关键技术，不仅为气体和电解质提供较大的接触面，还对电池的化学反应起催化作用。

质子交换膜燃料电池（PEMFC）技术是目前世界上最成熟的一种能将氢气与空气中的氧气化合成洁净水并释放出电能的技术。

2）磷酸型燃料电池

磷酸型燃料电池（PAFC）的基本组成和反应原理是燃料气体或城市煤气添加水蒸气后送到改质器，把燃料转化成氢、一氧化碳和水蒸气的混合物，一氧化碳和水进一步在移位反应器中经催化剂转化成氢和二氧化碳。经过如此处理后的燃料气体进入燃料堆的负极（燃料极），同时将氧输送到燃料堆的正极（空气极）进行化学反应，借助催化剂的作用迅速产生电能和热能。PAFC 的电解质为浓磷酸水溶液，而 PEMFC 的电解质为质子导电性聚合物系的膜。电极均采用炭的多孔体，为了促进反应，以 Pt 作为催化剂，燃料气体中的一氧化碳将造成中毒，降低电极性能。为此，在 PAFC 和 PEMFC 的应用中必须限制燃料气体中含有的一氧化碳量，特别是对于低温工作的 PEMFC 更应严格地加以限制。

3）熔融碳酸盐型燃料电池和固体氧化型燃料电池

相对 PAFC 和 PEMFC，高温型燃料电池——熔融碳酸盐型燃料电池（MCFC）和固体氧化型燃料电池（SOFC）则不要催化剂，以一氧化碳为主要成分的煤气化气体可以直接作为燃料应用，而且还具有易于利用其高质量排气构成联合循环发电等特点。

MCFC 工作过程中，空气极的氧和二氧化碳与电子相结合，生成 CO_3^{2-}（碳酸根离子），CO_3^{2-} 穿过电解质和隔膜移到燃料极侧，与作为燃料供给的氢相结合，放出电子，同时生成水和二氧化碳。化学反应式如下。

燃料极： $H_2 + CO_3^{2-} =\!=\!= H_2O + 2e^- + CO_2$
空气极： $CO_2 + 1/2 O_2 + 2e^- =\!=\!= CO_3^{2-}$
全体： $H_2 + 1/2 O_2 =\!=\!= H_2O$

在上述反应中，电子同在磷酸型燃料电池（PAFC）中的情况一样，它从燃料极被放出，通过外部的回路返回到空气极，由电子在外部回路中不间断的流动实现了燃料电池发电。另外，MCFC 的最大特点是必须要有有助于反应的 CO_3^{2-}，因此，供给的氧化剂气体中必须含有二氧化碳气体。在电池内部充填催化剂，将作为天然气主成分的甲烷在电池内部改质。在燃料是煤气的情况下，其主成分一氧化碳和水反应生成氢，因此，可以等价地将一氧化碳作为燃料来利用。为了获得更大的出力，隔板通常采用 Ni（镍）和不锈钢来制作。

SOFC 是以陶瓷材料为主构成的，电解质通常采用氧化锆（ZrO_2），它是 O^{2-} 的导体，Y_2O_3（氧化钇）作为稳定剂，共同构成了稳定化氧化锆（YSZ）。燃料极采用 Ni 与 YSZ 复合多孔体构成金属陶瓷电极，空气极采用氧化镧锰（$LaMnO_3$），隔板采用氧化镧铬（$LaCrO_3$）。SOFC 工作过程中，燃料极氢穿过电解质并与 O^{2-} 反应生成 H_2O 和 e^-；空气极由氧和 e^- 生成 O^{2-}。总的效果与其他燃料电池一样，由氢和氧生成水。在 SOFC 中，因其属于高温工作型，在无其他催化剂作用的情况下即可直接在内部将天然气主成分 CH_4 改质成氢,从而加以利用,并且煤气的主要成分一氧化碳可以直接作为燃料利用。

3. 燃料电池的应用

目前高温燃料电池的电极主要是以催化剂材料制成,例如固体氧化型燃料电池(SOFC)的稳定化氧化锆电极(YSZ)及熔融碳酸盐型燃料电池(MCFC)的氧化镍电极等;而低温燃料电池则主要是由气体扩散层支撑一薄层催化剂材料构成,例如磷酸型燃料电池(PAFC)与质子交换膜燃料电池(PEMFC)的铂电极等。

燃料电池具有许多优点,最重要的优点是污染小、能量效率高。燃料电池运用能源的方式显著优于内燃机排放大量危害性废气的方案,其排放物大部分是水分。某些燃料电池虽排放二氧化碳,但其含量远低于汽油的排放量(约为汽油的1/6)。因此,燃料电池不仅可改善空气污染的情况,甚至可能许给人类未来一片洁净的天空。燃料电池通过电化学反应将燃料的化学能转化为电能,回避了燃烧过程,不需要通过卡诺循环来对外做功,不像通常的火力发电机那样通过锅炉、汽轮机、发电机的能量形态变化,避免中间转换的损失,也就避免了类似卡诺循环做功方式在效率方面的限制。燃料电池系统的燃料—电能转换效率为40%~60%,如碳氢燃料发电系统电能的转换效率可达40%~50%;直接使用氢气的系统效率更可超过50%;发电设施若与燃气涡轮机并用,则整体效率可超过60%;若再将电池排放的废热加以回收利用,则燃料能量的利用率可超过85%。而火力发电和核电的效率为30%~40%,汽车内燃机的效率更是仅有10%~20%,可见燃料电池的最低效率也比最好的热机发电效率要高。

燃料电池体积小,便于灵活使用。大型火力发电站必须具备足够大的机组规模才能获得令人满意的效率。一般,装有巨型机组的发电厂受各种条件的限制无法紧邻用户,因此只好集中发电由电网配送给用户。庞大的机组发电的灵活性不足,无法适应用户的即时需求,用户的用电负荷变化有时呈现为高峰,有时则呈现为低谷,相应地电网负荷也呈现高峰与低谷,为了应对电负荷的变化只能采用备用一部分机组或修建抽水储能电站的办法,这在总体上都是以牺牲电网的效益为代价的。传统火力发电站的燃烧能量有近70%要消耗在锅炉和汽轮发电机这些庞大的设备上,燃烧时还会排放大量的有害物质。而使用燃料电池发电,是将燃料的化学能直接转换为电能,燃料电池相当于一个化学电站,不需要进行燃烧,没有转动部件,结构方面又很简单,所以其占地面积小,建设周期短,可以直接进入企业、饭店、宾馆和家庭。

燃料电池还具有响应快、运行质量高的特点。燃料电池提供电力是基于电化学反应,其响应速度远比热机系统出色,可以在数秒钟内从最低功率变换到额定功率。也因为电化学反应决定发电能力,所以不管是满负荷还是部分负荷均能保持高发电效率,不管装置规模大小均能保持高发电效率,具有很强的过负载能力。

燃料电池独立可靠、安全性高。燃料电池无论做成集中式大型发电设备还是做成分散式小型设备,其电堆独立性都是热机系统无法比拟的,正是因为其独立性,燃料电池具有很高的安全性。无论是从故障恢复角度还是从电网稳定角度,采用燃料电池的电力供应系统都优于热电供应系统。而从国防和能源独立性考虑,燃料电池的安全性也不言自明。一方面,自20世纪70年代的石油危机后,各大工业国对石油的依赖仍有增无减,而且主要靠石油输出国的供应,如果采用燃料电池系统作为主要能源来源,日常能源消费对石油的依赖将大幅降低,就可以有更多的石油储备用于战备。另一方面,独立设置的燃料电池系统对电网要求较低,即使电网受到破坏,也容易按照孤岛方式重新建立电力供应,而热电大电网系统难以实现。

现代种类繁多的燃料电池中,氢气仍然是燃料的终极发展方向,但采用不同的催化剂和反应条件,许多有机化合物都可以作为燃料电池的燃料,比如甲醇、天然气或汽柴油,甚至可以以生物质为燃料。2014年美国科学家在《Nature》（自然）杂志子刊《Nature Communications》（自然通讯）上称开发出一种直接以生物质为原料的低温燃料电池，这种燃料电池只需借助太阳能或废热就能将稻草、锯末、藻类甚至有机肥料转化为电能，能量密度比基于纤维素的微生物燃料电池高出近100倍。利用自然界的太阳能及风力等可再生能源提供的电力，可将水电解产生氢气，再供给至燃料电池。如此水也可被看作是未经转化的燃料，通过水的循环，整个能源供应链可以实现完全零排放，真正实现能源清洁化。

燃料电池技术仍是处于上升期的发展中技术，有些缺点是当前技术推广无法回避的阻碍。首先，燃料电池的寿命还有待强化，国内最新进展是突破了5000小时的难关，国外先进技术的寿命水平也不过8000小时左右，这种寿命水平与昂贵的造价一起形成了燃料电池技术推广的拦路虎。其次，燃料电池启动性能也不够好，启动速度尚不及内燃机引擎。反应性可通过增加电极活性、提高操作温度及反应控制参数来达到，但提高稳定性则必须避免副反应的发生。反应性与稳定性常是鱼与熊掌不可兼得。再次是受制于氢气储存技术，FCV（燃料电池汽车）的氢燃料以压缩氢气为主，车体的载运量因而受限，每次充填量仅2.5~3.5千克，尚不足以满足现今汽车单程可跑480~650千米的续航力。以-253℃保持氢的液态氢系统虽已测试成功，但有重大的缺陷：约1/3的电能必须用来维持槽体的低温，使氢保持液态，且从缝隙蒸发而流失的氢气约为总存量的5%。最后，氢燃料基础建设不足也是燃料电池难以迅速推广的重要因素，氢气在工业界虽已使用多年且具经济规模，但全世界充氢站仅有三百余个，与加油站的数量完全无法比拟。

近年来，发达国家为减排温室气体提出了多种解决方案，其中大力发展燃料电池成为共识，多个国家都将大型燃料电池的开发作为重点研究项目，企业界也纷纷斥以巨资，从事燃料电池技术的研究与开发，已取得了许多重要成果，使得燃料电池即将取代传统发电机及内燃机而广泛应用于发电及汽车上。如今，在北美、日本和欧洲，燃料电池发电正以急起直追的势头快步进入工业化规模应用的阶段，将成为21世纪继火电、水电、核电后的第四代发电方式。不难想象，随着氢能产业链的逐渐完善，燃料电池技术广泛应用的实现将指日可待。

第二节　储能技术

发展创新型储能技术对加快发展新能源产业有着重要的作用。随着可再生能源与分布式能源在大电网中的大量接入，以及微网与电动车的普及应用，储能技术将成为整个能源互联网的关键节点。目前储能方式主要分为物理储能（如抽水储能、压缩空气储能、飞轮储能等）、化学储能（如铅酸电池、氧化还原液流电池、钠硫电池、锂离子电池）和电磁储能（如超导电磁储能、超级电容器储能等）三大类。根据各种储能技术的特点，飞轮储能、超导电磁储能和超级电容器储能适合需要提供短时较大脉冲功率的场合；而电化学储能和压缩空气储能适合系统调峰、可再生能源并入等大规模、大容量的应用场合。

一、储能电池

能源互联网的兴起将显著拉动储能的需求。在各类储能方式中，化学储能在能量密度、响应速度、能量损耗、安全性等方面具有明显的优势，因此，将能量转化为化学能进行存储得到产业界广泛认同。在化学储能技术当中，又以电化学储能技术为代表。电化学储能具有功率和能量可以根据不同应用需求灵活配置、响应速度快、不受地理资源等外部条件的限制等优势，适合批量化生产和大规模应用，在电力储能方面具有广阔的发展前景。电化学储能技术已经在削峰填谷、提高电网稳定性和微网可再生发电等方面得到应用。电化学储能主要包括液流电池、锂离子电池、钠硫电池（Zebra 电池）、铅酸（碳）电池、镍氢电池、液态金属电池和燃料电池等。

目前，锂离子电池使用最为广泛，但是需要进一步提高电池的安全性能，降低电池成本；铅碳电池有望成为大规模储能系统发展中的重要技术，但其制作工艺和负极析氢问题仍需进一步优化与改进；液流电池在提升可再生能源并网率、平衡电网稳定性等方面有广泛的应用，但需要进一步优化关键材料，降低成本；钠硫电池的制造成本和安全性能仍然需要重点研究，需要加大对 Zebra 电池的研发力度，尽早实现电池的国产化；液态金属电池作为新型廉价、高效的电池体系，其储能成本低、寿命长，随着技术的突破，未来有望在储能领域得到较好的应用；由于氢气是最清洁的能源，燃料电池是最清洁的能量转换装置，燃料电池与清洁制氢技术相结合，将成为未来最具竞争力的能源供应技术，未来能源领域将形成以氢燃料电池为主导的局面。

1. 锂离子电池

锂离子电池是一种二次电池（充电电池），主要依靠锂离子（Li$^+$）在正极和负极之间移动来工作。在充放电过程中，Li$^+$ 在两个电极之间往返嵌入和脱嵌：充电时，Li$^+$ 从正极脱嵌，经过电解质嵌入负极，负极处于富锂状态；放电时则相反。

根据电解质材料的不同，锂离子电池可以分为液态锂离子电池（LIB）和聚合物锂离子电池（LIP）两大类，二者的差异主要在于电解液的不同，电解液为液态物质则称为液态锂离子电池，电解液为有机聚合物则称为聚合物锂离子电池，目前以聚合物锂离子电池最为常见。聚合物锂离子电池又可分为固体聚合物电解质锂离子电池、凝胶聚合物电解质锂离子电池等。由于用固体电解质代替了液体电解质，与液态锂离子电池相比，聚合物锂离子电池具有可薄形化、任意面积化与任意形状化等优点。

根据正极材料的不同，锂离子电池可分为钴酸锂、锰酸锂、镍酸锂、三元材料、磷酸铁锂等电池类型。根据负极材料的不同，锂离子电池可分为石墨、软碳、硬碳、钛酸锂、硅基等电池类型。

1）磷酸铁锂电池

磷酸铁锂电池是近年来发展很快的锂离子电池，主要应用领域包括大型电动车辆、轻型电动车、电动工具、遥控玩具、太阳能及风力发电的储能设备、UPS（不间断电源）及特种灯具、小型医疗仪器设备及便携式仪器等。磷酸铁锂电池具有输出性能好、安全性能好、循环寿命好、充电性能好、能量密度高、环保评价高、经济效益好等优势。但也还存在一些劣势需要攻克，制备磷酸铁锂的烧结过程中，氧化铁在高温还原性下可能被还原成单质铁，而单质铁会引起电池的微短路；磷酸铁锂振实密度与压实密度很低，导致电池能量密度难以提升；制备磷酸铁锂产品的工艺成本相对较高；产品一致性较差，磷酸铁锂的合成反应是一个复杂的多相反应，包括固相磷酸盐、铁的氧化物以及锂盐、碳的前驱体以及还原性气相，很难保证反应的一致性。

2）钴酸锂电池

钴酸锂电池是电化学性能优越的锂电池，具有结构稳定、比容量高、综合性能突出等特征，但主要局限是成本非常高，因为钴是比较稀缺的战略性金属。钴酸锂电池的应用还相对较少，主要用于中小型号电芯，以及应用于笔记本电脑、手机等小型电子设备，标称电压 3.7 伏。

3）三元锂电池

三元锂电池是指正极材料使用镍钴锰酸锂三元正极材料的锂离子电池。相比磷酸铁锂电池，三元锂电池的综合性能更好，能量密度较高，体积比能量也更高。三元锂电池最大的优势在于电池能量密度高，储能密度通常在200瓦时/千克以上，大于磷酸铁锂的90~120瓦时/千克，更有利于轻量化设计，更适合现阶段新能源乘用车市场对续航里程的需求。但是，三元锂电池也还存在缺点，三元锂电池分解温度在250~350℃之间，此时内部化学成分开始分解，释放氧分子，在高温作用下电解液会迅速燃烧，增加电池发生自燃及爆炸的风险，因此三元锂电池在设计过程中需要做好过充保护、过放保护、过温保护和过流保护等。随着技术的进步，尤其是陶瓷隔膜的使用，三元锂电池的安全问题已得到改善，由于其出色的综合表现，目前在市场上得到了大量应用。三元锂电池在动力电池领域超过了原来一家独大的磷酸铁锂电池，2017年前8月三元/锰系锂电池装机容量最大，以6.4吉瓦占比55%，磷酸铁锂电池装机容量则退居其次，以5.1吉瓦占比44.1%。

锂离子电池具有工作电压高、容量大、自放电小、循环性好等许多突出的优点，是现代高性能电池的代表。近年来，新能源汽车产销量呈现井喷式增长，以动力电池作为部分或全部动力的电动汽车，因具有高效节能和非现场排放的显著优势，是当前新能源汽车发展的主攻方向。中国汽车工程学会公布的《节能与新能源汽车技术路线图》为中国的动力电池技术绘制了发展蓝图。该路线图提出，到2020年纯电动汽车动力电池单体比能量达到350瓦时/千克，2025年达到400瓦时/千克，2030年则要达到500瓦时/千克。近中期优化现有体系锂离子动力电池技术，满足新能源汽车规模化发展需求，重点开发新型锂离子动力电池，同步开展新体系动力电池的前瞻性研发；中远期在持续优化提升新型锂离子动力电池的同时，重点研发新体系动力电池，显著提升能量密度，大幅降低成本，实现新体系动力电池实用化和规模化应用。可见，在未来相当长的时间内，锂离子电池仍将是动力电池的主流产品。

锂离子电池在储能领域也有不凡的表现。中国自2010年起已经在福建安溪、宁德，河南郑州，广东东莞和江苏常州等地建立起锂离子电池储能系统，成功应用于削峰填谷，提高电网接纳风电能力等。美国华盛顿、加利福尼亚、纽约和密歇根等地也建立了不同规模的锂离子电池储能系统，用于削峰填谷，提高电网可靠性和实现微网可再生发电等。智利和韩国等国家也采用锂离子电池储能技术进行电网调频和改善电能质量等。

在未来锂离子电池的发展中，需要进一步提高比容量、循环寿命和安全性能，同时降低产品成本。(1) 开发可以输出更高电压的正极材料是提高材料能量密度的重要途径之一。高电压的显著优势是在电池组装成组时，只需使用比较少的单体电池串联就能达到额定的输出电压，可以简化电池组的控制单元。最典型的高电压特性材料是$LiNi_{0.5}Mn_{1.5}O_4$，其衍生材料包括$LiTiMnO_4$、$LiCoMnO_4$，以及橄榄石结构磷酸盐/氟磷酸盐，如$LiCoPO_4$、$LiNiPO_4$、$LiVPO_4F$等。(2) 提高正极材料的比容量也是提升电池品质的一个重要手段。由于锂离子电池负极材料的比容量远高于正极材料，因此正极材料对全电池的能量密度影响更大。在现有的水平上，如果将正极材料的比容量提高一倍，就能够使全电池的能量密度提高57%，镍钴锰三元材料中，镍为主要活性元素，其含量越高材料容量就越大，高容量正极材料的一个发展方向就是发展高镍三元或多元体系。高镍多元体系中，镍含量在80%以上的多元材料（NCA或NCM811）能量密度优势明显，用这些材料制作的电池匹配适宜的高容量负极和电解液后能量密度可达到300瓦时/千克以上。目前高镍多元材料量产技术主要被日韩少数企业掌握。此外，富锂材料[$xLi_2MnO_3 \cdot (1-x)LiMO_2$ (M=Fe、Co、Mn、Ni)]放电比容量超过230毫安时/克，工作电压大于3.5伏，具有比容量高、热稳定性好、循环性能良好、充放电压范围宽且价格低廉、对环境友好等优点，具有很大的开发潜力。(3) 锂离子电池的负极材料将继续朝低成本、高比能量、高安全性的方向发展，石墨类材料（包括人造石墨、天然石墨及中间相碳微球）仍然是当前锂离子动力电池的主流选择。硅基等新型大容量负极材料将逐步成熟，以钛酸锂为代表的高功率密度、高安全性负极材料在混合动力电动车等领域的应用也将更加广泛。中远期硅基负极材料将全面替代其他负极材料已成为行业共识。硅基负极材料被认为是可大幅度提升锂电池能量密度的最佳选择之一，其理论比容量可以达到4000毫安时/克以上。

锂电池在续航、安全等方面还存在一定难题，而全固态电池有望能较好地解决这些问题。全固态电池采用无电解液的设计，其能量密度、充电倍率、安全性以及生产成本方面将大幅领先于现有的锂离子电池，固态电池能量密度能够达到现有锂电池的两倍，意味着同等大小质量的固态电池将实现两倍于目前锂电车型的续航里程，全固态电池的快速充电技术也非常值得期待。

2. 铅碳电池

铅碳电池是一种电容型铅酸电池，从传统的铅酸电池改进而来。铅酸电池原料丰富、成本低廉、安全性好，但是循环寿命较短。研究发现在铅酸电池的负极中加入活性炭，能够显著提高铅酸电池的各项性能，如充电速度可以提高8倍、放电功率提高3倍、循环寿命提高6倍，目前已广泛应用于各种新能源及节能领域。

铅碳电池的基本原理是将高比表面碳材料（如活性炭、活性碳纤维、碳气凝胶或碳纳米管等）掺入铅负极中，发挥高比表面碳材料的高导电性和对铅基活性物质的分散性，提高铅活性物质的利用率，并能抑制硫酸铅结晶的长大。作为一种新型的超级电池，铅碳电池将铅酸电池和超级电容器两者技术融合，是一种既具有电容特性又具有电池特性的双功能储能电池，既发挥了超级电容瞬间功率性大容量充电的优点，又发挥了铅酸电池的能量优势，拥有很好的充放电性能。

新能源的快速发展对电池技术也提出了新的要求，铅碳电池是铅酸蓄电池领域最先进的技术，其功率密度较大、循环寿命长和价格较低等特点使它成为国际新能源储能行业的发展重点，在光伏电站储能、风电储能和电网调峰等储能领域具有非常广阔的应用前景。目前，铅碳电池储能技术在国内外均有广泛的示范应用。2011年前后，美国在北美地区建立了容量为3兆瓦/1~4兆瓦时的电网级铅碳电池储能项目，在夏威夷Oahu和Maui分别建立了容量为15兆瓦/10兆瓦时和10兆瓦/20兆瓦时的铅碳电池风电储能系统，应用于电网辅助能量存储、频率调节和能源需求管理等；澳大利亚在King岛项目中投入运行3兆瓦/1.6兆瓦时的铅碳电池储能系统，保证新能源接入电网；哥伦比亚和南极洲部分区域也建立起了以铅碳电池技术为核心的储能系统；中国在河北、青海、西藏、浙江等地的14个微网储能项目也应用了铅碳电池储能技术。

3. 液流电池

液流电池一般称为氧化还原液流电池，是利用正负极电解液分开存放、各自循环一种新型高性能大型电化学储能装置。活性物质存在于电解液中，实现了电极与活性物质空间上的分离。电池功率由电极的尺寸大小和电堆中电池的数目决定，电池容量则由电解液的浓度和体积决定，因此电池功率和容量可以分开设计，灵活方便。结构原理如图4-7所示。

液流电池最早由美国航空航天局资助设计，1974年由Thaller L.H.申请专利并公开发表。澳大利亚Maria教授研究采用硫酸氧钒来作正负极电解

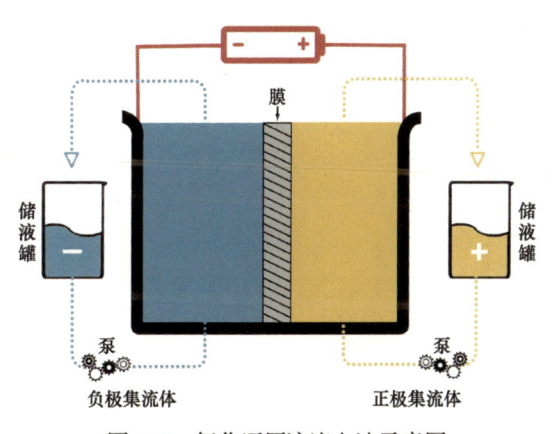

图4-7 氧化还原液流电池示意图

液，并且在 1986 年申请了专利。目前比较成熟的液流电池体系包含铁铬体系、铁钛体系、钒溴体系和全钒体系等。其中，全钒液流电池的正负极活性物质均为钒，可以避免活性物质通过离子交换膜扩散造成的元素交叉污染，是目前最主要的商用化发展技术方向。

全钒液流电池作为储能系统使用，具有以下特点。

（1）电池的输出功率取决于电池堆的大小，储能容量取决于电解液体积和浓度，因此其设计非常灵活，当输出功率一定时，要增加储能容量，只要增大电解液储存罐的容积或提高电解液浓度。

（2）钒电池的活性物质存在于液体中，电解质离子只有钒离子一种，故充放电时无其他电池常有的物相变化，电池使用寿命长。

（3）充放电性能好，可深度放电而不损坏电池。

（4）自放电低，在系统处于关闭模式时，储罐中的电解液无自放电现象。

（5）钒电池选址自由度大，系统可全自动封闭运行，无污染，维护简单，操作成本低。

（6）电池系统无潜在的爆炸或着火危险，安全性高。

（7）电池部件多为廉价的碳材料、工程塑料，材料来源丰富，易回收，不需要贵金属作电极催化剂。

（8）能量效率高，可达 75%～80%，性价比非常高。

（9）启动速度快，如果电堆里充满电解液可在 2 分钟内启动，在运行过程中充放电状态切换只需要 0.02 秒。

作为一种较新型的电池，全钒液流电池仍有不足，尤其是能量密度很低，目前先进的全钒液流电池能量密度大概只有 40 瓦时 / 千克，仅与铅酸电池的 35 瓦时 / 千克相当；其次是工作条件比较严格，一定要限制在 5～45℃之间的温度范围内。

液流电池在提升可再生能源入网、平衡电网稳定性等方面将发挥重要作用，受到国内外的广泛关注。现阶段液流电池发展面临的主要问题为发展高性能电解液，优化隔膜和极板材料，进一步降低成本，提高性能，从而更好地推动其产业化发展。美国在 2011 年储能发展规划中已将液流电池作为重要的储能技术发展方向，之后一年内资助建立了 12 个液流电池储能系统；2015 年加拿大安大略省开展了 4 个液流电池储能项目；中国于 2012 年建立了全球最大规模的 5 兆瓦 /10 兆瓦时辽宁卧牛石风电场全钒液流储能系统，在国内外率先实现了该技术的示范应用，当前正在建立 200 兆瓦 /800 兆瓦时全钒液流电池国家储能示范项目。

4. 钠电池

1）钠硫电池

钠硫电池是美国福特（Ford）公司于 1967 年发明的。钠硫电池的正负极材料分别为熔融态的硫和钠，电解质为氧化铝陶瓷管，工作温度为 300～350℃。钠硫电池的原理是钠离子透过电解质隔膜与硫发生可逆反应，从而进行能量的释放和储存。

钠硫电池具有以下显著特征：比能量（即电池单位质量或单位体积所具有的有效电能量）高，其理论比能量为 760 瓦时 / 千克，实际已大于 150 瓦时 / 千克，是铅酸电池的 3～4 倍；可大电流、高功率放电，其放电电流密度一般可达 200～300 毫安 / 厘米^2，并可瞬时放出其 3 倍的固有能量；充放电效率高，由于采用固体电解质，没有液体电解质二次电池的自放电及副反应，充放电电流效率几乎为 100%。同时，钠硫电池也有不足之处，工作温度为 300～350℃，所以电池工作时需要一定的加热保温，目前采用高性能的真空绝热保温技术，可较好地解决该难题。

钠硫电池是新兴的化学能源电池，由于具有很高的能量容量，很多国家都将其用在电动车或者电动汽车上面。同时由于电池自身的一些局限性，钠硫电池也被普遍用于发电站的储能方面，以充分发挥其自身的优势。日本NGK公司是全球唯一的钠硫电池供应商，早在20世纪80年代就与东京电力公司合作研发钠硫电池应用于储能领域；20世纪90年代末期，成功发展了兆瓦时级的储能系统，主要用于削峰填谷、辅助备用和稳定电网。2002年美国在俄亥俄州利用NGK公司提供的钠硫电池建成了100千瓦/500千伏安的示范电站，2006年在西弗吉尼亚州建立了钠硫储能电站，成功保证了周边地区居民的电能供应。在中国，钠硫电池也得到了越来越多的关注。目前上海电力公司与中国科学院硅酸盐所针对β-氧化铝陶瓷管电解质的规模化制备和一致性控制等开展了系列研究，已经成功研制出650安时单体，建立了2兆瓦的电池单体中试线。2010年100千瓦/800千瓦时的钠硫电池储能系统被成功应用于上海世博园智能电网项目。上海电力公司在2013年陆续通过了3个钠硫电池储能项目的验收。但是钠硫电池制造成本较高，倍率性能较差，实际寿命有限，安全隐患大，严重限制了其在储能系统中的应用。

2）钠—氯化镍（Zebra）电池

钠—氯化镍（Zebra）电池是以钠离子传导的氧化铝固体电解质构成的一种新型高能电池，Zebra电池是在钠硫电池（NaS电池）研制基础上发展起来的。Zebra为Zero emission battery research activity的缩写，表示其为一种零排放无污染的绿色电源。

Zebra电池与钠硫电池的结构十分相似，电池负极活性物质都是金属钠，固体电解质都是β-Al_2O_3陶瓷材料，但不同的是Zebra电池以固态多孔的二氯化镍（$NiCl_2$）等为正极并且加入液态的$NaAlCl_4$为二次电解质。Zebra电池能量密度可达到100瓦时/千克，寿命较长，储能成本低，具有较好的耐过充过放特性，安全性能较高。

Zebra电池反应式为：$\qquad 2Na+NiCl_2 \rightleftharpoons 2NaCl+Ni$

由反应式可知，Zebra电池的电极反应过程是：在放电时，电子通过外电路负载从钠负极至二氯化镍正极，而钠离子则通过β-Al_2O_3固体电解质陶瓷管与二氯化镍反应生成氯化钠和镍；在充电时，在外电源作用下电极过程则正好与放电时相反。

Zebra电池具有与NaS电池相类似的优点，如开路电压高（300℃时为2.58伏）、比能量高（理论比能量为790瓦时/千克，实际已达100瓦时/千克）、比功率高在［80%（DOD）达到150瓦时/千克］、能量转换效率高（具有100%的库仑效率，无自放电）、容量与放电率无关（电池内阻基本上以欧姆内阻为主）、可快速充电（电池经30分钟充电可达50%的放电容量）、长的循环寿命（储存寿命大于5年，充放电循环寿命大于1000周次）、免维护（全密封结构，无外界环境温度影响）等。

Zebra电池还有其特有的优势，具体如下。

（1）电池制备过程无液态钠，操作比较简单、安全。因其制备通常都在放电状态，即用镍和氯化钠（NaCl）作为正极材料，通过首次充电在负极产生钠金属。

（2）电池连接可以任意方式进行串并联排列组合，即使当电池组内部发生少量电池损坏时（一般低于电池总数的5%），无需更换，仍可继续工作。

（3）电池能承受反复多次冷热循环。据报道，电池在进行了100次冷热循环后，无容量和寿命衰退的迹象。因正极的镍基混合物具有比β-Al_2O_3陶瓷管高的热膨胀系数，在冷却固化时会收缩脱离β-Al_2O_3管，无应力产生的问题。

（4）电池抗腐蚀能力相应增强。因其电池结构中将腐蚀性相对较强的正极活性物质置于β-Al_2O_3陶瓷管内，从而降低了对电池金属壳体材料的防腐要求，并扩大了选材范围，同时也降低了电池制备成本。

（5）电池有相对宽广的工作温度范围。NaAlCl$_4$ 的熔点是 157℃，固态 NaCl 和 NiCl$_2$ 发生低共熔点的温度是 570℃。从理论上讲 Zebra 电池的工作温度可以在 157~570℃ 范围，考虑到电池实际有效功率输出，一般认为在 270~350℃ 温度范围对 Zebra 电池比较合适。

Zebra 电池具有广阔的发展前景，除了应用于电动汽车外，也非常适合储能电池等方面。Zebra 电池已经被成功用在奔驰、宝马和 Clio 等汽车中，瑞士的 MAS-DEA 公司和美国的 GE 公司已经实现了管型设计的 Zebra 电池产业化应用，Zebra 电池在通信和军事上也具有良好的应用前景。未来，还需进一步提升 Zebra 电池的能量密度和功率密度，推进 Zebra 电池的国产化和商业应用。

二、压缩空气储能

可再生能源因其间歇性和不稳定性，在很大程度上限制了其自身的发展。解决该问题的一种有效方法就是开发大规模的储能系统。迄今已在大规模（100 兆瓦以上）商业系统中运行的储能系统包括抽水电站和压缩空气两种。压缩空气储能是指电网负荷低谷期将电能用于压缩空气，将空气高压密封在报废矿井、沉降的海底储气罐、山洞、过期油气井或新建储气井中，在电网负荷高峰期释放压缩空气推动汽轮机发电的储能方式。压缩空气储能具有规模大、效率高、可靠性强等特点，被认为是最具有市场潜力的储能方式。

1. 压缩空气储能原理

压缩空气储能系统主要包含地上储能电站及地下空气储气库两部分。地下空气储气库是压缩空气储能系统的重要组成部分，是保障其运行性能和可靠性的技术关键。地下空气储气库一般利用已开采完的气井和油井的地质构造、地下含水层，已开采或专门开凿的盐岩溶腔，以及硬岩中人工开挖的地下洞室等地下空间。其中，常用形式有盐岩溶腔和硬岩洞室。压缩空气储能系统基本工作原理源于燃气轮机系统（图 4-8 和图 4-9），区别在于燃气轮机的压缩机与涡轮同时工作，压缩机消耗部分涡轮功用来压缩空气。压缩空气储能系统分为储能、释能两个工作流程：当处于用电低谷时，多余的电力（来自热电厂、核电厂或者可再生能源电站）用来驱动压缩机，产生高压空气，并存储；当处于用电高峰时，压缩空气通过燃烧室获得热能，然后进入涡轮做功，产生电力。由于储能、释能分时工作，在能量输出过程中，并没有压缩机消耗涡轮功。因此在用电高峰时，相比消耗同样燃料的燃气轮机系统，压缩空气储能电站可以提供较多的功。

压缩空气储能系统主要有六个部件：（1）电动机/发电机（通过离合器分别和压缩机以及涡轮连接）；（2）多级压缩机（等温压缩或者多级压缩中间冷却）；（3）多级涡轮膨胀机再热设备；（4）控制系统（控制电站转换储能与释能工作模式等）；（5）辅助设备（如燃料罐、冷却系统、机械传动系统和换热器等）；（6）地下或者地上储气装置（包括一些管路和配件等）。

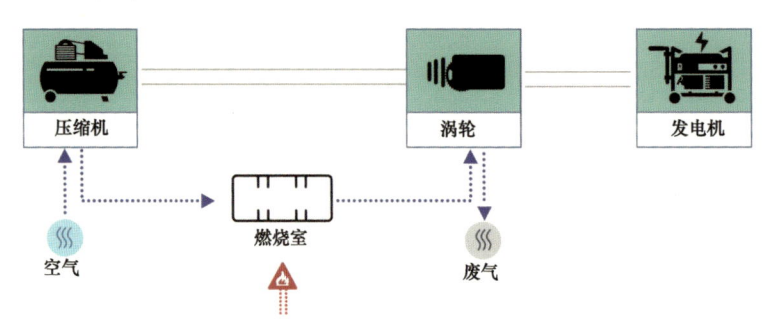

图 4-8 燃气轮机系统示意图

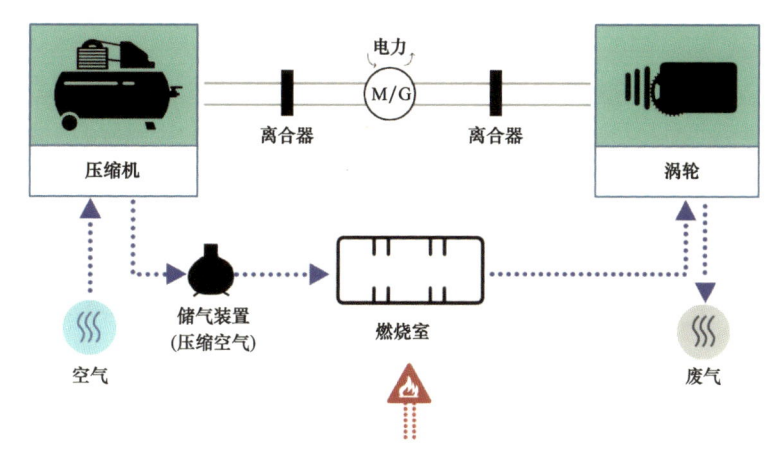

图 4-9　压缩空气储能系统示意图

同其他储能技术相比，压缩空气储能系统具有关/启速度快（每分钟 ±27% 最大负荷）、容量大、工作时间长、经济性能好、充放电循环多等特点。具体包括：（1）压缩空气储能系统可以建造大型电站（＞100兆瓦），仅次于抽水电站；压缩空气储能系统可以持续工作数小时乃至数天，工作时间长。（2）压缩空气储能系统的建造成本和运行成本均比较低，远低于钠硫电池或液流电池，也低于抽水储能电站，具有很好的经济性。（3）压缩空气储能系统的寿命很长，可以储释能上万次，寿命可达 40～50 年，并且其效率可以达到 70% 左右，接近抽水储能电站。

根据压缩空气储能系统热源的不同，可以分为传统压缩空气储能系统和带储热的压缩空气储能系统。

传统压缩空气储能电站需要燃烧化石燃料，基本工作原理如图 4-10 所示。系统主要包括地下盐穴储气库、热交换系统、空气压缩系统、电动机/发电机和涡轮机等。德国 Huntorf 电站和美国 McIntosh 电站采用了上述结构原理。为了降低高压燃烧的污染排放，对于多级膨胀涡轮，也可以在第一级膨胀之后再安装燃烧室，同时采用回收尾气余热来加热初始压缩空气，其温度也可以达到 400～600℃。这样可以降低污染物的生成，同时可以充分利用余热，降低系统燃料消耗率和提高系统效率。

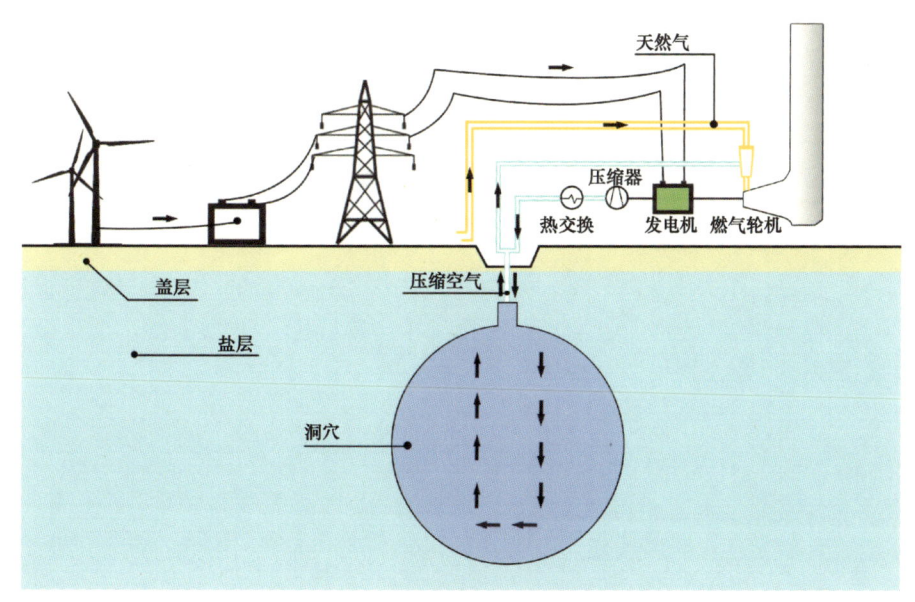

图 4-10　补燃式压缩空气储能系统

带储热的压缩空气储能系统，或非补燃式压缩空气储能系统（图4-11），又被称为先进绝热压缩空气储能系统（Advance Adiabatic Compressed Air Energy Storage System，AACAES），储热材料应该具有较大的比热容、宽广的温度范围、对环境友好等特点。

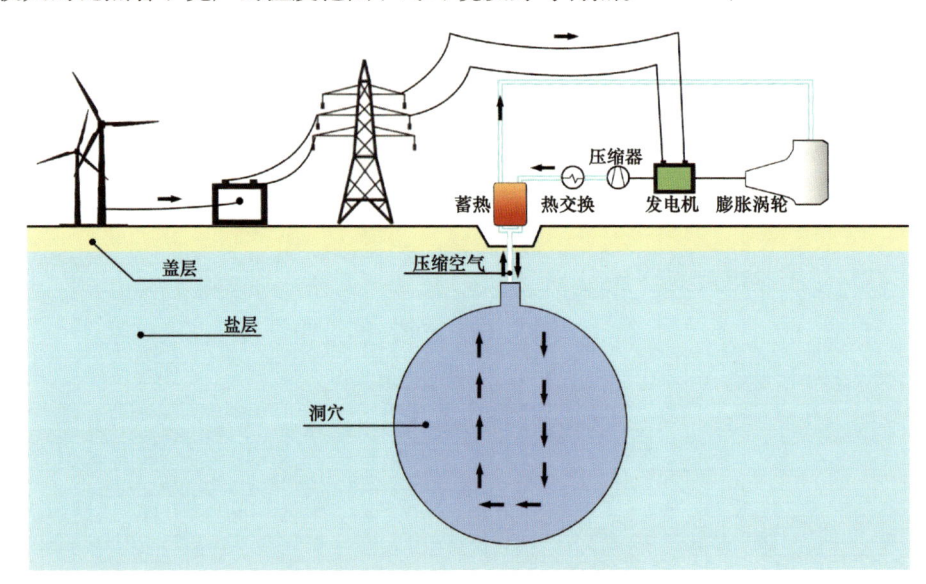

图4-11 非补燃式压缩空气储能系统

带储热的压缩空气储能系统中空气的压缩过程接近绝热过程，产生大量的压缩热。如在理想状态下，压缩空气为10兆帕时，能够产生近650℃的高温。非补燃式压缩空气储能系统将空气压缩过程中的压缩热存储在储热装置中，并在释能过程中，利用存储的压缩热加热压缩空气，然后驱动涡轮做功。相比补燃式压缩空气储能系统，非补燃式压缩空气储能系统由于回收了空气压缩过程的压缩热，系统的储能效率可以得到较大提高；同时，由于用压缩热代替燃料燃烧，去除了燃烧室，实现了零排放的要求。该系统的主要缺点是，由于添加了储热装置，相比传统的压缩空气储能电站，该系统初期投资成本将增加20%～30%。

2. 发展现状

1949年，Stal Laval提出利用压缩空气储能。目前，全世界范围内投入运行或在建的压缩空气储能电站共10处（投入运行5处，在建5处），装机容量为1.26吉瓦（投入运行435兆瓦，在建825兆瓦）（表4-1）。

表4-1 世界各国压缩空气储能发展现状

名称	国家	容量（兆瓦时）	功率等级（兆瓦）	储气装置	效率（%）	用途
Huntorf	德国	580	290	矿洞31万立方米	42	调峰、调频、旋转备用、黑启动
McIntosh	美国	2860	110	盐岩层28.3万立方米	54	调峰、调频、旋转备用
PGECAU	美国	3000	300	地下储罐	涉密	调峰、调频、旋转备用、平滑可再生能源
ATK	美国	0.06	0.08	储气罐	涉密	电气票据管理、施工现场供电

续表

名称	国家	容量（兆瓦时）	功率等级（兆瓦）	储气装置	效率（%）	用途
Texas	美国	500	1	岩洞	涉密	平滑可再生能源
Apex	美国	33285	317	岩洞	建设中	平滑可再生能源、调频、黑启动、爬坡支撑
SustainX	美国	1.5	1.5	储气罐	建设中	平滑可再生能源、爬坡支撑、输电阻塞缓解、备用
NextGen	美国	40.5	9	储气罐	建设中	调峰、调频、旋转备用、平滑可再生能源、黑启动
Highview	英国	2.45	0.35	储气罐	建设中	调峰、调频、旋转备用、平滑可再生能源
Adele	德国	1000	200	储气罐	建设中	调峰、供电

已有两座大规模的压缩空气储能电站投入商业运行，分别位于德国和美国。

第一座压缩空气储能装置是1978年投入商业运行的德国Huntorf电站，该电站位于Bremen西北部40千米处。目前仍在运行中，是世界上最大容量的压缩空气储能电站。机组的压缩机功率为60兆瓦，释能输出功率为290兆瓦。系统将压缩空气存储在地下600~800m的废弃矿洞中，矿洞总容积达31万立方米，压缩空气的压力最高可达10兆帕。机组可连续充气8小时，连续发电2小时。该电站在1979—1991年期间共启动并网5000多次，平均启动可靠性为97.6%，实际运行效率约为42%。

第二座是1991年投入商业运行的美国亚拉巴马州的McIntosh压缩空气储能电站。储能电站压缩机组功率为50兆瓦，发电功率为110兆瓦。储气洞穴在地下450米，总容积为56万立方米，压缩空气储气压力为7.5兆帕。可以实现连续41小时空气压缩和26小时发电，机组从启动到满负荷约需9分钟。该电站由亚拉巴马州电力公司的能源控制中心进行远距离自动控制，实际运行效率约为54%。美国俄亥俄州从2001年起开始建一座2700兆瓦的大型压缩空气储能商业电站，该电站由9台300兆瓦机组组成。压缩空气存储于地下670米的盐岩层洞穴内，储气洞穴容积为957万立方米。

日本于2001年在北海道空知郡投入运行了上砂川町压缩空气储能示范项目，输出功率为2兆瓦，是日本开发400兆瓦机组的工业试验用中间机组。它利用废弃的煤矿坑（约在地下450米处）作为储气洞穴，最大压力为8兆帕。

瑞士ABB公司（现已并入阿尔斯通公司）正在开发联合循环压缩空气储能发电系统。储能系统发电功率为422兆瓦，空气压力为3.3兆帕，系统充气时间为8小时，储气洞穴为硬岩地质，采用水封方式。

中国对压缩空气储能系统的研究开发起步较晚，大多集中在理论和小型实验层面。中国科学院工程热物理研究所正在建设先进压缩空气储能示范系统。金坛盐穴压缩空气储能发电国家示范项目是国内首个盐穴压缩空气储能项目，2017年5月被国家能源局列入国家试验示范能源项目，该项目采用清华大学非补燃压缩空气储能技术，依托金坛地下盐穴资源，建设并运行1套60兆瓦储能发电系统，储能能力达到300兆瓦时，投资规模5亿元，系统电—电转化效率为61.8%。

3. 应用前景

压缩空气储能系统是一种技术较为成熟、可行的储能方式，在电力的生产、运输和消费等领域具有广泛的应用前景，具体包括：（1）削峰填谷。发电企业可利用压缩空气储能系统存储低谷电能，并在用电高峰时释放使用，以实现削峰填谷。（2）平衡电力负荷。压缩空气储能系统可以在几分钟内从启动达到全负荷工作状态，远低于普通的燃煤油电站的启动时间，因此更适合作为电力负荷平衡装置。（3）需求侧电力管理。在实行峰谷差别电价的地区，需求侧用户可以利用压缩空气储能系统储存低谷、低价电能，然后在高峰高价时段使用，从而节约电力成本，获得更大的经济效益。（4）应用于可再生能源。利用压缩空气储能系统可以将间歇的可再生能源"拼接"起来，以形成稳定的电力供应。（5）备用电源。压缩空气储能系统可以建在电站或者用户附近，作为线路检修、故障或紧急情况下的备用电源。

压缩机和膨胀机是压缩空气储能系统的核心部件，其性能对整个系统的性能具有决定性影响。尽管压缩空气储能循环与燃气轮机类似，但是燃气轮机的压缩机压比一般小于20，而压缩空气储能系统的压缩机压比需达到40~80，甚至更高。因此，大型压缩空气储能电站的压缩机一般采用轴流与离心压缩机组成多级压缩、级间和级后冷却的结构形式。比如，Huntorf电站采用的就是这种结构形式的压缩机，其压缩机成本约为170美元/千瓦。对于带储热的压缩空气储能系统，通常其压比高于传统的大型压缩空气储能电站，且需要添加储热单元，因此其成本要高于170美元/千瓦。小型压缩空气储能系统对空间灵活性要求较高，为减小储气装置的体积，一般空气的存储压力更高；同时，由于系统的流量较小，采用单级或者多级往复式压缩机（约20千瓦）比较合适。往复式压缩机可以提供高达300巴以上的压力，其投资成本为500~1500美元/千瓦。

压缩空气储能系统膨胀机的膨胀比也远高于常规燃气轮机涡轮，因而一般采用多级膨胀加中间再热的结构形式。比如，Huntorf电站的膨胀机由两级构成，第一级从4巴膨胀至11巴，然后通过第二级完全膨胀。由于压力太高，第一级涡轮不能直接应用普通燃气轮机涡轮，电站采用了改造过的蒸汽涡轮作为第一级涡轮使用。对于大型电站，涡轮膨胀机的投资成本约为185美元/千瓦。小型的压缩空气储能系统可以采用微型燃气轮机涡轮部件、往复式膨胀机或者螺杆式空气发动机。比如，Mercuy50型燃气轮机，但其涡轮需要在大约10巴、1150℃的条件下才能工作。因此，在Mercuy50型燃气轮机涡轮前安装了一个前置涡轮，使空气压力从80巴降至10巴，再进入燃气轮机燃烧室。该系统做功部分（燃烧室、前置涡轮、涡轮以及余热换热器）的总成本约为430美元/千瓦。螺杆式空气发动机技术较成熟，其工作压力一般低于13巴，但效率较低，成本为500~2400美元/千瓦。小型高压往复式膨胀机尚处于研究阶段，目前没有市场化产品。

大型压缩空气储能系统要求的压缩空气容量大，通常储气于地下盐矿、硬石岩洞或者多孔岩洞。已运行的两座电站均采用地下盐矿洞穴，其容积分别达到310000立方米（Huntorf）和560000立方米（McIntosh），每天的漏气量仅为1/106~1/105，其储气洞的投资成本为1~2美元/千瓦时（储气所能产生的能量）。如果采用新开掘的硬石岩洞，其投资成本较高（约30美元/千瓦时）；如果改造已存在的岩洞，可以大幅降低其成本（约10美元/千瓦时），但是在储气的过程中，岩洞以及水泥输气管路存在漏气问题。多孔岩洞比如盐碱含水层，其投资成本较低，仅为0.11美元/千瓦时，位于美国艾奥瓦州的电站将利用这种洞穴来储气。对于微小型压缩空气储能系统，采用地上高压储气容器可以摆脱对储气洞穴的依赖。

分析压缩空气储能系统，可以看出地下空气储气库是该系统的重要组成部分。石油企业发展该系统的优势在于地下空气储气库的建设和选址，主要体现在以下三个方面：一是形成了一定规模的地下储气库专业团队，具备地下储气库建库的经验，截至2017年中国已经建成25座地下储气库；二是油气矿权区内拥有相当规模的废弃油气井、废弃煤矿井，这些废弃井可以用于建设地下空气储气库；三是具有丰富的地质理论、钻完井、油气田开发、油气储运等专业知识背景，可开展地下压缩储气库的选址、注采和完整性研究。

第三节 石墨烯材料

石墨烯是一种由碳原子以一定的结构形式组成六角形呈蜂巢晶格的二维碳纳米材料。石墨烯具有优异的光学、电学、力学等特性，在材料学、新能源等方面具有重要的应用前景，被认为是一种未来革命性的材料。

一、石墨烯材料概况

石墨是自然界中较丰富的矿物，其单层结构就是石墨烯。2004年，英国曼彻斯特大学物理学家安德烈·海姆和康斯坦丁·诺沃肖洛夫使用机械微应力技术方法，成功从石墨中分离出石墨烯，并在单层和双层石墨烯体系中发现了整数量子霍尔效应及常温条件下的量子霍尔效应。两位科学家也因为在二维石墨烯材料的开创性实验的突出贡献，获得了2010年度诺贝尔物理学奖。

石墨烯的基本结构单元为有机材料中最稳定的苯六元环，是最理想的二维纳米材料。石墨烯是目前已知最薄、最坚硬的纳米材料，单层的石墨烯只有一个碳原子的厚度。石墨烯具有以下几方面显著的特征。

1. 导电导热特性

石墨烯结构非常稳定，石墨烯中各碳原子之间的连接非常柔韧，当施加外部机械力时，碳原子面就弯曲变形，从而使碳原子不必重新排列来适应外力，也就保持了结构稳定；理想的石墨烯结构呈平面六边形点阵，可以看作是一层被剥离的石墨分子，每个碳原子均为sp^2杂化，并贡献剩余一个p轨道上的电子形成大π键，π电子可以自由移动，赋予石墨烯良好的导电性。石墨烯中电子在轨道中移动时，不会因晶格缺陷或引入外来原子而发生散射。由于原子间作用力十分强，在常温下，即使周围碳原子发生挤撞，石墨烯中电子受到的干扰也非常小。石墨烯中电子的运动速度达到光速的1/300，远远超过电子在一般导体中的运动速度。

石墨烯的导热系数高达5300瓦/（米·开尔文），比单壁碳纳米管的导热系数还要高（表4-2）。单层石墨烯的导热系数与片层带宽、缺陷密度和边缘粗糙度密切相关，石墨烯片层沿平面方向导热具有各向异性特点，在室温以上，导热系数随着温度的增加而逐渐减小。

2. 力学特性

石墨烯是人类已知综合力学性能最强的材料，硬度与金刚石相似，韧性好，可弯曲折叠（表4-3）。研究发现，在石墨烯样品微粒开始碎裂前，它们每100纳米距离上可承受的最大压力居然达到了大约2.9微牛顿。据测算，该结果相当于要施加55牛顿的压力才能使1微米长的石墨烯断裂。如果能制取出厚度相当于普通食品塑料包装袋的（厚度约100纳米）石墨烯，那么需要施加约两万牛顿的压力才能将其扯断。

表 4-2　石墨烯与其他材料导热性能对比

材料种类	导热系数 K［瓦 /（米·开尔文）］
单层石墨烯	4840～5300
单壁碳纳米管	3500 左右
钻石	900～2320
金	317
银	429
铜	401
铝	237
还原氧化石墨烯	114～2187

表 4-3　石墨烯力学参数

石墨烯种类	杨氏模量 E（太帕）	断裂强度 σ（吉帕）
单层	1.02	130
双层	1.04	126
三层	0.98	101

3. 光学特性

石墨烯是一种由碳原子构成的单层片状结构的新材料，呈几乎完全透明的状态，在近红外和可见光波段具有极佳的光透射性。单层石墨烯（厚度 0.33 纳米）可以吸收大约 2.3% 的可见光，但石墨烯一般以单 / 多层形式使用，透光率好于氧化铟玻璃；在红外谱段完全透明，可以制作新型高效太阳能电池；可以发射荧光，光电相互作用比较突出，有光调节和光控效果。

4. 超大比表面积

石墨烯只有一个碳原子的厚度，因而石墨烯具有超大的比表面积，理想单层石墨烯的比表面积能够达到 2630 米²/ 克，而普通的活性炭比表面积只有 1500 米²/ 克，超大的比表面积使得石墨烯成为潜力巨大的储能材料。

二、石墨烯制备方法

目前，还没有适合大规模生产石墨烯的方法和途径，这也导致石墨烯成本一直居高不下。通常，石墨烯的制备方法分为物理方法和化学方法两种类型。物理方法是从具有高晶格完备性的石墨或类似的材料中获得石墨烯，得到的石墨烯尺寸在 80 纳米以上，主要包括机械剥离法、外延生长法、加热 SiC（碳化硅）法、爆炸法等；化学方法是通过小分子的合成或溶液分离的方法制备石墨烯，得到的石墨烯尺寸在 10 纳米以下，主要包括石墨插层法、热膨胀剥离法、电化学法、气相沉积法、氧化石墨还原法、球磨法等。

当前主要的制造方法是机械剥离法、外延生长法、气相沉积法、氧化石墨还原法等（表4-4）。这些制备方法有着各自的优缺点，如机械剥离法简单，可获得高品质的石墨烯，但重复性差，产量和产率很低；外延生长法可制备得到大面积的单层石墨烯，但是该方法制备条件苛刻，需要高温和高真空，且石墨烯难以从衬底上转移出来；气相沉积法制备的石墨烯具有较完整的晶体结构，石墨烯面积大，在透明电极和电子设备等领域表现出很明显的应用优势，但存在产量较低、成本偏高、石墨烯难转移等缺点；氧化石墨还原法制备的石墨烯不能完全消除含氧官能团，制备的石墨烯存在缺陷和导电性差等缺点。

表 4-4 主要石墨烯制备方法对比

方法	尺寸	石墨烯质量	成本	是否适合产业化	优缺点
机械剥离法	中小尺寸	分子结构较完整	较低	较难	可获得高品质的石墨烯，成本低；大小不可控，无法批量生产
外延生长法	大尺寸	薄片不易与SiC分离	较高	小批量生产	制备面积大；高温工艺，不易进行控制，SiC衬底价格昂贵，很难从SiC衬底转移
气相沉积法	大尺寸	结构完整，质量较好	较高	大规模生产	结构完整、面积大；高温工艺，转移时可能会出现缺陷
氧化石墨还原法	大尺寸	分子结构较容易被破坏	较低	大规模生产	低成本制备，石墨烯产率高；难以制备缺陷少的高品质石墨烯

1. 机械剥离法

机械剥离法是利用物体与石墨烯之间的摩擦和相对运动，得到石墨烯薄层材料。该方法操作简单，得到的石墨烯通常保持完整的晶体结构。2004年，曼彻斯特大学最早用机械法从高定向热解石墨（HUPG）上剥离出了单层石墨烯。在HUPG表面用氧等离子刻蚀微槽，用光刻胶将其转移到玻璃衬底上，随后用透明胶带反复撕揭，HUPG的厚度逐步降低，会有很薄的片层留在衬底上，其中包括单层石墨烯；再将贴有微片的玻璃衬底放入丙酮溶液中超声，之后在溶液中放入单晶硅片，单层石墨烯会在范德华力作用下吸附在硅片表面。机械法在后来的发展中有所简化，如直接用胶带从HUPG上揭下一层石墨，再在胶带之间反复粘贴，石墨片层会越来越薄，其中也包含单层石墨烯，然后将胶带贴在衬底上，单层石墨烯由此转移到衬底上。此外，还有许多其他新的机械方法出现，如机械压力法、滚动摩擦法等。机械法制备单层石墨烯的最大优点在于工艺简单、制作成本低，而且样品的质量高，但是产量低，不可控，且从大片的厚层中寻找单层石墨烯比较困难，同时，样品所在区域会存在少许胶渍，表面清洁度不高。

2. 外延生长法

碳化硅外延生长法是指在高温下加热SiC单晶体，使得SiC表面的Si（硅）原子被蒸发而脱离表面，剩下的C（碳）原子通过自组形式重构，从而得到基于SiC衬底的石墨烯。金属催化外延生长法是在超高真空条件下将碳氢化合物通入具有催化活性的过渡金属衬底（如Pt、Ir、Ru、Cu等）表面，通过加热使吸附气体催化脱氢从而制得石墨烯。气体在吸附过程中可以长满整个金属衬底，并且其生长过程为一个自限过程，即衬底吸附气体后不会重复吸收，因此，所制备出的石墨烯多为单层，且可以大面积地制备出均匀的石墨烯。

3. 化学气相沉积法

化学气相沉积法（Chemical Vapor Deposition，CVD）是反应物质在气态条件下发生化学反应，生成固态物质沉积在加热的固态衬底表面，进而制得固体材料的一种工艺技术，它是使用含碳有机气体为原料进行气相沉积制得石墨烯薄膜的方法。

化学气相沉积法在规模化制备石墨烯的问题方面有了新的突破，在 SiO_2/Si 衬底上沉积厚度为 300 纳米的金属镍，然后将样品置于石英管内，在氩气环境中加热到 1000℃，再通入流动的混合气体（其中含甲烷、氢气和氩气），最后在氩气环境下快速冷却（冷却速率为 10℃/秒）样品至室温，即制得石墨烯薄膜。用溶剂腐蚀掉镍，使石墨烯薄膜漂浮在溶液表面，然后可将石墨烯转移到任何所需的衬底上，用制作镍层图形的方式，能够制备出图形化的石墨烯薄膜。

CVD 法可以制备出大面积高质量的石墨烯，但是理想的衬底材料单晶镍的价格太昂贵且工艺复杂，可能成为影响石墨烯工业化生产的重要因素。目前使用该方法得到的石墨烯在某些性能上（如输运性能）可以与机械剥离法制备的石墨烯相比，但后者所具有的量子霍尔效应等属性并没有在 CVD 法制备的石墨烯中观测到，同时，CVD 法制备的石墨烯电学性质受衬底材料的影响很大。

4. 氧化石墨还原法

氧化石墨还原法制备石墨烯首先制备氧化石墨，先将石墨粉分散在强氧化性混合酸中，例如浓硝酸和浓硫酸，然后加入高锰酸钾或氯酸钾等氧化剂得到氧化石墨，再经过超声处理得到氧化石墨烯，最后还原得到石墨烯。

石墨本身是一种憎水性的物质，在氧化过程中会形成大量的结构缺陷，这些缺陷即使经 1100℃退火也不能完全消除，在氧化石墨表面和边缘残留大量的羟基、羧基、环氧等基团。缺陷导致的电子结构变化使石墨烯由导体转为半导体，严重影响石墨烯的电学性能，制约其应用。同时，由于这些含氧官能团的存在，使石墨烯易于分散在溶剂中，且使石墨烯功能化，易于和很多物质反应，使石墨烯氧化物成为制备石墨烯功能复合材料的基础。制备氧化石墨的方法一般有 Standenmaier 法、Brodie 法和 Hummers 法三种，基本原理均为先用强质子酸处理石墨，形成石墨层间化合物，然后加入强氧化剂对其进行氧化。氧化石墨还原法包括化学液相还原、热还原、等离子体法还原、氢电弧放电剥离、超临界水还原、光照还原、溶剂热还原、微波还原等。

5. 其他方法

除了上述提到的制备方法外，还有碳纳米管切割法、高温高压生长法、电弧法、有机合成法等。如何综合运用各种石墨烯制备方法的优势，取长补短，解决石墨烯难溶解和不稳定的问题，完善结构和电性能等是今后研究的热点和难点，也为今后石墨烯的合成开辟了新的道路。

三、石墨烯在新能源中的应用

石墨烯在锂离子电池的研发上具备以下优势：（1）石墨烯片层柔韧，可有效缓冲金属类电极材料的体积膨胀；（2）石墨烯优异的导电性能可以增强金属电极材料的电子传输能力；（3）石墨烯表面的活化核点能控制在其表面生长的金属氧化物颗粒保持在纳米尺寸，改善材料的倍率性能；（4）复合材料的比容量相对于纯石墨烯有较大提高；（5）金属或金属氧化物的纳米颗粒能保护石墨烯表层，防止电解质插入石墨烯片层导致电极材料剥落；（6）石墨烯加入电池电极材料中可以大大提高充电效率，并且提高电池容量。此外，新型石墨烯材料不依赖铂或其他贵金属，可有效降低成本和对环境的影响。

1. 应用于正极材料

对正极材料，石墨烯的主要作用是提升材料电子导电性和改善材料离子扩散性能。很多的正极材料导电性较差，比如 LiFePO$_4$、LiMn$_2$O$_4$ 和三元材料等。石墨烯与正极材料的复合，可以提供导电网络，由于石墨烯优异的导电性，可以做到比传统导电添加剂用量少、性能优。此外石墨烯具有大的比表面积，如果活性物质很好地分散到石墨烯表面，可以有效地缩短锂离子的扩散距离，有利于倍率性能的改善，同时也提高了活性物质的利用效率，有助于比容量的提升。石墨烯与正极材料复合所用的石墨烯种类多种多样，有石墨烯、氧化石墨烯、杂原子掺杂石墨烯，甚至还有石墨烯与其他碳材料比如碳纳米管 CNT 的复合，最终得到的复合物形貌也各不相同，比如三明治形貌和三维石墨烯泡沫。一般认为，复合物最后的形貌特征决定其电化学特性。

2. 应用于负极材料

对锂离子电池负极材料来说，石墨烯的作用是同时提升比容量和倍率性能。目前商用锂离子电池的负极普遍采用石墨。石墨负极虽然安全，但是容量低，仅为 372 毫安时 / 克。目前，高比容量的硅基、锗基、锡基、金属氧化物及氮化物受到广泛关注和研究，这些负极材料可提供远高于石墨的比容量，但有一个共同的问题，即这些负极材料的充放电过程中有巨大的体积变化，在循环过程中，巨大的体积膨胀引起电极粉化、脱落，导致容量衰减和循环稳定性变差。其中硅具有最大的理论比容量——4200 毫安时 / 克，但也具有最大的体积膨胀系数——420%，硅负极在锂离子电池负极材料研究中最受关注。

石墨烯包覆硅负极是一种新思路。其原理包括：硅的导电性比较差，利用石墨烯优良的导电性提供优良的导电网络，导电性的提高还可以提高活性物质的利用效率从而提升比容量；利用石墨烯的强度和韧性，应对体积膨胀的问题以提升循环稳定性；利用石墨烯作活性物质的载体，可以省去导电添加剂和粘结剂，从而减轻电极中的冗余质量；此外石墨烯还可以阻止活性物质纳米颗粒的聚集。

目前，对锂离子电池负极材料研讨最多的是 Sn（锡）及其氧化物 SnO$_2$（氧化锡）。通过制备合成的锡基 / 石墨烯复合材料探讨了石墨烯复合材料的非宏观形貌与电化学性能。在充放电过程中，特有的石墨烯结构可以使电池结构比较稳定，导电率增加，并提供额外的锂离子储存空间，从而使电池容量没有变化，但增长了电池的使用寿命。因此，氧化锡 / 石墨烯纳米复合材料的可逆容量大，并且具有良好的充放电性能。但由于制备方法有所差异，得到的最佳复合比例也不同，因此对协同效应机理的探究还需进一步深入。研究结果显示，氧化锡 / 石墨烯纳米复合材料的电池容量和性能比其他锡基化合物好。使用球状纳米颗粒结构的锡基化合物明显优于纳米层结构的电极性能。氧化锡球状颗粒的石墨烯复合材料在高性能锂离子电池的负极材料应用中前景广阔。

硅与锂离子可以形成 Li$_4$Si，其理论充电比容量可达 4200 毫安时 / 克，且放电电压较低。硅的自然储量非常丰富，作为锂离子电池的负极材料具有良好的前景。但未改性的硅基材料循环稳定性较差，在充放电过程中体积效应比较严重。为了在一定程度上缓冲其巨大的体积变化，需要将硅材料碳包覆以及纳米化，以改善体积效应。与其他碳材料的改性方法相比，石墨烯的引入有阻止硅纳米颗粒的聚集、减小材料的体积变化以及有效提高其储锂容量和电子速率的优势。

因为过渡金属的氧化物和化合物具有高储锂容量，也成为新型锂离子电池负极材料的研究方向之一。在充放电过程中，这类材料也存在体积变化明显和电子迁移率低的问题，因而可以利用石墨烯对这类材料进行改性，从而提高材料的电化学性能。

3. 应用于锂硫电池

锂硫电池在工作中会产生中间态的多硫化物，溶于电解液。一方面，这些溶解的多硫化物在循环终止时不能完全转化为终产物，导致一定量的容量损失；另一方面，溶解在电解液中的长链多硫化锂会在浓度梯度作用下从正极扩散到负极，与负极的金属锂发生的还原反应，生成 Li_2S_2、Li_2S 和短链多硫化锂：

$$2Li+Li_2S_n \longrightarrow Li_2S+Li_2S_{n-1}$$

$$2Li+Li_2S_n \longrightarrow Li_2S_2+Li_2S_{n-2}$$

Li_2S_2、Li_2S 又会进一步和后续扩散到负极表面的长链多硫化锂发生反应，生成短链聚硫锂：

$$Li_2S+Li_2S_n \longrightarrow Li_2S_k+Li_2S_{n-k+1}$$

$$Li_2S_2+Li_2S_n \longrightarrow Li_2S_k+Li_2S_{n-k+2}$$

这些短链多硫化锂又会再次在浓度梯度作用下扩散回硫正极，被氧化为长链多硫化锂。这种多硫化物在电池正负极之间来回扩散迁移的现象，称为穿梭效应。它不仅会消耗正极的活性物质，还会导致负极被腐蚀，并生成 Li_2S_2、Li_2S 钝化层，降低电池的库仑效率。

解决该问题的思路，一是加入导电物质分散活性物质使其成为良好的导体；二是用多孔材料作为硫的载体以束缚多硫化物减轻穿梭效应。而石墨烯正好具备这样的属性，既有良好的导电性又具有大的比表面积，表面有丰富的官能团可以固定硫纳米颗粒，是优良的载体材料，能够在解决锂硫电池问题中发挥重要作用。

4. 应用于锂空气电池

锂空气电池，也叫锂氧电池，具有电池体系中最高的理论能量密度，达11680瓦时/千克（不计氧气质量），远高于锂离子电池。正极材料（空气极）是锂空气电池的关键部件，起着提供反应界面、分配和收集电流、提供氧气传输通道、容纳放电产物、负载催化剂等作用。锂空气电池的反应机理要求正极为导电多孔材料，并且孔的大小、形态、结构和表面化学性质直接决定了电池的放电性能。石墨烯导电性好，比表面积大，表面可修饰，这些因素决定了石墨烯可以作为构建锂空气电池正极材料的骨架。

虽然大的比表面可以提供更多的反应点位，但是也并非孔隙越小越好。放电产物 Li_2O_2 会覆盖电极表面、填充电极颗粒间的孔道，阻碍氧、锂和电子传输。为解决该问题，出现了分级多孔材料的方案，正极材料包含两种大小的孔隙，孔径分布呈双峰态。大孔隙用于存留 Li_2O_2，使氧气进入的通道不致被阻，而小孔隙用来提供反应界面。氧化石墨烯用微乳液法可以很方便地制成具有这种孔隙特征的多孔材料，同时，氧化石墨烯表面的官能团还可以起到固定 Li_2O_2 的作用。

5. 其他应用

石墨烯在质子交换膜燃料电池中具有重要的应用前景。近年来，对掺杂碳类非铂非贵金属燃料电池催化剂的研究不断取得重要进展，非铂非贵金属催化剂被认为是质子交换膜燃料电池实现大规模商业化的希望所在，石墨烯具有超薄片层结构和巨大的比表面积，如果能够实现对石墨烯的掺杂及调变，则有希望制得一类性能远远优于目前碳材料的掺杂碳基非铂非贵金属催化剂。另外，石墨烯具有比通常的炭黑类材料高得多的比表面积，使其成为一种制备高分散低铂催化剂的潜在的理想载体材料。

石墨烯具有超大的比表面积，是制作超级电容电极材料的理想对象。但是石墨烯因层间范德华力的作用容易发生聚集。石墨烯作为电极材料最大的技术问题是克服石墨烯的聚集，保证材料内部有相互连通的孔隙，使得电解液与电极表面充分接触。所以石墨烯用于双电层超级电容，在制备方法的设计上需要考虑比表面、孔结构和导电性，这些要素直接决定了超级电容器的电化学性能。

现在使用的计算机一般使用的芯片都是硅基，在进行运算的过程中存在发热的现象，因此硅基在室温条件下每秒钟只能执行一定数量的操作，而石墨烯具有良好的导热性和电子迁移率。电子在其中的运动几乎不受任何阻力，比使用硅器件的计算机运行速度要快得多。结合硅基及石墨烯两者的特点及优势，如良好的导热性、电子迁移率、导电性、巨大的比表面积等，对于硅原子掺杂石墨烯纳米带的研究，能拓宽石墨烯纳米带在纳米电子器件领域的进一步应用。

第四节 能源去碳化技术

清洁、低碳直至无碳化的发展方向是能源发展的大势。传统的能源实现去碳化主要涉及煤炭地下气化技术、二氧化碳捕集与封存技术、传统化石能源清洁技术等。

一、煤炭地下气化技术

煤炭地下气化是指将处于地下的煤炭进行有控制的燃烧，通过对煤的热作用及化学作用产生可燃气体（如氢、一氧化碳等）的过程。煤炭的地下气化重新定义了"清洁煤"的概念，从根本上改变了煤炭开采利用的方式，不仅提高了煤炭开采利用的效率，而且克服了煤炭在开采和应用中造成的负面环境影响。

1. 煤炭地下气化基本原理

煤炭地下气化过程主要在地下气化炉的气化通道中实现，整个气化过程可以分为氧化、还原、干馏干燥三个阶段，分别对应氧化、还原、干馏干燥三个反应区。从化学反应角度看，三个反应区没有严格的界限，氧化区、还原区也有煤的热解反应，反应区的划分只是说明在气化通道中氧化、还原、热解反应的相对强弱程度。经过这三个阶段以后，生成的可燃组分主要是含氢、一氧化碳、甲烷的煤气，气化反应区逐渐向出气口移动，从而保持了气化反应过程的不断进行，气化通道的煤壁（气化工作面）不断燃烧，向前推进，剩余的灰分和残渣遗留在采空区。

地下气化炉在煤炭地下气化过程中起着重要的作用，地下气化炉的类型主要分为有井式、无井式及混合式三种。

1）有井式

有井式气化炉的建造先从地面开凿井筒，然后在地下开拓平巷，用井筒和平巷把地下煤气发生炉和地面连接起来。在平巷里将煤层点燃，从一个井筒鼓风，通过平巷，由另一个井筒排出煤气（图4-12）。

2）无井式

无井式地下气化炉是指利用钻孔揭露煤层，采用特种技术在煤层中建立气化通道而构成的地下煤气发生炉。无井式气化炉根据进排气点和气化通道相对位置可分为V形炉、盲孔炉、U形炉等几种基本炉型。

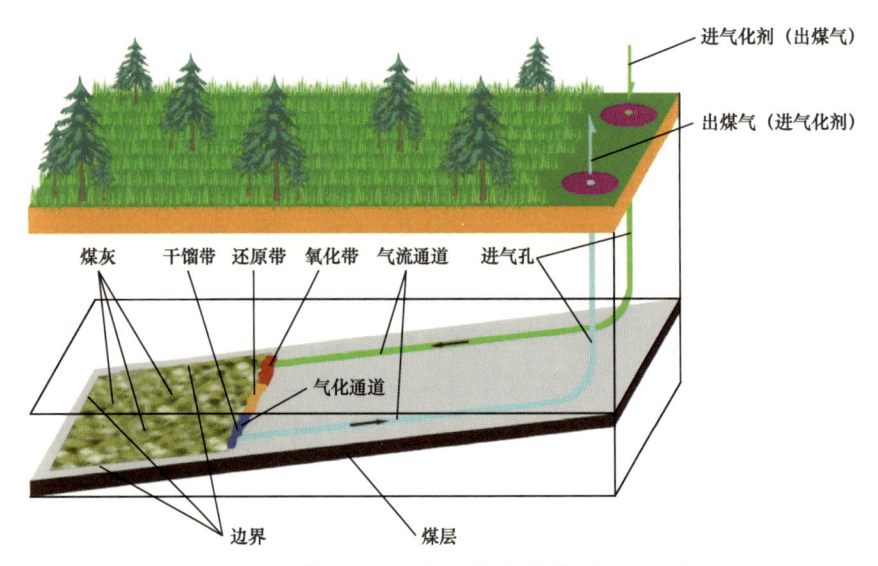

图 4-12　煤炭地下气化示意图（据梁杰，2015）

3）混合式

混合式气化炉是指由地面打钻孔揭露煤层或利用井筒敷设管道揭露煤层，人工掘进的煤巷作为气化通道，利用气流通道（人工掘进的煤巷）连接气化通道和钻孔或管道，从而构成的气化炉。

2. 国外煤炭地下气化技术

1888 年，门捷列夫提出了煤炭地下气化的设想。截至目前，国外实施的煤炭地下气化项目约有 33 个，主要集中在原苏联、美国、澳大利亚、南非、加拿大和欧洲。

美国在 20 世纪 70—80 年代，由劳伦斯国家实验室等科研部门在几个项目基地进行了 38 次试验，研究形成了后退式煤炭地下气化技术，并将该项技术定位为国家能源安全紧急时期的储备技术，在国家能源遇到危机时启用，但对该技术的经济效益方面没有展开系列优化研究。

原苏联的 Skochinsky 国家矿业研究院研发了地下气化技术，并将该项技术应用于原苏联范围内的多个矿井中，证实了技术的可行性。截至目前，在原苏联已经实施的地下气化项目有 6 个，其中，乌兹别克斯坦的安格林项目是全世界唯一还在运行的煤炭地下气化项目。

加拿大与美国开展合作，在借鉴美国地下煤炭气化技术的基础上，通过研发和现场试验，形成了 $_{\varepsilon}$UCG™ 技术，该项技术基本代表了目前西方国家地下气化技术的主流，并已直接或间接应用到澳大利亚、南非、印度等国家的地下气化试验中。

澳大利亚煤炭地下气化工作是在引进加拿大技术的基础上发展起来的。截至目前，澳大利亚的煤炭地下气化工业性试验产业链相对较为齐全，代表项目有 Linc 公司的庆奇拉地下煤气化制油项目。

南非开展了多年的煤制油项目，有一定的煤化工基础，但是煤炭地下气化技术基本是直接或者间接引进加拿大的 $_{\varepsilon}$UCG™ 技术。2006—2012 年南非在 Eskom 等地进行了相关的工业性试验，并计划实施更大规模的工业性试验，但截至目前尚未展开实质性的工作。

进行煤炭地下气化技术研究的国家有英国、巴基斯坦、保加利亚、越南和波兰等；欧盟、印度等国家和地区则在关注这一技术的发展。英国自 1912 年率先在全世界开展第一次地下气化试验后，再次在北海盆地批准了 61274 万平方米的煤炭矿权供地下气化研究。波兰中央矿业研究所与澳大利亚 Linc 公司合作承担欧盟的 HUGE2 地下气化项目，该项目是对欧盟深部煤层气化 HUGE 项目的后续研究。巴基斯坦与中国矿业大学合作在沙漠中进行了初步试验。印度政府正在起草煤炭地下气化政策。

从实施效果来看，乌兹别克斯坦的安格林和澳大利亚的庆奇拉项目最能体现行业的综合水平。安格林煤炭地下气化站建于1961年，采用无井式，该气化站把地下的褐煤气化成动力煤气，供给安格林热力发电站与重油掺烧发电使用，气化站的生产能力为100万米³/天。庆奇拉项目于1999年开始示范，到2013年因环境影响等因素而全面停止，该项目的技术特点之一是实现了负压气化且直接将气化的煤气制成合成油，是全球第一个形成煤炭气化—煤气净化—合成石油的代表项目。

3. 国内煤炭地下气化技术

中国煤炭地下气化技术的发展主要分为以下几个阶段：20世纪80年代以前以吸收消化苏联技术为主；20世纪90年代开始引进美国技术；21世纪初吸收消化西方和原苏联技术的同时有所创新，逐渐形成了以"长通道、大断面、两阶段、正反向"和逆向燃烧气化为代表的理论和技术。煤炭地下气化技术由实验室实验研究、现场试验研究逐步转向工业示范生产应用，开发了具有自主知识产权的煤炭地下气化技术。目前工业示范较好的项目主要包括新矿集团的有井式地下煤气化项目和新奥集团的无井式地下煤气化项目。

新矿集团煤炭地下气化于1999年开始试验研究工作，2000年3月点火成功，同年7月正式向1万余户居民供生活用燃气。于2001—2002年相继建成了协庄气化站、鄂庄气化站（一期），并一次点火成功。目前日产气量达到10万立方米，煤气热值达到11.26兆焦耳/米³。2002年地下煤层气化申报了国家"863"计划"煤炭地下气化稳定控制技术的研究"课题，获得科技部批准并被列入国家"863"计划和试验基地。

2007年1月，新奥集团投资2亿多元组建了乌兰察布新奥气化采煤技术有限公司，与中国矿业大学和乌兹别克斯坦Angren气化站共同开展"无井式煤炭地下气化试验项目"研究。2007年10月，中国首套日产煤气15万立方米的无井式煤炭地下气化试验系统和生产系统一次点火成功。该试验现场具备供热、发电、生产化工原料的能力，取得了一批创新性研究成果，申报了9项专利。该项研究创新地构建了"L形后退面扩展"的全新结构地下气化炉，创造性地开发了气化通道贯通技术、气化通道疏通技术和无井式气化，造气成本仅为地面气化造气的40%左右。至2011年底，新奥集团乌兰察布气化站连续运行四年，第三个试验炉稳定运行900天，热值和组分稳定，发电机连续运行780天，空气连续气化生产气量30万米³/天，富氧连续气化生产气量15万米³/天，达到了工业化生产要求。2014年底完成试验功能后停止产气，并考虑优化后再作规模化研究。

二、二氧化碳捕集与封存技术

二氧化碳捕集、驱油与封存技术是指将二氧化碳注入油层，二氧化碳与原油混相，降低原油黏度，在不断开采原油的过程中封存一部分二氧化碳。二氧化碳注入油层后，有50%～60%被永久封存于地下，剩余40%～50%则随着油田伴生气返回地面，通过原油伴生气二氧化碳捕获纯化，可将伴生气中的二氧化碳回收，就地回注驱油，进一步降低二氧化碳的驱油成本。在该过程中，既提高了原油采收率，达到增产的目的，又减少了二氧化碳的排放，保护了大气环境。

二氧化碳驱油的主要机理如下：（1）二氧化碳混入原油中，能够降低油水界面张力，并显著降低原油黏度，使得驱替过程中的阻力降低，从而提高原油采收率；（2）二氧化碳混入原油中，使得原油的体积膨胀，增加了原油的内动能，提高了原油的流动性；（3）二氧化碳混入原油中，在油层中占据了一定的孔隙空间，增加了油层的压力，提升了驱油效果。

中国石油已经形成了自己的碳捕集、利用与封存（CCUS）技术。近年来加快CCUS工程化进度，通过技术研发和矿场实践，已在吉林油田建成二氧化碳注气站三座，成功应用CCS—EOR（碳捕集与封存—提高采收率）技术埋存二氧化碳110万吨，阶段埋存率保持在96%以上，保障了长岭高含二氧化碳气田的清洁生产。二氧化碳驱累计增油 10 万吨，实现了控制二氧化碳温室气体排放、为采油增能量的双赢。

中国石化开展了以燃煤电厂烟气、天然气、炼厂气等为二氧化碳捕集源、二氧化碳驱油为主要资源化利用方式的 CCUS 技术研发及应用示范。通过技术攻关和现场应用，中国石化形成了具有完全自主知识产权的燃煤电厂烟气二氧化碳捕集、提纯、液化技术。2012 年，"十二五"国家科技支撑计划"大型燃煤电厂烟气二氧化碳捕集、驱油及封存技术开发及应用示范项目"在胜利油田启动。

CCUS 技术涉及二氧化碳的捕集、运输及封存利用，就整条产业链而言，成本高是制约其发展的重要因素，这是由于烟道气中的主要成分为氮气，而二氧化碳的含量相对较低，从而导致分离能耗大、捕集成本高。对于石油石化行业，为了满足石油开发的需求，提高石油采收率，气源多数来自燃煤电厂烟道气中的二氧化碳，捕集到的二氧化碳又要通过管道运输到相应油井处，成本较高。所以就石化行业的 CCUS 产业链而言，应充分利用油田内部的二氧化碳来源，就地取材，降低运输成本；也要加强和电力行业的合作与融合，扩大碳捕集供给源。

注气技术也是提高煤层甲烷采收率的有效方法。其理论依据是，在含气量相同的情况下，煤层中二元气体吸附时的理论最大采收率要高于纯甲烷的理论最大采收率。深部煤层二氧化碳—ECBM（提高煤层气采收率）技术的基本思路是指将从集中排放源得到的二氧化碳或其混合气体，由注入井注入地下深处具有适当封闭条件的煤层之中，利用二氧化碳更容易吸附到煤层表面的性质，置换出更多的甲烷，以提高煤层气井的单井产量和采收率，同时将大量的温室气体埋藏到煤层中。研究发现在二氧化碳—ECBM 实施中，甲烷在单位压降下的解吸率明显高于纯甲烷解吸时单位压降下的解吸率。与国际相比，中国在二氧化碳置换煤层气与封存相关理论，二氧化碳的捕集、利用与封存经验，二氧化碳的封存监测与预警等方面都存在较大的差距。

三、传统化石能源清洁技术

传统化石能源的清洁化是当前清洁能源最主要的发展方向，由于化石能源在开发、运输、储能、应用等各方面的技术都更加成熟，相对于新能源大规模应用而言，化石能源清洁化要更具成本优势，主要方向包括整体煤气化联合循环发电、循环流化床燃烧技术、超临界与超超临界火电机组以及成品油升级等。

1. 整体煤气化联合循环发电

整体煤气化联合循环发电（IGCC）是将煤气化技术和高效的联合循环相结合的先进动力系统，IGCC 技术把洁净的煤气化技术与高效的燃气—蒸汽联合循环发电系统结合起来，既有高发电效率，又有极好的环保性能，是一种有发展前景的洁净煤发电技术（图 4-13）。

IGCC 电厂还可以与碳捕集结合，即将燃烧前碳捕集技术与 IGCC 整合，在燃料燃烧前分离二氧化碳并采集起来便于处理和再利用，以实现高效、低碳的绿色能源转换。目前该技术还处于优化阶段，其建造和运行成本仍然过高，且运行稳定性尚不满意。

IGCC 由两部分组成，即煤的气化与净化部分和燃气—蒸汽联合循环发电部分。第一部分的主要设备有气化炉、空分装置、煤气净化设备（包括硫的回收装置）；第二部分的主要设备有燃气轮机发电系统、余热锅炉、蒸汽轮机发电系统。IGCC 的工艺过程如下：煤经气化成为中低热值煤气，经过净化，除去煤气中的硫化物、氮化物、粉尘等污染物，变为清洁的气体燃料，然后送入燃气轮机的燃烧室燃烧，加热气体工质以驱动燃气涡轮做功，燃气轮机排气进入余热锅炉加热给水，产生过热蒸汽驱动蒸汽轮机做功。

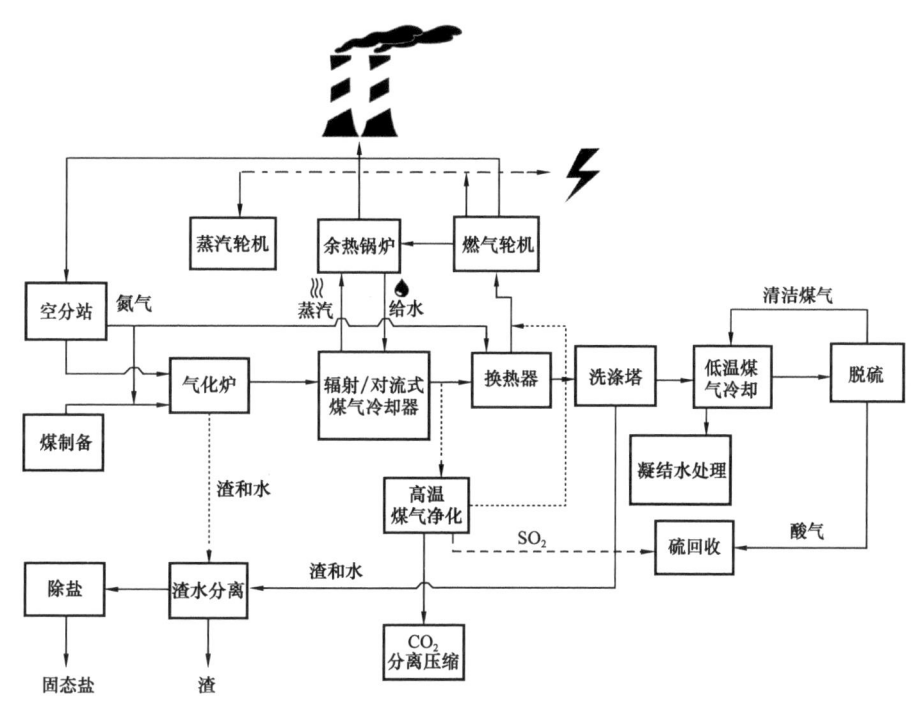

图 4-13　煤气化联合循环碳捕集发电流程

在目前的技术水平下，IGCC 发电的净效率可达 43%～45%，今后可望达到更高。污染物的排放量仅为常规燃煤电站的 1/10，脱硫效率可达 99%，二氧化硫排放量在 25 毫克 / 米^3 左右，远低于排放标准 1200 毫克 / 米^3，氮氧化物排放量只有常规电站的 15%～20%，耗水量只有常规电站的 1/3～1/2。因此发展 IGCC 技术对于环境保护有重大意义。

目前全世界共有八座 IGCC 电站，华能集团的 IGCC 电站是其中第六座，新建的两座 IGCC 电站分别是位于美国印第安纳州的 Edwardsport 电站和密西西比州的 Camper 电站。Edwardsport 电站的装机容量为 618 兆瓦，单位造价大约在 5750 美元 / 千瓦，Camper 电站的单位造价已经超过 11600 美元 / 千瓦。IGCC 电站的投资并没有像预期一样，随着技术逐渐进步成本也越来越低，以及随着电厂规模加大，单位造价也降低，由于设计复杂、技术不稳定等问题，IGCC 电站的建设成本和运行成本也居高不下。

华能集团在天津滨海新区的临港工业区建成了中国第一个，也是目前唯一的整体煤气化联合循环电站。该项目于 2009 年 7 月开工建设，2012 年建成投产，装机容量达到 26.5 万千瓦。整个 IGCC 电站投资达到每千瓦 1.3 万～1.5 万元。IGCC 电站的上网电价每千瓦时约 0.5 元，但电价成本已接近每千瓦时 0.9 元。华能集团的 IGCC 电站可以达到粉尘小于 0.6 毫克 / 米^3，二氧化硫小于 0.9 毫克 / 米^3，氮氧化物小于 50 毫克 / 米^3，好于或接近燃气发电国家排放标准，而且氮氧化物仍有进一步降低的空间。

2. 循环流化床燃烧技术

循环流化床（CFB）燃烧技术是一项近 20 年发展起来的清洁煤燃烧技术，具有燃料适应性广、燃烧效率高、氮氧化物排放低、低成本石灰石炉内脱硫、负荷调节比大和负荷调节快等突出优点。2000 年之后，循环流化床锅炉从热电领域发展到发电领域，先后开发了 135 兆瓦到 300 兆瓦亚临界循环流化床锅炉。到 2005 年，国产循环流化床技术基本占领了国内市场，并向国外出口。到目前为止，中国循环流化床燃烧锅炉发电容量近 1 亿千瓦，循环流化床锅炉总台数大于 3000 台，为世界第一。

3. 超临界与超超临界火电机组

超临界与超超临界火电机组具有显著的节能和改善环境的效果，超超临界机组与超临界机组相比，热效率要提高1.2%~4%，一年就可节约6000吨优质煤。火电厂超超临界机组和超临界机组指的是锅炉内工质的压力，炉内蒸汽温度不低于593℃或蒸汽压力不低于31兆帕被称为超超临界。未来火电建设将主要是发展高效率、高参数的超临界（SC）和超超临界（USC）火电机组，其在发达国家已得到广泛的研究和应用。

美国是发展超临界发电技术最早的国家。世界第一台超超临界参数机组（125兆瓦、31.03兆帕、621℃/565℃/538℃）于1957年在美国投入运行。美国投入运行的超临界机组占大型火电机组的30%以上，容量以50万~80万千瓦为主，拥有世界上最大单机容量和最高蒸汽参数的超临界机组，最大单机容量达1300兆瓦，最高蒸汽参数为34.5兆帕和649℃/566℃/566℃。近年来，美国GE公司还为日本设计制造了蒸汽参数分别为26.6兆帕/577℃/600℃和25兆帕/600℃/610℃的超超临界机组。

1963年，苏联第一台30万千瓦超临界机组投入运行，机组参数为23.5兆帕/580℃/565℃。经过长期试验研究，已具有一套比较完整的超临界技术和产品系列，现在共有超临界机组200多台，占总装机容量的50%以上，其30万千瓦以上容量机组全部采用超临界参数。目前，俄罗斯研制的新一代大型超临界机组采用参数为28~30兆帕/580~600℃。

日本发展超超临界机组起步较晚，但很快由仿制过渡到自主研发，同时建立了相应的试验平台，发展速度很快、收效显著。日本的超临界机组占常规火电机组装机容量的60%以上，其45万千瓦以上机组全部采用超临界参数，最初投入运行的两套超超临界机组由三菱公司设计，装机容量为70万千瓦，蒸汽参数为34.5兆帕/620℃/650℃。

中国超临界、超超临界机组发展较晚。中国于20世纪80年代后期开始从国外引进30万千瓦、60万千瓦亚临界机组，第一台超临界机组于1992年6月投产于上海石洞口二厂（2×600兆瓦、25.4兆帕、541℃/569℃）。通过近20年的引进、消化、吸收，从21世纪初起，国产超临界发电技术、国产百万千瓦超超临界技术先后投入商业化运行，这种跨越式的发展正是发电业和电站装备制造业共同进步、共同发展的必然结果。在超超临界燃煤发电技术的研发和应用下，中国发电业及电站装备制造业的整体水平跃上了一个新台阶。目前中国已投产1000兆瓦超超临界机组达101台（表4-5），而且超超临界燃煤技术也在不断探索更新，如与生物质混烧、区域供热、二氧化碳捕集等技术结合，成为解决新建煤电机组二氧化碳深度减排的重要方法。

表4-5 1000兆瓦超超临界机组投产统计

省/市区	投产台数	省/市区	投产台数
江苏	21	湖北	4
浙江	16	福建	3
广东	14	天津	2
山东	8	辽宁	2
安徽	8	宁夏	2
河南	7	新疆	2
上海	4	重庆	2
广西	4	江西	2
合计			101

4. 成品油升级

从中国汽油构成来看，当前主要需解决脱硫、降烯烃等问题，并补充由此带来的辛烷值损失。

1）催化汽油加氢脱硫技术国产化

中国石油早期引进 Prime-G 汽油脱硫技术，适用于国Ⅳ标准，而升级到国Ⅴ标准时产生了烯烃饱和度、辛烷值降低的问题。因此中国石油开发出拥有自主知识产权的催化汽油加氢 DSO 和 GARDES 技术，替代国外引进技术，并自主完成工艺包设计及工程设计，实现了加氢脱硫技术的国产化。

中国石油共引进了 12 套 Prime-G 技术，自主开发技术应用 17 套（DSO 9 套，GARDES 8 套），其中 DSO 技术发展成 M-DSO 技术。DSO 技术主要是采用脱硫，M-DSO 技术中的 M 起到异构化与芳构化的作用，对汽油既脱硫，又保证了辛烷值。GARDES 技术是先脱硫，再通过异构化与芳构化来补充辛烷值。

中国石化在 2010 年整体收购了菲利浦斯催化汽油吸附脱硫（S_Zorb）专利技术，并在此技术上对装置进行创新改造，形成了具有自身特色的新一代 S_Zorb 专利技术，主要解决了长周期运转的问题。中国石化共有 25 套 S_Zorb 技术设备，总加工能力为 3100 多万吨/年。

2）开发催化轻汽油醚化工艺技术

在国Ⅳ标准升级到国Ⅴ标准时，虽然达到了脱硫的目的，但辛烷值有所损失。中国石油开发了催化轻汽油醚化（LNE）工艺技术。根据不同炼厂的需求，量身开发了 LNE-1、LNE-2 和 LNE-3 系列轻汽油醚化技术，目前已经建成 6 套装置，经济效益显著（甲醇成本 2000 元/吨，汽油价格 5000～6000 元/吨），可以在烯烃含量降低的情况下提高辛烷值。

但醚化也有很多问题。加醚类物质与乙醇汽油类似，在氧含量为 2.7% 时排放最低，超过该值后不但没有热值还会有副作用，反而会增加污染物的排放。

3）开发离子液烷基化技术

离子液烷基化是新一代液体烷基化技术，与传统硫酸法和氢氟酸法相比，碳四烷基化汽油具有高辛烷值、无硫、无烯烃、无芳香烃等特点，还具有设备腐蚀轻、环境污染小、投资小、收益高等优势，是理想的调和组分，能够完全满足国Ⅳ油产品质量标准。2017 年 9 月，中国石油首套离子液烷基化装置于格尔木炼油厂奠基，预计 2018 年建成投产，年产 5 万吨。

从环保角度考虑，未来油品的升级可能会集中于车用柴油和船用燃油。相比国Ⅳ汽油标准，柴油标准较粗糙，还有较大的完善空间。船用燃油对环境危害比柴油更大，存在巨大的升级空间，还应进一步提高标准。而国Ⅵ汽油是目前世界上严格的排放标准之一，已经达到甚至超过欧洲的标准，未来标准会向无烯烃方向发展，可以通过异构化和烷基化的手段实现。

第五节 核聚变发电

中国在传统能源上表现为富煤、油气不足的基本特征，面对国际上应对气候变化的压力，有必要对能源结构进行战略调整。因此，全面推动能源生产和利用方式变革，加快能源发展方式转变，走绿色低碳发展之路，已成为今后中国能源发展战略的重要方向。核能，尤以经济、清洁、高效、安全的特点向人类展示出了广大的发展前景。从核电发展总趋势来看，当前发展压水堆，中期发展快中子堆，远期发展聚变堆。

一、核能利用方式

核能的应用主要有核裂变和核聚变两种方式，核裂变仍然存在原料枯竭和环境污染等问题，所以能源问题的最终解决途径归结到核聚变技术发展。核聚变能源的燃料储量丰富，同时不存在严重的放射性污染问题，是人类未来理想的潜在新能源。

人类对氢核聚变的研究源于对太阳能源的认识，太阳上无穷尽的能量就来自氢的核聚变。组成太阳的主要成分是氢，在万有引力作用下太阳内部氢的密度很大，又由于其体积非常大，热和燃料粒子通过表面损失的机会很小，因此太阳的约束性能非常好。与此同时，在一般条件下核聚变不会发生，但太阳内部的温度始终在千万摄氏度以上，因而氢的聚变反应能够在如此高温下不断发生，并向外发出巨大能量。可见，太阳源源不断的所有能量就来自太阳上氢的核聚变反应。

所谓核聚变，就是由两个较轻的原子核结合在一起并释放出能量的过程。自然界中最容易实现的聚变反应是氢的同位素——氘与氚的聚变，氘（D）和氚（T）结合成较重的 ^{3}He 原子或 ^{4}He 原子，并释放出大量能量。然而，在地球上不可能存在1500万摄氏度的高温和2000亿大气压的高压，因此要发生聚变，温度就只能更高，需要瞬间达到上亿摄氏度高温。

因此，只有在极高的温度下才能实现核聚变反应。要使两个原子核发生聚变反应，必须使它们彼此靠得足够近，达到原子核内核子与核子之间核力的作用距离，此时核力才能将它们"粘合"成整体形成新的原子核。

由于原子核都带正电，当两个原子核靠得越来越近时，它们之间的库仑斥力也越来越大，库仑斥力会将两个轻核排斥分开。要克服库仑斥力而使两个原子核相遇，在用氘（D）及氚（T）的情况下，它们的相对速度必须高达1000千米/秒以上，相当于在1亿摄氏度的高温下作用。这种在极高温度下才能发生的聚变核反应也称热核反应，在如此高温下物质已全部电离，形成高温等离子体。等离子体是一种充分电离的整体呈电中性的气体，由于高温，电子已获得足够能量摆脱原子核束缚，原子核完全裸露，可以克服库仑斥力结合在一起。

二、核聚变反应的条件

实现聚变堆需要满足以下三个必要条件。

（1）必须有足够高的温度。核聚变是在极高的温度下进行的，氘和氚的等离子体须加热到1亿摄氏度以上。所以聚变反应也是热核反应，聚变发电则是可控热核反应。

（2）反应粒子（等离子体）的密度必须要高。为了得到一定的功率，即在每秒钟内得到一定的功率，或使每秒钟内得到的反应量达到一定数量以上，就必须有高的反应密度。

（3）要有一个能形成较长约束时间的"容器"。若用一定的功率加热等离子体并保持高温，就必须要一个有极好保温性能的"容器"。为达到该目的，利用磁场体作为等离子体的"容器"。其约束性能的好坏用等离子体或者能量的平均滞留时间表示，叫作约束时间，亦即是第三个必要条件，要有较长的约束时间（Confinement Time）。

温度、密度及约束时间三个条件中，后面两个所起的作用是乘积的关系，只要密度与约束时间乘积相等，将得到同样的效果。该特点由英国的劳森首先发现，上述乘积叫作劳森参量（Lawson's Parameter）。将劳森参量作为纵坐标，等离子体的温度作为横坐标，画出的图叫作劳森图（图4-14），该图展示了必需的等离子体特性以及聚变堆的必要条件。

如上所述，聚变的功率 $P_{聚变}$ 与温度 T、密度 n、约束时间 τ_E 的三重积成正比，理论的预言是，如果该三重积的值能够达到10的21次方，就可以获得足够的聚变功率。

如果将聚变反应中产生的带电粒子（^{4}He）通过强磁场约束在等离子体内部，用来加热等离子体，维持聚变反应所需的极高温度，这样无须再从外界输入能量，聚变反应也能自持地进行下去。此时，这只"烧"聚变燃料的特殊"炉子"就已经点着了。表征该概念的科学术语叫作聚变点火，亦称热核点火。

应该指出，实现点火仅是受控核聚变研究的第一个目标，在获得足够的聚变功率后，还要追求能量的收益、聚变功率的收益。因此，受控核聚变研究的第二个目标是使输出的能量超过输入的能量，获得净聚变能 $E_{聚变}$，建立核聚变发电站。科学家将第一个目标即实现点火称为验证科学可行性，第二个目标称为验证工程技术可行性。

在追求第一步目标的基础上，要获得聚变的能量 $E_{聚变}$，就是要把有收益的聚变功率延长，把燃烧时间 t 延长，获得聚变的能量。可以实现该目标的方式一共有三种，分别是重力约束、磁约束和惯性约束。

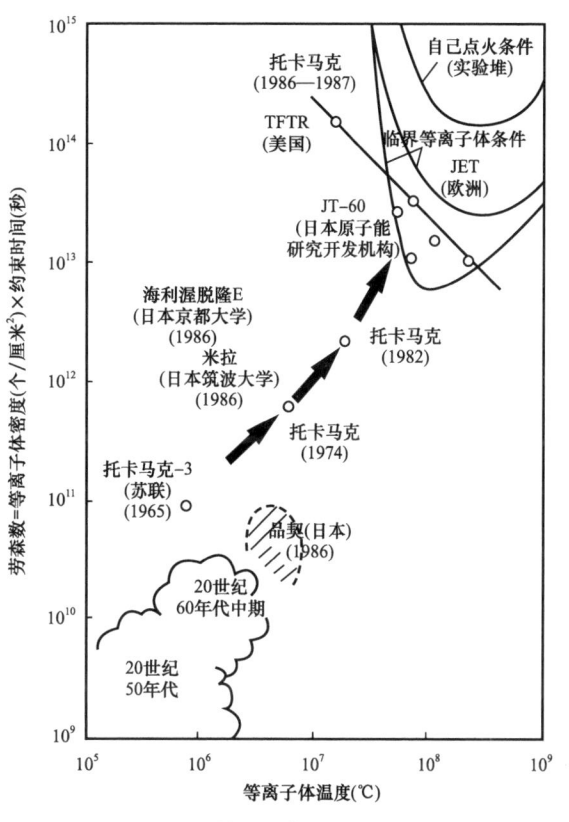

图 4-14 聚变等离子体的进展（劳森图）

1. 重力约束

太阳和其他恒星就是利用万有引力（也就是重力）来约束高温聚变燃料等离子体，从而实现大量聚变反应的。这些星球都有巨大的质量，因而巨大的引力能够把等离子体约束在一起，不让它们飞散。例如，太阳的直径是地球的 109 倍，太阳的质量是地球的 33 万倍，其引力同样也是地球的 33 万倍，虽然它的组成物质是氢，但是体积和数量如此巨大的氢集中到一起，它们之间的万有引力足以把太阳上的灼热等离子体约束住。所以，正是太阳的万有引力把这些氢聚集到一块，使粒子跑出去的几率非常小，也就是约束时间特别长，粒子和能量因此在太阳中不用任何其他方法就源源不断地发生了大量的聚变反应，这就是重力约束。

重力约束的原理是在大质量、大体积的条件下，在引力的约束下可以实现高密度和高约束时间，此时即便温度远低于地球上聚变实验装置已达到的水平，仍然可有稳定的大量的聚变反应发生，从而产生巨大的聚变太阳能。

像太阳上那么好的重力有个前提，就是体积必须非常大。在地球上，不可能去造一个跟太阳一样大的反应堆，然后源源不断地发生聚变反应；而只能在实验装置中来实现。因此，科学家提出了其他解决办法，即磁约束和惯性约束。

2. 惯性约束

惯性约束是利用激光等驱动形式提供的能量，使靶丸中的核聚变燃料形成等离子体，通过向心爆聚压缩到高温、高密度状态，从而发生聚变反应。其基本原理就是用多道极高功率的激光束或者其他离子束来轰打靶丸（该靶丸是玻璃小球或者塑料小球，里面混合着地球上最容易实现聚变反应的氘和氚），使小球周围产生均匀的反推力，压缩核心的氘氚气体，从而在极短的时间内把小球里面的氘氚混合燃料加热到极高温度，发生聚变反应。

惯性约束的基本理念就是通过提高等离子体的密度来补充约束时间的不足。惯性约束依靠等离子体粒子自身的惯性，约束高温聚变燃料等离子体，从而实现大量聚变反应。其最前沿包括美国的国家点火装置 NIF、法国的兆焦耳激光 LMJ 和中国神光系列装置等。

3. 磁约束

磁约束是利用磁场可以约束带电粒子的特性，构造特殊的"磁容器"约束高温聚变燃料等离子体，使其沿磁力线运动，保证等离子体不逃逸，使高温状态下的等离子体持续自发在磁场约束的范围内实现大量聚变反应。

磁场可以约束等离子体，但如果磁场呈直线形，在其端部会有高温等离子体的损失，因此早期很多直线形磁约束聚变装置都被停止了。后来，科学家关注到如果把磁场围成一个环，形成一个环形磁场，那么磁场中存在垂直于磁场方向的梯度，粒子会发生垂直于磁场方向的梯度漂移；同时粒子沿着环形磁力线上的运动，会受到沿磁场曲率方向的离心力作用，产生一个垂直于离心力和外加磁场方向的曲率漂移。因此需要再增加一个沿极向的磁场，使得粒子在不同位置处的漂移作用相互抵消，从而保证约束的稳定。国际上比较主流的磁约束聚变装置有托卡马克和仿星器。两种设计之间的主要差异是它们产生极向磁场的方式不同。托卡马克将电流通过等离子体本身，而仿星器则使用装置外部的磁体来产生螺旋形磁场，环绕等离子体。托卡马克由于其磁场设计得相对简单且约束性能良好成为各国进行磁约束聚变研究的首选；仿星器在稳态运行方面有其独特的优点，但是其复杂的磁场设计和建造也极有挑战性。

第五章 能源互联网技术

能源互联网是指综合运用先进的电力电子技术、信息技术和智能管理技术，将大量由分布式能量采集装置、分布式能量储存装置和各种类型负载构成的新型电力网络、石油网络、天然气网络等能源节点智能化互联起来，以实现能量双向流动的能量对等交换与共享网络。

能源互联网是互联网信息技术与可再生能源相结合的产物，发展能源互联网将从根本上改变对传统能源利用模式的依赖，推动传统产业向以可再生能源和信息网络为基础的新兴产业转变，是对人类社会生活方式的一次根本性变革。《国民经济和社会发展第十个五年规划纲要》提出："将推进能源与信息等领域新技术深度融合，统筹能源与通信、交通等基础设施网络建设，建设'源—网—荷—储'协调发展、集成互补的能源互联网。"当前中国正处在能源革命的关键时期，国家能源局《关于推进"互联网+"智慧能源发展的指导意见》的发布，将在能源技术、生产、供应等多个环节激发"链式变革"，中国进行能源革命是历史推动的必然选择。以可再生能源、分布式发电、储能、电动汽车等为代表的新能源技术和以物联网、大数据、云计算、移动互联网等为代表的互联网技术板块发展迅猛和深度融合，能源互联网成为能源领域继智能电网后的又一重要发展方向。

第一节 分布式能源

分布式能源是一种在地域上分散、位于近用户端、相对独立的能源供需体系。国际分布式能源联盟（WADE）将分布式能源定义为：安装在用户端的高效冷/热电联供系统，系统能够在消费地点或附近发电，高效利用发电产生的废能生产热和电，现场端可再生能源系统包括利用现场废气、废热以及多余压差来发电的能源循环利用系统。以具有互联网拓扑特征的电力网络为例，传统的大型集中式能源供应站（大型中心电厂）一般远离用户，通过大电网高电压输变电传输将电力送到终端用户，而分布式能源是将发电和供能装备建在近用户侧，利用天然气、氢气等清洁能源，本地光伏、风能等可再生能源，或结合工业余热、余压等，通过能源梯级利用的方式，满足用户冷、热、电、蒸汽、生活热水等各种能源负荷的需求。

分布式能源具有能效利用合理、损耗小、污染少、运行灵活、系统经济性好等特点，但在并网、供电质量、容量储备、燃料供应等方面存在一定困难。在环境保护上，将部分污染分散化、资源化，采用先进的能源转换技术，尽量减少污染物的排放；在能源输送和利用上，实现分片布置，减少长距离输送能源的损失，有效地提高了能源利用的安全性和灵活性。分布式能源使排放分散化，便于周边植被的吸收。分布式能源依赖最先进的信息技术，采用智能化监控、网络化群控和远程遥控技术，实现现场无人值守，同时分布式能源依赖以能源服务公司为主体的能源社会化服务体系，实现运行管理的专业化，以保障各能源系统的安全可靠运行。

一、区块链技术

区块链是一个由不同节点共同参与的分布式数据库系统，是开放式的账簿系统（Ledger），能够对交易各方、参与各方的行为和真实性进行有效验证，其数据库由所有网络节点共享，由所有用户更新、监督，但是任何用户不能拥有、控制、篡改该数据库。由一串按照密码学方法产生的数据块或数据包组成区块（Block），对每一个区块数据信息都自动加盖时间戳，从而计算出一个数据加密的哈希值（Hash），每一个区块都包含上一个区块的哈希值，从创始区块（Genesis Block）开始链接（Chain）到当前区域，从而形成区块链（图5-1）。

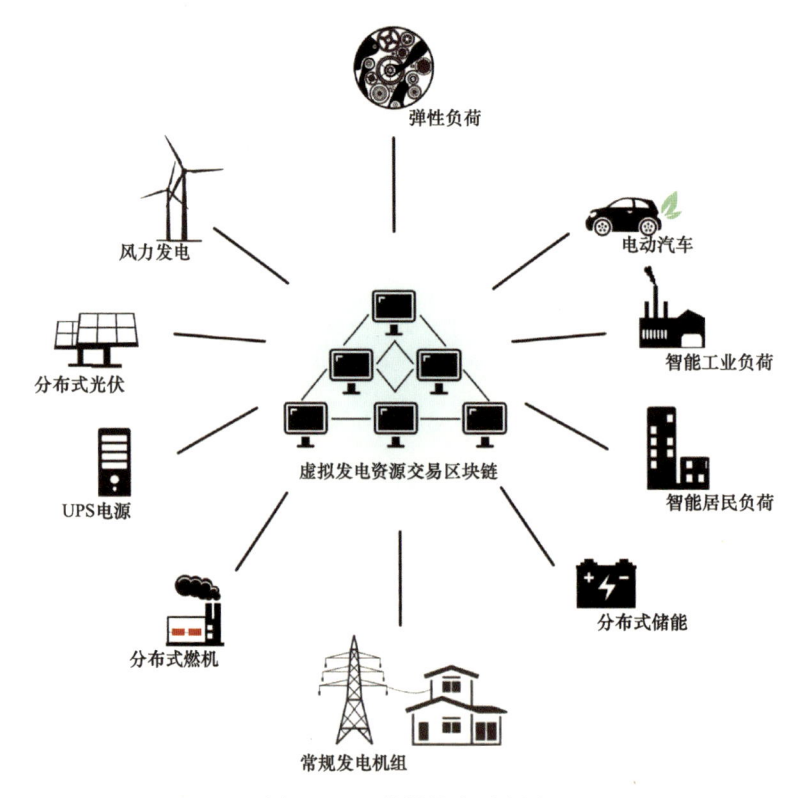

图 5-1　区块链技术示意图

区块链是一种共识协议，遵循共同认可的机制，进行无须中间权威仲裁的、直接的、点对点的信息交互。未来区块链将广泛应用到金融交易类、公共记录类、证件类、私人记录类、证明、实物资产和无形资产等领域。区块链通过这种共识机制建立信任。借助区块链，整个系统中的所有节点能够在信任的环境下自动安全地交换数据。区块链能实时自动撮合、强制执行，而且成本很低，可以点对点交易，无须通过第三方平台，交易数据会被永久存储在区块链系统，交易一旦达成不可撤回。

区块链技术在能源交易领域已有应用，美国能源公司 LO3 Energy 与比特币开发公司 Consensus Systems 合作，在纽约布鲁克林街区为少数住户建立了一个基于区块链系统的可交互电网平台。平台上每一个绿色能源的生产者和消费者可以在平台上不依赖第三方自由地进行绿色能源直接交易，包括碳排放的交易也可以在全世界的网络上进行。社区的生产者和消费者之间能够进行基于区块链的本地能源交易，平衡了当地的生产和消费。由于加密过程和分布式存储，可以保证用户和交易信息的机密性。此外，微电网控制系统和区块链技术的结合，将使建筑物屋顶光伏系统供应商在布鲁克林能够将其过剩的电力回馈到现有的本地电网，并直接从购买者那里收到付款。从本质上讲，区块链降低了交易成本，尤其是能源交易的制度性成本。若在能源行业得以应用，将极大改变能源系统的生产、交易模式。交易主体可以越过庞大的电网系统，点对点实现能源产品生产、交易，能源基础设施共享。

采用区块链技术搭建碳排放权认证和交易平台，给予每一单位的碳排放权专有 ID（身份），加盖时间戳，并记录在区块链中，实时记录发电机组的碳排放、碳交易行为并对超标企业进行罚款。

未来数字化的信息都可以加入区块链。只要能入链，信息产权就可以明晰，就可以设定保护条件，自动发起和强制实施交易合约，无须担心信任验证和信任的执行，并且，信任是建立在区块链上，而非由单个组织掌控，公信力可以被多方交叉验证与监督。这是区块链去中心化、去中介化的重要表现。退而言之，能源产品的交易可以作为信息打包成为区块，区块内的电力、油气交易基于共同市场机制完成。如果 A 与 B 达成交易，A 作为供应方单方面违约，那么其将被贴上非诚信交易标签，基于庞大区块链系统的放大效应，A 可能在未来的交易中很难找到下游客户。

区块链技术有自身的独特优势，但还处在发展初期，存在诸多问题。如过大的并逐日增加的完整账簿的存储空间，对于想要运行完整区块链的节点来说是一个巨大的挑战；信息分发采用全网广播，这种洪泛式分发，要求网络性能好；交易效率低下；算力浪费；单点节点独自升级，升级成本高。此外，虽然区块链技术采用密码学相关技术，具有很高的安全性，但是整个区块链网络在隐私和安全方面仍然存在薄弱环节。

二、物联网与能源共享

1. 物联网

物联网是继计算机、互联网后的又一次技术革新，代表着未来计算机与通信的发展方向。物联网最初于 1999 年提出，即通过射频识别（RFID）（RFID+ 互联网）、红外感应器、全球定位系统、激光扫描器、气体感应器等信息传感设备，按照约定的协议，把所关注的物品与互联网连接起来，进行信息交换和通信，以实现智能化识别、定位、跟踪、监控和管理的一种网络。简而言之，物联网就是物物相连的互联网（图 5-2）。

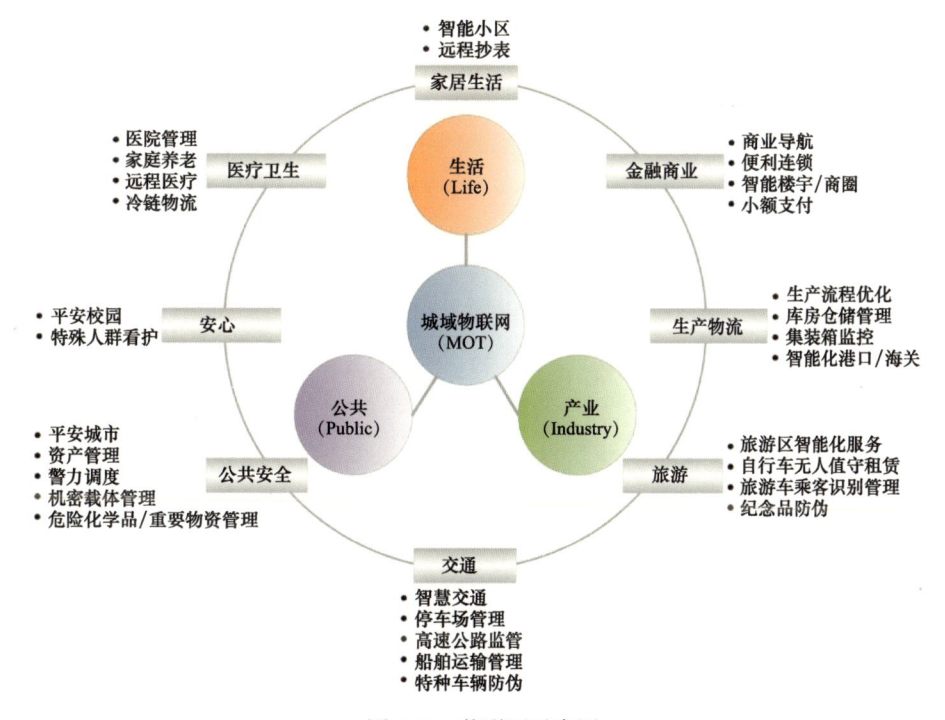

图 5-2 物联网示意图

物联网是一个基于互联网、传统电信网等信息承载体，让所有能够被独立寻址的普通物理对象实现互联互通的网络，具有智能、先进、互联的三个重要特征。根据国际电信联盟（ITU）的定义，物联网主要解决物品与物品（Thing to Thing，T2T）、人与物品（Human to Thing，H2T）、人与人（Human to Human，H2H）之间的互联。但是与传统互联网不同的是，H2T是指人利用通用装置与物品之间的连接，从而使得物品连接更加简化，而H2H是指人之间不依赖个人计算机而进行的互联。因为互联网并没有考虑到对于任何物品连接的问题，故使用物联网来解决这个传统意义上的问题。物联网顾名思义就是连接物品的网络，许多学者讨论物联网时，经常会引入一个M2M的概念，可以解释为人与人（Man to Man）、人与机器（Man to Machine）、机器与机器（Machine to Machine）。从本质上而言，人与机器、机器与机器的交互，大部分是为了实现人与人之间的信息交互。传感器、嵌入式系统在物联网中具有重大的位置与作用。

（1）传感器技术：是计算机应用中的关键技术。到目前为止，绝大部分计算机处理的都是数字信号。自从有计算机以来，就需要传感器把模拟信号转换成数字信号后，计算机才能处理。

（2）RFID标签：是一种传感器技术。RFID技术是将无线射频技术和嵌入式技术融为一体的综合技术，在自动识别、物品物流管理方面有着广阔的应用前景。

（3）嵌入式系统技术：是综合计算机软硬件、传感器技术、集成电路技术、电子应用技术为一体的复杂技术。经过几十年的演变，以嵌入式系统为特征的智能终端产品随处可见，小到以前人们身边的MP3，大到航天航空的卫星系统。嵌入式系统正在改变着人们的生活，推动着工业生产以及国防工业的发展。如果把物联网比作人体，传感器相当于人的眼睛、鼻子、皮肤等感官，网络就是神经系统，用来传递信息，嵌入式系统则是人的大脑，在接收到信息后进行分类处理。

物联网具有信息海量化、接入设备种类多样化、物物互通的协同与智能化等特点，其成功依赖许多技术，如物联网架构技术、统一标识与识别技术、网络与通信技术、安全和隐私保护技术等。物联网的智能处理依靠先进的信息处理技术，如云计算、模式识别等技术。云计算可以从两个方面促进物联网和智慧地球的实现：首先，云计算是实现物联网的核心；其次，促进物联网和互联网的智能融合。

2. 能源共享

美国能源经济学家杰里米·里夫金提出"能源共享"的理念，在其《第三次工业革命》一书中认为，互联网技术将与可再生能源相结合，在能源开采、配送和利用上，从传统的集中式变为智能化的分布式，将全球的电网变成能源共享网络。这将是能源和通信技术相结合而促成的一次新工业革命，将会让人类的商业模式和社会发展方式发生翻天覆地的变化。

在能源领域，分布式能源的普及，让人们有机会参与清洁能源的生产，人们愿意彼此之间共同分享这些能源，以实践自己可持续发展的理念，这将逐渐演化为一种能源共享的新文化。电动汽车的发展，可以依赖信息和能源技术的进步，不可避免融入共享文化。电动汽车是最适合实现出行共享的交通工具，共享不仅可以化解这一技术在发展初期的产品局限性，也使其优势得以最大限度发挥。信息、能源、交通的共享都要基于网络，要形成信息互联网、能源互联网和交通互联网，这些网络不但是信息、能源、交通本身的互联互通，而且要通过数据实现相互之间的交织互动和协同优化。

中国倡议探讨构建全球能源互联网，推动以清洁和绿色方式满足全球的电力需求。发展全球能源互联网理念，成为可持续发展的重要策略。

SPI阳光动力能源互联网提出了全球能源互联网交易平台的理念，将互联网普遍应用的众筹、团购、扁平化、去中介化等理念与互联网金融等成功的经营模式和人们的生态文明价值观相融合，让那些希望拥有一个自己的可再生能源发电站的普通大众，通过平台梦想成真。该平台不仅可以服务全世界的投资者，也可以服务全世界太阳能电站的运营者，还可以通过这些绿色电力服务全世界的需求者。

国家电网公司提出了全球能源互联网。全球能源互联网将是以特高压电网为骨干网架通道，以输送清洁能源为主导，全球互联的坚强智能电网。

阿里巴巴认为能源互联网不仅是一张有形的网，实现不同能源间的物理连接，更应该是一张基于信息通信技术的无形网，融入能源工业生产的每个环节，包括对能源数据的采集、分析、共享和处理，由此带来能源行业经营模式的颠覆。通过信息和能源融合，形成信息主导、精确控制的能源体系。以开放、互联、对等分享的原则对电力系统网络进行重构，提高电网安全性和电力生产的效率，使得能源能像网络中的信息一样，任何合法主体都能自由地接入和分享。信息是其中的关键，不仅是电网的信息化改造，更是多种能源系统相互融合的产物。能源互联网是以电力系统为核心，以互联网及其他前沿信息技术为基础，以分布式可再生能源为主的一次能源系统，与天然气网络、交通网络等其他系统紧密耦合而形成复杂的多网系统（图5-3）。

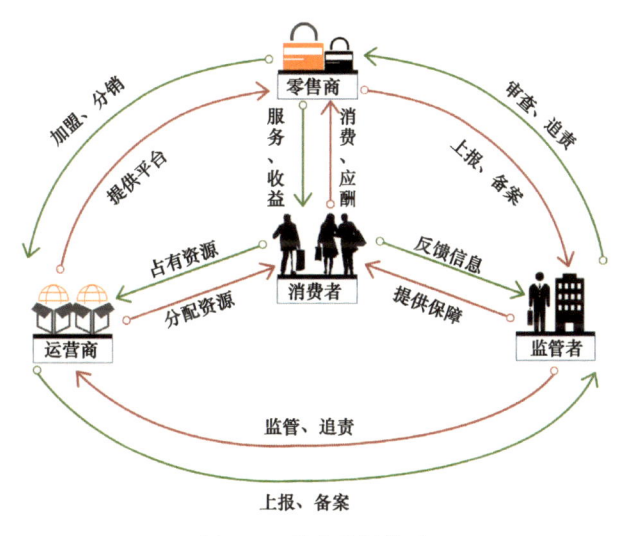

图 5-3 共享能源体系

互联网革命，就是各国政府相继开放了电话线网络，允许互联网公司在电话线网络上使用数据包交换技术进行信息交互，成就了后来的互联网革命。未来要将电力网络、交通网络再次开放，让其成为一个新的创新平台，从信息共享走向能源共享和交通共享。

第二节　电力能源互联网

绝大部分清洁能源只有转化为电能才可能高效利用。电能作为优质、清洁、高效的二次能源，能够替代绝大多数能源需求，是重要的终端能源。所以，构建全球电力能源互联网是构建全球能源互联网的关键。全球电力能源互联网是以特高压电网为骨干网架（通道）、以输送清洁能源为主导、全球互联的坚强智能电网。构建全球电力能源互联网，将使能源全球互济、错峰避峰、互为备用，促使作为传统行业的能源领域变革与创新。

一、关联技术

电力能源互联网的核心包括智能电网和特高压技术两大部分。

1. 智能电网

不同机构对智能电网给出了不同的定义。美国能源部《Grid 2030》认为，智能电网是指一个完全自动化的电力传输网络，能够监视和控制每个用户和电网节点，保证从电厂到终端用户整个输配电过程中，所有节点之间的信息和电能的双向流动。中国物联网校企联盟认为，智能电网由很多部分组成，可分为智能变电站、智能配电网、智能电能表、智能交互终端、智能调度、智能家电、智能用电楼宇、智能城市用电网、智能发电系统、新型储能系统等。欧洲技术论坛认为，智能电网是指一个可整合所有连接到电网用户所有行为的电力传输网络，以有效提供持续、经济和安全的电力。国家电网中国电力科学研究院认为，智能电网是以物理电网为基础，将现代先进的传感测量技术、通信技术、信息技术、计算机技术和控制技术与物理电网高度集成而形成的新型电网。智能电网以充分满足用户对电力的需求和优化资源配置，确保电力供应的安全性、可靠性和经济性，满足环保约束，保证电能质量，适应电力市场化发展等为目的，实现对用户可靠、经济、清洁、互动的电力供应和增值服务。

1）智能电网主要特征

尽管智能电网的定义还有待规范，但智能电网有别于常规电网的特征已逐步形成共识，智能电网主要具有以下六个方面的特征。

（1）自愈。

自愈指的是把电网中有问题的元件从系统中隔离出来，并在很少或不用人为干预的情况下，可使系统迅速恢复到正常运行状态，几乎不中断对用户的供电服务。从本质上讲，自愈就是智能电网的"免疫系统"。这是智能电网最重要的特征。自愈电网进行连续不断的在线自我评估以预测电网可能出现的问题，发现已经存在的或正在发展的问题，并立即采取措施加以控制或纠正。自愈电网确保了电网的可靠性、安全性、电能质量和效率。自愈电网将尽量减少供电服务中断，充分应用数据获取技术，执行决策支持算法，避免或限制电力供应的中断，迅速恢复供电服务。基于实时测量的概率风险评估将确定最有可能失败的设备、发电厂和线路；实时应急分析将确定电网整体的健康水平，触发可能导致电网故障发展的早期预警，确定是否需要立即进行检查或采取相应的措施；本地及远程设备的通信将帮助分析故障、电压降低、电能质量差、过载和其他不希望的系统状态，基于这些分析，采取适当的控制行动。自愈电网经常应用连接多个电源的网络设计方式。当出现故障或发生其他的问题时，在电网设备中先进的传感器确定故障并和附近的设备进行通信，以切除故障元件或将用户迅速地切换到另外的可靠电源上，同时传感器还有检测故障前兆的能力，在故障实际发生前，将设备状况告知系统，系统就会及时地提出预警信息。

（2）鼓励和促进用户参与。

在智能电网中，用户将是电力系统不可分割的一部分。鼓励和促进用户参与电力系统的运行和管理是智能电网的另一特征。从智能电网的角度来看，用户的需求完全是另一种可管理的资源，它将有助于平衡供求关系，确保系统的可靠性；从用户的角度来看，电力消费是一种经济的选择，通过参与电网的运行和管理，修正其使用和购买电力的方式，从而获得实实在在的好处。在智能电网中，用户将根据其电力需求和电力系统满足其需求的能力的平衡来调整其消费。同时需求响应（DR）计划将满足用户在能源购买中有更多选择的基本需求，减少或转移高峰电力需求，使电力公司尽量减少资本开支和营运开支，降低线损和减少效率低下的调峰电厂的运营，同时也提供了大量的环境效益。在智能电网中，和用户建立双向实时的通信系统是实现鼓励和促进用户积极参与电力系统运行和管理的基础。实时通知用户其电力消费的成本、实时电价、电网的状况、计划停电信息以及其他一些服务的信息，同时用户也可以根据这些信息制订自己的电力使用方案。

（3）抵御攻击。

电网的安全性要求降低对电网物理攻击和网络攻击的脆弱性，并快速从供电中断中恢复的全系统解决方案。被攻击后，智能电网将展示快速恢复的能力。智能电网的设计和运行都有阻止攻击的策略，可以最大限度地降低被攻击的后果和快速恢复供电服务。智能电网也能同时承受对电力系统几个部分的攻击和在一段时间内多重协调的攻击。智能电网的安全策略将包含威慑、预防、检测、反应，以尽量减少和减轻对电网和经济发展的影响。不管是物理攻击还是网络攻击，智能电网都要通过加强电力企业与政府之间重大威胁信息的密切沟通，在电网规划中强调安全风险，加强网络安全等手段，提高其抵御风险的能力。

（4）即插即用。

智能电网将安全、无缝地容许各种不同类型的发电和储能系统接入系统，简化联网的过程，类似于即插即用，该特征对电网提出了严峻的挑战。改进的互联标准将使各种各样的发电和储能系统容易接入，保证各种不同容量的发电和储能系统在所有的电压等级上都可以互联，包括分布式电源如光伏发电、风电、先进的电池系统、即插式混合动力汽车和燃料电池。商业用户安装发电设备（包括高效热电联产装置）和电力储能设施将更加容易和更加经济可行。在智能电网中，大型集中式发电厂包括环境友好型电源，如风电和大型太阳能电厂及先进的核电厂将继续发挥重要的作用。加强输电系统的建设使这些大型电厂仍然能够远距离输送电力。同时，各种各样分布式电源的接入减少了对外来能源的依赖，提高了供电可靠性和电能质量，特别是对应对战争和恐怖袭击具有重要的意义。

（5）实时供需互动。

在智能电网中，先进的设备和广泛的通信系统在每个时间段内支持市场的运作，并为市场参与者提供充分的数据，因此电力市场的基础设施及其技术支持系统是电力市场蓬勃发展的关键因素。智能电网通过市场上供给和需求的互动，可以最有效地管理如能源、容量、容量变化率、潮流阻塞等参量，降低潮流阻塞，扩大市场，汇集更多的买家和卖家。用户通过实时报价来感受价格的增长从而降低电力需求，推动成本更低的解决方案，并促进新技术的开发，新型洁净的能源产品也将给市场提供更多选择的机会。

（6）资产优化管理。

智能电网优化调整其电网资产的管理和运行，以实现用最低的成本提供所期望的功能。这并不意味着资产将被连续不断地用到其极限，而是有效地管理需要什么资产以及何时需要，每个资产将和所有其他资产进行很好的整合，以最大限度地发挥其功能，同时降低成本。智能电网将应用最新技术以优化其资产的应用。例如，通过动态评估技术以使资产发挥其最佳的能力，通过连续不断地监测和评价其能力，使资产能够在更大的负荷下使用。智能电网通过高速通信网络实现对运行设备的在线状态监测，以获取设备的运行状态，在最恰当的时间给出需要维修设备的信号，实现设备的状态检修，同时使设备运行在最佳状态。系统的控制装置可以被调整到降低损耗和消除阻塞的状态。通过对系统控制装置的这些调整，选择最小成本的能源输送系统，提高运行的效率。最佳的容量、最佳的状态和最佳的运行将大大降低电网运行的费用。此外，先进的信息技术将提供大量的数据和资料，并集成到现有企业范围的系统中，大大加强其能力，以优化运行和维修过程。这些信息将为设计人员提供更好的工具，创造出最佳的设计，为规划人员提供所需的数据，从而提高其电网规划的能力和水平。运行和维护费用以及电网建设投资将得到更为有效的管理。

2）发展态势

在绿色节能意识的驱动下，智能电网成为世界各国发展的一个重点领域。

日本计划在 2030 年全部普及智能电网，同时官民一体全力推动在海外建设智能电网。在蓄电池领域，日本企业的全球市场占有率目标是力争达到 50%，获得约 10 万亿日元的市场。日本经济产业省已经成立"关于下一代能源系统国际标准化研究会"，日本和美国已确立在冲绳和夏威夷进行智能电网共同实验的项目。

美国在配电、用电方面开展了相应的工作。Xcel Energy 公司在伯德尔建设了全美第一个智能电网城市，纽约 2010 年启动建设超导电网。

欧洲各国也在大力发展智能电网。意大利安装和改造了 3000 万台智能电表，建立起智能化计量网络；英国建设了 1000 多座小型分布式发电站，平均每 601 万人一座；欧盟计划选取 25～30 座城市建设所谓的智能电网和空间绝缘城市，这种城市的能源来自城市本身的垃圾再利用、太阳能和风能，而不依赖外来能源。德国制订了 E—Energy 计划，总投资 1 亿 4000 万欧元，2009 年至 2012 年 4 年时间内，进行智能电网实证实验，同时还进行风力发电和电动汽车实证实验，并对互联网管理电力消费进行检测。德国西门子、SAP 及瑞士 ABB 等大企业均参与了该计划。

"十二五"期间，中国投资建成连接大型能源基地与主要负荷中心的"三横三纵"特高压骨干网架和 13 项长距离支流输电工程，初步建成核心的世界一流坚强智能电网。国家电网制定的《坚强智能电网技术标准体系规划》，明确了坚强智能电网技术标准路线图，是世界上首个用于引导智能电网技术发展的纲领性标准。到 2015 年基本建成具有信息化、自动化、互动化特征的坚强智能电网，形成以华北、华中、华东为受端，以西北、东北电网为送端的三大同步电网，使电网的资源配置能力、经济运行效率、安全水平、科技水平和智能化水平得到全面提升。

智能电网是电网技术发展的必然趋势。通信、计算机、自动化等技术在电网中得到广泛深入的应用，并与传统电力技术有机融合，极大地提升了电网的智能化水平。传感器技术与信息技术在电网中的应用，为系统状态分析和辅助决策提供了技术支持，使电网自愈成为可能。调度技术、自动化技术和柔性输电技术的成熟发展，为可再生能源和分布式电源的开发利用提供了基本保障。通信网络的完善和用户信息采集技术的推广应用，促进了电网与用户的双向互动。随着各种新技术的进一步发展、应用并与物理电网高度集成，智能电网应运而生。

发展智能电网是社会经济发展的必然选择。为实现清洁能源的开发、输送和消纳，电网必须提高其灵活性和兼容性。为抵御日益频繁的自然灾害和外界干扰，电网必须依靠智能化手段不断提高其安全防御能力和自愈能力。为降低运营成本，促进节能减排，电网运行必须更为经济高效，同时须对用电设备进行智能控制，尽可能减少用电消耗。分布式发电、储能技术和电动汽车的快速发展，改变了传统的供用电模式，促使电力流、信息流、业务流不断融合，以满足日益多样化的用户需求。

2. 特高压技术

特高压（Ultra High Voltage）电网是指交流 1000 千伏、直流正负 800 千伏及以上电压等级的输电网络。特高压技术具有远距离、大容量、低损耗和经济性等特点。

1）发展历程

特高压交流输电技术的研究始于 20 世纪 60 年代后半期。当时西方工业国家的电力工业处在快速增长时期，美国、苏联、意大利、加拿大、德国、日本、瑞典等国家根据本国的经济增长和电力需求预测，都制订了本国发展特高压的计划。美国、苏联、日本、意大利均建设了特高压试验站和试验线段，专门研究特高压输变电技术及相关输变电设备。

苏联从 20 世纪 70 年代末开始进行 1150 千伏输电工程的建设。1985 年建成埃基巴斯图兹—科克切塔夫—库斯坦奈特高压线路，全长 900 千米，按 1150 千伏电压投入运行，至 1994 年已建成特高压线路全长 2634 千米。运行情况表明：所采用的线路和变电站的结构基本合理。特高压变压器、电抗器、断路器等重大设备经受了各种运行条件的考验，自投入运行后一直运行正常。在 1991 年，由于苏联解体和经济衰退，电力需求明显不足，导致特高压线路降压至 500 千伏运行。

日本是世界上第二个采用交流百万伏级电压等级输电的国家。为满足沿海大型原子能电站送电到负荷中心的需要并最大程度地节省线路走廊，日本从 1973 年开始特高压输电的研究，不仅因为特高压系统的输电能力是 500 千伏系统的 4～5 倍，而且可解决 500 千伏系统短路电流过大难以开断的问题。对于输电电压的选择，日本在 800～1500 千伏之间进行了技术比较研究，通过各方面的综合比较，选定 1000 千伏作为特高压系统的标称电压。目前已建成全长 426 千米的东京外环特高压输电线路。为保证特高压系统的可靠运行，日本建设了盐原、赤城两个特高压试验研究基地，运行情况良好，证明特高压输变电设备可满足系统的可靠运行。

中国从 1986 年开始立项研究交流特高压输电技术。前期研究包括国内外特高压输电的资料收集与分析，内容涉及特高压电压等级的论证、特高压输电系统、外绝缘特性、电磁环境、特高压输变电设备及特高压输电工程概况等。"八五"期间又开展了"特高压外绝缘特性初步研究"，对长间隙放电的饱和性能进行了分析和探讨，对实际结构布置下导线与塔体的间隙放电进行了试验研究。1994 年在武汉高压研究所建成了中国第一条百万伏级特高压输电研究线段。为满足特高压试验的需要，1997 年开展了利用工频试验装置产生长波头操作波的研究，通过改造工频试验装置，可产生电压为 2250 千伏，波头时间为 2800～5000 微秒的长波头操作波。与此同时，还开展了特高压线路对环境影响的研究，研究结果表明，当采用 8 分裂导线，分裂直径为 1 米时，特高压线路的地面静电感应水平与 500 千伏输电线路水平基本相当，无线电干扰水平小于 500 千伏输电线路，可听噪声在公众可接受的范围内。

2）建设特高压电网的意义

建设特高压电网，关系国家能源战略和能源安全，以及国民经济可持续发展，涉及电力规划、科研、设计、建设、设备制造、国际合作等方面，极具挑战性和开拓性，具有重大政治意义、经济意义和技术创新意义。

建设特高压电网是满足未来持续增长的电力需求的根本保证。目前，中国经济持续快速发展，人民生活水平不断提高，电力需求快速增长。在中国的电力工业中，国家电网承担着优化能源资源配置、保障国家能源安全和促进国民经济发展的重要任务。加快建设以特高压电网为核心的坚强国家电网，对于实现更大范围的资源优化配置，推动中国能源的高效开发利用，促进经济社会可持续发展具有重大的意义。

建设特高压电网是提高中国能源开发和利用效率的基本途径。中国是全球第一大煤炭消费国。中国生产力发展水平的地区差异很大，一次能源分布严重不均衡。能源需求主要集中在东部和中部经济较发达地区，约占需求总量的 3/4；用于发电的煤炭和水力资源，则主要分布在西部和北部地区。这种能源分布与消费的不平衡状况，决定了能源资源必须在全国范围内优化配置，以大煤电基地、大水电基地为依托，实现煤电就地转换和水电大规模开发，并通过建设特高压电网，实现跨地区、跨流域水火互济，将清洁的电能从西部和北部大规模输送到中东部地区。

建设特高压电网，不仅可以节约装机、降低网损、减少弃水、提高火电设备利用率、节约土地资源，还可以提高电网的安全运行水平，避免 500 千伏电网重复建设等问题，具有显著的经济效益和社会效益。大电网不仅在资源优化配置中具有重要作用，而且在安全性、可靠性、灵活性和经济性等方面具有诸多优越性。中国地域辽阔，时差、季节差十分明显，加上地区经济发展不平衡，使不同地区的电力负荷具有很强的互补性。特高压电网在合理利用能源，节约建设投资，降低运行成本，减少事故和检修费用，获得错峰、调峰和水火、跨流域补偿效益等方面潜力巨大。

加快建设特高压电网，对于推进中国电网的技术升级，带动国内相关科研、设计部门以及制造、建设等企业的技术创新，提高电力及相关行业的整体技术水平和综合竞争实力，都具有重要意义。

3）面临的挑战

中国特高压输电技术已走在世界前列，在大电网控制保护、智能电网、清洁能源接入电网等领域取得了一系列创新成果，但同时在无功平衡、消除潜供电弧、过电压限制与绝缘配合以及特高压设备制造等方面仍需进一步攻关。

（1）无功平衡。

特高压线路的充电功率很大（约为同长度500千伏线路的5倍），无功平衡问题尤显突出。固定电感值的电抗器无功补偿可限制甩负荷时的工频过电压和正常运行时的容升效应，但可能降低特高压线路的输送能力。为有效解决该问题，需重点研究可控电抗器的技术要求、参数及对潜供电流和工频、操作过电压的作用。

（2）消除潜供电弧。

特高压线路的潜供电流大、恢复电压高、潜供电弧难以熄灭，影响单相重合闸的无电流间歇时间和成功率。这就需研究快速消除潜供电弧的措施，以确保故障相在两端断路器跳开后熄灭潜供电弧。日本采用快速接地开关，将单相重合闸时间限制在1秒内，较好地解决了该问题。

（3）过电压限制及绝缘配合。

在特高压输电系统运行过程中，将承受操作冲击、故障冲击、雷电冲击等引起的过电压。对过电压与绝缘配合进行研究，选择正确和经济的方式降低设备的过电压水平和绝缘水平，对系统安全运行是十分重要的。操作波特性对特高压设备尺寸、造价影响较大，若出现饱和效应更会非线性增加尺寸，使造价过高。需重点研究新措施降低特高压系统过电压至一个较低水平，使绝缘配合中特高压设备对内部过电压的要求降低。

（4）串联电容补偿。

为提高特高压线路的输送容量和增强系统稳定度，需研究特高压系统的串联补偿装置及相关参数和技术要求。

（5）外绝缘。

特高压线路和变电站中各种电极结构空气间隙的放电特性，各类送、变电设备外绝缘的放电特性，不同海拔高度下的海拔修正系数等需结合中国特点试验研究。特高压线路的防雷、防污、带电作业也需结合沿线的雷电活动情况、土壤电阻率情况、污染源分布状况。专题研究合理的绝缘配合原则，并结合中国的带电作业方式、工具特点研究最小安全距离和组合间隙，为设计、运行维护提供技术依据。

（6）特高压设备。

国内设备制造厂已具备导线、金具、避雷器、电容式电压互感器和电容器以及悬式绝缘子等特高压输变电设备的研制和供货能力；而特高压变压器、电抗器、高速接地开关以及开关设备尚需加速开发研制；特高压套管、GIS（气体绝缘封闭开关设备）、可控电抗器等设备制造难度大，国内目前还无制造能力，在特高压输电工程建设初期，尚需引进国外产品。可以预计，发展特高压输电技术不仅可以促进电网发展，还将有力推动和提升中国高压电器的制造水平和生产能力。

二、电力互联网模式

能源互联网的概念最早见于美国学者杰里米·里夫金的著作《第三次工业革命》。里夫金的构想是希望借助 ICT 技术（信息和通信技术）和智能电网，将各类分布式发电设备、储能设备和可控负荷有机结合，从而为用户提供清洁便利的能源供应，并使用户可以参与到能源的生产、消费与优化的全过程。此后，能源互联网理念得到很多学者及 IT（信息技术）企业的积极响应，并已成为能源领域的一个热点。但与综合能源系统一样，能源互联网至今尚未形成统一定义。现在传播较广的概念是，能源互联网是以电力系统为核心，以互联网及其他 ICT 技术为基础，以分布式可再生能源为主要一次能源，并与天然气网络、交通网络等系统紧密耦合而形成的复杂多网流系统。

能源互联网是以电网为主导，以可再生能源为支撑，以电能为基础，以其他能源为补充的集中式和分布式互相协同的多元能源体系。该体系通过以互联网技术为核心的运营平台，实现多种能源系统供需互动、有序配置，从而构建出一个经济低碳、智能高效、平衡发展的新型生态化能源系统（图 5-4）。能源互联网可以划分为物理基础网络、信息数据平台和价值实现平台三个层级，每层的功能要求及具体内涵如下。

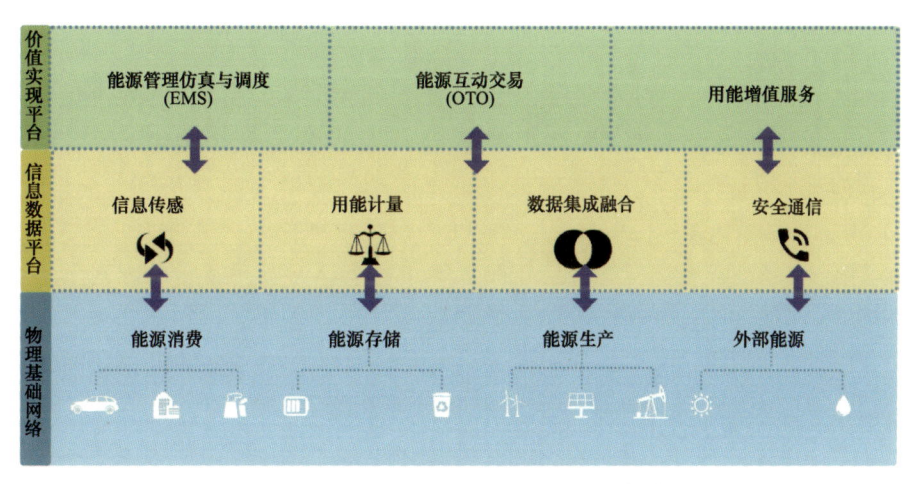

图 5-4　以电网为主导的能源互联网架构

物理基础网络可以实现多能融合能源网络。以电力网络为主体骨架，融合气、热等网络，覆盖能源生产、能源传输、能源消费、能源存储、能源转换的整个产业链。能源互联依赖高度可靠、安全的主体网架（电网、管网、路网）；具备柔性、可扩展的能力；支持分布式能源（生产端、存储端、消费端）的即插即用。

信息数据平台是实现能源信息物理融合的系统。多种能源系统的信息共享，信息流与能量流通过信息物理融合系统紧密耦合，信息流将贯穿能源互联网的全生命周期，包括其规划、设计、建设、运营、使用、监控、维护、资产管理和资产评估与交易。智能电网在信息物理系统融合方面做了很多基础性的工作，实现了主要网络的信息流和电力流的有效结合。

价值实现平台可以实现创新模式能源运营。创新模式能源运营要充分运用互联网思维，利用大数据、云计算、移动互联网等互联网技术，实现互联网 + 能源生产者、能源消费者、能源运营者和能源监管者的效用最大化，是充分发挥"互联网 +"对稳增长、促改革、调结构、惠民生、防风险的重要作用的核心所在。

实现能源互联网,需要在特高压、智能电网、清洁能源发电、储能、电网运行控制等技术领域加强攻关。(1)在特高压领域:主要攻克正负1100千伏以上特高压直流输变电技术,加快设备研制和工程应用;突破特高压直流海底电缆技术,解决跨海输电问题;加快开发极冷、极热等特殊环境下特高压核心装备制造及应用技术;突破正负800千伏特高压多端柔性直流、超高压/特高压柔性直流、高压直流断路器等技术,以及可控串补、可控并联电抗器等特高压灵活交流输电技术。(2)在智能电网领域:主要攻克涵盖发电、输电、变电、配电、用电、调度各环节的智能技术,适应各类清洁能源灵活接入;研发电网技术与云计算、大数据、物联网、移动互联技术深度融合的新技术、新设备。(3)在清洁能源领域:主要攻克大容量高参数风机、高效率低成本光电转换、大规模海洋能发电等清洁能源技术,突破风电、光伏等清洁能源发电虚拟自同步技术,全面提高清洁能源发电的经济性、稳定性和安全性。(4)在储能领域:提高储能装置的能量密度,研发大容量、长寿命、低成本、高安全性的新型储能技术,满足电力系统的大规模储能需求。(5)在电网运行控制领域:主要攻克特大型交直流混合电网安全稳定运行机理和特性分析技术,建设新一代电网仿真平台,提高计算效率和计算精度;突破电网故障诊断、恢复及自动重构等技术,全面提升连锁故障、极端灾害天气或外力破坏条件下的大电网防御能力。

第三节 管道能源互联网

随着全社会电气化水平的提升,目前广泛谈到的能源互联网是以电网为核心的平台,但能源系统仍有电网以外的多种形式并存,供需两侧大比例的"脱网"能源几乎全都是化石能源。让化石能源结合清洁能源或可再生能源,通过输气管网互联网化而提升效率,是现阶段促进能源转型的必要途径,可促进化石能源的清洁化与低碳化转型,并且缓解目前国内天然气紧缺问题。为此,提出以输气管网为主导的能源互联网的新模式。围绕天然气管道核心业务,利用云计算、大数据分析、物联网、移动应用等技术,建立基于"互联网+"智慧能源的智能化管道能源互联网系统。

一、管道能源互联网概况

以输气管网为主导的管道能源互联网的重要特征是将天然气管网与氢能相结合,主要方式有两种:一是基于氢气的集中式氢能供应系统;二是利用天然气管网运输氢能源或有机化合物储氢技术。

1. 基于氢气的集中式氢能供应系统

集中式氢能供应系统(图5-5)包括清洁的风电、电解水制氢装置、压力储氢设备、燃料电池FC(Fuel Cell)或氢燃料内燃机发电HICE(Hydrogen Internal Combustion Engines)和氢输送与应用等。通过控制系统调节风电上网与制氢电量比例,最大限度地吸纳风电弃风电量,缓解规模化风电上网瓶颈问题,利用弃风电量电解水制氢和制氧,通过压力储氢提高氢的存储密度。氢作为多用途、高密度的清洁能源,可通过FC或HICE反馈给电网以提高风电上网电能品质,也可作为能源载体通过车载或管道方式进入工业和商业领域,这就需要天然气管道或是氢气管道的运输,帮助氢气长距离运输,供给下游应用,如加氢站等。

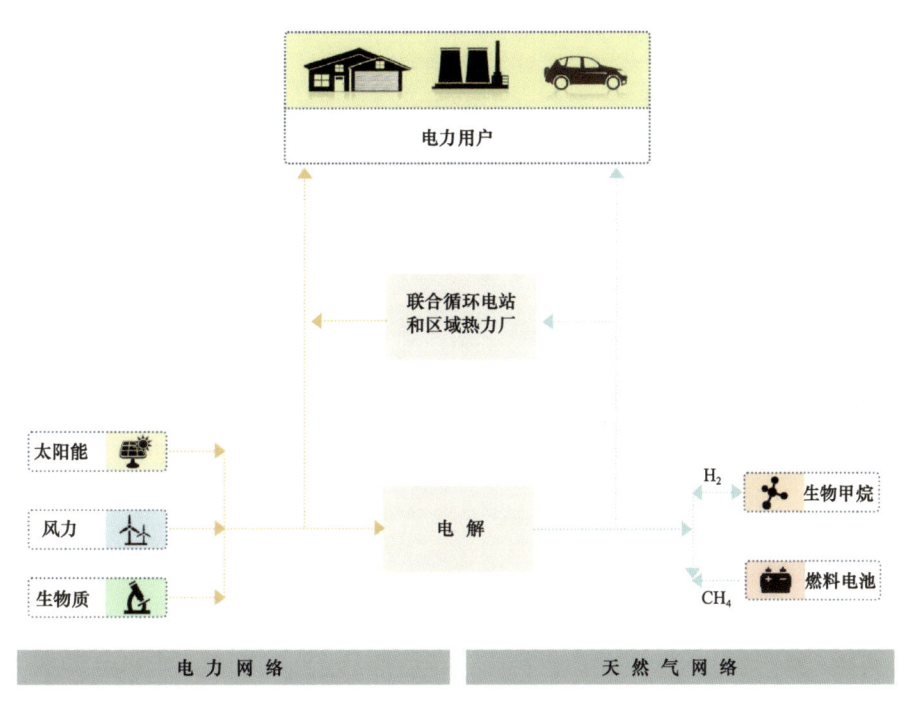

图 5-5 电力和氢能的耦合关系

1)氢气的管道运输

对于大量、长距离的氢气输送，利用管道是最有效的办法。氢气的长距离管道输送已有 60 余年的历史。但氢气与天然气的主要组分甲烷的物理化学性质有很大差别（表 5-1，其中的密度、低热值、高热值均为 15℃、标准大气压下的值）。氢气加入天然气管道后会改变管道内气体的性质，从而引发管材方面的风险，对管道输气效率和终端用户等产生影响，主要体现在以下几个方面。

表 5-1 氢气和甲烷性质对比

性质	氢气	甲烷
相对分子质量	2.02	16.04
临界温度（开尔文）	33.2	190.65
临界压力（兆帕）	1.315	4.540
密度（千克/米^3）	0.0852	0.6801
低热值（兆焦耳/米^3）	10.23	34.04
高热值（兆焦耳/米^3）	12.09	37.77
离焰常数	0.60	0.67
爆炸极限（%）	18.2~58.9	5.7~14.0
理论空气需要量（米^3/米^3）	2.38	9.52
向空气扩散的系数（米^2/秒）	6.1×10^{-5}	1.6×10^{-5}

（1）加氢对管材的影响。

氢气对管道会产生氢损伤，并且氢损伤的程度与氢气浓度、输送压力、管道材料性能等存在一定的联系。

① 氢脆风险。氢脆会改变管道的机械性能，例如钢铁的氢脆现象会加速微小裂缝的破裂。氢脆风险很难具体计算，不仅与管道的材料有关，还涉及管道的运行年限。通常管道的压力越高，使用年限越久，氢脆的风险越大，一般可通过复杂的实验得出相关结论。

② 氢气渗透风险。由于氢气的渗透速率远大于天然气，所以输送氢气的管道会产生氢气损失。此外，渗透性强弱还与管道材料有关。在铸铁管和纤维水泥管道中，氢气渗透风险很大；在PE（聚乙烯）管中，氢气渗透速率是天然气的5倍。计算表明PE管1年渗透损失的氢气体积接近其输送气体体积的0.0005%~0.001%。

③ 天然气管道添加的氢气浓度不小于10%时，可以按照ASMEB31.12—2014的相关要求，从管道钢级、运行压力、杂质元素、氢气环境韧性指标等方面进行管材适应性分析，进而得出添加不同氢气浓度条件下，管道需要采取的相应措施。当天然气管道添加氢气浓度小于10%时，可以按照欧洲研究成果进行分析。如果管道钢级低于X52（包含X52），则可直接用于输送；如果钢级高于X52，则需从管材强度、硬度、化学元素、韧性等方面进行适应性分析，进而得出该条件下管道需要采取的相应措施。

（2）氢气加入后对管道运输功率的影响。

氢气加入天然气管道后，若保证压力不变，则无论氢气的体积分数为多大，和输送天然气相比，管道的输气功率均下降，即管道的输气能力降低。当氢气在混合气体中的体积分数大于83%后，管道的输气功率有小幅回升，但和输送天然气相比，管道的输气能力仍然是下降的。

提高输送压力是提高管道输气功率的有效方式。因此，在设计燃气管网时应适当地增大设计压力，使管网的运行压力留有一定的余量，以应对将来形势的变化。一旦混氢天然气得到大规模使用，只需在现有管道基础上提高运行压力便可以满足管道的输气功率要求。

（3）氢气加入后对终端用户燃气使用的影响。

任何燃具都是按一定的燃气成分设计的。当氢气加入天然气中导致燃气成分发生变化时，燃具燃烧器的燃烧工况会改变，将会影响燃具的性能，甚至导致原有的燃具不能正常工作。因此氢气加入天然气后必须考虑互换性问题。

根据混氢天然气的燃烧势和华白数的关系，氢气加入后，混合气体的华白数趋于下降，而燃烧势急剧增大。说明随着混合气体中氢气体积分数的增加，燃具的热负荷下降，而燃气的火焰传播速度急剧增大，燃具回火的风险急剧增大。为有效解决燃气的互换性和燃具的适应性问题，依据特性指标，混氢天然气中氢气的体积分数必须小于23%，即控制在可置换区域内。如此，则可保证加入氢气后终端用户的燃具不用改变。

2）国内外输氢管道现状

目前，全球用于输送工业氢气的管道总长已超过4000千米，直径为0.25~0.30米，操作压力一般为1~3兆帕，输气量为310~8900千克/小时，其中德国拥有208千米，法国空气液化公司在比利时、法国、新西兰拥有880千米，美国也已达到720千米。

河南省济源市工业园区—洛阳市吉利区24千米的氢气管道是中国目前管径最大、压力最高、输量最大的氢气管道，已于2016年10月顺利通过河南省安监局的安全验收并投产。该管线由中国石油管道局承建，目前已安全运营近三年，该氢气管道材质为L245NS无缝钢管，管径为508毫米，设计压力为4兆帕，年输量为10.04万吨。

3）加氢站技术

加氢站是为燃料电池车辆供应燃料氢气的重要基础设施，各大汽车厂商、能源供应商和各国政府都非常重视。近年来，全球范围内的加氢站建设工作增速明显，美国、日本及德国等发达国家已开始将加氢站从示范推广阶段逐步转向商业化运营。

截至2018年1月，全球正在运营的加氢站共有327座，其中139座位于欧洲，118座位于亚洲，1座位于澳大利亚，1座位于南美，68座位于北美。日本、美国和德国作为加氢站数量最多的三个国家，分别有91座、40座和45座加氢站正在运营。德国还有25座加氢站正在建设或即将开放。中国目前正在运营的加氢站有12座，分别位于上海、北京、广东、江苏、河南、湖北、辽宁和四川共8个省市。

纵观过去10年来国际加氢站的发展和建设情况，主要呈现以下几方面的趋势。

（1）加注压力从35兆帕提升到70兆帕。

为了提高燃料电池汽车的续驶里程，目前燃料电池乘用车基本上都采用70兆帕的车载供氢系统，加氢站的加注压力也从35兆帕提高到70兆帕。近几年新建的加氢站普遍具有70兆帕的加注能力，部分原本只有35兆帕加注能力的加氢站也通过技术改造升级为70兆帕加氢站。70兆帕加氢站对超高压氢气的储存、压缩和加注都提出了很高的要求，相关的技术设备、控制策略和标准法规等正处于开发、实证、标准化和示范推广阶段。

（2）制氢方式向可再生能源制氢发展。

随着全球加氢站数量的增长，加氢站的氢气来源呈现多样化。各国普遍根据自身的资源特点因地制宜地选取各种制氢方式，如在化工工业基础较好的区域，通常会采用工业副产氢气为氢源，而在有较丰富可再生能源的地区，则采用可再生能源制氢，而且利用可再生能源制氢的示范项目越来越多。尽管与传统化石能源制氢方式的经济性相比，利用可再生能源制氢方式暂无优势，但从长远的能源发展方向来看，积极开展基于可再生能源的制氢方式具有战略性和前瞻性，已经得到广泛重视。

（3）建站方式由单一加氢站向加氢/加油、加氢/充电等合建站发展。

加氢站建设发展中的一个现实问题是选址困难，建设成本高。有关安全方面的研究表明，加氢站的安全等级与加油站、加天然气站处于同一水平，因此将加氢站与加油气站合建是一个较好的解决方案，如德国法兰克福加氢站、美国华盛顿壳牌加氢站等都是与加油气站合建的典范。随着纯电动汽车的快速发展，进一步与电动汽车充电站合建成为最新的发展趋势，如德国柏林勃兰登堡国际机场加氢站集合了充电、加氢、加天然气及生物燃料等多种加注设施，可为多种新能源汽车提供燃料补给，并且其氢气来自附近的风电场电解制氢。相信随着新能源汽车对传统汽车的逐步取代，传统加油气站也可完成从加油气站—加油气站/加氢充电合建站—加氢充电合建站的逐步过渡。

（4）逐步向网络化发展。

加氢站的网络化是显而易见的发展趋势，随着燃料电池汽车的快速发展，对大规模氢基础配套设施的需求也越来越迫切。美国、德国、日本等发达国家都制订了燃料电池汽车和氢基础设施的发展路线图和实施计划，正从初期的氢能高速公路或小型加氢网络逐步向更大的网络和更广的地域扩展。

2. 基于有机化合物储氢技术的氢能供应系统

基于有机化合物储氢技术的氢能供应系统主要指直接运用天然气管道，运输储有氢气的有机液体。有机液体储氢材料的最大特点在于常温下一般为液态，与汽油类似，能够十分方便地运输和储存。这种化合物作为氢的一种载体，在加氢过程中氢气以化学的方式被加到这种载体中形成稳定的氢化物液体，经过与石油产品相类似的普通储存与运输过程，在到达用户端时，载氢有机液体储氢材料通过催化反应器释放氢气供氢燃料电池使用，经脱氢后储氢载体再回流到储罐中，并到加氢站置换新的载氢有机液体储氢。

有机液体储氢技术工作原理可分为三个过程。

（1）加氢：氢气通过催化反应被加到液态储氢载体中，形成可在常温常压条件下稳定储存的有机液体储氢化合物。

（2）运输：加氢后的储氢有机液体，通过普通的槽罐车运输到补给码头后，采取类似汽、柴油加注的泵送形式，简单、快速地加注到车上的有机液体存储罐中。

（3）脱氢：储氢有机液体的脱氢过程在供氢（脱氢）装置中进行。通过计量泵输送至脱氢反应装置，在一定温度条件下发生催化脱氢反应，反应产物经气液分离后，氢气输送至燃料电池电堆，脱氢后的液态载体进行热量交换后回收，循环利用。

目前该技术的瓶颈是如何开发高转化率、高选择性和稳定性的脱氢催化剂。由于该反应是强吸热的非均相反应，受平衡限制，还需选择合适的反应模式，优化反应条件，以解决传热和传质问题。此外，还要解决环烷烃储氢技术整体过程的经济性问题，如降低催化剂中贵金属用量，提高随车脱氢的能量转换效率等。

二、电转气技术

所谓电转气（Power to Gas）技术即是利用可再生能源或冗余的电力制氢或合成甲烷的技术。将水电解生成氢气或其他方法制氢，所产生的氢气可以被直接注入管道用于交通运输或其他工业领域；或者与大气、生物质废气和工业废气中产生的二氧化碳结合，通过甲烷化反应转化成甲烷，便于后续运输与使用。如果电解水所使用的电力来自太阳能或风能，电转气技术可以在所有应用领域形成一个可再生能源的综合利用体系。

随着可再生能源的扩大与普及，可再生能源剩余电力大幅增加，应对可再生能源的电力输出自然性变动，通常采用输出抑制、输电网扩充、储能、需求能动化等措施，都由电力系统内封闭体系实施。电转气（PtG）不是电力系统单独应对可再生能源的电力输出自然性变动，而是由扩大至天然气管网和运输部门的能源系统整体应对，从而实现低碳化目的，其产业链示意图见图5-6。

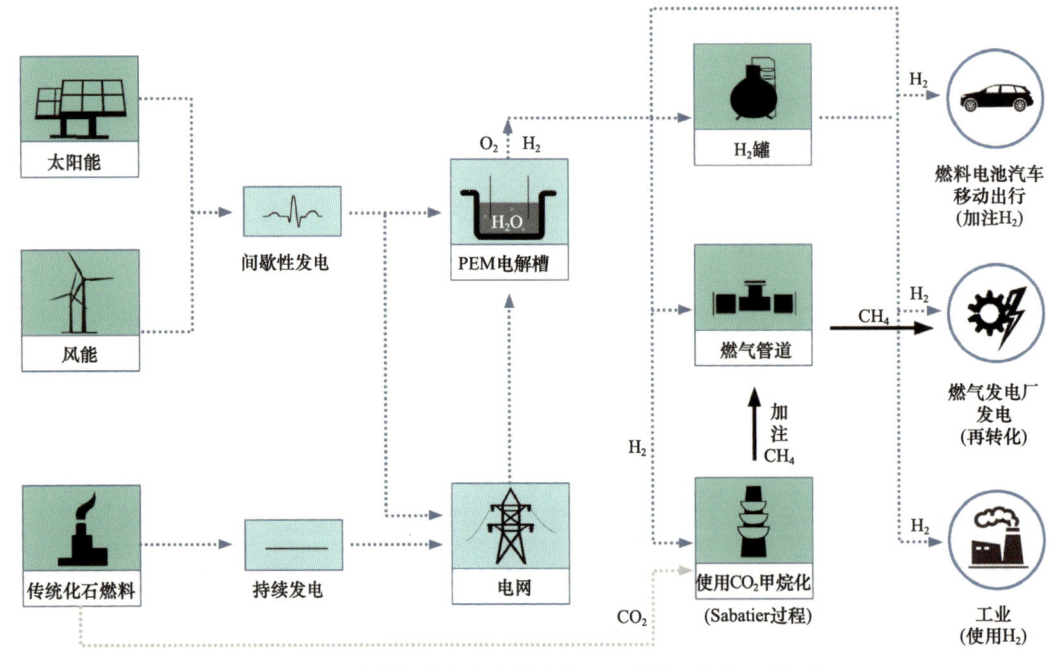

图5-6 电转气技术产业链（发电、转化/储存、应用）

1. 电转气原理

电转氢气仅进行电解水反应，反应效率为56%～73%，避免了甲烷化反应的能量损失，同时削减了甲烷化反应相关的基础建设费用。但氢气注入现有天然气管道会存在管材方面的风险（如氢脆和渗透等），故存在一定的限制。电转甲烷包括电解水反应和甲烷化反应两步，效率为42%～58%，比电转氢气低。甲烷可直接注入现有的天然气管道和储存装置，从而实现能量的远距离传输和大规模存储。

二氧化碳催化加氢甲烷化反应是二氧化碳循环再利用的重要途径，主反应产物为 CH_4 和 H_2O，副反应产物有 CO、C、CO_2、C_2H_6、$C_xH_yO_z$ 等。

甲烷化反应为放热反应，从热力学角度看，高温下二氧化碳甲烷化反应受热力学平衡的制约，低温更有利于反应的正向进行；从动力学角度看，低温二氧化碳甲烷化反应具有低的反应速率。由此可知，实现低温二氧化碳甲烷化的关键是高活性催化剂。二氧化碳甲烷化反应催化剂主要是以Ⅷ B族金属（如 Ni、CO、Rh、Ru 和 Pd 等）为活性组分的负载型催化剂。目前，甲烷化反应的效率为75%～80%。合成的甲烷可作为天然气的主要成分混入天然气管网。

甲烷化反应的反应物二氧化碳来源多，故电转气可与沼气厂、污水处理厂、燃煤电厂等工程联产，有效节省投资，实现综合效益优化。

（1）从沼气中分离二氧化碳作为电转气的二氧化碳来源。沼气的主要成分是甲烷和二氧化碳，两者所占比例分别为55%～65%、30%～40%。

将沼气中的甲烷和二氧化碳分离，净化后的甲烷注入天然气网络，二氧化碳用作电转气的反应物。另外，甲烷化反应产生的热量可供沼气厂和沼气净化装置使用。从沼气中分离二氧化碳用于电转气的装置如图 5-7 所示。

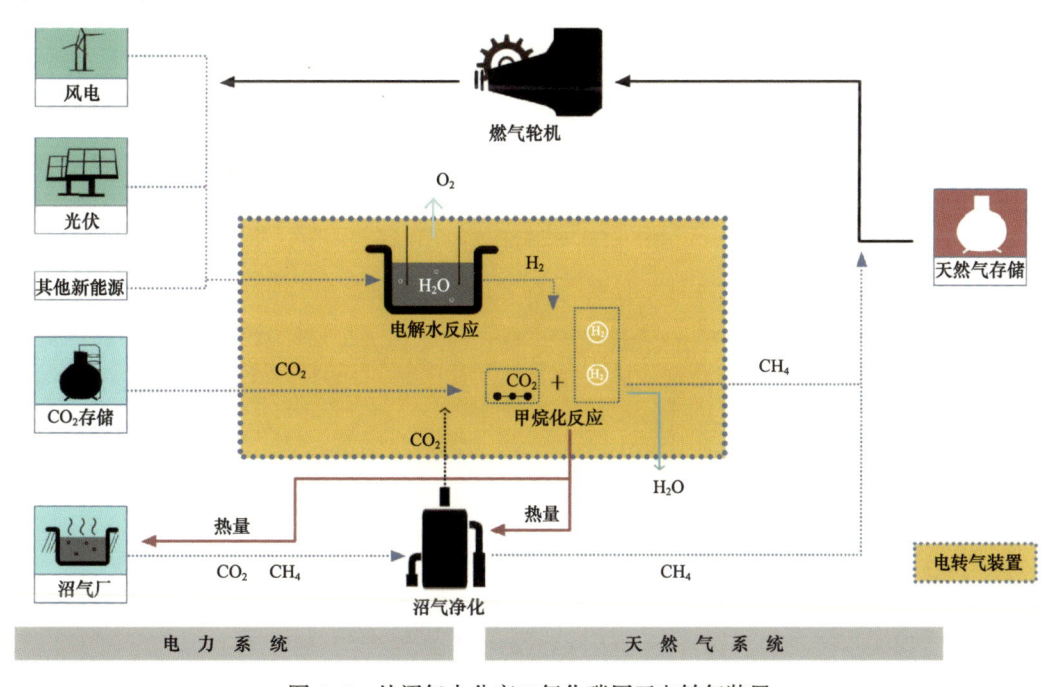

图 5-7　从沼气中分离二氧化碳用于电转气装置

（2）从污水处理厂捕捉二氧化碳作为电转气的二氧化碳来源。污水处理是温室气体的重要排放源之一，排放的温室气体主要有二氧化碳、甲烷和一氧化二氮，其中二氧化碳可作为电转气的二氧化碳来源。另外，在电转气过程中产生的氧气和热量可供污水处理厂使用。从污水处理厂捕捉二氧化碳用于电转气的装置如图 5-8 所示。

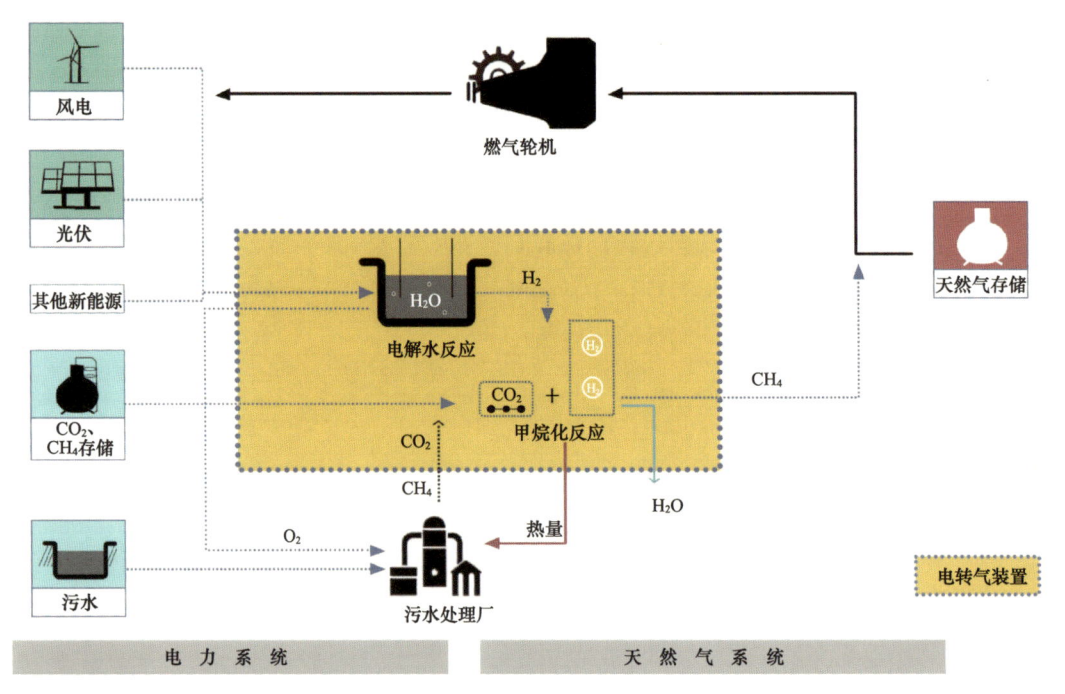

图 5-8 从污水处理厂捕捉二氧化碳用于电转气装置

（3）从燃煤电厂的废气中捕捉二氧化碳作为电转气的二氧化碳来源。燃煤电厂二氧化碳捕捉技术是应对气候变化与减少温室气体排放的重要技术手段。碳捕捉率的增加会导致机组循环热效率的降低，研究表明当碳捕捉率在 90% 左右时，机组循环热效率约降低 9%。另外，在电转气过程中产生的热量可供电厂使用。从燃煤电厂废气中捕捉二氧化碳用于电转气的装置如图 5-9 所示。

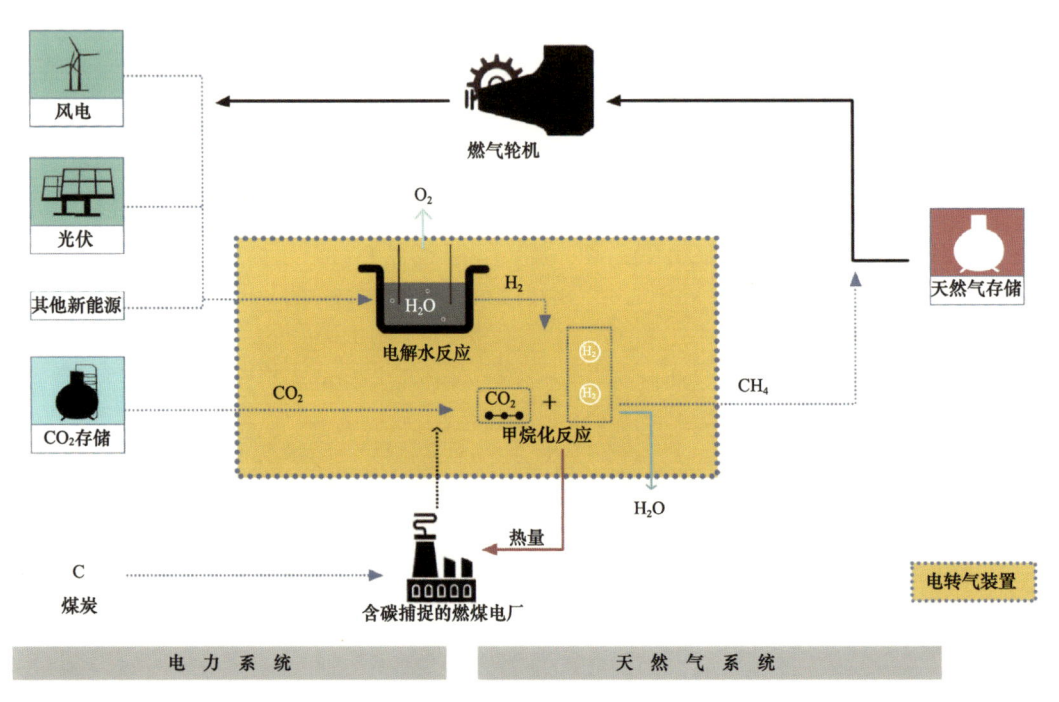

图 5-9 从燃煤电厂的废气中捕捉二氧化碳用于电转气装置

2. 电转气技术应用

电转气的主要技术都相对成熟，丹麦、德国、美国、英国等多个发达国家已先后开展并完成了相关项目，目前的关键问题是如何提高变换效率和削减成本。

1）丹麦

（1）生物催化 PtG-BioCat 项目。该项目位于丹麦的 Avedøre，2015 年 7 月开始在 Avedøre 污水处理厂进行，于 2016 年 4 月投入运行。二氧化碳来源是由厌氧消化器（60% 甲烷和 40% 二氧化碳）或来自传统沼气的升级系统提供的纯二氧化碳。氢气来自 Hydrogenics 公司提供的 1 兆瓦碱性电解槽，电解槽使用当地过量的风力发电，副产品氧气将回收到废水处理工艺中。此外，甲烷化产生的热量也将被整合，最终生成的合成天然气以 4 巴压力输出到用户。该项目的总体预算为 670 万欧元，部分由 ForskEL 计划（370 万欧元）支持，该计划由丹麦电力和天然气传输网络运营商 Energinet.dk 支持。合作联盟以甲烷化技术开发商 Electrochaea 为首，还包括 Hydrogenics 公司、奥迪、NEAS Energy、HMNGashandelA/S、BiofosA/S 和 Insero 商业服务等合作伙伴。

（2）Haldor Topsoe 的 El-Opgraderet 沼气项目。目标是在丹麦 Foulum 建设和运营试点工厂，该工厂通过从 40 千瓦的 SOEC 电解槽中获得氢气来净化沼气。项目于 2013 年 6 月启用了三年，但迄今尚未公布任何信息。Haldor Topsoe 在电转气的 SOEC 电解方面进行了大量研究。

（3）Green Syn Fuels（2010—2011）项目。该项目通过技术经济计算分析了甲醇和 DME（二甲醚）作为绿色合成燃料开发的技术。最受青睐的概念是基于木材气化的甲醇合成，该工艺由 SOEC 电解槽提供氢气。预算总额为 190000 欧元，部分由欧盟发展计划丹麦计划资助。

（4）沼气 SOEC（2011—2012）项目。该项目研究了两种基于 SOEC 电解槽的升级路线：通过添加氢气对沼气进行直接甲烷化，以及沼气与蒸汽的共电解以产生一氧化碳和氢气用于随后的甲烷化。此外，通过实验研究了向 SOEC 电解槽供应的沼气中硫的存在。该项目的预算为 18 万欧元（67% 由 Forsk NG 计划资助）。

（5）甲烷协会 Towards the Methane Society（2011—2012）项目。Haldor Topsoe 建造了一座净化沼气的三反应堆试验工厂，该工厂在奥胡斯大学运行了 1000 小时。两个第一反应器将硫含量降低到 0.04 毫克/升以下，第三个反应器去除了剩余的痕量。此外，在最后一个清洁反应器进入之前，供应氢气以消耗沼气中包含的氧气，从而为 Sabatier 反应做准备。但是，没有进行甲烷化实验。此外，目前正在进行的 El-opgraderet 沼气项目是作为该研究的第二个发展阶段。预算达 21 万 4000 欧元。

2）德国

欧洲电转气总项目达 30 个以上，利用电转气制成的产品中，注入天然气管网的大大超过运输用途，氢气与甲烷数量大体相同，利用的可再生能源电力多为变动负载。德国计划和在建的电转气项目有 20 个以上。

（1）德国的 Audi 验证项目。该项目用可再生能源电力制成的氢气和二氧化碳制造甲烷，二氧化碳由邻近的生物能源装置提供。制成的合成甲烷，经原有天然气管网输送到压缩天然气（CNG）站。德国国内 CNG 站已有 1000 个，与氢气直接输送到燃料电池汽车供氢相比，直接供氢必须新建基础设施，所以输送到 CNG 站可减少投资费用。德国 MCPHY 公司给德国奥迪公司提供了全套电转气设备。这是欧洲第一个电转气项目，该项目利用太阳能发电用于水电解制氢，奥迪工厂获取大气中汽车排放的尾气（二氧化碳）与氢气发生反应获得甲烷，再将合成的甲烷注入当地的天然气管网，整个过程不仅利用了可再生能源，在零碳排放量下发电，同时也吸收了大气中汽车排放的尾气用于合成甲烷，保护了环境，减少了碳排放。

（2）美因茨能源区项目。2015年7月2日，林德集团、德国西门子股份公司、德国美因茨市市政、德国莱茵曼应用技术大学合作共同开发的美因茨能源区项目正式启动。该项目旨在将清洁的电力能源（如风电场所产生的电能）用来生产氢气并加以储存。据悉，项目总投资额为1700万欧元，历经几年的建设，成为迄今为止世界上最大的绿色氢气站。

（3）Thüga Group项目。该项目获得了来自13个国家的公司和多个研究机构的支持，例如DVGW（德国燃气与水工业协会）、欧洲能源研究所、Fraunhofer研究所等，以及德国黑森州经济、交通及地区发展部的支持。在德国法兰克福建立"Thüga Group"电转气工厂，吸收可再生能源发电的过剩电力，将其转化为氢能存储在天然气管网中。项目一期执行周期为2013—2016年底，投资超过1500万欧元。项目已经完成首次销售，项目二期是利用氢能和二氧化碳人工合成天然气，注入管网。Fraunhofer研究所开发了实时监控整个系统的软件。电转气的核心设备（例如质子交换膜电解槽等）由英国ITM Power公司提供。

3）美国

（1）美国最大的天然气供应商SoCalGas公司宣布推行美国首个电转气项目。该项目将引进全球领先的质子交换膜燃料电解池技术——Proton On Site。这将是美国首个能量储存示范性项目，同时可以采集可再生能源系统的实际数据，供日后参考。该项目将投入两座质子交换膜电解池，额定功率分别为7千瓦以及60千瓦，两座电解池将使用本地光伏发电的电力推动。电解池所产生的氢气将被输送到美国国家研究中心的天然气管道系统中。通过这种方式，可再生的电力将储存在氢气或者天然气中，供日后使用。为满足大规模能源储存的要求，Proton公司已经开展了兆瓦级别电解池平台项目，新型2兆瓦级别M系列电解池的产氢量是常规电解池的13倍，这也使得其每千克氢气的生产成本下降了50%。

（2）美国芝加哥大学成立了一家名为Electrochaea的创新公司来推广和应用电转气技术，该公司曾入选全球100家清洁技术创新企业。2016年6月Electrochaea公司在哥本哈根建成名为BioCat的示范项目，在此基础上Electrochaea公司准备在匈牙利建设一座10兆瓦的项目，这将是世界最大规模的电转气项目。

（3）哥伦比亚大学二氧化碳捕集和转化的双功能材料。纽约哥伦比亚大学在BASF的财政支持下研究双功能材料，这种材料通过使用可再生氢气，从排放源捕获二氧化碳，并在同一反应器和相同温度下将其转化为合成天然气。

4）英国

基尔大学的绿色开创性能源试验HyDeploy项目是英国首次进行家用氢气与天然气混合网络方面的试验。该项目由燃气网络Cadent领头，并与Northern Gas Networks及一个技术专家联盟合作。HyDeploy项目由OFGEM网络创新大赛支持，目标是建立氢气与常规天然气混合供应网络。从2019年开始，基尔大学将会对该学校的私人天然气网络进行为期一年的实时试验。基尔大学拥有12000名学生和员工，校园内有350座综合用途建筑，包括校内住宅、大学设施和科学园。该学校已经达到了较小城镇规模，是合适的试验场所。该项目将判断用户可安全使用的氢气含量，尽量减少燃气变化对用户的影响，不改变用户现有的家用电器。虽然在20世纪70年代，英国天然气网络中使用的"城镇"天然气由高达60%的氢气组成，但并没有普及。在HyDeploy项目中，用户将首次在家中使用氢气作为能源。HyDeploy 项目第一阶段的一部分，是在试验区的家庭和建筑物中进行气体安全检查。该阶段还在实验室对一系列的普通家用燃气器具进行了测试，并深入研究了氢气对不同材料燃气管道的影响。HyDeploy 项目取得的研究结果可以大规模推广到英国整个天然气网络上。

此外，日本、法国、瑞士、瑞典、波兰、芬兰、西班牙、澳大利亚、泰国等国家均开展了与电转气相关的实验和项目。

三、中国管道能源互联网

2016 年，国家发展和改革委员会、能源局及工信部联合下发《关于推进"互联网+"智慧能源发展的指导意见》（发改能源〔2016〕392 号），提出促进能源和信息深度融合，构建有机、高效、低成本、可持续、可调控的能源互联网体系，推动能源领域供给侧结构性改革和能源革命。油气管道输送与智能管网是未来的主要发展方向，也是智慧能源的重要组成部分。通过建设智能化管道系统，从理念、战略、管理、技术等各个层面与"互联网+"融合创新，充分发挥现代信息、数据技术在生产要素配置中的优化和集成作用，实现信息、知识、技术的实时共享和优化集成，真正实现管道生产运行、运营维护保障及应急响应的智能化管理，形成新的企业核心竞争优势和内生增长动力，实现全面转型升级。

中国石油已初步完成数字化设计体系和全生命周期数据库建设。以中俄东线为起点，实行全数字化移交、全智能化运营、全生命周期管理，全面推进智慧管道建设，标志着中国油气管道由数字管道步入智慧管道建设阶段。在油气管网规模建设过程中，管道业务的标准化、模块化、信息化水平不断提高，已完成从传统管道向数字管道的转变，实现了设计数字化、施工机械化、物采电子化、管理信息化。随着大数据、云计算、物联网等新一代信息技术日趋成熟，为智慧管道建设奠定了坚实基础。智慧管道是在标准统一和管道数字化的基础上，通过"端+云+大数据"的体系架构集成管道全生命周期数据，提供智能分析和决策支持，实现管道的可视化、网络化、智能化管理。智慧管道具有数据全面统一、感知交互可视、系统融合互联、供应精准匹配、运行智能高效、预测预警可控等特征；实现管道资料由分散、纸质向集中、数字化和风险管控模式，由被动向主动、运行管理，由人为主导向系统智能、资源调配，由局部优化向整体优化、管道信息系统，由孤立分散向集中集成"五大转变"。中俄东线管道工程作为中国智慧管道的起点，将贯彻全数字化移交、全智能化运营、全生命周期管理的理念，制订建设实施方案，最终实现全过程管控、全信息化管理、全数字化移交。

中国石化销售有限公司按"因地制宜、统筹规划、长远结合、分步实施"的思路，开展智能化管道系统建设与探索实践工作，提出了智能化管道系统架构设计和智能物流平台建设规划，搭建了涵盖数字化管理、完整性管理、运行管理、应急管理、综合管理的智能化管道系统，具备数据挖掘与共享、完整性管理及应急管理等核心功能，构建完成了企业管道数据中心，稳步推进业务模块优化及深化应用，为建成"互联网+"智能管网奠定了坚实的基础。

智能化管道系统有利于转变管道管理方式，对提升决策管理效率、优化资源配置等具有显著作用；围绕管道核心业务，利用云计算、大数据分析、物联网、移动应用等技术能够实现智能分析预警、快速协作响应及安全高效运行，在提升系统数据质量的基础上构建智能化管道专家系统，为智慧能源时代油气管道的转型升级提供支持。

第四节 国外能源互联网发展模式

在互联网理念、先进信息技术与能源产业深度融合的基础上，通过多能协同的能源网络、信息物理融合的能源系统、创新模式的能源运营，实现绿色、协调、高效发展，带动经济增长，支撑能源革命。

一、德国模式——供给侧推动型

德国能源互联网始于6个E-Energy示范项目。在E-Energy项目成功完成后，开始了IRENE、Peer Energy Cloud、ZESMIT和Future Energy Grid项目。

E-Energy的6大示范项目背景：2000年德国制定了能源转型的政策，目标是使全德国的能源利用环保、经济、安全。该目标奠定了德国构架能源互联网的基础。在生产消费者、服务者、电网运营商共同参与的电力市场平台上，形成6大技术的支撑：层级式系统运营、细胞式系统控制、终端节能、提高一次能源利用效率、生产管理、负荷管理。

E-Energy项目是在德国实施的三大战略下产生的。Green T Pioneer：始于2008年的国家行动计划，旨在提高ICT（信息和通信技术）在能源领域的渗入，另一方面减少全国IT（信息技术）行业的能耗。Hightech Strategy 2020：源于2006年，于2010年正式形成，旨在帮助创新转化为市场化的产品，加速科研成果投入实际应用。Digital Germany 2015：始于2010年，旨在推进德国ICT产业的发展以及渗入其他各行业。

在政府部门、BMWi和BMUB的支持下，E-Energy向全德国招标示范地区进行示范项目，在2008年至2013年5年内进行开发和示范能源互联网领域的关键技术与商业模式，共有6个地区竞标成功，5年内政府发放共计14000万欧元用于支持示范项目。

1. 主要特点

（1）竞标地区不仅是当地政府的事情，而且是电网公司、设备生产企业、技术开发企业联合成一个集体共同竞标。每个地区都是在进行了当地能源经济基础设施和企业实力情况分析后，制订了详细的计划，才有资格参与竞标。

（2）6个示范地区南北东西都有分布，且各个地区的可再生能源发展比例都有当地特色，如北部的eTelligence项目属于风电大量馈入区，南部的Meregio项目则是光伏较多。每个项目所在的地区都将示范项目在大城市与小乡村同步展开。

（3）E-Energy的目标不只是推进科研、产品的开发和示范，更深层的目的是建立起电网、企业、政府、协会的交流纽带，并且大力推进标准的制定以及国际标准的推广。

（4）E-Energy虽然共有6个示范地区，每个地区项目的内容不尽相同，但为了实施6个E-Energy项目，政府建立了一个跨项目的联合组织，集成了大学、企业、咨询、协会、科研机构，并指定了领导单位为BAUM咨询公司。

2. 具体案例

1）eTelligence项目

eTelligence项目选择在人口较少、风能资源丰富、大负荷种类较为单一的库克斯港进行。该项目主要由1座风力发电厂、1座光伏电站、2座冷库、1座热电联产厂和650户家庭组成。典型的调节措施包括：（1）冷库负荷随着电价和风力发电的出力波动进行自动功率调节，真正实现面向用电的发电和面向发电的用电这两者的深度融合；（2）引入分段电价和动态电价相结合的政策，8：00—20：00点之间基准电价为39.8欧分，其余时间为11.7欧分，在8：00—20：00点之间会根据负荷和新能源发电的情况来制定优惠电价和高峰电价；（3）引入虚拟电厂的概念，对多种类型的分布式电源和负荷情况进行集中管理。通过以上分析可以得出，eTelligence项目运用互联网技术构建一个复杂的能源调节系统，利用对负荷的调节来平抑新能源出力的间歇性和波动性，提高对新能源的消纳能力，构建一个区域性的一体化能源市场。

经过几年的运行，eTelligence项目取得了较好的经济效益和社会效益，主要体现在：（1）虚拟电厂的运用减少了16%的由于风电出力不确定性造成的功率不平衡问题。（2）分段电价使家庭节约了13%的电能，动态电价使电价优惠期间负荷增长了30%，高峰电价时段负荷减少了20%。（3）虚拟电厂作为电能的生产消费者，根据内部电量的供求关系与区域售电商进行交易，可以降低8%~10%的成本，以热为主的热电联产作为电能的生产者实现电力的全量销售，在虚拟电厂的调节下，其利润也有所增加。（4）基于eTelligence项目设计的Open IEC 61850通信规约标准已被德国业内所认可。

在eTelligence项目中，组合利用可再生能源与可变热需求的虚拟电厂具有更高的可控性，相较而言，热电联产系统更难作出以市场交易为先的判断。

2）E-DeMa项目

E-DeMa项目选址于莱茵—鲁尔区的米尔海姆和克雷菲尔德两座城市，侧重于差异化电力负荷密度下的分布式能源社区建设。

基本手段是将用户、发电商、售电商、设备运营商等多个角色整合到一个系统中，并进行虚拟的电力交易，交易内容包括电量和备用容量。E-DeMa项目共有700个用户参与，其中13个用户安装了微型热电联产装置。E-DeMa项目的核心是通过智能能源路由器来实现电力管理，既可以实现用电智能监控和需求响应，也可以调度分布式电力给电网或社区其他电力用户。智能能源路由器由光伏逆变器、家庭储能单元或智能电表组合而成，根据电厂发电和用户负荷情况，以最佳路径选择和分配电力传输路由，传输电力。对于接收到的电能，能源路由器都会重新计算网络承载和用户负荷变化情况，分配新的物理地址，对其传输发送。对于结构复杂的网络，使用能源路由器可以提高网络的整体效率，保障电网的安全稳定。第一种能源路由器是典型的直接负荷人工控制，第二种能源路由器是通过互联网接收价格信号自动控制家电设备。在通信方式上，第一种能源路由器中用户的用电数据只通过家庭内部的通信通道向用户终端发送；第二种是完全自动控制，用电数据向终端传送的同时，也发送到家庭用电管理系统中，从而进行自适应的调整和控制。E-DeMa项目是欧盟"超级智能电网"计划中的试验之一，目前只是一个虚拟电力市场试验，虽然其节能效果尚未对电价产生直接影响，但居民可通过智能电表了解各时段的用电量，从而相应调整用电习惯，达到节约电费的效果。

3）Meregio项目

Meregio项目建在德国南部格平根和弗莱阿姆特两个乡村小城。当地工商业较发达，已有大量的分布式可再生能源接入配电网中，由于配电网的网架结构比较薄弱，分布式电源的接入引起了电网一系列的问题。故该项目旨在通过感知每一位用户的负荷，定位配电网中最薄弱的环节，更好地预测、配置资源，从而降低电网的拥堵，提高配电网的运行效率，共有1000个工商业和家庭用户参与该项目。

Meregio项目的主要措施有：（1）在电价方面，引入红绿灯电价制度，在该制度中红色表示高电价，黄色代表中等电价，绿色表示低电价。在最初的3个月内，用户看到电价由红色变为绿色，会增加 25%～35% 的用电；由黄色变成绿色，会增加 10%～22% 的用电。当 3 个月后用户调整用电行为，逐渐下降并达到一个稳态，由红色变绿色时会增加 7%～12% 用电，黄色变为绿色时增加 4%～7% 的用电。（2）在用户负荷曲线的定制方面，智能电表将用户的实时负荷数据上传到 EnBW 数据中心，一段时间后会根据统计方法，建立每个家庭的负荷特征曲线，使电网运营商能更准确地去预测每一个点每一个用户的负荷情况，进而计算出配电网的负荷情况，定位配电网薄弱环节，采用可视化技术进行展示。当用户用电行为反常时，用户会在个人账户中收到智能提醒。（3）在设备改造方面，Meregio 项目在变电站中安装了可调变压器，根据低压网中馈入的可再生能源的电力情况来调整变压器，从而稳定中压网的电压水平，可调变压器的引入使分布式能源消纳能力提高了近一倍。

4）Moma 项目

Moma 项目建在德国南部的工业城市曼海姆，该城市拥有众多卫星城市，且能源供给很大程度上来自分布式能源。Moma 项目是典型的能源互联网示范项目，其主要目标是为能源生产者、消费者和网络运营者构建一个虚拟能源市场，进而研究消费者对能源利用效率的影响程度。

在这种能源市场中，消费者被置于核心地位，其有权获知如何降低能源消耗和支出。Moma 项目主要分为三个阶段，试验一为前期准备阶段，为后续试验测试技术的可实现性；试验二为实际试验阶段，对一种名为"能源管家"的新系统进行测试，该新系统可实现自动开闭电器；在试验三中，智能电表、能源管家和门户网站三者协调配合，向参与客户提供更为自由多样的电价选项，鼓励其在非高峰时间用电。

Moma 项目的主要贡献是提出了细胞电网的概念，并将细胞电网分为三个层级：物体细胞、配电网细胞和系统细胞。细胞电网示意图如图 5-10 所示。

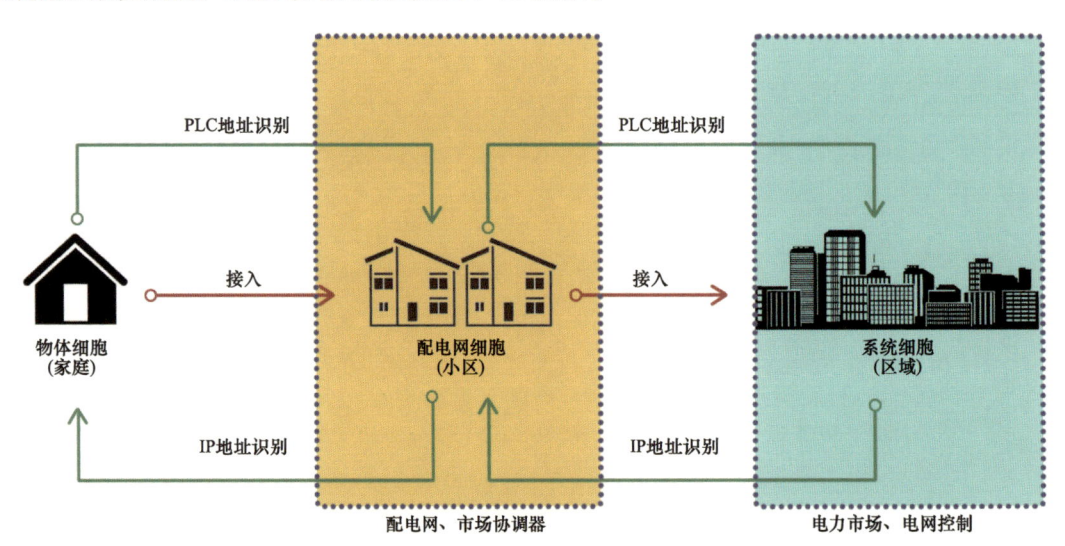

图 5-10　细胞电网的介绍

细胞电网中的每层细胞能够自行优化，尝试平衡和调整。细胞与上级细胞之间通过 PLC 通信（电力线通信），上级细胞通过网络协议（Internet Protocol，IP）来识别下级细胞，系统细胞对电网具有调度和控制作用，进而完备电力市场交易。对于系统细胞来说，只用关心配电网细胞提供的接口量，而不用关心每个家庭用户中的光伏板和家电。在物体细胞和配电网细胞平衡过一轮之后留下的残余功率不平衡由系统细胞去调度和补足。将电网进行细胞划分的优点如下：（1）尽量使能源就近消纳，减小输送损耗。（2）保障电网的安全，当一个细胞电网崩溃时，不至于使大电网崩溃，可以立即拉停细胞电网并快速重新启动。（3）降低了由大量分布式设备引起的电网管理复杂度，分区分层适合未来能源发展的思路。（4）分布式数据处理与储存，提高了数据处理的实时性。（5）有些细胞有时可保证自给自足，形式上可以与上级网络脱离开来。每一层级的细胞电网电能质量、电压、频率、相角都要保证在一定的范围内，因此细胞电网的架构对电力生产比传统的电网有更高的要求。

5）Smart Watts 项目

共有 250 个家庭参与了位于亚琛的 Smart Watts 项目，其目标是运用高端成熟的 ICT 技术，来追踪电力从生产到消耗的价值链中的每一步，进而向用户传达其所用的电力来源以及用户所用电器的电力消耗水平。消费者通过智能电表来获知实时变化的电价，根据电价高低来调整家庭用电方案和电动车充电方案。用户可以自由选择自己的电费套餐，套餐中的电价也是分时电价。通过智能插座获知的数据，用户不仅可以在电子设备上查看每个用电设备用了多少电，还可以查看用了多少钱的电；也可以通过应用程序控制家电开关，通过设定参数让程序自动决定家电的运行。实际试验的数据结果表明在价格最低的时段，负荷上升了 10%；在价格最高的时段，负荷下降了 5%。Smart Watts 项目的另外一个亮点是设计了 EEBus。针对智能家具中各个电气设备之间存在多种通信标准的问题，EEBus 作为一个通信的翻译器应运而生，能够将现行的通信标准翻译给售电商、电网、发电商、用户、家用电器商等相关部门。

6）Reg Mod Harz 项目

Reg Mod Harz 项目建在德国的哈慈山区，其基本构成包括两个光伏电站、两个风电场、一个生物质发电，共 86 兆瓦发电能力。生产计划由预测的日前市场和日内盘中市场的电价及备用市场来决定。Reg Mod Harz 项目的目标是对分散的风力、太阳能、生物质等可再生能源发电设备与抽水储能水电站进行协调，令可再生能源联合循环利用达到最优。其核心示范内容是在用电侧整合了储能设施、电动汽车、可再生能源和智能家用电器的虚拟电站，包含了诸多更贴近现实生活的能源需求元素，可称为能源互联网的雏形。Reg Mod Harz 项目的主要措施是：（1）建立家庭能源管理系统，家电能够即插即用到该系统上，系统根据电价决策家电的运行状态，根据用户的负荷也可以追踪可再生能源的发电量变化，实现负荷和新能源发电的双向互动。（2）配电网中安装了 10 个电源管理单元，用以监测关键节点的电压和频率等运行指标，定位电网的薄弱环节。（3）光伏、风机、生物质发电、电动汽车和储能装置共同构成了虚拟电厂，参与电力市场交易。Reg Mod Harz 项目的典型成果包含三个方面：（1）开发设计了基于 Java 的开源软件平台 OGEMA，对外接的电气设备实行标准化的数据结构和设备服务，可独立于生产商支持建筑自动化和能效管理，能够实现负荷设备在信息传输方面的即插即用。（2）虚拟电厂直接参与电力交易，丰富了配电网系统的调节控制手段，为分布式能源系统参与市场调节提供了参考。（3）基于哈慈地区的水电和储能设备调节，很好地平滑了风机、光伏等功率输出的波动性和不稳定性，有效论证了对于可再生能源较为丰富的地区，在区域电力市场范围内实现 100% 的清洁能源供能是完全可能实现的。

德国能源互联网示范工程的建设是一个逐步推进的过程，Peer Energy Cloud、ZESMIT、Future Energy Grid 和 Web 2 Energy 等示范工程也取得了较为理想的结果，但因其基本理念和相关措施与 E-Energy 中的示范工程项目较为相似，在此不再详细论述。

二、日本模式——需求侧拉动型

氢能源是日本推动能源转型和保障能源安全的一个重要抓手。2014 年 4 月制定的《第四次能源基本计划》，日本明确了加速建设和发展氢能社会的战略方向。根据该战略目标，同年 6 月，日本经济产业省制定了《氢能和燃料电池战略路线图》，提出了实现氢能社会目标分三步走的发展路线图；同年 10 月，东京都宣布东京将全面推进氢能社会建设，把 2020 年东京奥运会办成一场向全世界展示日本氢能社会发展成果的盛事；同年 12 月，丰田汽车率先在全球推出商业化量产的燃料电池汽车。2015 年底，日本家用燃料电池热电联产装置销售突破 15 万台。日本将 2015 年定为"氢能元年"。随着氢能生产、储运和利用技术的进步，近年来日本明显加快了创建氢能社会的步伐，继氢能元年后，根据既定的战略目标和路线图，2020 年被定义为"氢能奥运元年"，2025 年被定义为"氢能走出去元年"，2030 年被定义为"氢燃料发电元年"。

1. 总体战略

2014 年 6 月，日本经济产业省根据第四次能源基本计划的氢能社会发展战略目标，出台了《氢能和燃料电池战略路线图》；2015 年 3 月，研究制定了《氢燃料发电研究报告》；2016 年 3 月，重新修订了《氢能和燃料电池战略路线图》；2017 年 3 月，又进一步研究制定了《零碳氢燃料研究报告》，这一系列频频出台的文件构成了日本氢能社会发展总体战略及其实施路线图的主要内容。

1）战略和政策

氢能源被公认为 21 世纪最具发展潜力的清洁能源，日本首相安倍晋三在 2017 年初的施政报告中宣布，氢能能源是日本能源安全保障与全球变暖对策的一张王牌。日本即将拉开未来氢能社会的序幕，将在全世界率先实现城市氢能供电，率先利用液化氢船运输大规模氢能，率先在世界上建成从生产、运输到消费的国际化氢能供应链。在 2018 年 4 月 11 日首次召开的可再生能源及氢能等相关内阁大臣会议上，安倍晋三再三强调"要领先全球，实现氢能社会"，并将在年内拟定普及氢能等绿色能源的基本策略。

日本氢能技术的研发已有 40 多年历史。20 世纪 70 年代在经历石油危机重创之后，日本就着手重点开发石油替代能源技术。始于 1974 年的"阳光计划"及其后的"月光计划"均将氢能与燃料电池列入计划的重点研发课题。日本第一波氢能开发热潮是 1993 年至 2002 年实施的"氢能利用国际能源网络"项目（World Energy Network，WE-NET），该项目期望以氢为二次能源载体，推动可再生能源利用的国际化。第二波氢能开发热潮形成的标志是 2001 年 1 月出台的《燃料电池实用化战略研究会报告书》，日本发展氢能产业的目标重点由大规模利用海外可再生能源制氢，再运往日本用作发电燃料的构想，转向氢燃料电池的开发和实际应用。从 2002 年到 2011 年实施了日本氢能和燃料电池示范项目（Japan Hydrogen & Fuel Cell Demonstration Project，JHFC），重点检验了燃料电池和加注技术的可靠性。以 2014 年《氢能和燃料电池战略路线图》的出台为标志，日本再次掀起了第三波氢能开发和利用的高潮。

日本很早提出"氢能社会"这一概念，所谓氢能社会是指氢能作为燃料广泛应用于社会日常生活和经济产业活动之中，而且未来氢能将与电力、热力共同成为二次能源支柱。2014 年的第四次能源基本计划，提出了加速建设和发展氢能社会战略的五项措施：（1）扩大固定式燃料电池的利用和普及；（2）加快燃料电池车市场推广；（3）加强氢燃料发电等新技术研发以推动氢能利用和普及；（4）推进制氢、储氢、运氢技术研发以建立稳定的氢燃料供给体系；（5）研究制定实现氢能社会发展战略的路线图。计划还提出要通过 2020 年东京奥运会展示日本氢能产业发展的最新成果。

近年来，日本政府高度重视氢能社会的建设和发展，发展氢能产业上升为国策，在历年的政府经济增长战略中都占据重要位置。2013 年"日本再兴战略"提出，加速发展燃料电池市场，到 2030 年家用燃料电池市场推广目标达到 530 万台，同时要放松对燃料电池车和氢加注站的管制，以全世界最快的速度推广普及燃料电池车。2014 年"日本再兴战略"提出，要根据氢能社会发展路线图对氢能生产、储存、运输和供应、利用的进展状况进行盘点，采取有力措施推进氢能社会建设。2015 年"日本再兴战略"提出，为利用 2020 年奥运会在东京举办的契机推动经济增长，政府将加速推动日本经济社会结构全面改革，实施"2020 改革工程"，其中利用可再生能源生产零碳氢燃料成为六大重点项目之一。该项目将加强氢制备及供给体系的技术研发，利用二氧化碳捕获和封存技术及可再生能源制氢，建立大规模的零碳氢燃料生产体系；并提出要利用地方丰富的可再生能源制氢，再向大城市输送，构建供需平衡的氢能产业链，向国际社会展示解决能源与环境问题的"日本方案"。2016年"日本再兴战略"提出，为实现GDP总值（国内生产总值）600万亿日元的目标，要实施"官民十大工程战略"，具体设定了燃料电池车和加注站的市场发展目标。与此同时，继续推进"2020改革工程"项目，加速改革和技术创新，利用可再生能源生产零碳氢燃料，氢燃料运输将重点发展氢液化和氢化合物技术。

日本政府采取各种政策措施培育和发展氢能产业。一是放松管制，降低门槛，扫平各类制度性障碍，激活民间资本对氢能产业的投资；二是加大技术开发投入，突破关键技术，因地制宜设立氢能示范城市和示范基地；三是通过绿色电力证书、碳交易等制度促进零碳氢燃料的市场交易，以充分反映零碳氢燃料的环境价值属性；四是采取各种优惠措施鼓励氢能产品及其零碳氢燃料的推广利用和普及，重点对家用燃料电池、燃料电池汽车和加氢站进行补助扶持等。

2）氢能发展路线图

日本政府制定的《氢能和燃料电池战略路线图》详细描述了日本氢能产业发展三步走的战略。

第一阶段目标是加速扩大氢能利用领域。主要任务是大力推广和普及固定式燃料电池和燃料电池电动汽车，扩大氢能和燃料电池的市场。第二阶段目标是利用氢燃料发电，并建立大规模氢能供给系统。到2030年左右，进一步扩大国内氢能市场需求，开拓和建立海外制氢、储氢、运氢的供给体系。第三阶段目标是建立零碳氢燃料供给系统。到2040年左右，利用化石能源+碳捕获和存储技术制氢，或者利用可再生能源制氢，最终形成和确立全生命周期的零碳氢能供给体系。各阶段的目标见图5-11。

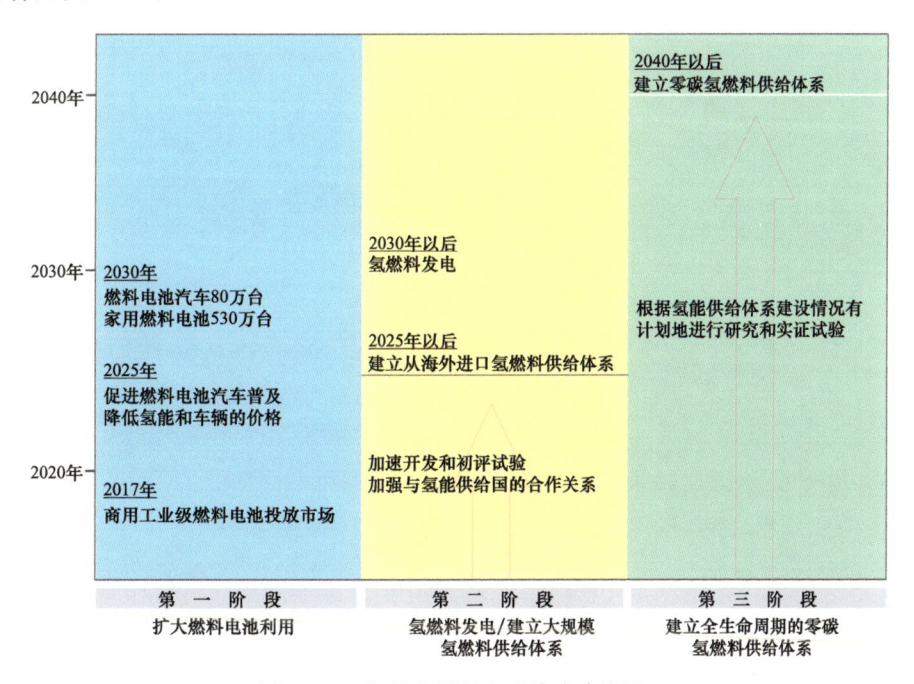

图5-11 氢能和燃料电池战略路线图

第一阶段重点是扩大燃料电池市场。首先在家用燃料电池领域：市场销售目标到2020年达到140万台，2030年达到530万台；要减轻家用燃料电池终端用户的经济负担，PEFC标准机价格到2019年下降为80万日元，SOFC标准机价格到2021年下降为100万日元；投资回收年限到2020年目标为7~8年，到2030年要减少为5年；2017年计划将发电效率较高的SOFC工业级燃料电池投放市场。其次在交通运输领域：2016年燃料电池公共汽车和铲车计划要投入运营，并扩大至船舶、航空等其他交通运输领域；燃料电池汽车的市场销售目标到2020年约4万台，到2025年约20万台，到2030年约80万台；到2025年燃料电池汽车面向大众消费市场普及，车价将与现在同级别的混合动力车型相同；2016年将确保建成以四大城市圈为中心的100个氢加注站，到2020年氢加注站将比2015年度增加一倍达到160座；2025年将再翻一番达到320座。另外，可再生能源制氢的小规模加氢站2020年也将建立100座；氢能价格将与现有混合动力车燃料费保持相同，与此同时继续降低加氢站建设成本。

第二阶段重点是实现氢燃料发电，并建立大规模的氢能供给体系。到2020年氢燃料发电以自用或备用电源市场为主，到2030年扩大至大规模发电企业；到2030年，全面利用海外尚未开发利用的能源制氢，全面发展氢燃料发电产业；到2030年，从海外购氢的价格要降到30日元/米^3，发电成本降低到17日元/千瓦时以下；海外尚未开发利用的能源是指工业副产氢、原油伴生气、褐煤等，选用原则是价格低廉、供给稳定、环境负荷小。储运方式以现实可行为原则，长距离运输以甲基环己烷和液化方式为主。

第三阶段是到2040年，全面掌握低成本、稳定可靠、清洁的制氢技术，建立零排放的制氢、储氢、运氢的氢燃料供给体系。2017年3月7日，经济产业省据此发布了《零碳氢燃料研究报告》，具体描绘了实现该目标的技术发展路线图。

零碳氢燃料以天然气甲烷水蒸气重整为基准进行全生命周期评价，排放量的计算不仅包括制氢阶段，也包括运输、储存和加注等各个阶段。从全生命周期的排放量计算，低于天然气重整排放量的50%定义为清洁能源。利用污泥的生物沼气制氢、电解盐水制氢、风电及光伏发电电解水制氢都属于清洁能源的范畴。路线图的战略目标是：到2032年可再生能源固定价格收购制度退出，日本将大规模利用可再生能源发电制氢，一方面积极开发低成本的零碳氢燃料，另一方面完善有关零碳氢燃料相关的法律制度，全面推广零碳氢燃料的利用和普及。燃料电池汽车二氧化碳排放量实质上也取决于制氢方法。如图5-12所示，城市燃气和天然气重整制氢的燃料电池汽车排放量与混合动力汽车相差不大，甚至比纯电动车排放量还要大。唯有使用光伏电解水制氢，燃料电池汽车排放才能实现最佳效果，排放量仅为电动汽车的五分之一。直接利用光伏发电的电动汽车排放量最低，因为减少了氢能的运输、储存和加注环节。因此，从减少二氧化碳排放量来看，最佳的办法是最大限度利用可再生能源电力的电动汽车，其次才是将可再生能源剩余电力转换为氢能之后再使用的氢燃料电池汽车。

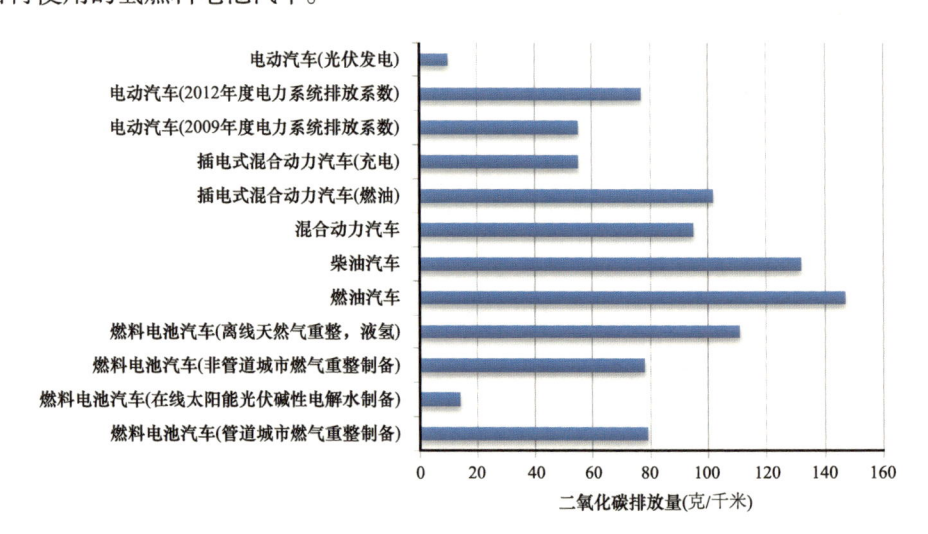

图5-12 燃料电池汽车每千米二氧化碳排放量

2. 供给侧体系

氢能体系主要包括制氢、储运和应用三个环节。供给侧主要指制氢、储运环节，其战略重点是建立海外氢能供给体系、可再生能源制氢体系、区域氢能供给体系，来实现全面建立零碳氢燃料供给体系的战略目标。

1）建立海外氢能供给体系

从日本政府的路线图来看，因受本土自然资源禀赋限制，日本更倾向于从海外进口氢。因此，日本氢能社会发展的战略目标首先布局建立海外氢能供给体系。一方面是为了控制能源成本，大规模进口低成本的氢能可大大扩大日本国内氢燃料供给量。另一方面是为了保证使用零排放的清洁氢燃料。海外零碳制氢方式主要选择以下两种：一是利用海外廉价褐煤制氢，利用煤炭、天然气重整的化石燃料制氢法目前还是最经济最现实的制氢方法，但这种方法制氢过程排放二氧化碳，必须利用碳捕获和存储技术才能实现减排；二是在可再生能源禀赋条件较好、发电成本较低的国家和地区采用电解水制氢。

目前，日本计划利用澳大利亚褐煤和中东天然气为原料制氢，同时对二氧化碳进行捕集和封存，其主要理由还是为了降低成本。众所周知，褐煤品位低，水分多，干燥后易起火，运输非常困难，一般都尚未开发利用，或者在产地有限地供发电用。但其优势是储量大、分布广、价格低，利用褐煤制氢是一种低成本的制备方法。目前川崎重工正在与澳大利亚政府联合开发。因为澳大利亚的褐煤储量达到380亿吨，制氢成本为29.8日元/米^3（CIF价格，成本加保险费加运费，Cost and Insurance and Freight），可供日本发电240年。

建立海外氢能供给体系最大的难点就是储运。常温常压下的氢为气体，单位体积的燃料热值很小。要提高能源密度，方便运输和储存必须采取液化的方式，但液化氢的沸点为−253℃，再密闭的储存罐在如此低温下也难以避免自然热交换，造成能源损耗。氢容易爆炸，易让金属脆化，必须使用防止金属脆化、抗高压、防泄漏的容器进行储运。由于氢分子较小，氢一旦泄漏扩散速度很快，必须添加加臭剂让人容易感知。大规模从海外长途运输并非易事。因此，氢燃料必须转换为能源载体才便于储运。能源载体是指承载能源储运主体的化学物质，既包括石油、汽油和天然气等传统能源物质，也包括氢能、甲基环己烷、氨、甲醇和金属镁等化学物质。

能源载体的开发利用是日本政府的十大战略创新工程之一。2014年日本启动的跨部门促进战略创新项目是由内阁牵头联合各省厅共同攻关的技术开发项目（cross-ministerial Strategic Innovation Promotion Program，SIP）。氢能载体是其中的一个重要研究课题。2014年至2018年的五年规划设定了五项技术目标：可再生能源制氢技术、氨分解制氢技术（300米^3/小时）、甲基环己烷储氢技术、氨燃料电池技术（1千瓦级）、氨涡轮机发电技术（2兆瓦级）等，重点将开发液化氢、甲基环己烷、氨的生产和利用技术，目的是要开发出低成本生产和利用零碳氢燃料的技术。上述几种方式都面临提高效率和降低成本的关键问题。为此SIP的技术目标就是重点开发利用氨、甲基环己烷、液体氢等能源载体，以实现低成本、高效率的氢制备和储运技术。这些技术将运用于2020年东京奥运会上，除了利用氢燃料巴士运送运动员和观众进场外，还计划用氢燃料发电向运动员村等各类设施提供电力和热力。SIP的经济目标是：2020年燃料电池汽车氢燃料成本要与汽油同价，2030年发电氢燃料成本要与发电天然气成本持平。SIP的产业目标是：发展培育氢能产业，到2020年实现国内产值1万亿日元，到2030年在全球占有巨大的市场份额。因此，SIP是安倍政府经济增长战略的重要一环，该项目的成败关系到日本氢能社会国家战略的实现与否。

2)建立可再生能源制氢体系

(1)利用可再生能源电解水制氢。

零碳氢燃料制备可进一步扩大可再生能源的利用。电解水的方法早已广为普及，而且可大规模制取氢气。以水为原料通电就能生成氢和氧，电可来自核电、风电、水电、光伏和地热发电。水取之不尽，以水为原料又不会排放有害物质，只是效率偏低，制氢 1 米³ 至少耗电 3.5 千瓦时。尽管零碳氢燃料制取方法寄希望于电解水制氢，但如何提高电解水效率和降低电解水设备费用是关键。因此，实现低成本、高效率、大规模的电解水制氢，必须开发利用碱性水电解、高温水蒸气等方法。若要真正提高制氢效率，日本今后将重点放在利用核能和太阳热进行热解水和光解水的制氢技术上，创新技术的重点和方向是生成和分离氢气的催化剂及分离膜等材料。

制氢成本仍是当前零碳氢燃料制备的首要问题。日本政府路线图的目标是到 2020 年电解水制氢装备成本控制在 5 万日元 / 千瓦，但是利用光伏和风电的剩余电力制氢，会受气候、季节、时间的影响，发电量不稳定造成电解水装置设备利用率偏低。目前日本加注站氢气销售价为 100 日元 / 米³，因此，零碳氢燃料成本必须控制在 100 日元 / 米³ 以内，设备利用率必须提高到 30% 以上才能保本。目前氢能与天然气等传统能源相比价格还是偏高，随着氢能市场需求的增加，氢能价格才有可能与传统能源成本缩小差距。为此，路线图提出的发展目标是：到 2030 年氢价为 30 日元 / 米³，发电成本达到 17 日元 / 米³。到 2040 年氢价为 25 日元 / 米³，到 2050 年氢价达到 20 日元 / 米³。

(2)电转气。

电转气(PtG)是将电能转化为具有高能量密度燃料气体的技术，日本将重点利用电转气技术扩大可再生能源的利用和普及。近年来，随着可再生能源固定价格收购制度的推广，日本可再生能源容量取得了快速发展，但可再生能源发电具有分散性和间歇性及调控难的特征，对其大量并网运行带来了很大挑战，因电网容量有限或火电调峰能力不足而产生的弃风、弃光现象普遍存在。电转气技术则以氢为媒介打破传统电力系统和天然气系统之间的壁垒，让电力系统和天然气系统之间形成能量的双向流动，促进了气网—电网的深度融合。因此，采用电转气技术可以最大限度地盘活剩余电力，不仅提高了可再生能源发电的效率，而且有助于传统电网的稳定和安全，为解决可再生能源发电的波动性问题提供了一条新途径。电转气技术的关键是电解水制氢装置，目前水电解制氢技术主要有三种：碱性水电解制氢、质子交换膜水电解制氢和固体氧化物水电解技术。日本已在福岛建立了全国最大的可再生能源制氢示范基地，计划 2020 年向东京奥运会场馆和运动员村供给氢能，利用电转气技术实现氢制备和储运的清洁化。

(3)因地制宜制氢。

副产氢主要来自石油精制、合成氨和甲醇制造、钢铁业等，往往用于工厂内的脱硫工业原料或工业锅炉燃料。例如炼钢焦化炉内排放的气体含有 55% 的氢气，日本整个钢铁工业副产氢达到 45 亿立方米（0℃ /1 大气压下的体积），但多数为厂内自用，投放市场数量有限。来自焦炉煤气提纯和电解苛性钠制氢的工业副产氢产量有限，年产约 10 亿立方米。目前，日本国内氢能的主要来源是炼油厂回收富氢气体制氢，年产量约 70 亿立方米，整个石油化工行业回收氢可达到几百亿立方米。但制氢过程排放二氧化碳，并非清洁能源。

利用可再生能源制取的氢气和二氧化碳可合成甲烷，甲烷燃烧时会排放二氧化碳，与氢燃料发电吸收二氧化碳正好相抵而实现零碳排放，这也是电转气技术发展的第二步。甲烷可利用既有的能源供给系统，通过天然气管道与天然气混合储存运输，或者直接将制取的氢气与天然气按一定比例混合后，再通过天然气管道进行储存运输。甲烷作为能源载体在供热上具有很大的利用潜力，但其商业化推广需要解决的课题同样是要面临成本高的问题，必须降低二氧化碳捕集成本、甲烷合成设备费用等。

光催化剂是将太阳能转换为化学能的固体物质，是新一代氢制备技术的关键，与太阳能电池硅不同，价格和供给都比较稳定，只是太阳能转换效率比较低，目前仅为2%，日本计划到2021年将其提高到10%。最近日本大阪大学开发出新的光催化剂，利用可见光和近紫外光照射成功实现了水分解制氢。而九州大学则另辟蹊径开发出燃料电池与太阳能电池融合的新催化剂，白天可利用太阳能，夜间则可利用氢能。

日本各地根据自身情况，因地制宜利用废塑料、旧报纸、废水污泥、家禽粪便等方法制氢。丰田通商在北海道苫前町利用风电制氢，再采用甲基环己烷（MCH）法储运，供当地车站使用；东北电力在仙台利用太阳能制氢，再采用储氢合金储运；三菱化工在福冈利用污泥制氢，供附近的加注站使用；丰田汽车在横滨市利用风电制氢，供附近仓储企业的铲车使用；山口县周南市是著名的化工城市，利用苛性碱工厂的副产气制氢；北海道钏路市利用小水电制氢，为当地农业生产供电供热等，各地氢能开发和利用事例举不胜举。

3）建立区域氢能供给体系

（1）氢气管网建设。

随着氢气的规模生产和氢能的广泛应用，氢气管网建设势在必行。欧美国家已有敷设数千千米的经验，实践证明了其经济的合理性和技术的可行性。日本北九州的一些小区住宅也已通过氢气管道供电和供热，其氢能来自当地钢铁厂炼焦过程的副产氢。区域能源供给运送最便捷的方法还是敷设氢气输送管道。为此，日本第一阶段计划在氢能制备基地附近敷设，并与加注站配套形成氢气管网；第二阶段计划2030年以后将重点在沿海地区形成区域氢能管道网络；第三阶段计划重点开发利用既有的城市天然气管道。

（2）福岛新能源。

2016年9月，为将遭遇过核事故的福岛培育成为日本新能源产业的示范基地，日本政府提出建设"福岛新能源社会构想"规划，该规划以扩大可再生能源利用、构建氢能社会示范基地和建设智能社区为目标，重点要将福岛建成全球最大的利用可再生能源制氢、储氢、运氢和用氢的氢能社会示范基地。主要措施有：一是利用可再生能源电力制氢，生产规模将达一万千瓦级并于2020年前投入生产；二是开发和采用MCH储运技术，将生产的氢气应用于东京奥运会；三是推广氢能利用，完善加氢站等基础设施，扩大燃料电池汽车的市场投放。此外，日本还创建了福冈、北九州等一批氢能示范城市。

综上所述，从供给侧来说要解决两大问题：一是如何清洁高效制氢；二是如何实现低成本储运氢。因此，供给侧战略目标就是以降低制氢和储氢成本为中心，开发安全、稳定、高效、清洁的氢能制备和储运技术。重点探明造成金属脆化的机理和原因，开发氢能源载体新技术，从而逐步从黑氢、灰氢过渡到绿氢时代。

3. 需求侧体系

需求侧主要指氢能产业链的应用环节。日本构建的氢能社会，从家用热电联产到燃料电池汽车，从分布式燃料电池发电系统到大规模氢燃料发电站，从化工原料、能源载体到清洁能源和燃料，氢能及其燃料电池广泛应用于交通工业、建筑等各个领域，其战略目标是把氢能发展成为与电力、热力并驾齐驱的"第三能源"。

1）发电领域利用

日本大林组和川崎重工业将在2018年用氢作为燃料，为神户市人工岛地区供电，这是世界上首次引入氢燃料为城区供电。氢燃料发电是实现氢能社会最重要的一步。只有实现氢燃料发电，氢能市场需求量才能真正爆发出来。2015年3月，日本政府制定了《氢燃料发电研究报告》。2016年6月，日本政府又制定了最新的《新一代火力发电技术路线图》，明确提出到2030年全面发展氢燃料发电的战略目标。以往日本火电技术的开发重点主要锁定三大重点目标，即煤炭、天然气的清洁高效利用技术以及碳捕获、封存与利用技术，其主要目标是以减少火电二氧化碳排放为核心。此次将氢燃料发电列入火力发电技术开发的重点战略工程，成为日本火电技术开发的第四大重点目标，主要理由是氢燃料发电比燃煤、燃气发电更可大幅减少二氧化碳排放。它标志着日本将发展大规模氢燃料发电正式列入国家火电开发战略议程。

传统火电机组主要有两大类：一是蒸汽轮机组，二是燃气轮机组。还有就是两者相结合的联合循环，即燃气—蒸汽轮机联合循环，就是把燃气轮机和蒸汽轮机这两种按不同热力循环工作的热机联合在一起的装置。若再利用燃料电池发电就形成三重联合循环发电，称为IGFC的第三代煤电技术。IGFC发电使用的是固体氧化型燃料电池（SOFC），发电效率可望超过70%。氢燃料发电燃烧技术也基本沿袭传统火电模式，主要有两种方式，其一是氢气与天然气的混烧方式，该方式适用于既有的天然气发电厂。目前，日本新能源产业技术开发机构（NEDO）已完成50万千瓦级大型混烧汽轮机的设计，计划2018年完成中试，2020年前投入运营。混烧比例为20%氢气和80%天然气，燃料温度可达1700℃，发电效率可达60%，未来火电技术将更加高效清洁。其二是纯氢气燃烧，日本计划2025年前完成燃氢汽轮机的开发，2030年以后投入运营。目前，日本NEDO已完成1000瓦级小型燃氢汽轮机的开发，并已进入中试阶段。但是，今后要推广普及利用氢燃料发电还需要解决很多技术和市场难题。

第一是氢燃料发电成本仍高于煤炭和天然气发电。如图5-13所示，日本到2030年的氢燃料发电成本目标是17日元/千瓦时，但仍比燃煤发电（12.3日元/千瓦时）高38%，比燃气发电（13.7日元/千瓦时）高20%。唯有大规模扩大氢能发电量才能降低成本。

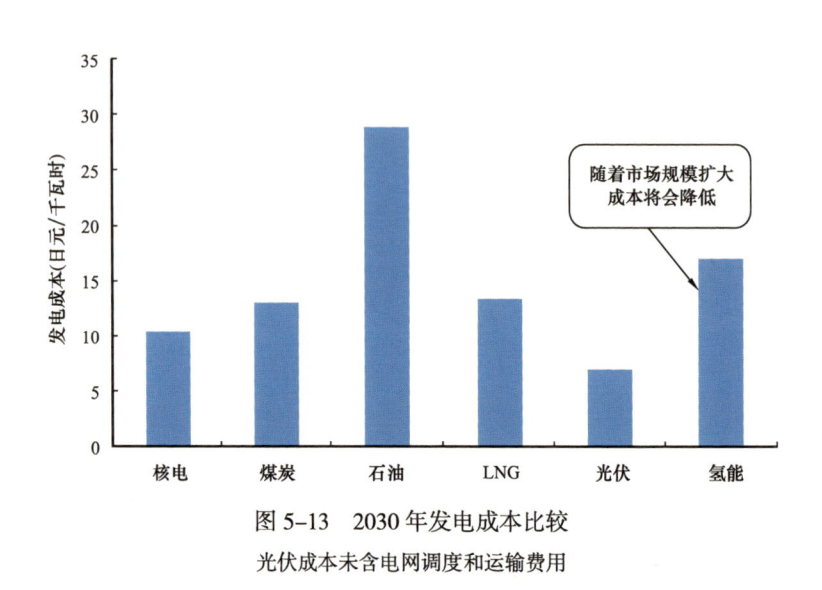

图5-13 2030年发电成本比较
光伏成本未含电网调度和运输费用

第二是氢气燃烧时产生的氮氧化物排放量远高于煤炭和天然气。如何控制氮氧化物排放是氢燃料发电最需要解决的问题。混烧汽轮机有三种方式，一是预混合方式，即氢气和天然气在燃烧前就与空气混合，该方式最容易控制氮氧化物排放，但氢气混烧比例最高为20%。二是扩散混合方式，即燃烧过程燃料与空气混合，该方式可通过喷淋水和蒸汽来减少氮氧化物排放，但会造成燃烧温度下降，从而降低发电效率。三是分散混合方式，该方式无须通过喷淋水和蒸汽，也没有混合比例的限制，是未来发展的主要方向。

第三是制氢技术突破与建立氢能供给体系问题。当前制氢主要利用化石燃料和工厂的副产气，未来的主要方向是利用可再生能源制取零碳氢燃料。大规模利用氢燃料发电必须建立安全稳定的氢能供给体系，构建全国乃至全球性的氢燃料供给网络。

第四是氢能储运的难题。目前氢能储运的方法主要有：高压、液化、管道、有机氢化物、吸氢合金等。但若从海外大量进口氢燃料则主要有两种方式：一是将氢气直接转换为液体，与液化天然气方法相同，用 -253℃的超低温将氢气冷却液化；二是利用甲基环己烷储氢，即利用基于甲苯与甲基环己烷可逆反应的储氢技术。这两种方式各有利弊，技术上也不完全成熟。

2）交通领域利用

氢能在交通领域的应用主要看燃料电池汽车和加注站的普及程度。燃料电池是氢能社会的核心，FCV（燃料电池汽车）的量产化和加注站的商业化是关键，为此，日本积极推进规制改革、技术开发、加注站配套三位一体的氢能产业政策，加快氢能在交通领域的商业化进程。

（1）加注站。

日本氢气加注站可分为移动式和固定式、油氢混合型和单一加氢型、非独立制备型（离线外购氢）和独立制备型（在线生产氢）等。路线图计划到2015年底建成100座加氢站，但实际建成了82座。截至2017年3月，日本商用加氢站实际建成92座，其中84座已正式对外开放。可再生能源制氢的加氢站建成19个，其中9个已正式对外开放。可再生能源制氢加注站的优点是：制氢实现全生命周期低碳化，实现能源自给自足，可刺激当地氢气市场需求，还可节省建设用地，更是能源与环境协调发展活生生的教材。但存在的问题一是加注压力规格不同，目前多为35兆帕，而商用加注站则为82兆帕；二是制氢能力低，为 0.7～5 米^3/小时，而商用加注站为 50～900 米^3/小时；三是成本偏高。为此，政府将积极采取对策，将加注压力提高到70兆帕，推动可再生能源大规模利用，以提高可再生能源制氢能力和降低成本。

（2）燃料电池汽车。

截至2017年3月，日本燃料电池汽车销售已累计达到1800台。丰田汽车表示第一代产品每年产量将从700台提高到20000台，再提高到30000台。2020年以后生产第二代产品，每月计划销售1000台。第三代产品将从2025年开始面向大众消费市场。继丰田Mirai燃料电池汽车成功投放市场之后，2016年3月，本田Clarity燃料电池汽车投放市场。同年8月，日产汽车发布，世界第一台SOFC燃料电池样车诞生，采用生物质油发电的e-Bio燃料电池系统。这样，日本三大车企全部投入燃料电池汽车的市场竞争。

2016年3月，燃料电池实用化推进协议会（FCCJ）发布《燃料电池车与加注站普及蓝图》，为实现2050年温室气体减少80%排放的目标，提出如下燃料电池汽车普及目标：2030年65万台，2040年300万台，2050年800万台。到2030年加注站需要建设720个（每900台燃料电池汽车建一个加氢站），2040年以后要实现随处加氢的目标。

（3）燃料电池公共汽车。

2017年3月，日本两台燃料电池公共汽车在东京投入运营。巴士配备了2个燃料电池堆和8个氢气罐，最大输出功率达到9千瓦，储存器可以容纳相当于235千瓦时的电力。公共汽车燃料电池比锂电更具优势，大容量燃料电池还可为抢险救灾提供更充足的应急电力。因此，东京都计划到2020年燃料电池公共汽车运营数量达到100台。但是，燃料电池公共汽车售价每台高达1亿日元，比普通公共汽车贵了近5倍，市场推广难度大。日本公共汽车市场保有量约有23万台，每台燃料电池公共汽车一年可消费氢气3850千克，相当于45台小轿车（86千克）。因此，燃料电池公共汽车对于氢能的利用普及不可或缺，不仅可以扩大氢能市场需求，而且有助于提高加注站的利用率和经济效益。

（4）燃料电池货车。

日本商用货车保有量为 323 万台，其中大型货车 56 万台，中型货车 85 万台，小型货车 182 万台，三种型号货车每年每台消费氢气分别为 9192 千克、2894 千克、1103 千克。可见货车的燃料电池市场潜力将超越公共汽车市场。

（5）燃料电池铲车。

2016 年 11 月，日本燃料电池铲车在关西国际机场投入运营。日本铲车市场保有量有 60 万台左右，若其中 20% 利用燃料电池，将有 12 万台燃料电池铲车的市场，每台每年氢气消费量为 250 千克。铲车由于在限定范围内运行，容易建立和形成加注站配套网络。现场制备氢加注站可利用管道天然气分解制氢或利用储存液化氢气化，外购氢加注站可从中心站敷设管道或采用母子站（M&D 方式）供给。

此外，燃料电池还将用于机车、船舶、物流车乃至飞机，日本在各个交通领域的技术研发已取得较大的进展，这些技术的推广和应用必将极大地推动氢能社会的建设和发展。

3）工业和建筑领域的利用

（1）家用燃料电池系统（CHP）。

在建筑领域中，运用氢能微型热电联产机组技术可以极大地提高能源利用效率，推进绿色节能建筑的普及。全世界燃料电池进入千家万户的国家只有日本。日本家用燃料电池系统是指利用城市燃气和液化石油气制氢，再让氢与空气中的氧产生化学反应后直接发电，并同时能回收热能的氢能微型热电联产机组或装置。整个系统由燃料电池和储热水箱两部分组成，燃料电池为发电单元，储热水箱则回收发电余热用于供热，包括烧水、泡澡和地暖。由于电化学反应产生的电能能源损耗少，而且电和热可同时被利用，综合能源效率达 9 成左右。目前日本家用燃料电池主要有 PEFC 型和 SOFC 型两类，PEFC 型发电效率稍低，约 40%，但热回收效率较高；SOFC 型发电效率较高，约 45%，但热回收效率稍低。热电联产综合效率远远高于大规模火电厂的发电效率。市场上的主流机型有松下、爱信精机和东芝等品牌。

日本家用燃料电池系统称为"ENE-FARM"，自 2009 年上市以来，到 2016 年底已累计销售 19.6 万台。2016 年度家用燃料电池售价 PEFC 和 SOFC 标准机分别为 113 万日元和 135 万日元，投资回收期已缩短为 12~13 年。今后，技术开发方向将重点进一步提高 SOFC 机的发电效率。

（2）燃料电池分布式发电系统。

氢能可以依托燃料电池技术建立分布式能源网络，提供区域或城市电力、热能和冷能的三联供。燃料电池自身的能源转化效率高，排放少。

燃料电池热电联产的二氧化碳排放系数为 0.28~0.30 千克 / 千瓦时，已经低于日本电力企业到 2030 年要努力实现的平均排放系数目标（0.37 千克 / 千瓦时），而且分布式能源系统的能源输送距离短，发电效率超过天然气联合循环发电（GTCC）。因此，以氢燃料电池为核心的能源系统的能源利用率明显高于传统能源系统。电网平价（Gridparity）的实现将会降低发电成本，有利于燃料电池分布式发电市场进一步普及。

燃料电池系统的寿命提高到 90000 小时以上是目前发展燃料电池分布式发电最具挑战的技术难点。日本松下公司已突破了这一难关，其产品不仅可向企业提供大型固定式燃料电池解决企业内部应急供电的情况，也可提供中小型固定式燃料电池应用于抗震救灾的应急供电等，从 5 千瓦的小型机到 250 千瓦的中型机。

此外，东芝和松下还开发出纯氢固定式燃料电池。"H2One"是东芝开发的独立光伏制氢能源供给系统，其利用太阳能发电来电解水，系统由设备、氢气罐和纯氢燃料电池组成，氢制造量最大为每小时 1 立方米，氢消费量最大为每小时 2.5 立方米，温水供应量最大为每小时 75 升

（40℃），燃料电池最大输出功率为3.5千瓦，电力储藏量为350千瓦时。

（3）工业燃料。

氢燃料的火焰温度可达到2300℃，利用电力和天然气加热或燃烧温度则难以企及。目前冶炼、钢铁、石化行业等高温工业部门多使用化石燃料加热或燃烧，若采用氢燃料替代，日本这些行业的氢能需求量将达到236亿立方米的规模。

综上所述，从需求侧来说，由于目前日本氢能市场需求有限，氢能规模效应一时还难以发挥，只有实现氢燃料发电才能大规模增加市场需求和降低成本。因此，需求侧的战略目标重点就是要突破高效氢燃料发电技术瓶颈，使发电效率达到70%～80%甚至更高，从而深度挖掘氢能市场需求；与此同时，积极开发高效、稳定、耐久、低成本、小型化的燃料电池，以扩大氢能市场的应用（图5-14）。

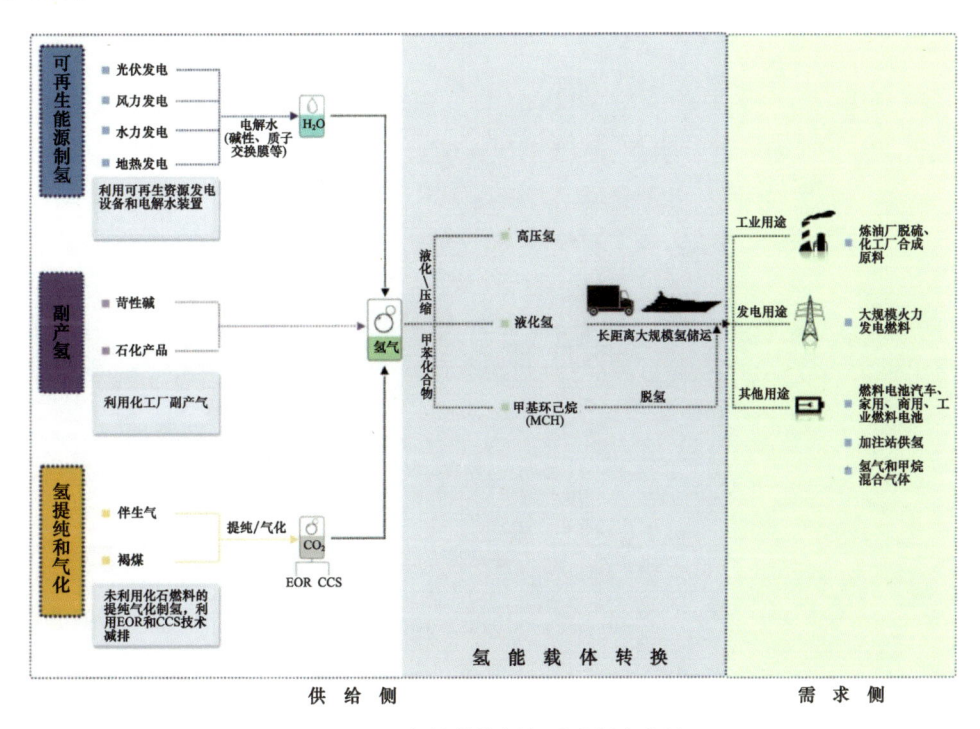

图5-14 氢能供给侧与需求侧产业链

4. 实现供给侧和需求侧的平衡

当前日本能源所面临的问题是：（1）石油、煤炭、天然气等化石燃料100%依赖进口；（2）核电难以全面恢复重启，大量发展火电机组势必增加二氧化碳排放量；（3）电力系统多为集中式发电，遇有事故或灾害时易造成大面积停电。氢燃料来源广泛，可来自石油、天然气等化石燃料，也可取自生物热力互相转换。因此，推广氢能利用可实现一举三得，解决氢能当前面临的需求侧、供给侧和环保性三大问题。

氢能要发展成为未来能源的主角，必须要从未来社会经济发展的大视角去思考。如果日本不在新能源方向寻找出路，按照目前的火力发电增速发展下去，2020年日本国内的电费将十分高昂，生产制造成本将大幅提升，减排目标难以完成，从而让日本失去国际竞争力。日本制定氢能燃料电池路线图就是要在氢能生产、储运和利用整个产业链的总体战略指导下，选择安全、便利、经济和清洁的氢能利用技术，分阶段推进重点研发、商业推广和市场普及，实现能源结构的供给侧改革，一举完成现有电力和油气供给体制的改革，从而保障本国的能源安全。

综上所述，家用燃料电池、燃料电池汽车是构建氢能社会的基础，零碳制氢是构建氢能社会的关键，而实现大规模氢燃料发电则是氢能社会真正形成的标志。因此，日本《氢能和燃料电池战略路线图》确立了通过扩大氢能利用领域来普及燃料电池市场的近期目标，通过推动氢燃料发电来构建国际氢能产业链的中长期目标，以此战略目标来迈向氢能社会。

三、欧洲其他国家能源互联网模式

为了响应欧盟委员会对于建设未来的智能电网的号召，一个由欧盟委员会牵头，总耗资已达540亿欧元的项目 GRID4EU 在欧洲6个不同的国家分别展开。GRID4EU 是目前欧洲最大的智能电网项目，其以6大能源公司为主，并由一系列的电力供配售公司、电器设备制造商以及研究机构共同参与。这6个项目分别位于意大利切塞纳、捷克弗尔赫拉比、法国尼斯、德国雷肯、瑞典乌普萨拉以及西班牙卡斯特里翁。表5-2列出了这6个示范项目所涉及的范围及侧重点。

通过表5-2不难发现，GRID4EU 能源互联网示范项目具有如下特点。

（1）因地制宜，利用原有基础设施。6个试点项目均从2012年开始启动，至2016年收尾，若从零开始，以欧盟国家的平均施工速度，几乎是不可能完成的任务，可见试点项目中，均不同程度地利用了原有的电网设备基础，也间接地告诉我们，能源互联网不仅仅是对新能源网络架构的规划建设，更强调对于传统网络及资源的利用及整合。

表5-2　6个示范项目所涉及的范围及侧重点

示范项目	项目侧重点
意大利切塞纳	先进系统控制，增加网络承载能力，最大程度集成可再生能源，分散发电单元
捷克弗尔赫拉比	中低压自动运行，电动车与电网结合，电能质量检测及孤岛运行
法国尼斯	通过负荷预测、储能设备、微电网来优化分布式太阳能板与电网的结合，同时鼓励用户参与到电力市场中
德国雷肯	电网的监测，以及基于多智能体系统的中压电网控制
瑞典乌普萨拉	基于高级量测体系和智能变电站的低压配电系统的监控
西班牙卡斯特里翁	实现中低压的电网自动化以及提高用户在电网中的参与意识

整合则不可忽视地区之间的差异性。GRID4EU 的试点项目巧妙地利用了本地区的气候条件及与此气候条件相对应的能源方式。德国北威州地处温带海洋性气候，有风又有阳光，巧妙利用了 RME 旗下的风机及太阳能为所在地区提供能源；身处南欧的意大利和法国拥有无可比拟的太阳能资源，PV（太阳能光伏）的大量介入和管理固然为不二之选；捷克位于欧洲中部，气候温和，虽然风电、太阳能资源较为稀缺，但热电联产设备的接入，也为能源网络的调节增添了多种可能性。

（2）分层管理，组织架构清晰明确。能源互联网是一张大网，但绝不是一张毫无章法的乱网，在整合能源网络各路资源和对网络进行管理时，必须首先明确网络的组织结构，从而分层管理。GRID4EU 的项目中无一例外地将配电网分为中压网络和低压网络，并赋予其不同的作用和目标。中压网络更多地承担着地区潮流和负荷调节的任务，其调节目标主要为功率平衡及电压平衡；低压网络则更多侧重于用户端的交互，因而电动车、节能建筑［包括小型 PV、小型 CHP（热电联产）］多在低压网络接入。此外，低压网络还要承担用户数据的收集、采集以及反馈的任务。

（3）削峰填谷，巧用储能分布发电。能源互联网之所以能够优化全网运行，稳定电价，具有较高的承载能力，储能设备功不可没。4个接入分布式能源的项目中（德国、意大利、捷克、法国），意大利和法国直接新建了锂电池储能设备；捷克的项目中也采用EV（电动汽车）的接入作为小规模储能；唯一没有使用储能设备的德国，是因为RWE旗下的风机和太阳能设备容量与其经营区域内的最大负荷大致相等，基本可以实现平衡。储能设备的接入帮助能源互联网削峰填谷，对于网络运营和管理者来说，能量的流动更加灵活、稳定，对于用户来说，能源的价格波动也将相应减小。

（4）智能仪表，需求管理全民参与。能源互联网中，对于大数据和信息的交互也日趋重要。瑞典的试点项目几乎完全侧重于智能仪表的使用，15000个用户跻身于信息洪流之中，当然也享受着信息化带来的红利：电能质量的检测、电价的分析以及低压配电网中用户需求的分析，使得虚拟电网、需方管理不再仅仅是一个能源互联网参与者茶余饭后的谈资，而是一个个货真价实的工程案例，真实地一点一滴改变着人们的生活，改变着人们对于能源互联网的理解。在大量储能设备和分布式太阳能板的基础上发展出微电网的概念，即在单个或者几个用户的小区域内，实现能源的完全自给自足，这就需要在用户端广泛推进需求侧管理技术（Demand Side Management），利用智能电表来实现小区域内的能源管理，而这正是在大区域内实现削峰填谷可能性的保证。因此在用户端的调控以及信息的采集，是整个智能电网的前提条件，以此为基础的智能电表、家庭能源管理的控制系统、电池及其管理系统则是硬件基础。

（5）供求预测，防患于未然保障供电。除了在用户层面的能源管理，在配电网层面通过天气预报以及用户端提供的信息，能够进行准确的负载以及发电预测，做到早预防、早准备，能够最大限度减少对电网的冲击，提高供电的可靠性，一套完整将气候、建筑、工业、电网等大数据结合的电网管理系统是未来发展大势所趋。

在售配电放开、相关电力公司众多的情况下，如何实现各个公司的资源整合和信息共享，是该由一个公司来管理开发这样一个系统以确保信息交流更为方便可靠，还是基于众多公司共同合作信息开放以使能源互联网更加具有活力，两种方式如何选择仍是一个没有定论的问题。此外，在该智能电网基础上的用户参与是以什么形式，最终又能达到什么样的资源分配情况（用户是否可以自由售电、用户与电力公司的双向售电协议、用户电力信息是否公开、资金流与能流的方向等）又是个能源互联网实现时面临的问题。而在此衍生出来的新的商业模式（如配售电公司出租设备给用户，收取设备出租费）又该如何规范，在能源互联网大势所趋的情况下，如何能让更多的用户参与进来，制定相应的符合现实电力销售分配结构的政策。在欧洲，供配售电以及用户端四者分离，每层的参与者都可以通过对下一层参与者提供的信息进行分析来进行管理和监控，也可以通过对上一层参与者提供的信息来优化资源分配。最后就是能源互联网实现过程中的高昂成本问题，虽然电池以及新能源设备价格降低，但单单一个尼斯城内的智能电网的初步建设就花费了3000万欧元，这些就需要像欧洲的试点项目一样，由欧盟委员会牵头，各大能源公司和各行各业通力合作，并且需加上居民的高度参与才能完成。

第三篇
传统能源公司新战略

第六章　油公司能源新布局

社会文明发展驱动能源需求向清洁、高效和便捷方向发展，科学技术进步驱动能源生产变革，最终实现人类文明与能源需求的平衡发展。近年来，随着人们对气候变化及其可能引起的不良后果的关注，促进了能源消费向着减少高碳化石燃料利用的方向发展，促进了能源开发和应用技术的创新和发展，对保障气候稳定和环境改善发挥了重要的作用。虽然能源矿产业、工业和运输业等能源勘探开发与消耗主体行业已逐渐向低碳和新能源转变，但由于资源基础、应用技术等因素限制，目前二氧化碳排放量仍然很大，全球排放水平比 1990 年高出 35%，能源转型仍然任重而道远。按照当前技术和发展规律，预计世界能源体系进入零碳排放时期，将经历低碳低排放阶段和无碳零排放阶段两大阶段，大致将历经百年时间（图 6-1）。

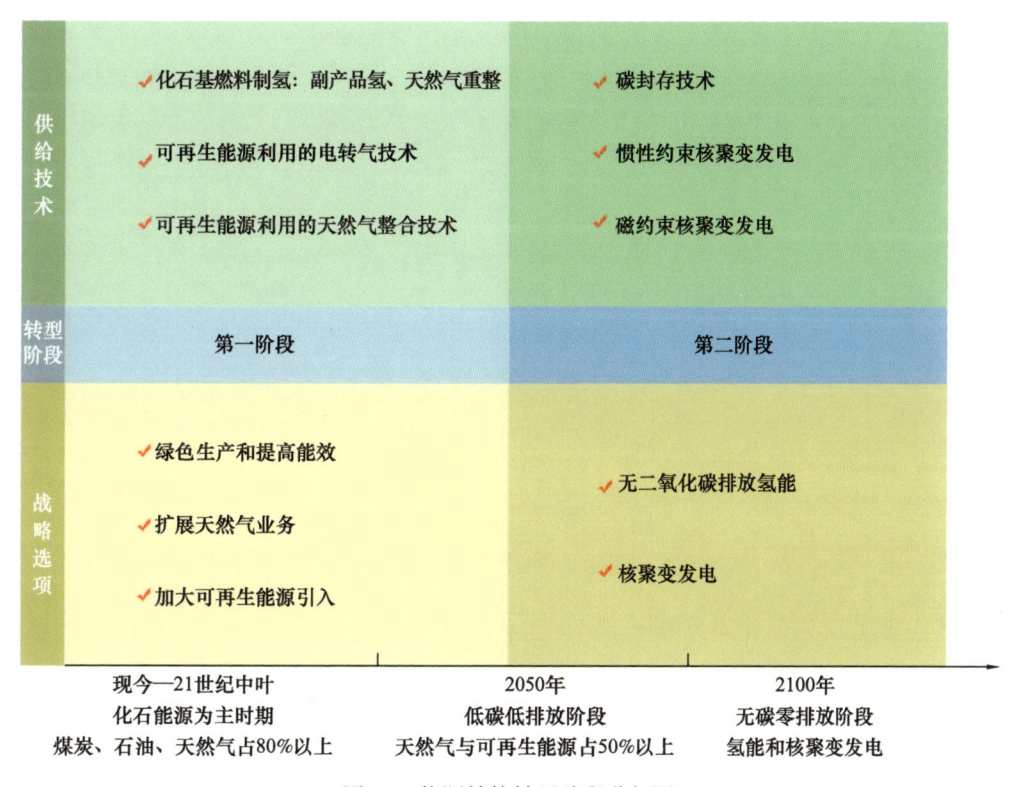

图 6-1 能源结构转型阶段分解图

第一阶段：低碳低排放阶段。随着去煤化能源战略发展及天然气产业和低碳电力能源的应用比例提升，到 21 世纪中叶，一次能源结构中低碳能源占比达 50% 以上。通过加快天然气开发利用及加大氢能等可再生能源规模应用，创新化石燃料制氢、可再生能源电转气、电力储运等技术，加快新型的电力和混合动力车发展，减少机动车辆对石油的严重依赖，实现高碳能源向低碳能源转型。

第二阶段：无碳零排放阶段。大规模减少二氧化碳排放，需要迅速发展无碳能源。目前氢能、太阳能、风能、生物质能和地热能等无碳能源已进入快速发展阶段，2017 年可再生能源在全部能源中的份额为4%，但增幅却占一次能源增长的近三分之一。此外，海洋能、潮汐能、波浪能、洋流和热对流能等新能源利用进入探索阶段。至21世纪末，随着化石能源勘探开发潜力趋于枯竭及可再生能源碳封存、核聚变等技术的发展，可再生能源将成为世界主体能源，在一次能源消费结构中所占比例可高达90%，碳排放趋于零。

目前，能源转型一直是全社会关注的焦点之一。中国作为世界上最大的能源消费国和生产国，在煤炭、煤电等传统能源领域的去产能，光伏、风电等新能源的发展，以及化石能源清洁化利用等方面取得了显著成果，但油气企业的转型尚未与国际及中国能源转型接轨。时代在发展，技术在进步，如果油气企业不能在能源转型中找到有利位置，将来很可能会在针对油气的能源替代进程中失去话语权。结合油气企业本身的特点和社会发展的需求，油气公司能源转型应做好绿色能源、绿色升级、绿色科技三大战略发展。

第一节 绿色能源战略

绿色能源战略是以生产更多清洁能源为目标，以更加清洁低碳能源替代高碳化石能源。现有的能源结构过度依赖煤炭和石油，要逐步转变能源结构，提高绿色清洁能源在能源结构中所占的比例。尽管可再生能源发展很快，但当前无法满足全球能源总量规模的需求。因此，天然气作为一种过渡能源，发挥着桥梁作用，实现能源转型的接替；氢能是一种优质的储能型能源，发挥其协同效应，共同构建风光电—氢能产业链体系，实现分布式能源的生产与集中式消费的平衡发展，并以物联网和区块链等基础性技术为依托，打造高效、智慧能源互联网，实现"智能源"的发展。

一、优先发展天然气业务

转型的速度取决于自然资源的可行性、气候变化和环境保护等国家政策，也将受到经济增长、技术创新、消费习惯等方面的影响。作为最现实的清洁能源，天然气资源潜力很大，勘探开发技术成熟，能够有力推动在经济领域中消费能源、产生温室气体排放和空气污染较多的行业，诸如发电、工业、运输和建筑供暖等方面能源应用改革，油气公司应抓住天然气能源先天优势和发展黄金期，推动国家能源转型快速发展。

1. 天然气是化石能源向新能源过渡不可逾越的桥梁

1）天然气是最现实的清洁低碳能源

天然气无色、无味、无毒、易散发、热值高、清洁性、民生性和多用性等特征，可以满足人类最基本的生活需求，是当前满足人类生态环境需求的最佳选择。1立方米天然气燃烧热值相当于10千瓦时电和1.25千克标准煤的热值。等热值下燃烧天然气，CO_2、NO_x、SO_2、粉尘的排放量分别是煤的50%~60%、10%、1/682、1/1479，分别是石油的70%~75%、20%、1/389、1/140。与煤炭和石油相比，天然气不仅洁净，还具有便于运输和应用等特征。天然气一般通过管道输送，直接到户，运输和供应较为稳定便捷，已成为居民生活烹饪和取暖的能源，与居民生活密切相关。常规天然气十分丰富，非常规天然气是常规天然气的8倍，随着水平井水力压裂等技术进步，能够开发潜力更为巨大的非常规天然气领域，满足不断增长的能源需求，可用来发电、供热和作为交通运输的燃料，同时降低温室气体排放和改善空气质量。因此，天然气是能源转型的重要组成部分，是化石能源向新能源过渡的桥梁。在社会文明发展和科学技术进步两大动力的推动下，能源发展已从固态（木材+煤炭）、液态（石油）向气态（天然气）转换，天然气将推动人类能源消费与生态环境的和谐发展。

2）新能源无法快速替代化石能源

尽管可再生清洁资源发展较快，但是受开发和应用技术制约，在全球能源消费中占比还较低。可再生能源主要用来发电，仅满足了全球能源需求的五分之一左右。据BP发布的《世界能源展望》（2017）报告显示，2035年前石油、天然气与煤炭仍将是主导能源，天然气的增速将超过石油和煤炭，全球煤炭消费量在未来20年将达到峰值，碳排放增速为0.6%，但排放量仍将增长约13%。

新能源还存在无法满足规模应用需求的问题，主要体现在两个方面：一是由于天气（如日照、风力）不稳定导致的间歇性问题。由于各种新能源最终都是被转换为电力的形式被人们利用，电力供应最大的要求就是稳定及可靠性。目前，采取发电侧并网的地面电站，完全依赖主干电网进行调节，当光伏发电的容量逐步增大时，瞬间的大容量波动会给电网造成较大的冲击。中国电网设计容许的波动，通常不超过15%，意味着如果某地新能源发电的容量在当地所并电网容量中所占的份额超过该比例，发电量的不稳定有可能造成电网的崩溃。因此，风电和光伏等与生俱来的间歇性，从电力供应的角度来说，是一个很大的弊端。随着光伏、风力发电规模的增加，弱点将越来越明显，对光伏和风力发电的阻碍和限制也越来越大。这是光伏、风力等新能源下一步再发展必须要考虑的问题。二是光伏和风力发电的能量密度较低。通常，每平方米光伏组件的峰值功率上限目前大约在150瓦以下，大部分时间在100瓦左右。这会导致光伏发电的占地面积较大，因此，大型地面电站仅在荒漠和戈壁比较适宜，而在中国东部、特别是东南沿海，几乎不可能建造大型地面电站。火电厂现在常见的120万千瓦的机组，如果按照年发电量计算的话，光伏远远不能与火电相比，120万千瓦火电厂的年发电量相当于7吉瓦光伏电站的年发电量，而该规模的光伏电站大约需要占地20万亩。因此，如何解决新能源能量密度低的问题，也是开发利用新能源面临的挑战。

3）天然气支持新能源整合

可再生能源，如风能和太阳能，对于减少排放和改善空气质量至关重要。根据国际能源署的数据，目前可再生能源发电量约占总发电量的四分之一，2040年可能达到总发电量的40%。但由于风能和太阳能等可再生能源是可变能源，只能在有充足的阳光或风的地方发电，输送、利用和储存成本较大，而天然气发电厂具有快速灵活开启的特性，其可以在几分钟内达到完全的输出，即时快速响应可变能源停顿以及突发性激增的需求（图6-2）。而燃煤发电站不但产生更高水平的二氧化碳，而且通常需要长时间和昂贵的启动时间来预热其锅炉和蒸汽系统。同时，天然气发电厂因占地较少、污染小等有利条件，可以建在中心市场附近，有助于提高电力交付的速度和效率。因此，天然气发电本身具有的优势，是支持新能源整合的重要能源。

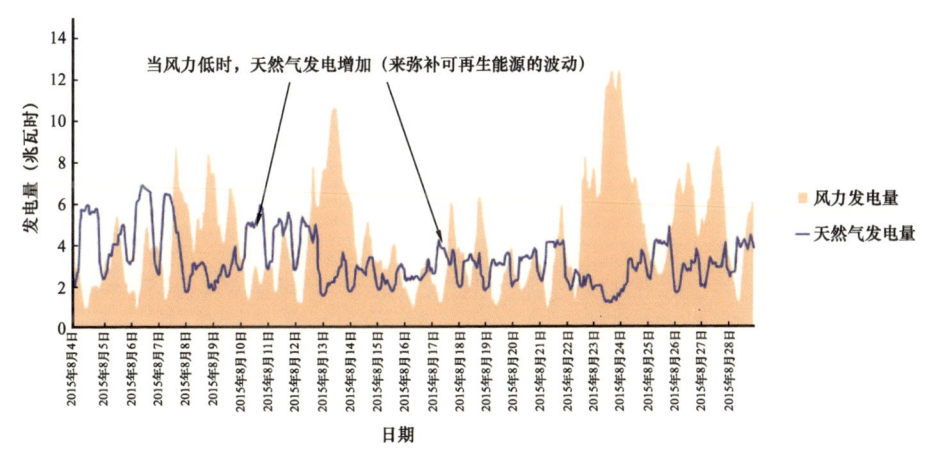

图6-2 燃气电场为波动的新能源削峰填谷

2. 加快非常规天然气的发展

世界天然气总资源量为 3922 万亿立方米，历经近百年的勘探开发，到 2016 年剩余探明天然气可采储量为 192 万亿立方米，2017 年天然气产量为 3.7 万亿立方米。非常规天然气可采资源量是常规天然气的 8 倍多，探明率较低。

中国天然气资源丰富，据 2014 年国土资源部动态资源评价结果显示，常规天然气地质资源量为 67.4 万亿立方米，致密砂岩气地质资源量为 22.9 万亿立方米，页岩气可采资源量为 21.8 万亿立方米（远景地质资源量为 121.8 万亿立方米），煤层气地质资源量为 30.05 万亿立方米。截至 2017 年累计探明天然气地质储量为 14 万亿立方米，探明率为 19%，天然气年产量位居世界第三。中国天然气储产量虽然快速增长，但仍满足不了国内需求，2017 年天然气消费量为 2352 亿立方米，增长率为 17%，进口 926 亿立方米，对外依存度为 39.4%，较 2016 年对外依存度增长 2.4%。因此，需要大力开展常规与非常规天然气技术攻关，特别是加大非常规天然气勘探开发，推动天然气业务快速发展。

1）大力发展页岩气

致密气、煤层气和页岩气等非常规天然气的开发相继取得突破，产量接续快速增长，已成为天然气产量增长的主力。2017 年中国非常规天然气产量比 2016 年增长 14%，达到 482 亿立方米，占天然气总产量的 32.57%；致密砂岩气近 10 年产量快速增长，2017 年产量达到 343 亿立方米，占天然气总产量的 23.2%；煤层气受多方面因素的影响产量增长相对较慢，2017 年产量为 49 亿立方米，占天然气总产量的 3.3%；页岩气近年快速发展，2017 年产量为 90 亿立方米，占天然气总产量的 6.1%。

近年页岩气储产量快速增长，预计在未来天然气产业中扮演重要的角色。目前中国已建立了三个国家级页岩气开发示范区，分别是 2012 年 3 月设立的四川长宁—威远示范区、滇黔北昭通示范区和 2013 年 11 月设立的重庆涪陵示范区。经过近年的发展，3500 米以浅海相页岩气资源评价与有利区优选、地球物理勘探、储层改造和开发等技术已相当成熟，3500 米以深的页岩气勘探开发也取得长足的进步。随着 3500 米以深勘探开发技术的进一步完善和发展，页岩气产量有望大幅增长。同时，中国页岩气产气层的厚度、深度、连续性及保存等地质条件都比北美地区复杂，勘探与开发的技术要求高，因此，未来应持续创新，加强页岩气提产和稳产技术攻关。

2）积极准备天然气水合物

天然气水合物是一种非常规天然气资源，以固态形式赋存于深海沉积物中和永久冻土地区。全球资源量约 2.1 万万亿立方米，其中 99% 存在于海洋中。近年来，国际上天然气水合物的勘探主要集中在墨西哥湾、韩国郁龙盆地、印度孟加拉湾、日本南海海槽、中国南海北部等海域，并取得了重要进展。

近年海域天然气水合物试采已取得重大突破，日本南海海槽和中国南海神狐海域进行的天然气水合物试采取得成功。

2017 年，日本实施第二次海洋天然气水合物试采。针对 2013 年第一次海洋天然气水合物试采遇到的出砂、井下气水分离、长期稳定生产等技术问题，制订了相关研究方案和对策。第二次试采的站位选择等方面与第一次试采相同，并在作业平台选择方面也同样利用"地球号"实施现场钻探和产气试验作业。2017 年 4 月 7 日，"地球号"从清水港出发驶往第二渥美海丘开始进行第二次海域试采的准备工作；5 月 4 日开始从水深 1000 米的海底下部 350 米的含天然气水合物储层中产气；5月15日，由于大量地层砂进入第一口生产井内，决定临时中断产气试验，为期12天的产气试验累计产气3.5万立方米。2017年6月6日完成第二口生产井的切换作业，并进行了为期24天的产气试验，累计产气约20万立方米，平均日产量超过8000立方米。

2017年5—7月，中国地质调查局在南海神狐海域采用流体抽取法成功实施天然气水合物试采，从水深1266米的海底以下203～277米的粉砂质黏土、黏土质粉砂储层中开采出天然气；2017年5月10日至7月9日连续稳定试采60天，累计产气30.9万立方米，平均日产5151立方米，甲烷含量最高达99.5%。

3. 布局天然气基础设施和储气库建设

中国天然气消费量快速增长，天然进口量不断增大。2017年天然气进口量为926亿立方米，其中，进口管道气为427亿立方米，比2016年增长10.9%，主要来自土库曼斯坦、缅甸、乌兹别克斯坦和哈萨克斯坦；液化天然气（LNG）进口量达到499亿立方米，同比增长39.0%，主要来自澳大利亚、卡塔尔、印度尼西亚等国家，其中从澳大利亚进口的LNG占46%。综合考虑陆上天然气进口的路径、资源、产量、政治等因素，按照目前俄罗斯和中亚两大管道气进口路径，2020年、2030年、2050年的供给能力将分别为750亿立方米、1200亿立方米、1400亿立方米；若能成功开辟中东管道气进口途径，2030年、2050年的供给能力将有望分别达到1350亿立方米、1600亿立方米。为此，为了保障天然气供应，油气公司需要加强加快天然气国际通道布局。

预计到2030年中国天然气需求为5500亿～6000亿立方米，国产气供给能力为2000亿立方米（图6-3），中亚、中缅、中俄等进口管道气供给能力为1580亿立方米，已建和在建LNG接收站能力为6940万吨，按80%负荷测算进口量约750亿立方米，合计供给能力约4300亿立方米。为此，中国天然气缺口还将达1200亿～1700亿立方米，这就需要通过加大LNG进口规模满足对天然气的需求。

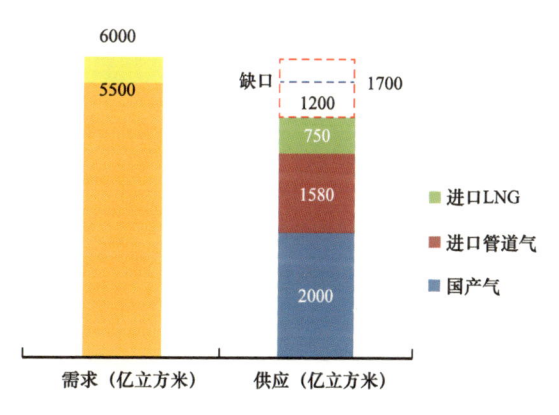

图6-3 2030年中国天然气供需分析

天然气进口量不断加大，地下储气库将成为极端气候、突发事件、战略储备等条件下供气不可或缺、不可替代的应急备用"粮仓"。中国储气库建设启动于1999年，目前已建储气库25座，形成调峰能力108亿立方米，日最大调峰能力达9000万立方米。随着天然气消费市场的不断扩大，储气库的调峰保供作用日益凸显，尤其是在北方重点城市冬季调峰保供中发挥了关键作用。2016年中国实际天然气调峰总量为155亿立方米，其中储气库调峰占34.2%、气田调峰占26.0%、进口管道气调峰占18.1%、LNG调峰占18.0%、用户调峰占3.7%；2017年环渤海地区高月高日天然气需求量接近1.9亿立方米，储气库最高日调峰能力达9000万立方米，可满足最大需求量的47%。随着天然气对外依存度增大，储气库、LNG就越显得迫切和重要。因此，油气公司需要加强储气库建设规划研究，制订中长期方案，满足调峰及储备需求。近期，地下储气库优先部署在进口通道、管网枢纽、重点消费市场中心附近，初步形成储气库设施的基础构架；中长期，建成以储气库调峰为主的综合调峰保供体系，到2025年储气库调峰比例超过60%，2030年力争实现储气库调峰与战略储备500亿立方米以上。

二、构建以地热为主的新型能源业务

1. 油区地热资源利用潜力大

地热是仅次于太阳能的第二大清洁能源。近年来,全球地热产业蓬勃发展,超过120个国家和地区进行了地热资源开发利用。预测到2100年,全球地热资源利用率将占世界能源总量的30%~80%。近年,中国政府积极推进地热产业发展,2016年中国政府印发了《地热能开发利用"十三五"规划》,规划到2020年中国地热能利用量占总能源消费比从目前的0.5%上升到1.5%,实现替代标准煤7210万吨。

油区地热资源丰富,除深埋地下的热水层外,石油开采过程中从油层采出的大量热水也是重要的地热资源。深埋地下数千米的油层在开采过程中每年采出水量高达6.8亿立方米,脱油污水的温度一般为30~50℃,是油田地热的重要组成部分,完全可以直接利用,以提取10℃的热能计算,每年可节约129万吨标准煤。因此,开发利用油区地热资源,不仅可以替代油区生产生活需要消耗的大量化石能源、实现节能减排,还可以为油区培植新兴业务、实现可持续发展提供新思路、新模式。

2. 统筹地热能开发利用

地热能是广泛存在的能源,目前利用程度较低,为加快地热资源的利用,应尽早对地热能的开发利用进行整体规划,统筹管理。一是把地热资源纳入能源资源范畴,统一规范管理;二是尽快明确地热能开发利用归口管理部门与组织方式;三是制订油气企业探区地热能开发利用规划,明确发展思路、目标及重点部署,有序推进地热能产业发展;四是与安全环保部门建立长效沟通机制,以推动油田节能降耗为切入点,率先推进地热采暖、输油伴热等试验项目实施;五是充分积极吸纳社会资本与人才参与油区地热能开发利用。

3. 改造油区废弃井用于地热资源开发

目前油气企业探区的废弃井基本处于完全废弃状态。部分废弃井井身结构完好,稍加改造可以成为地热井,很多井通过改造可用于集输站伴热输油、原油分离加热以及油区供暖制冷。例如,华北油田荆二联合站利用两口废弃井地热水伴热输油,每天节约自用油5吨、气3500立方米。根据对大庆、辽河油田报废井井况的调查,大约10%的报废探井、5%~6%的报废开发井可以改造用于地热能开发,按该比例测算,油气企业探区可改造用于地热能开发的报废井超过6000口。利用油区报废井改造用于地热能开发,可节省2/3左右的开发成本。按照当前地热行业平均每口地热井钻井费用为600万元左右测算,油气企业探区利用报废井改造用于地热井,可节约钻井费用240亿元以上。

为加快油区废弃井地热资源的利用,应尽快全面开展废弃井改造为地热井调查,分析转地热井的可行性与利用潜力,为有效开发利用油区地热资源奠定基础。

4. 建立地热能综合开发利用试验基地

地热能是集热、矿、水于一体的宝贵资源,只有实行综合利用、梯级利用和循环利用,才能实现资源利用和经济效益最大化。根据区域地热资源特点及利用现状,可以在华北、大庆和辽河等油田,因地制宜,建设地热能资源综合开发利用试验基地,推动地热能利用产业发展。针对华北油田已具有一定的中低温地热发电经验的现状,重点建设华北油田中低温地热发电与地热采暖试验基地；针对大庆油田地热资源品质好、埋藏浅、采暖时间长等特点，重点建设地热采暖和输油伴热试验基地；针对辽河油田稠油多、耗能大的特点，重点建设利用地热进行稠油热采和输油伴热试验基地。

三、布局氢能源产业链

目前国内外各大油气公司分别提出能源转型战略，建设清洁低碳、安全高效的新一代能源系统，开发拓展新的清洁能源是该战略的根本解决途径。氢能是一种绿色、高效的二次能源，来源广泛，可以通过水电解、化石能源转化或者裂解而来，并且使用方式多元化，可以用于燃料电池发电，使用过程中不产生污染物，比电力易储存。氢气单位质量包含的热量是所有化石燃料和生物燃料中最高的，达到143兆焦耳/千克，同样质量的氢燃烧的放热大约是焦炭的4.5倍、汽油的3倍和酒精的3.9倍，且以氢能源为动力源的汽车全生命周期碳排放最低。氢能作为零碳绿色的新能源，具有环保安全、能量密度大、转化效率高、适用范围广等特点，可实现从开发到利用全过程的零排放、零污染，被业界称为"终极能源"。

国外大油气公司已将战略目标锁定氢能，并已经开始了规划和开发利用。2017年6月，道达尔已经在德国建成10座加氢站，并与林德公司、宝马公司在氢气加注技术方面展开合作。壳牌开始在氢能领域进行布局，2016年与川崎重工合作开发液氢运输船，2017年2月，与丰田达成合作协议，在加利福尼亚州建造7座加氢站，并将在2024年增加至100座。BP在世界范围内参与了众多的氢能示范项目，包括同戴姆勒·克莱斯勒和福特公司合作研究先进燃料电池技术，投资350万美元在北京中关村建成中国第一座加氢站，与通用电气（GE）达成电厂建设协议，双方将联合开发和建设氢电厂，以减少温室气体二氧化碳的排放。

国内油气公司在氢能产业有很多优势，比如利用油气管道运输氢气，利用管网周边的风、光、电制氢，建立加氢或加油站联合站。可再生能源的利用一直存在产用错位问题，以氢能为中介，可以将天然气管网覆盖范围内的风、光资源一体考虑，统一纳入氢能、电能互换循环链，可以将西北等地丰富的风、光可再生能源加以充分利用。

1. 开展制氢示范

氢是一种洁净的能源载体，能够使可再生能源和核能得到有效的储存与利用，目前氢能与燃料电池技术已被国家列入未来能源发展的重要方向和战略新兴业务重点发展领域。油公司具有天然的管网优势，介入氢能开发能将能源载体和能源通道有效有机结合，在部分关键技术取得突破后氢能将会步入快车道。因此，有必要推动氢能上、中、下游的布局和示范。

（1）风、光能制氢示范。电解水制氢在燃料电池发展中被认为是最有前途的制氢方法。通过电解水获得的氢气纯度高达99.999%，不需再次提纯，可以直接供应燃料电池汽车使用，利用风能和光能电解水制氢可实现能源的循环利用。通过电解水技术利用弃水、弃风、弃光资源，发展低成本风光耦合制氢系统，提高系统整体效率将成为重点发展方向。油公司可选取风或光照条件较好、弃风弃电较为严重，且水资源较为丰富的地区，开展低成本制氢试验并逐步推广示范。

（2）地下煤炭气化制氢示范。煤炭地下气化变物理采煤为化学采煤产气，吨煤可产出低热煤气1500~2200立方米，其中氢气占35%~40%。目前实验室研究表明，不同催化剂、不同气化环境下产氢效率还可大幅提高。油公司可在建立地下气化目标煤层评价标准，摸清矿权区内可制氢气的煤炭资源量的基础上，开展煤炭地下气化目标选址评价，优选近期可供开展现场试验的有利目标，推进经济高效制氢现场试验并逐步形成示范。

（3）联合加氢站示范。依托管网和终端优势，在现有加油、加气站的基础上，大力发展和完善油、气、氢、电综合加注业务。开展联合加注站示范，把加气、加氢、加电与加油业务整合在一起共同发展，将油公司的加注站打造成中碳、低碳与无碳能源的综合站。

2. 输气管网附近煤炭、风电、太阳能资源丰富

西气东输系统、陕京系统、中缅天然气管道系统及东北管网系统形成了连接东西、纵贯南北的天然气主干管网。临近输气管网分布的煤炭、风电、太阳能制氢，氢气可部分掺入天然气通过输气管网输送。

1）管网沿线丰富的煤炭资源可用于制氢

煤炭是制氢气最大的原料之一，目前煤炭大规模、低成本制氢技术基本成熟。在900~1000℃隔绝空气条件下，通过煤焦化、煤气化等，可产生55%~60%的氢气、23%~27%的甲烷气。煤炭制氢具有很大的发展潜力（表6-1），输气管网的分布与煤炭资源的分布有着较好的关联，如何利用好输气管网，是实现煤炭资源清洁利用的关键。

表6-1 2016年中国的煤炭制氢潜在能力

地区	煤制氢产能（亿立方米）	煤制氢产能（万吨）	天然气制氢产能（亿立方米）	天然气制氢产能（万吨）
华北	15504	13842.9	185.2	165.4
东北	1021	911.6	126.4	112.9
华东	2628	2346.4	21.8	19.5
华中	1354	1208.9	9.2	8.2
华南	36	32.1	161.6	144.3
西南	2647	2363.4	704	628.6
西北	7085	6325.9	1528	1364.3
总计	30275	27031.2	2737.2	2443.2

2）管网沿线丰富的风电资源制氢

中国的风能资源分布广泛，其中较为丰富的地区主要集中在东南沿海及附近岛屿以及北部（东北、华北、西北）地区，内陆也有个别风能丰富点。根据中国风能协会数据，2017年，全国（除港、澳、台地区外）新增装机容量1966万千瓦，累计装机容量达到1.88亿千瓦，同比增长11.7%。2017年，中国六大区域的风电新增装机容量所占比例分别为华北（25%）、中南（23%）、华东（23%）、西北（17%）、西南（9%）、东北（3%）。"三北"地区新增装机容量占比为45%，中东南部地区新增装机容量占比达到55%。将管网与区域风电资源相结合，通过风电制氢等，可以较好地解决风电不稳定性、能源输送等问题。

3）管网沿线丰富的太阳能资源制氢

中国大多数地区年平均日辐射量在每平方米4千瓦时以上，西藏日辐射量最高达每平方米7千瓦时，太阳能资源开发利用的潜力非常大。中国太阳能分布具有年辐射总量西部地区高于东部地区、南部低于北部的特点。按年日照时数和年辐射总量将中国太阳能资源的分布分为五类。一、二、三类地区年日照时数大于2000小时，是中国太阳能资源丰富或较丰富的地区，分布面积约占

全国总面积的2/3以上。中国输气管网干线，特别是西气东输管网正好路经一类区域和二类区域（表6-2），有利于太阳能制氢与天然气管道有机融合。

表6-2 中国太阳能资源分布表

地区类型	年日照时数（小时）	年辐射总量（兆焦耳/米^2）	等量热量所需标准燃煤（千克）	包括的主要地区	备注
一类	3200~3300	6680~8400	225~285	宁夏北部、甘肃北部、新疆南部、青海西部、西藏西部	太阳能资源最丰富地区
二类	3000~3200	5852~6680	200~225	河北西北部、山西北部、内蒙古南部、宁夏南部、甘肃中部、青海东部、西藏东南部、新疆南部	较丰富地区
三类	2200~3000	5016~5852	170~200	山东、河南、河北东南部、山西南部、新疆北部、吉林、辽宁、云南、陕西北部、甘肃东南部、广东南部	中等地区
四类	1400~2000	4180~5016	140~170	湖南、广西、江西、浙江、湖北、福建北部、广东北部、陕西南部、安徽南部	较差地区
五类	1000~1400	3344~4180	115~140	四川大部分地区、贵州	最差地区

3. 油公司开拓氢能业务措施

1）管道周边能源制氢输氢

目前大部分的氢气由化石燃料制取，如果没有辅助CCUS（碳捕集、利用与封存技术）等措施，整个生命周期内排放的温室气体并不会有太多减少。目前电转气作为一种成熟的储能技术，将电能转化为气体燃料，解决了可再生能源电力储存难的问题。利用方法主要有两种：一是将氢和二氧化碳相结合，采用甲烷化反应如萨巴捷反应转化为甲烷，或者采用生物甲烷化，然后输入天然气管网；二是将不能上网的电力就地电解水制取氢气后，将氢气掺入到输送天然气的管网中。因此，将氢气直接掺入天然气中或氢气与二氧化碳制氢然后进入输气管道可实现天然气管道与氢能利用有机融合，既节约了成本，又减少了碳的排放。

2）新制氢方法与氢电转换技术

中国对于氢能源的利用仍然处于起步阶段，发展方向、目标和定位越来越趋于明确。2017年国家发展和改革委员会及能源局发布了《推进并网型微电网建设试行办法》，明确提出要发挥燃料电池在分布式能源中的作用，使之成为微型电网的重要组成部分。可以看出，氢能源的定位是电网多元化的有力补充，可以依托氢燃料电池技术，建立分布式能源网络，做到区域或城市电力、热能和冷能的联合供应。

油公司可以在制取氢气方法、氢燃料电池以及利用氢能发电研究方面有所作为，开拓相关业务领域。例如，日本东京天然气公司和松下公司联合研发的家庭分布式能源系统Ene-Farm已在日本成功推广。该系统的燃料电池以天然气管道输送的氢气为燃料，发电和用电在同一地点，且发电产生的热量也被用来供热。整个系统的能源利用效率高达95%，远高于传统天然气发电加锅炉供热的能源效率（68.7%）。根据东京天然气公司和松下公司公布的数据，Ene-Farm可以减少37%的一次能源使用量和49%的二氧化碳排放量。

第二节 绿色升级战略

绿色升级战略就是将高碳能源转化为低碳能源，将高污染产品转化为低污染产品，降低其对大气的污染程度；适当提高车用及工业用油料的标准，降低能源产品的污染物排放水平；减少油气生产过程中的排放作业，降低排放强度。通过生产过程、生产产品的升级实现清洁绿色。通过创新和整合提升企业在产业链及价值链中的位置，从而实现转型。

一、地下煤炭气化制氢

1. 地下煤炭气化对提高煤炭回收率和降低环保风险的意义

据统计，目前中国废弃煤矿的煤炭资源达300亿吨。将废弃矿井的煤炭资源进行地下气化，不仅可以盘活废弃矿井现有的固定资产存量，而且可以回收被传统采煤方法丢弃的煤炭资源，实现将非清洁能源转化为清洁能源。从煤炭气化成本看，地下气化生产成本明显低于地面气化（表6-3）。地下气化的煤气热值大于12.6兆焦耳/米^3，氢含量在50%以上，可用于提取纯氢气（纯度为99.9%）。

表6-3 地面与地下气化经济技术分析

项目	地面气化	地下气化
投资（元/米^3）	350~450	120~150
成本（元/米^3）	0.4~0.6	0.15~0.25
生产工艺	备煤、选煤、气化	地下煤炭直接气化

从环境效益考虑，煤炭地下气化可以避免煤炭露天开采和地下开采造成的许多环境问题。地下气化后的灰渣、氧化物、放射物和煤矸石都留在地下，实现了地面无渣堆积，大大减少发生地表沉陷的几率。同时在地下气化过程中，煤中的硫基本上转化为硫化氢，可在地面集中净化；煤气中的二氧化碳可用废碱液洗涤，而后固定在高钙粉煤灰中，通过注浆充填于地下气化燃空区。此外，地下气化对地表水不会产生污染，煤焦油中酚类等有机物质对地下水的污染也由于煤灰的吸附作用及地下水的天然再生能力而大大下降。

2. 地下煤炭气化选区技术成熟

煤炭地下气化地质选区的主要影响因素包括埋深、厚度、夹矸、地质构造等。埋深主要关系到气密性和环保，而且随深度和压力增加，有利于碳与氢反应生成更多的甲烷；煤层厚度过薄、夹矸过多，影响气化稳定性，热效率低；应远离断层，避免泄漏、水窜和产生环境问题。在当前技术经济条件下，1500米以浅是开展钻井式煤炭地下气化的有利深度范围。

3. 油公司发展煤炭地下气化的优势明显

目前煤炭地下气化技术已基本成熟，天然气市场不断扩大，发展煤炭地下气化产业的外部环境日趋成熟。油公司发展煤炭地下气化有五大优势。

1）资源可观

一般而言，埋深小于 1200 米的煤层矿井开采技术成熟，且具经济性。而中国石油油气矿权区的煤炭资源埋深普遍大于 1200 米，不具备矿井开采的经济技术条件，对于地下煤炭气化而言，却是十分有利。初步评价认为，西气东输沿线适宜气化的煤炭资源丰富，若这些煤炭全部气化，可产生 160 万亿立方米煤气。

2）技术可取

地下气化有利区的选址、建炉（水平井钻井）、注气、点火等关键环节可与地质评价、水平井、火烧油层、油页岩原位干馏等油气勘探开发技术结合；后期的地面建设、净化合成及多组分利用等环节可以利用现有天然气处理、输送技术。

3）市场可用

一是可依托现有管网，在技术及市场成熟的区域直接实现终端销售；二是油区自用，实现伴热、发电等的替代，如在油区用气化产生的低纯度、低热值的煤气替代天然气发电，替代出的天然气用于终端销售。

4）环保可控

油气地质评价技术可摸清煤层的煤岩煤质特征、盖层特征及地下水分布特征，在地下气化时现有技术可控制井下燃烧；气化过程中的地应力监测、压力控制、含水层监测，以及气化后的污水废气处理等，可借助油公司长期天然气开发实践形成的技术手段及处理工艺，有效监测和控制环保风险。

5）协同可期

油公司的全产业链与煤炭地下气化融合发展具有天然优势。在油区开展煤炭地下气化，除收获煤气产品外，还对油气产业的健康发展有重要的意义，具体表现在以下几方面：提高采油采气效率，煤气可用于热采稠油及油砂页岩油、注气提高原油采收率等；煤气可作为炼油化工的原料，煤气成分中高附加值的重烃及氢气，可作为重要的炼油化工原料；推进节能减排，用煤气替代天然气发电、伴热设施用能，同时可开展碳捕集、封存；开展废炉利用，利用废弃气化炉改造储气库，期望解决当前储气库选址难、造价高、周期长的紧迫难题。利用的相关技术成熟，未来协同效应值得期待。

二、加氢提升成品油品质

国家质检总局出台了更为严格的车用汽油国家标准 GB17930—2006《车用汽油》（国Ⅲ），并于 2010 年 1 月 1 日在全国范围内开始实施。标准对汽油中的硫含量、苯含量、芳香烃含量及烯烃含量都相继作出了越来越严格的规定，其中，针对降低汽油中硫含量作出了更加严格的限制。

2015 年 5 月 7 日，国家发展和改革委员会等七部门联合印发《加快成品油质量升级工作方案》，称加快推进成品油质量升级是一项重要行动，既有利于改善环境、治理雾霾、促进绿色发展、增添民生福祉，也有利于扩大投资和消费、促进产业结构调整与升级。国家发展和改革委员会、国家能源局、财政部、环境保护部等有关部门共同组织实施专项方案，加强部际协调，密切配合。

面对国家油品质量升级的要求，油公司可积极引进先进技术，对汽油加氢工艺和装置实施技术改进和改造。对于加氢类工艺技术，国内外都是根据催化汽油中硫和烯烃在轻重馏分中的含量特点，首先对原料进行预分馏或预处理，满足生产低硫产品和减少辛烷值损失的要求。选用一种既能满足生产低硫要求，同时最大限度减少辛烷值损失的催化汽油脱硫生产。

三、加油、加气、加氢、充电四联建

1. 加氢站建设快速推进

根据 2017 年 2 月国外网站 H₂stations.org 发布的报告数据，2016 年全球新增 92 座加氢站，增长速度达到 70%，加氢站建设进入快速发展阶段。

截至 2018 年 1 月，全球正在运营的加氢站有 327 座，其中欧洲 139 座，亚洲 118 座。日本、美国、德国、中国是拥有加氢站最多的四个国家，分别为 91 座、40 座、45 座、12 座。此外，中国还有 19 座加氢站处于在建中。

2. 加氢站与加油站联建模式有望大规模发展

英国、德国、日本等国家早已开启联建模式。2017 年 3 月 27 日，ITM Power（能量储存和清洁燃料公司）与壳牌（Shell）的官网发表公告，称英国第一个油氢混合站开放，并将完全由 ITM Power 拥有和运营，该油氢混合站位于英国 M40 高速公路的 Beaconsfield 服务区。此外，壳牌在加利福尼亚拥有的氢气站点也越来越多，其目标是在 2023 年之前建立多达 400 个氢气站点的网络。

2017 年 10 月，中国石化与广东云浮进行了加氢站—加油站建设的奠基仪式；2018 年 3 月，陕西煤业化工集团与广东云浮进行了加氢站—加油站建设的奠基仪式。

3. 加氢、加油、加气、充电共建

截至 2015 年底，中国共有加油站 9.68 万座，其中中国石油网点 2.07 万座，中国石化网点 3.06 万座，中国海油和民营网点 4.55 万座。如何充分利用好加油网点，将对石油企业建设综合性能源服务公司带来很大的影响。

图 6-4 是加氢站的运行模式示意图，加氢站主要包括高压储氢装置、压缩设备、加注设备和

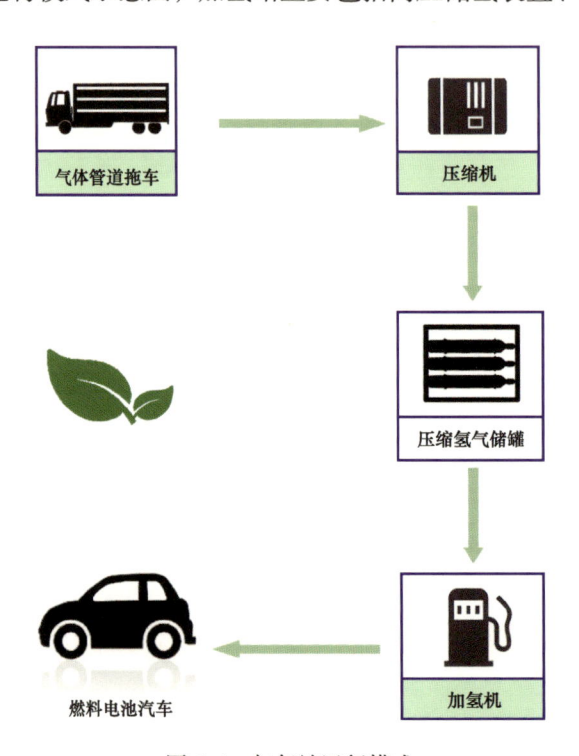

图 6-4　加氢站运行模式

站控系统等。在不计土地成本的情况下，建一座加氢站总投资成本预计为 1300 万~1500 万元。油公司只需充分利用好已有加油网点资源，将会节约大笔土地资金和人员管理等费用。

四、生物质能利用

2017 年 9 月 13 日，国家发展和改革委员会、国家能源局、财政部等十五部委联合印发了《关于扩大生物燃料乙醇生产和推广使用车用乙醇汽油的实施方案》。根据方案要求，到 2020 年，在全国范围推广使用车用乙醇汽油。

乙醇汽油就是燃料乙醇和普通汽油按照一定比例混配形成的新型能源。目前中国推行的乙醇汽油是按照普通汽油 90%、燃料乙醇 10% 的比例调和而成的，也就是 E10 乙醇汽油。添加燃料乙醇的汽油，可有效减少汽车尾气中的碳排放、PM2.5 等细颗粒物排放以及其他有毒物质的污染，从而改善空气质量。与传统石油这种化石燃料不同，乙醇属于可再生能源。所以往汽油里添加一定量的乙醇，既可以减少汽油这种不可再生能源的使用量，又能有效利用秸秆和大量过期变质的储备粮，将这些废料转变成可以利用的燃油。

根据 2016 年 12 月国家能源局印发的《生物质能发展"十三五"规划》，截至 2015 年，中国燃料乙醇的年产量约 210 万吨；预计到 2020 年，中国燃料乙醇产量达到 400 万吨。

第三节 绿色科技战略

以科技创新引领产业转型升级，充分发挥技术进步对产业转型的支撑和引领作用，实现油气企业低碳清洁发展。"互联网+"智慧能源已经是国家力推的能源发展方向，共享能源、分布式能源需要利用互联网带动传统行业进一步发展，互联网也需要传统行业的加入催生产业新形态。对绿色发展中的重点科技问题进行详细研究，如低碳技术、环保技术和战略性新兴技术等。以技术创新体系和绿色科技保障体系建设作为今后发展的战略重点，引领以绿色、智能、可持续为特征的新的科技革命和产业革命，加快形成产业化新产品。

一、构建能源互联网与分布式能源体系

能源互联网是推动能源生产和消费革命的重要举措，涵盖了一次能源与二次能源之间的相互协调，电力网、油气网等互联网之间的统筹规划。油气是能源互联网实现"源—网—荷—储"运营模式，以及整个能源体系协调优化的有效支撑。能源互联网将从能源产供模式多元化、用户用能方式智能化、传输交易体系互联化、能源规模接入清洁化等方面对油气产业产生影响。油气企业应改变传统经营方式和管理模式，积极实现自动化和信息化的深度融合，打通油气上游经脉，完善输储设施建设，塑造油气中游"源—网—荷—储"协调优化模式。

"源—网—荷—储"协调优化模式，将进一步扩展到整个能源互联网领域，是整个能源系统的协调优化运营模式。其中，"源"包括石油、天然气、电力等多种能源资源；"网"包括石油管网、供热网、电网等多种资源网络；"荷"包括电力负荷与用户多种能源需求；"储"则主要指能源资源的多种仓储设施及储备方法。一是能源互联网中的"横向多源互补"指电力、石油、水、天然气等多种能源资源之间的互相补充协调，突出强调各类能源之间的可替代性，用户不仅可以在其中任意选择能源，也可自由选择能源资源的取用方式。二是能源互联网中"纵向源—网—荷—储协调"，通过多种能量转换技术及信息流、能量流交互技术，实现能源资源的开发利用和资源运输网络、能量传输网络之间的相互协调；将用户的多种用能需求统一为一个整体，使电力需求管理

进一步扩大成为全能源领域的综合用能管理，同时把用户的综合用能需求和用户的储能设备视为可调控的资源，实现用能需求、储能、能源供应三者之间的信息流和能量流集成，形成调控性较强的能源供需体系，从而提高整个能源系统的运营效率和安全稳定性。

能源互联网的有效发展将使"互联网+"思维深入渗透油气产业，油气企业改变传统经营方式和管理模式，在产业的上、中、下游每一环节，做好能源互联网时代超前准备。

1. 打通油气上游"经脉"

积极响应能源互联网的技术驱动内涵，在自动化和信息化领域实现深度融合。通过在油气上游企业应用相应的技术和信息化管理手段，打通生产、管理和控制的"经脉"，优化企业资源配置，提高企业竞争能力。具体包括三个方面：一是搭建智慧科研平台。基于油气企业地域分布平面化、信息渠道来源单一、信息分散等问题，搭建企业级的公共信息咨询与服务平台，建设科学数据共享平台及标准规范体系，促进科研资源整合与共享。二是构建智能油气勘探和智能油田。将传感器、智能装置等信息化手段应用于油气勘探和油井生产远程监控，对油井、油田的物理状况、生产数据进行采集和处理，由此实现油气高效开发、安全生产、降低员工劳动强度、提高工作效率和管理水平等。三是形成智能节能减排体系。基于云计算等互联网手段，整合服务器，推动设备的高效利用，利用信息化方式进行实时能耗监测、能耗智能分析，建立集团层面的有效能源计划，构建一个高效节能、绿色环保的生产工作环境。

2. 塑造油气中游"毛细血管"

能源互联网开放、互联、平等、共享的特性，对能源供给的基础设施建设提出了新要求。对于油气领域，需要首先完善行业中游的基础设施建设，将运输和存储的"毛细血管"在更广泛的用户端塑造，保障能量流的畅通。一是建设智慧燃气管网。类似于目前电网输配网建设，拓展和完善燃气管网的延伸和应用范围，随着城镇化建设的推进，每家每户都成为燃气使用终端，减少缺供、少供和无供现象。同时，配合智能化技术，安装应用设施，建设智慧燃气管网，实现预报预警、安全监管和应急处置等功能，保障能源使用安全。二是推进天然气储能发展。在已有运输管网的基础上，推进天然气储能相关设施的建设。以分布式为主、集中式为辅的建设理念，充分发挥天然气灵活调节的特性，在微网或园区等建设上，将天然气储能作为能源供应的软托盘，实现能源互联网整体柔性开放、智能协同，保障能源安全、清洁、高效。

3. 激活油气下游"器官"

随着能源互联网建设的推进，未来将促进中国油气产业持续发展，作为产业下游"器官"的售能和用能环节，更应融合市场和创新思维，予以激活和重视，保持油气产业整体的生命活力。一是发展智能燃气硬件制造业。根据已有用户基础和供气经验，融合能源互联网理念，制造技术创新、成本可接受的智能气表、智能燃气器具等智能燃气硬件，能够通过移动互联网实现实时监控、自动报数、用气分析、超基数预警、远程切断等一系列功能，并可同时获得用户相关的信息、系统的用气数据、用户端入口以及一定的金融资源。通过产品创新撬动格局固化的燃气市场，同时创造出更多的用户需求，并通过满足用户需求来获得收益。二是成立综合能源服务商。对于油气资源丰富且集中、市场发展成熟的地区，优先开展试点。从试点项目实际情况出发，以用户用能效率最高、成本最低为目标，通过智能硬件提供的数据，设计包含信息化、能源技术等元素的综合解决方案，帮助用户在终端实现用气或用电等多种能源的选择和切换。综合能源服务商的运营，需体现经济和社会效益。

二、储备碳捕集和储气库地下技术

煤炭在中国的能源结构中具有重要地位，需要发展和储备CCUS技术。发展碳捕集技术，一是可以为能源绿色发展提供技术手段；二是为中国煤炭资源的清洁化利用储备技术。压缩空气储能技术是第二大储能技术，油公司应该发挥自身的优势，利用储气库建设和运行的技术和资源优势，同风能、太阳能发电技术结合，将可再生能源进行储存，同时也可以将电能转化为氢能，实现对天然气资源的补充。

1. 碳捕集技术

碳捕集，就是捕集释放到大气中的二氧化碳，压缩之后，压回到枯竭的油气田或者其他安全的地下场所。捕碳是未来中国减少碳排放的重要出路。此外，捕集到的二氧化碳还能回收利用，提高石油的采收率，甚至可以把高纯度的二氧化碳作为食品添加剂，免费供应给啤酒、汽水厂等食品制造企业。

碳捕集与封存可将大型发电厂、钢铁厂等排放源中的二氧化碳收集起来，再用各种方法储存并深埋于地下，包括二氧化碳捕集、运输和封存三个环节，可以使单位发电碳排放减少85%～90%。碳从捕集到封存的成本较高，尤其是封存的技术难度大，可靠性也还在探索中，碳封存在国际上有三种方式：第一种是油气田封存方式，既可提高石油和天然气的采收率，又可实现碳封存，技术已经基本成熟；第二种是深层煤层封存，并用于提高煤层气的采收率，目前处于前期探索试验阶段；第三种是深层咸水蓄水层封存，该封存方式封存的二氧化碳量远远高于前两种，技术也日趋成熟，但目前缺少商业化运行的工业装置。

油公司应加大开展碳封存技术研究。中国地质构造丰富，具备注入潜力的地层可储存二氧化碳1.5万亿吨，能够满足未来数百年二氧化碳地质储存的需要。利用二氧化碳驱油技术，可以大大提高石油采收率，使二氧化碳置换原油后长期储存于储层中，实现真正意义上的规模减排。由于碳捕集到封存成本很高，政府出台相应的补贴政策或提高碳税抵消排放成本，采取碳排放限定及交易许可来取得税金，促使企业改进生产，减少污染。

2. 地下储气库技术

1）储气库建设

随着天然气消费市场的不断扩大，储气库的调峰保供作用日益凸显，尤其是在北方重点城市冬季调峰保供中发挥了关键作用。2016年中国实际天然气调峰总量为155亿立方米，其中储气库调峰占34.2%。天然气对外依存度越高，储气库建设越显得迫切和重要。

2）专业人才队伍

储气库的建设运营与常规气藏开发有明显区别。储气库多周期高速吞吐，注采速度是气藏的20～30倍，加剧气窜和水侵，流体分布和空间动用复杂化，其建设标准、运营要求和风险程度远高于常规气藏。中国储气库专业技术总体缺乏，未来储气库专业人才的缺口将进一步扩大。加强专业人才队伍建设，是保障未来储气库快速、健康发展的关键。

3）国外运营经验

由于中国储气库深度普遍高于国外，运行压力和随之而来的风险程度也远高于国外。中国储气库多位于人口稠密区，若发生事故后果不堪设想。中国建设储气库不到20年，而国外储气库近百年的发展史积累了丰富的经验和教训，虽然油公司的建库技术已达到先进水平，但是运营和安全方面还有很多需要借鉴国外的成熟经验,将"零事故"的状态保持下去。

4)加快市场化

推动中国储气库建设快速发展的动力主要是国计民生的战略需要。储气库包括系统价值、金融价值和保险价值等。储气库的系统价值是储气库对管网的物理性作用。储气库的存在,某种程度上可以减小管道建设的管径,起到优化管网成本的作用。金融价值则是储气库运营者利用时间或者季节性价差套利。保险价值则是通常提到的保障供应功能。2014年,国家发展和改革委员会发布《关于加快推进储气设施建设的指导意见》,鼓励各种所有制经济参与储气设施投资建设和运营,加大对储气设施投资企业融资支持力度。2017年公布的油气改革方案中,强调建立天然气调峰政策和分级储备调峰机制,明确供气企业和管道企业承担季节调峰与应急责任,地方政府负责协调落实日调峰责任主体。国家不断出台的相关政策虽然在积极引导,但未对储气库融资、价格调节和运营补贴作出具体可执行的规定。

三、顶层规划

1. 顶层布局

加强顶层设计,明确思路,长远规划,择机布局,确定能源转型发展愿景。环境是最稀缺的资源,生态是最宝贵的财富,未来绿色发展将是企业发展的追求。绿色低碳为油公司的基本发展战略。以此为目标加强顶层设计,坚持生产过程清洁和生产产品清洁两个方向。实现从油气生产和供应商向能源服务商的转型发展,把绿色与可持续发展培育成为油公司新的核心竞争力。

(1)发展绿色能源,推动社会能源低碳化转型。增强开发绿色低碳能源,大力发展天然气,助力能源结构优化调整。推进油品质量升级,同时积极探索乙醇汽油、生物柴油等新型油品的开发利用。

(2)培育新兴能源,实现企业发展转型。立足油区大力发展地热、氢能等业务,以天然气和电力为纽带,稳步发展储能和风、光、电,同时积极探索其他新兴业务。

(3)坚持清洁生产,大力实施节能减排。全面提高现场清洁生产水平,从源头上控制污染、保护生态。

(4)坚持科技创新,引领企业绿色发展。针对能源洁净、能效提高、氢能开发、储能新材料等领域,聚焦目标、厘清问题,充分发挥基础研究的战略支撑作用。

2. 部署基础与创新平台

科技创新离不开实验室。实验室在科学技术创新、科研成果转化方面起到了承前启后的作用,实验室是科学的摇篮,是科学研究的基地、科技发展的源泉,对科技发展起着非常重要的作用。要以战略眼光建立企业重点实验室,开展应用基础、前沿技术和共性技术研发,同时在企业内与高校、院所建立联合实验室,围绕自主创新能力建设,开展基础性、前沿性创新研究。

面向节能环保和新能源等领域,选择重大共性关键技术与重大应用示范结合,强化基础研究对能源转型发展的支撑作用。

(1)在节能环保和新能源方面,围绕煤炭清洁高效利用和新型节能技术、可再生能源与氢能、智能电网,加强碳基能源清洁转化、"源—网—荷"协同机制等基础研究的支撑引领。

(2)在转型升级方面,围绕网络协同制造、重点基础材料、云计算和大数据、高性能计算、宽带通信和新型网络、新能源汽车、功能分子材料与器件部署基础研究,解决产业共性关键技术基础问题，为培育战略性新兴产业提供科学支撑。

（3）在能源共享和智慧生产方面，加强能源互联网和区块链研究。能源互联和区块链的去中心化，高度契合了能源体系的分布式发展趋势，通过去中心化的信任体系及智能化的合约执行体系，是实现能源互联网能量流、信息流和资金流有效连接的基础保障。

面对全球能源转型，国际油公司积极应对，发展战略既有共性又各有特点。总体上坚持核心战略，持续创造经济效益，践行社会责任，与社会合作，保障石油和天然气供应，并通过探索新的商业模式和技术，在低碳能源中继续发挥中坚作用。

随着世界越来越趋向于低碳能源，国际油公司将发挥自身的先天优势，为社会提供更清洁的能源解决方案，如提供天然气和可再生能源相结合的电力模式；创建新能源业务，投资能源的新领域，包括风能、太阳能、氢能、新材料等。探索各种低碳能源发展途径，实现从国际油公司向国际综合性能源公司转型发展。

第四节　壳牌公司能源转型

2018年，壳牌公司发布了能源转型报告，阐述了公司对于向低碳能源系统转型的新见解，列举了如何在气候相关风险和机遇背景下推动经营战略。壳牌公司设定了三个战略目标，为管理向低碳能源系统过渡相关的风险和机遇提供了坚实的基础。第一个目标是提供世界级的投资案例，这意味着壳牌在总回报率方面成为所在行业的龙头公司，将使其有能力在能预见到增长的领域进行投资，并承担油气价格波动以及下游制造和营销利润率波动带来的风险。第二个目标是通过满足社会对更多、更清洁能源的需求，向低碳能源转型，并蓬勃发展。伴随着能源系统的发展，为客户提供所需要的产品组合。第三个目标是维持壳牌的社会经营许可，为人们的生活作出真正的贡献。

如果要达到《巴黎协定》的目标，必须在2070年前停止向大气中增加二氧化碳等温室气体的排放。要实现上述目标，到2050年消耗每单位能源所产生的温室气体数量必须减半。壳牌公司计划实现《巴黎协定》目标的步伐，则意味壳牌公司需要21世纪中叶前，将能源产品的净碳足迹降低一半左右，主要措施包括减少壳牌公司自己作业造成的排放和改变销售给客户的产品排放等。具体做法是，将使用更多的可再生能源、生物燃料和电动汽车充电站，并为电力、工业和交通运输提供更多的天然气，发展地下安全开采和碳储存技术，并开发森林和湿地等天然碳汇，以补偿社会上难以避免的排放。

一、转型举措

为了推动壳牌公司持续的成功和对竞争的适应性，积极参与许多增长领域业务，管理包括甲烷在内的作业排放，在液化天然气等领域扩大现有业务，投资新燃料、电动汽车充电和向家庭提供电力等新业务。

1. 减少作业污染排放物

通过一系列行动助推壳牌公司的排放绩效，其中包括改进设备维护计划、安装更多节能设备、管理运营的排放、向客户提供低碳产品，以及开发碳捕集与封存（CCS）等技术。

温室气体和能源管理计划必须包括温室气体排放源以及至少10年的预期排放量预测。

为评估新项目的适应性，壳牌公司在评估所有新投资时考虑与温室气体排放相关的潜在成本。

这意味着如果预计温室气体排放量过高，或者可能通过改变设计以减少温室气体排放时，项目可能会在早期规划阶段停止。

在综合燃气方面，在卡塔尔的 Pearl 气—液转换工厂，使用重石蜡合成废气作为燃料来给工厂供电，每年可减少 70 万吨二氧化碳排放量。

积极扩大太阳能光伏（PV）在业务中的部署。在美国加利福尼亚州，壳牌正在采用一个光伏项目为提供太阳能发电到斯托克顿燃料配送终端现场服务。其还在荷兰的 Moerdijk 化工基地开发太阳能发电厂，该项目将提供约 20 兆瓦可再生能源的峰值容量。

壳牌石油在阿曼石油开发公司中占有 34% 的份额，该公司正在建设一座 1000 兆瓦的太阳能热发电厂，将使阿曼石油开发公司的能源生产通过使用阳光在日常运营中产生每天所需的 6000 吨蒸汽，使碳排放量减少。

2. 为客户提供更多低排放产品

壳牌生产和销售各种有助于减少能源系统总体排放的低排放能源产品、技术和服务。销售更多用于电力、运输和工业的天然气。

壳牌是全球最大的独立石油和天然气公司、液化天然气（LNG）经销商，在日本、韩国、中国台湾和中国大陆都有办事处。当前，天然气占壳牌产品组合的 50% 左右。

发展电力业务。随着能源消费从高碳转向低碳能源，电力（包括通过可再生能源生产的电力）将成为壳牌未来发展的重要组成部分，并希望其成为继石油、天然气和化学品业务之后的第四大支柱。壳牌公司拟定将石油和天然气市场模式应用于电力，包括向终端用户供电、购买和销售电力以及生产电力。

壳牌公司有几十年的电力交易经验，可以批发给能源零售商。壳牌目前通过美国和欧洲的可再生能源项目发电。在美国，过去 10 年壳牌公司一直是排名前三位的电力批发商。在北美管理超过 10000 兆瓦的电力，其中超过三分之一来自可再生能源生产商。2017 年，通过 MP2 能源交易扩大了直接向工商市场供电的能力，使得壳牌公司可以直接进入得克萨斯州及美国东北部的大型工业和商业市场。2017 年，壳牌公司同意收购在英国领先的独立能源供应商 First Utility，并给 825000 户家庭供电。

壳牌公司还希望改善发展中国家的电力供应。将通过投资经营小型电网的公司，并通过安全的即用即付系统提供接入服务，向缺乏电力的人群提供可靠的供电。在 2018 年初，壳牌与设在印度的 Husk 公司共同投资，向亚洲和非洲的农村地区供电。

3. 投资电动汽车

为实现销售更多、更清洁能源的目标，壳牌公司正在扩大为运输工具供电。2017 年，壳牌收购了总部位于荷兰的 New Motion 公司，该公司拥有欧洲最大电动汽车（EV）充电点网络之一。

New Motion 公司在荷兰、德国、法国和英国的家庭及办事处设立了超过 30000 个私人电费收费点，还为欧洲 25 个国家的 10 万名注册收费卡用户提供超过 50000 个公共充电点。

壳牌在英国的居民区推出电动充电站，2017 年有 10 家。在荷兰的壳牌零售站建立了一个连接快速充电点的网络。壳牌还与高性能充电网络运营商 Ionity 签署了协议，为欧洲 10 个国家提供更快的充电点。

壳牌还为客户提供智能充电技术，有助于电动汽车在电量总需求最低的时候集中到电网中，既有利于电网，也有利于客户，使其车辆充电更便宜。该系统在英国、德国和美国的三个试点项目中进行了试用，并正寻找更大规模的机会来使用这种专门技术。

4. 开发先进的生物燃料

壳牌积极开发利用植物不可食用的废物和纤维素等生物质制造先进生物燃料。

2015年，Raízen公司在巴西的Costa Pinto工厂开设了第一家先进的生物燃料工厂。2017年，该工厂从甘蔗残渣中生产了1000万升纤维素乙醇，预计每年将生产4000万升纤维素乙醇。

壳牌在印度的班加罗尔建造了一个示范工厂，将包括食品、纸板、塑料和纸张在内的废弃物转化为能够驱动汽车的汽油或柴油，目前尚处于试验阶段，离商业化推广尚有时日。该工艺由美国的一个研究中心——天然气技术学会（Gas Technology Institute）开发，称为IH2。

壳牌IH2工艺使用热量、氢气和催化剂将废物中的大分子转化为更小的碎片，去除氧和其他污染物以便产生氢和碳两种元素。然后将两者合并形成碳氢化合物分子，如汽油、柴油和喷气燃料。

壳牌也是全球最大的生物燃料混合商和分销商之一。2017年，壳牌在销售的汽油和柴油中使用了约90亿升生物燃料，在美国、巴西、欧盟国家、土耳其、泰国、马来西亚、菲律宾、阿根廷和加拿大等许多国家销售生物燃料。

5. 扩大碳捕集与封存

碳捕集与封存（CCS）是帮助大型工业设施和发电厂减少二氧化碳排放量的关键技术。将二氧化碳捕集并封存在地下，防止其释放到大气中。在碳捕集、利用与封存（CCUS）的工艺中，捕集的二氧化碳直接使用而不是储存。例如，在石油和天然气行业，捕集的二氧化碳可以注入开发后期的油田，以提高采收率，也可以作为工业生产过程中的原料。

目前全球有21个大型碳捕集与封存（CCS）项目正在运行或建设中，其具备每年可捕集约4000万吨二氧化碳的综合能力。

在加拿大政府和壳牌公司合资伙伴的合作下，壳牌在阿尔伯达运营了Quest CCS项目，从Scotford Upgrader公司捕集和封存二氧化碳。Upgrader公司使用氢气将沥青变成合成原油。在不到两年的时间里，Quest项目已经捕集并安全封存了超过200万吨的二氧化碳。

碳捕集与封存（CCS）技术由壳牌Shell Cansolv子公司开发，用于加拿大萨斯喀彻温省的边界大坝发电站。它是萨斯喀彻温省最大的燃煤发电站，也是该地区最大的电力生产商。利用碳捕集与封存（CCS）技术，将边界大坝电站产生的大部分二氧化硫和二氧化碳予以捕集和封存，使其成为全球首座能够捕集自身二氧化碳气体排放的商用火力发电厂。

在Mongstad技术中心（TCM），壳牌公司与挪威政府Statoil和Sasol公司研究和开发碳捕集与封存（CCS）技术，以帮助降低成本。在2017年，壳牌公司重申了在2020年之前参与Mongstad技术中心（TCM）的持续测试的承诺。

壳牌公司还在澳大利亚参与了Gorgon二氧化碳注气项目，该项目将在完成后成为全球最大的碳捕集与封存（CCS）项目。Gorgon碳捕集与封存（CCS）项目将每年分离和重新注入340万~400万吨的二氧化碳封存量。在该项目的整个生命周期内，预计将有大约1亿吨二氧化碳被捕集和封存。

6. 加大科技投入

壳牌公司继续投资研发，以提高产品、工艺和运营的效率，并将向低碳能源未来转型的技术商业化。2017年，壳牌在研发上投入9.22亿美元。

壳牌公司经营了一个全球网络技术中心，主要枢纽设在美国休斯敦、荷兰阿姆斯特丹和印度班加罗尔。技术中心网络成千上万的员工从事研发项目，研发项目中包括诸如寻求将天然气转化为更高效和更清洁的燃料，从海面数千米以下的岩层开发石油，以及减少壳牌公司的净碳足迹等。

研发项目往往涉及与公立或私立实体的合作，包括大学、政府实验室、科技创业公司及孵化基地。例如，在2017年，壳牌公司同意支持美国能源生物科学研究所的研究，利用生化过程来储存或输送能量，或合成高价值的化学品。

壳牌公司的开放创新计划包括：

（1）Shell Game Changer。该计划与初创企业和未经证实的早期创意企业合作，有潜力影响能源的未来。壳牌公司为各公司提供支持、专业知识和种子资金，同时让他们保持独立性以便能作出自己的决定。

（2）壳牌科技风投。这是壳牌公司的企业风险投资部门。其投资的公司正在开发有望补充壳牌业务的有前途的技术——主要是石油和天然气、新能源和信息技术。

（3）Shell Tech Works。总部位于美国马萨诸塞州的 Shell Tech Works 加速采用来自其他行业的成熟技术，并将其应用于石油和天然气行业。该计划在2013年启动，通过与各个公司、大学、研究机构和初创公司合作，帮助其快速、经济、高效地开发和部署技术。

二、未来转型战略

1. 中期战略（2030年前）

向低碳能源转型给壳牌公司带来了机遇和风险。壳牌的战略、投资组合和强有力的财务框架，构成了2030年前公司的转型路线。

1）业务领域多元化

能源系统在不同的国家和经济部门将有不同的演变情况，而商业风险和机遇也会有很大差异。壳牌公司多元化的业务有助于减少在任何一个行业或国家出现意外变化的风险，也使公司能够根据发展前景转入和转出资产和业务。

壳牌公司有七大战略主题：常规石油和天然气、深水、页岩、综合燃气、石油产品、化工品，以及最近创建的新能源业务。壳牌公司的发展和适应能力得到增强，集中表现在电力和新燃料方面。

业务范围包括能源的开采、加工和销售，使壳牌公司能够随着能源系统的发展而灵活地管理风险和回报。在过去三年中，下游业务（包括化学品、市场营销、炼油和贸易）产生了良好的收益。这有助于抵消石油和天然气价格下滑对上游和综合燃气业务的影响，表明能源系统的每个部分，可能因需求、供应和商品价格的变化而受到不同影响。

2）地理多元化

壳牌公司在全球70多个国家开展业务，遍布不同的经济制度和发展阶段。

2017年，在19个国家的业务占壳牌公司运营现金流的80%左右，其中包括澳大利亚、巴西、加拿大、尼日利亚、卡塔尔和美国。壳牌公司预计未来10年运营现金流也会有类似的分布。

在此期间，壳牌公司预判一些国家的石油和天然气需求将减少，而其他国家则会迅速增长。天空情景预测在2025年后石油需求开始在全球范围内下降，但是印度、中国等国家石油需求仍将增长，其增长态势将一直延续到21世纪中叶。

3）积极的投资组合

壳牌公司通过发展综合燃气、化工和新能源业务来重塑投资组合。随着世界能源消费向低碳能源转型，未来10年壳牌公司在综合燃气、化工和新能源方面的业务将持续增长。2016年，壳牌公司收购了BG集团，在重组投资组合上迈出了重要的一步。此次收购加速了壳牌综合燃气业务的增长，同时还提升了壳牌在深水领域油气勘探中的地位。

壳牌公司正在扩大电力市场。预计未来几十年能源系统的电力将日益增加，电力行业将转向利用二氧化碳排放量较低的天然气和可再生能源发电。壳牌已投资荷兰的风力发电以及向英国零售客户供电等领域。投资领域的增加充分利用了现有的天然气和电力交易能力，同时为未来发展构建了新的业务模式。壳牌还在继续调整业务，以满足不同国家不断变化的需求。例如，除了液化天然气（LNG）和生物燃料之外，还在德国等欧洲市场提供氢气和电动汽车充电，以便更快地向低碳能源转型。

壳牌公司计划在未来10年对石油产品需求增长的中国、墨西哥、印度、印度尼西亚和俄罗斯等国家增加零售网点的数量。

壳牌正在进行的投资组合变革，降低了不具经济性的资产运营风险，降低了由于需求变动或二氧化碳监管变化，而产生的不具经济性的油气储备。

4）延续上游核心业务

上游业务涵盖三个战略主题：常规石油和天然气、深水油气和页岩油气。

到2030年，预计在山地、海洋和天空（壳牌预计的高中低三种情形）等三种情景下，对石油和天然气的需求都将高于今天。为了满足该需求，壳牌预计将继续投资寻找和生产石油和天然气。目前壳牌公司拥有可供开采约8.8年的探明储量和可供开采约13年的2P储量，同时拥有可供开采20至26年的资源量（2P+2C）。因此，壳牌相信有可能将上游业务延续至21世纪30年代。

壳牌公司将继续加强油气勘探，发现更多的油气资源，以满足21世纪30年代在天空情景下所预期的石油需求。壳牌将继续拓展和发展油气勘探开发项目，保持在油气成本上具有竞争力，即使油气供应过剩和油价低迷，也能保持持续发展。

自2015年以来，壳牌在上游的成本降低了20%以上，石油产量增加了20%。在当前的油价条件下，上游仍在为壳牌创造大量现金流，足以支付税款和再投资所需的资金。即使油价跌至每桶40美元，上游仍会产生经营现金流。

墨西哥湾的Vito深水项目中，与最初的构思相比，整体资本投资成本降低了70%。而在美国的二叠盆地，2014年页岩业务的直接现场支出减少了33%，自2015年以来减少了60%。

在进行投资时，壳牌考虑以下因素来提高适应能力：（1）短周期投资和灵活性，使产量能够随着需求或价格的变化而增加或减少（页岩油气项目）；（2）关注在短期内产生正向现金流的项目（例如，在现有的深水油气田增加新井）；（3）提高资本效率以降低盈亏平衡价格；（4）在投资新资产时，考虑各类资产二氧化碳排放强度的具体执行标准；（5）优化技术以进一步提高抵御能力，包括在上游资产中使用碳捕集与封存（CCS）和可再生能源技术；（6）采用温室气体和能源管理，以降低运营资产的碳排放强度和潜在成本。

5）一体化天然气业务

壳牌公司的一体化天然气业务管理液化天然气活动和气—液转换（GTL）燃料以及其他产品，销售和交易天然气、液化天然气、原油和电力。

2017年世界液化天然气的总需求增长了2900万吨，达到2.93亿吨。根据目前的需求预测，除非各个公司很快投入新的液化天然气生产项目，否则预计在2020年中期可能出现供应短缺。

预计液化天然气作为一种运输燃料，需求强劲。将重型车辆燃料替代为液化天然气有助于减少空气污染。例如，在运输过程中，天然气与重质燃油相比，燃烧产生的氮氧化物减少80%，天然气燃烧也几乎不排放二氧化硫。

目前液化天然气作为运输燃料的市场约为每年 1400 万吨。如果整个海运和重型货运部门转型为使用液化天然气，则每年需要 2200 吨的液化天然气燃料。

壳牌公司拥有全球多元化的 13 个经营性液化天然气厂投资组合，以及 25 个以上国家的近 70 个不同的客户，使综合燃气业务能够适应区域需求的变化。

自收购 BG 集团以来，壳牌已将综合燃气的基本营运开支从 15% 减少至约 11%，而销售量则增加 15%。因此，供应的液化天然气远期交货成本低于预期定价水平。

除现有资产外，壳牌正在提高未来供应项目的成本竞争力。在过去几年中，壳牌降低了持有的投资组合的单位供应成本。壳牌的目标是降低成本，使所执行的所有项目都能以具有天然气市场竞争力的价格进行生产以及交付液化天然气。这也是进一步投资液化天然气供应项目的必要条件。

壳牌公司将越来越多第三方生产的天然气和液化天然气纳入公司的投资组合，减少对权益性天然气储量的依赖。

6）加强新能源业务

壳牌公司预计，到 2020 年，平均每年在新能源领域的资本投资将达到 10 亿~20 亿美元。预计投资的绝大部分将用于电力以及通过太阳能、风能和天然气发电。

太阳能和风能发电成本的下降以及能源系统的电气化，使得可再生能源的开发对社会越来越有吸引力，并且对壳牌公司而言是一个有吸引力的投资机会。

一些电力市场的监管不确定性可能导致长期收入的不确定。为了避免这种情况发生，壳牌正在寻求投资现今商业上可行的项目。此外，根据快速发展的技术环境，将为每个项目选择最佳技术选项。对于电力项目，壳牌力求投资回报率达到 8%~12%。

电力业务使投资组合具有抵御油价波动的能力，因为尽管电力价格与天然气、煤炭和二氧化碳价格挂钩，但电力价格大部分与油价脱钩。较高的二氧化碳价格和较高的电价也可以为销售电力的可再生能源项目带来更高收入。

壳牌公司专注于在北美和欧洲特定市场已有的客户群扩大电力市场，预计能源转型将为交易和销售天然气、可再生能源及仓储提供新的机会。壳牌公司也在关注经济大国和快速增长的可再生能源部门的情况。

新能源业务正在探索新的运输燃料，范围包括开发先进的通过废物和非食用植物制造的生物燃料，启动加氢站和电动汽车（EV）的充电业务。

2. 长期战略（2030 年后）

到 2050 年，壳牌公司将销售的能源产品的净碳足迹减半，意味着减少公司运营的排放量，其中，大部分减排量将来自改变销售的产品组合。实现该目标的方式包括销售更多的天然气、生物燃料、电力，开发更多的碳捕集和封存（CCS）容量，以及采用自然解决方案，如种植森林或恢复湿地用于充当碳汇。

随着世界向低碳能源过渡，壳牌公司采用的一种重要方法是减少能源产品的净碳足迹。目标不仅包括自己运营的排放，还包括客户在使用壳牌公司销售的能源产品时产生的排放。

1）减少净碳足迹

壳牌公司计划与社会同步降低能源产品的净碳足迹。壳牌公司采用了独特的净碳足迹方法，使用天空情景分析和国际能源署 2017 年能源技术展望作为假定条件。已经确定为实现将全球变暖限制在远低于 2℃，减少能源系统净碳足迹，获得了合理的机会。

要实现《巴黎协定》的既定目标，到 2070 年，人类社会要实现二氧化碳等温室气体净零排放。要求到 2050 年，全世界每单位能源消耗的二氧化碳从现在的每兆焦耳 74 克左右降低到约 43

克。到2050年，壳牌公司计划与全球能源系统的净碳足迹相匹配。为了实现该目标，壳牌公司需要比社会走得更快。21世纪中叶，需要将能源产品组合的净碳足迹减少一半，从目前每兆焦耳约83克二氧化碳减少到每兆焦耳约43克二氧化碳。作为临时措施，壳牌公司计划到2035年，将净碳足迹减少20%左右。

壳牌公司的计划涵盖了产品的全部能源生命周期，使其在能源行业中独树一帜。不仅包括来自能源产品生产过程的排放，还包括来自其能源产品本身的排放，其中约85%的排放与壳牌公司的能源产品相关。

2）改善壳牌公司能源产品的排放

减少净碳足迹将需要壳牌公司减少自己运营的排放。但大部分减排量将来自改变产品组合的改变，以向客户提供更多能够产生更低排放量的产品。壳牌公司将用对其具有商业意义的方式做到这一点，以响应不断变化的消费需求，并与社会进步同步。

三、背景材料

1. 高山情景

高山情景假设全球经济平稳发展，并且政策方针在打造全球能源体系和环保方面发挥重要作用。燃烧更清洁的天然气将成为全球能源体系的支柱，在许多地区替代煤炭成为发电燃料，并开始在交通领域广泛应用。

大约到2035年，交通业的深刻变化使全球对石油的需求达到顶峰。到21世纪末，道路上行驶的大多数轿车和卡车将以电和氢为动力。从发电厂、炼油厂以及其他工业设施捕获二氧化碳的技术将得到广泛应用，使能源行业二氧化碳排放量在2060年接近零。核能在全球发电总量中增长，到2060年，核电的市场份额将增加约25%。

随着全球能源系统的变化，温室气体排放量在2030年以后开始下降。但是，温室气体总排放量仍高于能够把全球升温控制在2℃以内的排放目标。

2. 海洋情景

海洋情景所勾勒的世界，繁荣但不稳定，能源前景主要由市场和公民社会决定，而并非由政府政策主导。来自公众的阻力和相关政策、技术的缓慢实施，将会限制核能发展和北美以外地区的天然气开发。至少到21世纪中叶，煤炭仍广泛用于发电。

没有决策层的大力支持，二氧化碳捕集和封存技术将发展缓慢。到21世纪中叶，捕集和封存量只占全球二氧化碳排放量的10%。到2075年，该比例可能达到25%。因此，海洋情景要比高山情景晚30年实现发电零排放。

居高不下的能源价格将促进难采石油资源的开发，同时带动生物燃料的生产。21世纪20年代和30年代，石油需求将继续增加，直至2040年达到平稳。到21世纪中叶，70%的陆路出行者仍将使用液态燃料。

燃料的高价格还将提高能效并激励对太阳能的发展利用。到2070年，太阳能光伏发电板将成为全球最主要的能源来源。而公众反对大型风力涡轮机的安装，将导致风能发展缓慢。由于煤炭和石油需求增加，二氧化碳捕集和封存技术得不到支持，以及北美以外地区天然气发展缓慢，海洋情景的温室气体排放将比高山情景高25%。

第五节　BP公司能源转型

2018年，英国石油公司（BP）发布了《推进能源转型》的报告。在该报告中，BP研究了能源世界如何快速变化，阐述了其低碳目标，并展示了如何帮助推进能源转型。

英国石油公司（BP）认为，世界正以前所未有的速度发展，为数十亿人创造机会。所有这些增长都离不开能源。在世界需要更多能源的同时，还要求以新的方式进行能源的生产和交付，并减少排放。针对这一双重挑战，BP始终着眼于未来，适应变化，迎接这样的挑战。

一、发展目标

20年前，英国石油公司（BP）是率先应对气候变化威胁的能源公司之一，率先开发了诸如风能、太阳能和生物燃料等替代能源。为了使可再生能源成为真正的替代能源，BP公司已经投资了数十亿美元。为了显著地降低排放，每种类型的能源都需要变得更好、更清洁，仅在可再生能源上展开角逐还是远远不够。这正是BP公司要对整个业务进行大胆变革的主因。

1. 能源结构变化

人类对能源的需求在持续增长，主要是由于受到新兴经济体的收入增加，以及到2040年全球人口上升至90亿的驱动。与此同时，随着技术的进步，消费者偏好的转变，加上政策措施的演变，能源结构也正在发生改变。

现今，可再生能源是有史以来增长最快的能源，BP公司估计到2040年，可再生能源在所有能源消耗量中至少将占到14%。在2040年，即便是在达成将全球变暖的升温限制在2℃以内的《巴黎协定》目标的情况下，石油和天然气将至少满足世界能源需求的40%。

天然气为煤炭发电提供了一种更加清洁的替代方案，可以大规模地降低排放。它还为可再生能源存在的间歇性提供了宝贵的后备支持，提供工业所需的高温供热，并越来越多地用于交通运输。

石油是目前交通运输的主要燃料。BP公司预计，随着传统发动机在能效上的提高，生物燃料和天然气的更多使用，以及未来几年纯电动和混合动力汽车数量的增加，石油在总的能源结构中所占的份额将逐渐下降。

鉴于石油和天然气在未来几年的高需求量，采取措施降低其在生产和使用中的排放是至关重要的。

2. 转型展望

为了实现低碳的目标，社会正在寻求更多的能源并以新的更好的方式提供能源的解决方案。针对这一双重挑战，BP公司设计了自己的战略。

尽管BP公司不能预知未来，然而来自《能源展望》和《技术展望》中的一些观点，却有助于塑造BP公司的战略思考。BP公司考虑将来几十年的政策、消费者行为和技术进步将会如何影响能源转型步伐，以及该如何生产和使用能源。

在BP公司所有的预测中，都认为可再生能源将快速增长，但同时表明，在将来的20年中，石油和天然气仍占据突出地位。因此在BP公司的投资组合中，平衡了存在优势的石油和天然气、有竞争力的下游行业、各种形式能源的贸易以及广泛的低碳业务。

在制定战略决策时，BP公司考虑了各种潜在的中期供需情况，包括向低碳能源的更快转型。为了确定某一投资潜力是否具有商业意义，BP公司会采用一系列的石油、天然气和碳价格进行测试，从而针对不确定性和机遇做好准备。

无论世界究竟会选择何种发展速度和途径，BP公司都会积极规划如何参与能源转型，以及如何在其中保持竞争优势，这种方式将为BP公司带来顺应力。为了增强这一信念，BP公司还将公司高管的部分长期薪酬纳入该战略的实施当中。

3. 低碳转型

对于扩大BP公司的业务并为投资者带来更高回报来说，全球能源需求的不断增长是一个真正的机遇。在业务增长的同时，BP公司的净运营性排放却不会增加，而且还将帮助他人遏制其排放。

BP公司将通过减少运营中的排放量，改进产品和服务，以及创建低碳业务来履行该承诺。这只是BP公司20多年征程中最新的一步，但却是有重大意义的一步，也是BP公司计划在未来几年迈出的一步。

二、转型战略

1. 减少作业排放

1）将运营排放零净增长作为BP公司的目标

据国际能源机构估计，为了保证达到全球升温低于2℃的目标，能源效率可为所需的减排量作出约40%的贡献。BP公司正在通过提高公司现有的运营效率并设计新的主要项目，减少温室气体（GHG）的排放。

BP公司设定了到2025年350万吨的可持续减排目标。正在运营的企业将通过提高能源效率、减少甲烷排放量以及减少空燃量来实现该目标，所有这些都会形成永久的、可量化的温室气体（GHG）减排。

作为世界银行倡议的一部分，目标是到2030年实现零空燃。此外，为了确保随着业务的增长，碳排放量不会增加，对未包含在BP公司可持续减排活动中的排放量，将对在2015年水平之上的任何排放增量进行补偿。

2）应对甲烷挑战

政府间气候变化专门委员会的数据表明，在人造温室气体（GHG）排放量中，甲烷占20%左右。由于甲烷是天然气的主要组分，BP公司致力于在解决甲烷挑战方面发挥主导作用。

在大气中，甲烷的寿命比二氧化碳要短，但其对全球变暖具有更强的潜在作用。因此，BP公司的目标是达到0.2%的甲烷排放强度，并将其保持在0.3%以下。这包括运营中所产生的甲烷排放，其中天然气以气体组分百分含量的形式上市。

为了管理甲烷排放，BP公司使用例如红外摄像头等技术来识别并帮助防止小型的渗漏变成更危险的泄漏。预计到2021年交付的22个重大项目中，有13个是天然气项目，BP公司正在对这些项目进行设计，从而自一开始就能减少甲烷的排放。

针对这一挑战，BP公司正在与业内同行共同努力，共享最佳实践并投资潜在的突破性技术。例如，BP公司积极参与石油和天然气气候倡议，其成员公司生产的石油和天然气超过世界产量的25%，该组织旨在努力使来自气体价值链的甲烷排放量接近零。此外，BP公司还支持了诸如普林斯顿大学等的研究工作，以提高对甲烷及其对全球变暖贡献的科学认知。

聚焦 Khazzan：BP 公司的 Khazzan 项目将为阿曼提供一个新的主要天然气来源，预计产量将达到阿曼天然气总供应量的 40% 左右。从一开始，BP 公司就将 Khazzan 项目设计为具有自身高效且低排放的特点。该项目设有一处中央处理设施，所以不需要在各井场设立处理设备。较少的处理场地降低了排放的可能性。

聚焦 Lower 48：BP 公司是美国最大的天然气生产商之一。BP 公司的 Lower 48 业务负责的排放量约占 BP 公司甲烷排放总量的一半，因此公司已将甲烷减排列为优先事项。

2. 改善产品

1）生产更多天然气

天然气用于燃烧发电时，产生的二氧化碳（CO_2）排放量大约为煤炭所产生的一半。这意味着天然气可以产生重大影响，正如在美国发生的情况一样，页岩气的充分使用，帮助美国二氧化碳的排放量降低至 20 世纪 90 年代的水平。

天然气是可再生能源的理想补充，因为风能发电、太阳能发电和水力发电存在可变性，它可以成为一种低碳、经济有效的后备能源。

聚焦南部走廊：作为 BP 公司投资组合中最大的项目之一，南部天然气走廊将首次把里海的天然气直接输送到欧洲。天然气将从位于里海的 Shah Deniz 天然气田开始，途经五个国家输往意大利，整条管线长达 3500 千米。BP 公司计划于 2018 年向土耳其供应天然气，于 2020 年向欧洲市场供应天然气。

一旦达到高峰产量，该项目将会提供足够的天然气，从而满足南部走廊沿线各首都城市超过之前两倍以上的需求量。

聚焦 Tangguh：在印度尼西亚 Tangguh 的运营中，将天然气转化为液态，使其在印度尼西亚和其他国家的运输更具实际性和商业可行性。这些液化天然气除满足印度尼西亚的需求外，还将出口到中国、韩国等。

BP 公司在 Tangguh 最新实施的扩建工程，将液化天然气的产量提高 50%，其中很大部分将供印度尼西亚使用。

2）帮助消费者减少碳排放

石油和天然气产品的二氧化碳排放有 80%~90% 来自交通运输、发电厂、工业和建筑行业。因此，BP 公司能为推动能源转型作出的最大贡献之一，是向这些行业中的消费者提供有助于减少碳足迹的产品和服务。

BP 公司的许多产品和服务已获得低碳推进计划的认定。这些产品包括交通运输燃料，采暖和照明能源，保持发动机运转的润滑剂，用于制造诸如油漆、衣物和包装材料等各种日常用品的石油化工产品。通过采用先进技术和 BP 公司的补偿计划开发了 20 多种碳中性产品和服务，而且为客户提供补偿其自身碳排放的机会。

3. 创建低碳业务

1）扩展 BP 公司的可再生能源业务

BP 公司从事经营可再生能源已经超过 20 年，是同行中最大的运营商之一，并正在不断扩展业务。

生物燃料：BP 公司在巴西利用甘蔗生产乙醇，与传统的交通运输用燃料相比，其生命周期内温室气体的排放量要低70%。此外，BP公司与合作伙伴Copersucar合资经营一家大型的乙醇储存库，将有助于进一步扩展进入巴西的大宗燃料市场。

BP公司正在与DuPont合作开发Butamax技术，该技术可将玉米葡萄糖转化为生物异丁醇。与乙醇相比，这种生物燃料具有更高的热量，可与较高浓度的汽油混配，并通过现有的燃油管道和基础设施输送。

生物发电：通过燃烧甘蔗秸秆粉碎后留下的纤维，即蔗渣进行生物发电，大约70%的生物发电量被输出至当地电网。这是一种低碳的发电能源，甘蔗在生长期间吸收的CO_2，抵消了在燃烧蔗渣时排放的CO_2。

太阳能：BP公司正在与欧洲最大的太阳能开发公司Lightsource合作，Lightsource公司专注于大型太阳能项目的收购和长期管理。

风能：BP公司是美国最大的风能生产商之一，在七个州经营着13处风力发电厂，并在夏威夷的另一家发电设施持有权益。

2) 对低碳企业投资

创新有可能是颠覆性的，并会给未来发展带来巨大影响。例如，如果混凝土减碳技术得到全球推广，将会使人造温室气体的排放量降低1%。

碳管理：在未来几十年，石油和天然气仍然是世界主要能源，2040年其可能仍占到所有能源的40%。BP公司正以多种方式投资，从而减少排放到大气中的二氧化碳。

启用碳补偿：BP公司是世界上最大的碳交易商之一，正在投资减排项目，帮助企业和其他组织补偿其碳足迹。

将减碳的目光投向混凝土：生产水泥时的碳排放占全球碳排放总量的5%~7%。BP公司已经投资了Solidia公司，通过采用轻质混凝土生产技术的方式，可以将其碳足迹减少高达70%。

BP公司每年投资约2亿美元，帮助低碳解决方案的孵化和成长。近期计划每年将至少拨款5亿美元用于低碳活动，其中还包括可再生能源业务和收购项目。BP公司将这些活动视为战略的核心，有可能为未来作出真正的贡献。

先进的交通出行：到2040年，乘用车30%以上的行驶里程可能是由电力驱动。此外，BP公司认为越来越多的人会利用共享乘车和拼车出行。

电动车辆的充电桩：BP公司与Free Wire公司开展合作，该公司开发了用于电动汽车快速充电的智能电池系统。此外，从美国到欧洲和新西兰，BP公司正在零售场所进行充电桩的试点。

数字化连接的车队：BP公司在投资Peloton公司，其技术能够使两辆或更多卡车紧密而安全地一起行驶。这既减少了空气动力阻力，又节省了燃料，并减少了碳排放。

生物和低碳产品：对低碳型燃料、工业材料和其他产品的需求在日益增加。就航空业而言，预计航空旅行将会增长，到2050年其排放量将会减半。

来自废弃物的航空燃料：BP公司的合作伙伴Fulcrum BioEnergy公司，开发了一种由生活垃圾制成的喷气式飞机燃料，与常规的等效燃料相比，其碳足迹仅为20%。BP公司将在北美的主要航空枢纽为飞机配送和供应生物航空燃料。

耐久的建筑材料：BP公司正在与Tricoya公司合作，为混凝土、金属和塑料生产更低碳的替代产品。通过采用乙酰化工艺改变木材的化学性质，可以制造出不会膨胀或收缩的耐候性建筑材料。

数字化转变：人工智能、更快的数据处理和其他数字技术在提高效率和降低排放方面具有巨大的潜力。

低碳电力和储存：在未来的数十年里，在预计的世界能源增长需求中，可能有近三分之二是以电力形式出现。

BP公司正在研究如何满足客户对电力和储存的需求，例如开发先进的电池技术。

3）坚持低碳活动

为了鼓励BP公司每个部门寻求低碳排放的机会，BP公司专门设计出新的低碳推进认定计划，通过向公司提供一个框架，从而关注显示出更好低碳成果的活动。

资格评定活动的范围包括从BP公司的运营减排到碳中性产品，从对低碳技术的投资到可回收能源业务。BP公司通过自己的业务以及与其他方面的合作开展这些活动。

Deloitte已经评估了BP公司的计划和标准，并对这些活动及其温室气体（GHG）的排放和补偿作出保证。

BP公司的低碳推进计划凸显了其在低碳领域的许多措施。计划首年获得认定的活动包括以下几个方面。

（1）减少温室气体（GHG）排放。在BP公司的运营中，通过持续的温室气体减排，以提高能源效率并减少甲烷排放和空燃。主要体现在：比竞争对手或业界标准产生更少的碳；采用回收食用油制造喷气式飞机燃料；使用更节能的新型船舶作为油轮；Castrol低黏度润滑剂帮助提高车辆的燃油经济性。

（2）提供可再生能源。例如巴西的生物燃料和生物发电及风能。

（3）补偿所产生的碳。Castrol Magnatec Bio-synthetic碳中性机油，采用25%植物来源的油品化合物制造；Castrol Optigear用于风力行业的碳中性润滑剂；Castrol GTX ECO，一款发动机油，与Castrol GTX Diesel 15W-40相比，在产品的生命周期内可以减少CO_2的排放。

（4）参与各种清洁活动。例如气候和清洁空气联盟的石油和天然气甲烷伙伴关系、石油和天然气气候倡议，以及世界银行发出的全球减少天然气空燃伙伴关系和2030年前零空燃倡议。

（5）使BP公司或其他相关方能够达到其低碳目标。BP全球环境产品业务，投资林业项目以减少排放并产生碳信用额度；BP Target Neutral，开发碳中性产品和服务；鼓励EKO绿色碳基金，投资产生碳补偿的林业项目。

4）利用碳补偿支持低碳目标

通过碳补偿，一个地方温室气体排放的减少抵消了其他地方的排放。BP公司是建立和使用补偿计划的领导者，而且其将使用补偿额来支持低碳目标。碳补偿对实现《巴黎协定》目标至关重要，BP公司认为这是对自身减排活动的宝贵补充。

通过投资减少温室气体（GHG）排放或吸收二氧化碳（CO_2）的活动，创立了碳补偿机制。这既可以表现为提供低碳替代品的倡议，如可替代明火的可再生能源或灶具，也可以是保护或强化吸收大气中二氧化碳的自然资源，如土地和森林项目。

BP公司的Target Neutral计划为个人和组织提供了通过补偿减少碳足迹的措施。

在过去的10年当中，BP公司在世界各地的碳管理项目中积累了丰富的专业知识，并帮助客户补偿了超过三百万吨的CO_2。

BP公司计划将经营性的排放增量抵消在2015年的排放量水平之上，这不包含在可持续减排活动中。这意味着，截至2025年，即使BP公司的产量会增长，碳足迹也不会出现任何净增长。

BP公司目前向客户提供20多种碳中性产品和服务，使用Target Neutral计划来抵消排放。

此外，BP公司正在通过销售和购买碳信用，并通过增加其总体供应，帮助碳信用市场的成长。BP公司能够利用强大的市场洞察力和创新平台，帮助企业实现自身的减排承诺，同时为项目的运营人员提供收入。仅在2017年，资助的低碳项目使CO_2减排量超过1200万吨。

5）激励措施

（1）碳定价。

BP公司认为碳定价是激励能源生产者和消费者在减排方面发挥其作用的最有效方式。它使能源效率更具吸引力，并使低碳解决方案（如可再生能源和碳捕集、利用和封存等）也更具成本竞争力。

预计到2020年，BP公司约三分之二直接排放量的所在国家将出台排放和低碳政策。BP公司在帮助政府设计其交易体系方面发挥重要作用，自世界排放交易体系开始运作以来，一直是该体系中交易活跃的一员。

碳定价为工业生产和产品增加了成本，但它也通过提供未来投资路线图，并提供一个所有能源公平竞争的环境，为能源行业带来益处。

（2）内部碳价格。

为了帮助预测会影响温室气体（GHG）排放的更多监管要求，BP公司将碳成本用于评估新的大型项目计划和可能出现高额排放成本的项目计划。在工业化国家内，BP公司目前的内部碳价格为每吨二氧化碳40美元，并且以每吨80美元的碳价格进行应激测试。

（3）碳捕集、利用和封存（CCUS）。

BP公司认为碳捕集、利用和封存（CCUS）在实现《巴黎协定》的目标方面发挥着至关重要的作用。在现有电力基础设施，以及依赖化石燃料的能源密集型行业中，它可以实现深度减排。

该技术已使用了20多年，但仍需政府的支持，通过碳价格和其他政策措施加速其部署。通过石油和天然气气候倡议，BP公司正在努力确定政策机制，以最佳方式促进在区域基础上部署碳捕集、利用和封存（CCUS）。

BP公司正在探索在自己的运营、项目和产品中部署碳捕集、利用和封存（CCUS）的机会。例如，作为阿拉伯联合酋长国合资企业的参与方，BP公司正在利用来自工业生产过程的二氧化碳提高原油采收率。

第七章　煤电公司新布局

进入21世纪，中国经济开始进入新常态，经济结构不断优化升级，向以创新和环境友好为核心的方向发展。能源转型是经济发展的关键因素，中国能源正在经历能源结构调整、深化改革，处于加速构建清洁低碳、安全高效能源体系的战略转型机遇期。煤炭公司和电力公司在中国能源供应体系中的地位相当重要，在当前形势下，应从自身的特点出发，实现战略转型，为持续发展奠定基础。

第一节　煤炭公司

煤炭在中国能源消费中占据重要的地位，煤炭的清洁化利用是煤炭公司发展的必然趋势与必然选择。在新形势下，煤炭公司启动了煤炭清洁化战略、产业链延伸战略及发展新能源业务战略，不断优化公司能源结构，促进社会和环境的可持续发展。

一、煤炭清洁化

1. 绿色生产

2016年，国家能源局发布的《煤炭工业发展"十三五"规划》明确表示，煤炭清洁开发利用将从清洁生产和高效利用两个方面作出安排，同时明确了发展矿区循环经济，统筹矿区综合利用项目及相关产业建设布局，提升循环经济园区建设水平的目标。支持煤炭企业按"等容量置换"原则，建设洗矸、煤、泥综合利用电厂，发展煤矸石和粉煤灰制建材产业，推进矿井排水产业化利用，提高资源综合利用水平。

煤炭就地转化，能实现经济效益和环保效益的最大化，在业界已是不争的事实。如利用超临界机组发电，煤耗低，经济性强，节能环保，脱硫率超过98%，几乎是近零排放。

煤炭生产和发电有机结合，可构建一个绿色的生产循环过程。煤矿生产的原煤，经洗煤厂洗选后，精煤部分通过铁路专用线装车外运，筛分出的低热值煤直接进入坑口电厂和综合利用电厂发电，或用于煤化工项目生产甲醇；电厂排出的粉煤灰、脱硫石膏、炉渣作为水泥厂的原料；煤矿矿井水和附近企业生活污水进入污水处理厂，处理后用于电厂冷却、井下喷雾、煤炭洗选、园区绿化等。另外煤炭开采中产生的废弃物——煤矸石，也可用于提炼高岭土，或制成烧结砖等，不仅解决了煤矸石堆放占地和填埋治理的环保问题，也能增加经济效益。

2. 绿色利用

在中国加快推进生态文明建设的背景下，严格控制煤炭消费总量，确保煤炭消费持续减量，是推进能源生产和消费革命、解决雾霾等突出环境问题的重要任务。提高煤炭能效和深入分析节能对控制煤炭消费总量的贡献，有利于制订更为科学合理的控煤目标，明确控煤的重点行业和优先领域，以最经济有效的方式实现煤炭消费控制、能源结构优化和环境质量改善目标。

1）提高效率

优化煤气化体系是煤炭绿色利用、提高效率的重要手段。

一是提高煤气化操作压力。不仅能够提高气化单元本身的效率，扩大单炉生产能力，减少装置投资，还能有效降低后续系统的装置规模和能耗，对煤制甲醇等可以实现等压合成。

二是提高单元装置规模。主要是提高煤气化炉规模、合成系统规模、空分装置规模。同样有利于提高效率，总体上降低装置投资，有利于生产操作和运行管理。

三是高效回收工艺副产蒸汽。主要是回收气化单元副产的大量中压或者低压蒸汽、变换单元副产的大量低压蒸汽、合成单元副产的大量中压或低压蒸汽。

对于煤气化装置，要积极采用废锅流程或者废锅激冷联合流程，以尽可能回收煤气化高品位热能。煤气化高温煤气冷却采用废锅流程，可较大程度回收粗煤气中的高品位显热，生产高压、过热蒸汽用于发电或做功，可以使煤化工项目能效提高1%~2%。

2）清洁燃烧

能源洁净与否，不仅与能源本身的特性有关，也与能源的利用技术密切相关。从源头上看，煤炭气化后生产的燃气作为燃料燃烧能够有效降低过剩空气系数，从而提高其能源使用效率，并借助燃气低成本净化可大幅度降低烟气的污染排放指数，实现燃烧污染超低排放，从而提高煤炭清洁高效燃烧的经济性和便利性。在燃烧过程中采用浓淡燃烧、分级燃烧和烟气循环等措施也能降低氮氧化物生成量；在燃烧过程末端，通过烟气排放的精细除尘、脱硫脱硝脱重金属，可以实现煤炭清洁高效燃烧。具有自主知识产权的高效煤粉型锅炉技术在中国得到普遍推广，锅炉燃料燃尽率达到98%，比普通燃煤锅炉提高28个百分点，烟尘、二氧化硫、氮氧化物等污染排放指标相当于天然气锅炉标准，在山西、内蒙古、山东、甘肃等10多个省区示范基础上，快速实现了产业化发展。同时，水煤浆、型煤、低阶煤分级分质利用等技术的推广，也提高了中国煤炭清洁高效利用的水平。

二、产业链延伸

1. 煤炭气化

煤炭气化是指以煤或以煤焦为原料，以氧气（空气、富氧或纯氧）、水蒸气或氢气等为气化剂，在一定温度和压力下通过化学反应将固体煤或煤焦中的可燃部分，转化为气体燃料的热化学过程。煤炭经过气化产生合成气（主要成分为一氧化碳和氢气），用于合成氨、煤制燃料、煤制化学品等领域，可以提高煤炭及附属产品的价值，提高煤炭的综合利用率。此外，约占全国煤炭总储量20%的高硫煤，必须经过气化炉气化才能获得高效清洁的利用。值得关注的是，除了煤制烯烃、煤制油、煤制气等大型煤化工项目保持对合成气的大量需求外，传统合成氨企业煤气化升级改造、炼化项目配套建设煤制氢装置，对合成气的需求也是近几年煤气化市场增长的亮点。

煤制氢的产品附加值远高于直接销售煤炭，煤炭企业重视煤炭制氢技术及工艺的发展促进了煤炭行业的转型升级。大规模煤气化制氢不仅具备成本优势，而且可以优化炼厂的物料平衡，是中国炼厂制氢的重要方向。气化是煤制氢的核心技术，制氢装置要求气化炉高效和稳定运行。截至2017年，中国炼厂制氢和煤化工行业有超过20种气化技术的数百台煤气化炉在运行中。中国拟在建的15个炼化一体化项目及制氢规模见表7-1。先进煤气化技术正在向高能效、大型化和宽煤种适应性方向发展。

神华集团大力发展煤炭气化制氢技术，其煤制氢成本已低于天然气的制氢成本，并建立起以氢能源为基础的新能源产业基本构架。以煤制氢、太阳能和风能制氢为核心，建立在制氢、储氢、运氢、销售等领域的运营能力和产业基础，推动煤制氢产业发展，将氢燃料电池用于汽车等。

表 7-1 2017 年中国拟在建炼化一体化项目及制氢规模统计表

公司名	炼油产能	PSA规模（米³/小时）	补充制氢规模（米³/小时）	制氢路线
恒力石化	2000 万吨/年炼化一体化	730000	500000	煤制氢
中国海油惠州炼化	2200 万吨/年炼油改扩建及 100 万吨/年乙烯工程	—	278000	煤制氢
浙江石油化工	4000 万吨/年炼化一体化	480000	145000	煤制氢
盛虹炼化	1600 万吨/年炼化一体化	440000	230000	煤制氢
中国石化海南炼化	100 万吨/年乙烯及炼油改扩建工程	90000	96000	煤制氢
中国兵器工业集团	精细化工及 1500 万吨/年原料工程	—	183000	煤制氢
中化泉州	100 万吨/年乙烯及炼油改扩建	—	140000	煤制氢
中委广东石化	2000 万吨/年重油加工工程	130000	120000	煤制氢
北方华锦化学工业集团	现有基地原料工程优化升级改造	—	100000	煤制氢
中国石化燕山石化	1200 万吨/年炼化一体化	—	100000	煤制氢
中科合资广东	1500 万吨/年炼化一体化	80000	—	煤制氢
中国石油云南石化	1300 万吨/年炼油	110000	170000	天然气制氢
洛阳石化	1800 万吨/年炼油扩能改造工程	80000	—	—
唐山旭阳	1500 万吨/年炼化一体化	180000	50000	—
河北新华联合石化	2000 万吨/年炼化一体化	—	—	—

注：资料来源于亚化咨询《中国制氢产业年度报告 2017》。

2. 煤化工

近年来，中国交通运输燃料和石化产品的强劲需求，催生了煤制油、煤制烯烃、煤制天然气、煤制乙二醇等现代煤化工快速发展，现代煤化工已经从升级示范进入工业化生产和大规模产能扩张时期，并逐渐对石油化工产生越来越大的影响。

1）煤制烯烃

煤制烯烃已成为中国烯烃产能增长的主力，其与石油烯烃的生产相互竞争的局面已初显。需要注意的是，煤制烯烃产品一般都是普通聚乙烯和聚丙烯产品，现有产品同质化问题严重，缺乏高端专用料，市场竞争力比较弱，如果大规模发展，企业面临的竞争压力会越来越大。

2）煤制乙二醇

石油乙烯路线和乙二醇生产受到原料来源的制约，导致装置开工率低。煤制油项目新增产能主要来源于煤制乙二醇。目前，国内煤制乙二醇技术并未完全成熟，装置运行的稳定性较差。因此，要加快煤制乙二醇产业的发展，需要进一步完善技术，以降低新项目的投资风险。

3）煤制天然气

近年中国天然气产量增长速度明显低于消费的增长速度，产量不足部分由进口管道气、进口液化天然气（LNG）及煤制天然气等补充。目前，国家已开始对天然气价格进行调整，天然气价格倒挂问题有望逐步解决，为煤制天然气的发展提供了机遇。中国甲烷化催化剂等核心技术仍在攻关中，在技术可靠性、设备大型化、运行长周期等方面还存在风险。

4）煤制油

从煤制油技术本身来看，直接液化技术仍需完善，间接液化目前建成的运行装置规模小，规模百万吨级以上项目正在建设之中，技术尚未得到进一步验证。煤制油项目投资大，建设新项目面临资金压力和环保压力。

在中国石油对外依存度逐年上升的压力下，发展现代煤化工是对石油化工的有益补充，是发挥中国煤炭资源比较优势、降低石油对外依存度、保障中国能源安全的重要途径。现阶段中国煤化工的发展之路仍在探索之中，需要深入研究、稳步试点、牢牢掌握现代煤化工技术的自主权，通过不断努力，探索出提高能源利用效率、减少污染排放的可持续发展道路。

三、发展新能源

今后一个相当长的时期内，新能源还不能成为支撑产业结构调整和经济发展的主体能源。对多数煤炭企业而言，一方面应把煤炭的清洁高效利用作为重点发展方向，提高终端能源产品的品质；另一方面，积极参与风能、光能、生物质能和氢能等非化石能源的产业化、规模化开发，提高新能源的供应比重。

由国电集团和神华集团合并组建的国家能源集团，既是全球最大的煤炭企业，也是全球风电装机容量最大的公司。国家能源集团成立后提出，2018年着力发展煤炭、新能源、运输等业务，其中电源投资占总投资的68%，水电、风电等可再生能源投资占主业投资的31%。全年新增煤炭产能1700万吨，新增火电装机容量167万千瓦、风电装机容量352万千瓦、水电装机容量145万千瓦。加大煤电去产能力度，实现从速度规模型向质量效益型转变。

以煤炭生产为主体的神华集团自2005年以来，大规模介入以风电、太阳能光伏发电为主的可再生能源业务，坚持精耕细作，稳健经营。至2016年底，神华集团的风电并网装机容量已达736万千瓦，光伏并网装机容量33万千瓦。同时，在战略性新兴产业领域不断探索，积极开展薄膜太阳能电池、储能技术、光热等可再生能源领域的研发；重点发展海上风电、低风速风力发电、地面光伏发电、可再生能源和储能等相结合的微网技术；与中国主要核电企业签订战略合作协议，与美国泰拉能源公司开展业务交流；完成了神华氢能产业发展基础研究。

同煤集团是山西省最大的煤炭和电力企业，电力装机容量达1700万千瓦，其中新能源发电装机容量为154.3万千瓦，占比接近10%。2011年，开工建设织女泉风电场，该电站一期项目已于2012年10月并网发电，二、三期工程也相继投产，四期即将开工建设，规划容量为100兆瓦。2014年，作为同煤集团光伏板块的示范项目，2万千瓦机组的塔山光伏电站在同煤塔山工业园区"落地生根"，是同煤集团首个光伏发电项目。不仅如此，同煤集团因地制宜，利用采煤沉陷区发展光伏。同煤贾家沟光伏基地在山西大同采煤沉陷区总装机容量为100万千瓦，其中同煤集团光伏项目占10万千瓦。该项目是大同也是同煤集团转型的重要项目，是地下原始能源向地上绿色能源转变的成功实践。利用了荒置土地，对土地进行绿化治理，实现清洁绿色发展，给周围村民特别是贫困户带来了经济收益。未来一段时间，同煤集团新能源板块的发展重点将是分布式风电、低风速风电，在集中式光伏领域将关注超跑者与领跑者项目，还有分布式光伏和光伏扶贫项目、可再生的生物质发电及生物质耦合项目、低瓦斯发电项目、储能调频项目与储能调峰项目等。

晋能集团近年大力发展以光伏、风力为主的新能源电厂，为社会经济发展提供清洁能源。2013年光伏、风力发电运营装机容量为17万千瓦。核准风电项目2项，装机容量为9.9万千瓦，光伏4项，装机容量为13万千瓦；取得路条的风电、光伏项目4项，装机容量为47万千瓦。率先在山西省同时投产了两座光伏电站，实现了全国第一座风光互补光伏电站。平鲁光伏电站位于朔州市平鲁区败虎堡风电场升压站北侧，项目总规划建设规模为10兆瓦，一期项目规模为5兆瓦。右玉光伏电站位于朔州市右玉县小五台风电场内部，项目总规划建设规模为20兆瓦，一期项目规模为10兆瓦，包括晶体硅固定倾角安装方式及100千瓦的晶体硅双轴跟踪系统、100千瓦的薄膜电池固定倾角安装方式、100千瓦的低倍聚光发电。应县大刘庄60兆瓦光伏电站成功实现了并网发电。

第二节 电力公司

当前能源互联网主要是以电网为主的能源互联网，电力公司具有大量的电网等基础优势，具有能源转型的先天条件。在转型过程中，结合区域可再生能源的资源优势，秉承电源结构清洁转型战略和综合能源服务战略，促进能源的清洁化。

一、电源结构转型

随着能源低碳转型的持续推进，能源结构调整更加明显地体现在电力领域，因为风能、太阳能等替代能源的主要利用途径是转化为电力。按照2016年底出台的《能源发展"十三五"规划》《电力发展"十三五"规划》，到2020年全国火电装机比重控制在55%以内。从目前看，太阳能发电已经提前三年实现了"十三五"发展目标，预计2020年电源结构还将更进一步优化。

在电力需求持续增长的背景下，中国电力行业发展迅速，总体规模不断增长，但供需失衡的状况依旧；社会用电量增速加快，电力结构更加优化；市场格局又现新调整，总体转型趋势主要表现为以下几个方面。

1. 电力结构不断优化，新能源发电比重逐步增加

在全球能源转型中，中国是积极倡导者、实践者与引领者。以低碳化为主要特征的本轮能源变革，风力发电、太阳能发电等低碳、无碳能源迅速崛起，电力在能源系统的中心地位更加突出，装机结构随之不断变化调整。2017年，全国电力装机容量当中，水电装机为3.41亿千瓦，占比19.20%，同比下降约1%；火电装机容量为11.06亿千瓦，占比62.24%，同比下降2个百分点；核电装机容量为3582万千瓦，占比2.01%，与上年基本持平；风电装机容量为1.64亿千瓦，占比9.21%，同比提升约0.2%；太阳能发电装机容量为1.30亿千瓦，占比7.33%，同比提高2.6%。

从10年历史数据来看（表7-2），电源结构优化调整的趋势更为明显，呈现传统化石能源发电装机比重明显下降、新能源装机比重明显上升的势头。数据显示，水电和核电装机比重近年来变化不大，而火电和新能源发电比重发生重大变化，其中火电装机比重较2007年下降了15.38%，新能源发电装机比重则上升了15.3%（图7-1、图7-2）。目前，中国新能源发电装机容量稳居世界第一位，水电、风电、太阳能发电等单项装机容量也高居世界之首。

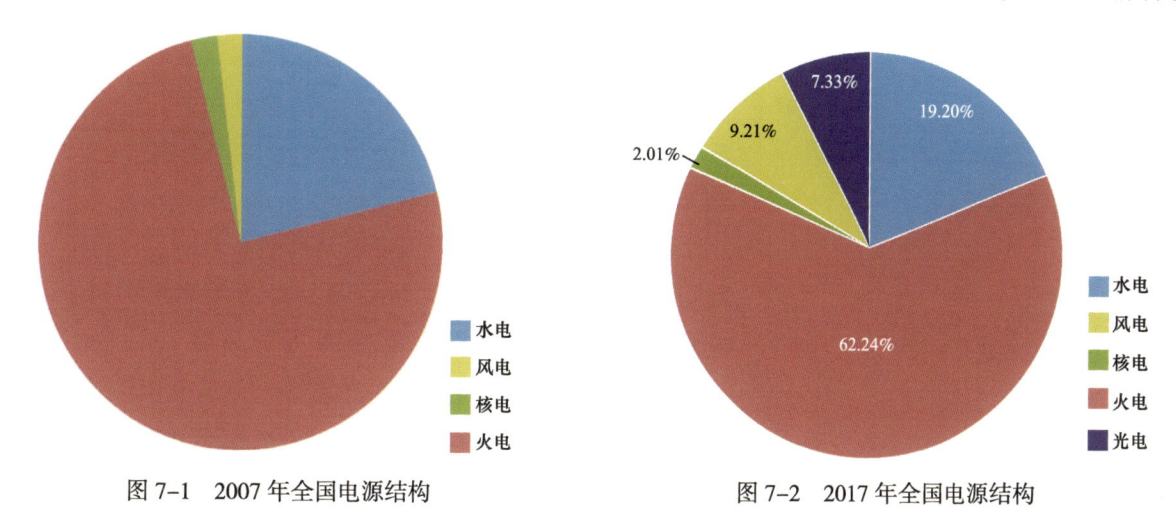

图 7-1　2007 年全国电源结构　　　　　图 7-2　2017 年全国电源结构

表 7-2　2008—2017 年全国电力装机结构

单位：万千瓦

电源结构	2008年	2009年	2010年	2011年	2012年	2013年	2014年	2015年	2016年	2017年
水电	17260	19629	21606	23298	24947	28044	30486	31954	33207	34119
火电	60286	65108	70967	76834	81968	87009	92363	100554	106094	110604
核电	885	908	1082	1257	1257	1466	2008	2717	3364	3582
风电	839	1760	3258	4923	6142	7652	9657	12796	14807	16418
光电	—	—	212	341	1589	2486	4318	7631	13025	

注：2017 年数据来源于国家能源局发布的资料，其他来自中国电力企业联合会历年《中国电力行业年度发展报告》。

虽全国发电装机容量新增 1.34 亿千瓦，创下历史新高，但因新增装机结构不同，新能源年可利用小时低，电量供应增长并非线性增长。截至 2017 年底，太阳能发电累计装机容量为 13025 万千瓦，增长 5394 万千瓦，同比增长 71%，且首次超过火电增长规模，成为增长最大的单一发电品种。

曾经与太阳能发电同样"风光无限"的风电，近几年来所走的扩张道路显然与太阳能发电不同。2009 年风电新增规模曾是太阳能发电新增量的数百倍，但风电年新增装机容量在 2015 年达到 3139 万千瓦的历史高峰后，陡然下挫 1000 多万千瓦，低于当年太阳能发电增量，2017 年新增装机容量再减 400 万千瓦，不足同年太阳能发电增量的三分之一（图 7-3）。

新能源利用情况好转，弃风、充光问题有所缓解。2017 年，全国风电弃风电量为 419 亿千瓦时，同比减少 78 亿千瓦时，弃风率为 12%，同比下降 5.2 个百分点，实现了弃风电量和弃风率的"双降"。全国弃光电量为 73 亿千瓦时，弃光率为 6%，同比下降 4.3 个百分点。主要在新疆和甘肃出现了严重的弃光现象，弃光电量分别为 28.2 亿千瓦时、18.5 亿千瓦时，弃光率均超 20%，但同比下降 9% 以上，趋向良性发展。

陆上风电、光伏发电将是发展速度最快的电源，2030 年、2050 年总装机容量占比有望超过 30%、50%。气电受成本因素制约，增长空间有限，2030 年、2050 年的优化装机容量将分别达到 1.8 亿千瓦、3.7 亿千瓦左右。核电发展受到站址与建设速度等因素影响，预计 2030 年、2050 年的装机容量将分别达到 1.2 亿千瓦、2.2 亿千瓦左右。水电可开发潜力相对有限，预计 2030 年、2050 年装机容量将分别达到 4.6 亿千瓦、5.4 亿千瓦左右。煤电将逐步转变为具有深度调节能力的容量支撑电源，2030年、2050年装机容量预计将达12亿千瓦、7亿千瓦左右。除风电、光伏发电外各类电源虽然装机容量增长有限，但都将在电力系统中发挥重要作用，在波动性电源大规模发展的情况下保障电力系统的电力电量平衡与调峰灵活性，各类电源呈现协调发展态势。

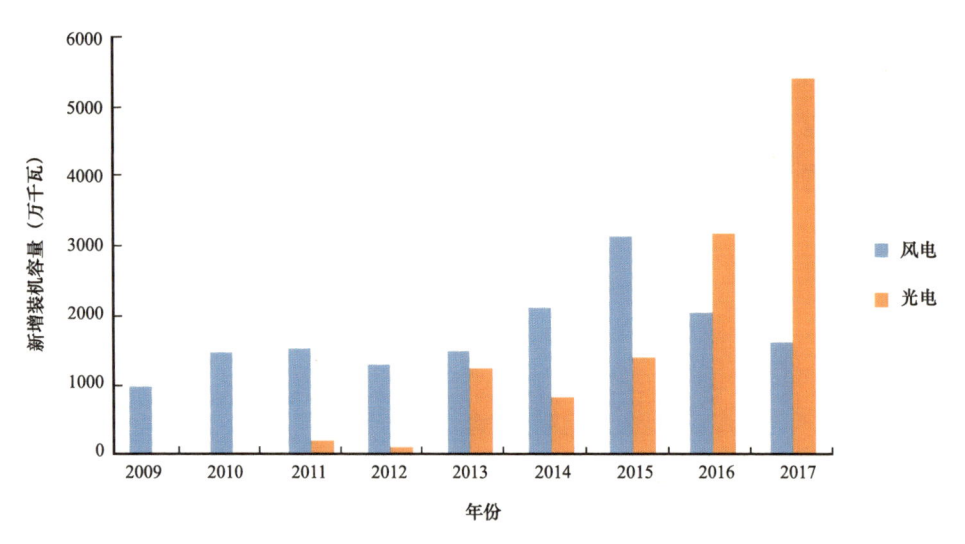

图7-3　2009—2017年风、光发电年新增装机情况

随着清洁能源发电量占比逐渐提升，电力行业碳排放强度将大幅降低，预计电力行业碳排放总量在2025年前后出现峰值，峰值水平约为42亿吨。2050年排放量降至14亿吨，占全国碳排放的比重降至30%以下。单位电量碳排放强度方面，常规转型情景与电气化加速情景下2030年分别降至400克/千瓦时、363克/千瓦时左右，2050年分别降至114克/千瓦时、96克/千瓦时左右，低于当前水平的五分之一。

2. 电源布局继续向资源富集地区倾斜，互联电网和储能将发挥重要作用

近期受消纳形势与补贴政策等多重因素影响，电源布局应当以东中部负荷中心与西部、北部资源富集区并重。电源装机向资源条件更好的西部、北部倾斜是更为科学的能源转型方案。其中，煤电装机布局将以华北、西北地区为主，华东等受端地区由于煤电机组密度大、环境减排形势严峻，煤电退出趋势明显；气电装机近中期以东中部为主，政策支持的热电联产与园区分布式三联供机组具备发展潜力，远期气价更具竞争力的西北地区增长潜力更大；风电布局仍将以"三北"地区为主，近期东中部分散式风电迎来发展机遇期，随着弃风问题缓解，在优质资源区开发风电是更具经济性的优化方案；光伏发电宜集中式与分布式并重，东中部分布式光伏近中期具备较大增长空间，但受限于可用屋顶面积与光照资源条件，分布式光伏难以满足负荷中心的用电需求，更无法作为中国大力发展清洁能源的主体部分，在优质资源区集中式开发仍将占较大份额。

全国互联电网将在新一代电力系统中发挥更加重要的作用。中国能源资源与负荷需求逆向分布的国情决定了全国范围优化配置资源的客观需求。高比例新能源对电力系统灵活性和储能提出更高要求，跨区互联电网通过采用更加灵活优化的运行方式，在储能系统配合下实现电力供需动态平衡，将有力促进高比例新能源消纳利用。电力系统整体规划结果表明，2030年、2050年中国跨区输电通道优化容量分别达到3亿千瓦、5亿千瓦左右，"西电东送"规模呈逐步扩大趋势，并且将以输送清洁能源为主。电网作为大范围、高效率配置能源资源的基础平台，重要性将愈加凸显。新一代电力系统中，各类电源、电网、需求侧资源与储能将存在更多协调互动，以灵活高效的方式共同推动电力系统优化运行，有力促进新能源消纳。随着新能源渗透率不断提高，气电、

水电、光热等灵活性电源将发挥重要调峰作用，煤电也将更多承担调峰任务，仅部分高参数大容量煤电机组继续承担基荷。跨区输电线路的运行方式将更加灵活，有效支撑清洁能源在更大范围实现充分消纳。需求响应与储能等新兴灵活性资源的运行方式随风、光发电出力优化调整，支撑系统优化运行（图7-4至图7-6）。

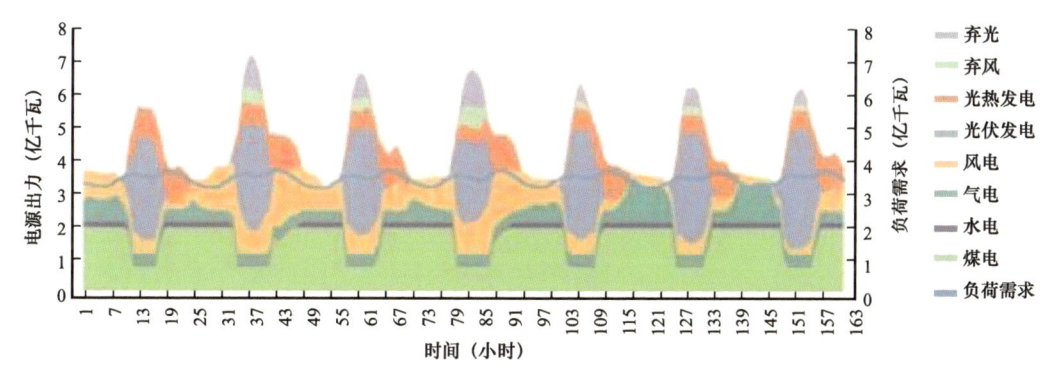

图7-4　电气化加速情景下2050年西北地区冬季典型周各类电源出力优化结果

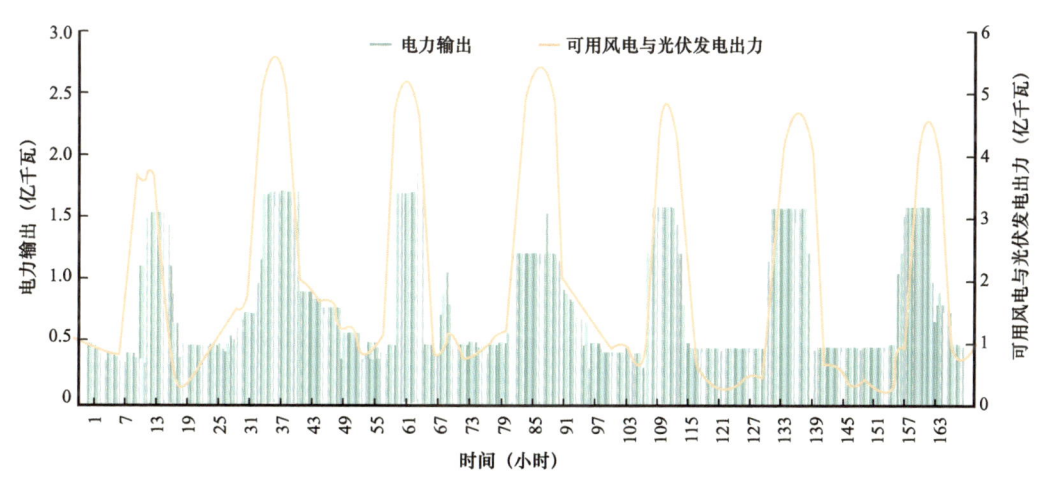

图7-5　电气化加速情景下2050年西北地区冬季典型周跨区输电优化结果

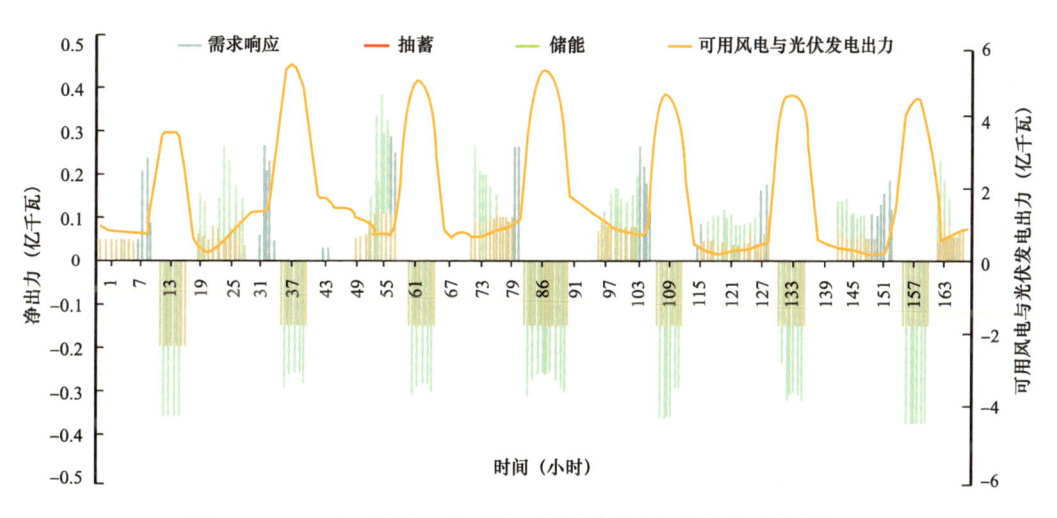

图7-6　2050年西北地区冬季典型周需求响应与储能出力优化结果

3. 发展大型天然气联合循环发电

燃气发电通常采用燃气—蒸汽联合循环方式，联合循环由布雷顿循环与朗肯循环组成，系统进气温度可高达1300℃以上，排烟温度为500~600℃，简单循环热效率高达45%~50%。余热锅炉为进一步回收余热，提高热效率，一般为双压或三压系统。当代大型9F级燃气—蒸汽联合循环发电热效率高达58%~60%，远高于燃煤发电热效率。燃煤发电机组热效率即使是超超临界600兆瓦级、1000兆瓦级机组，一般为46%~48%，两类机组发电热效率相差10~20个百分点。折合成发电标准煤耗：燃气发电为205~213克/千瓦时，燃煤发电为260~280克/千瓦时，两者相差55~60克/千瓦时。

中国资源禀赋实际情况是富煤但油气不足，资源产地与用户错位，中国电力能源30~50年内仍以化石燃料为主的地位难以改变。因此，须走洁净煤之路，发展煤化工、IGCC（整体煤气化联合循环发电）并开发利用非常规油气资源、深海油气等增加油气产量，保障能源安全。除煤电外，核电已近满负荷运行；水电受地域资源和季节枯、汛变化影响较大，发电不均衡；风电、太阳能发电等可再生能源电力，具有随机性、间歇性的不稳定特性，且不宜承担基荷发电；燃油发电的成本相对较高。为应对全球气候变化和中国雾霾天气，保障人们生活、生产清洁需求，调整优化电力能源结构，燃气发电成为替代燃煤发电的主要方式。

进入21世纪，中国天然气发电快速发展，截至2013年底，燃气发电装机容量为4250万千瓦，占全国发电装机容量的3.4%。煤电装机容量为78621万千瓦，占总装机容量的63%。中国天然气发电主要分布在长三角、东南沿海、京津地区。广东、福建及海南三省燃气电厂装机容量达1750万千瓦，占全国燃气发电总装机容量的34%，江苏、浙江和上海三省市燃气电厂占比约32%，京津地区占比约23%。近年，在山西、宁夏、重庆等地也陆续有燃气电厂投产。

目前中国天然气发电运营主要分为三类：第一类是国有大型发电央企，如华电集团、华能集团、大唐集团、中国电力投资集团等；第二类是地方政府出资控股的地方电力投资集团与能源集团，如申能集团、浙能集团、国信集团和京能集团等；第三类是石油、天然气生产供应公司，如中国石油化工集团和中海石油气电集团等。为便于借取各自优势，实现优势互补，燃气电厂多为合资建设。

中国天然气发电行业产业链主要由三类主体构成。上游为天然气供应商，包括国内石油公司及城市燃气公司等，发电企业负责投资运营燃气发电厂，向上游供气商购买天然气转换成电力。石油天然气公司可经LNG或管道直供电厂，亦可由城市燃气公司供应天然气；电厂发出的电力按照上网电价供给下游电网公司。中国天然气电厂上网电价一厂一价甚至一机一价，由各地价格管理部门确定，并报国家发展和改革委员会审批，主要定价方式有两部制定价和单一定价。（1）两部制定价由电量电价和容量电价组成。上海市实行两部制电价，电量电价（上网电价）为0.504元/千瓦时，容量电价按全年利用2500小时安排，电价补偿标准为0.22元/千瓦时，用以补偿燃气发电厂在电网调峰的发电作用。对容量较小的9E机组系列，全年发电500小时以内的上网电价为0.544元/千瓦时。（2）除上海外，其他地区燃气轮机电厂实行单一电价。气源相同，气价相近，上网电价也相近。如江苏省西气东输供气的调峰电厂上网电价统一为0.581元/千瓦时，河南省西气东输供气的上网电价为0.553元/千瓦时，热电上网电价为0.605~0.656元/千瓦时。气价改革后部分上网电价上调，如浙江半山电厂为0.606元/千瓦时。广东省燃机电厂较多，气源多样化，气价差别较大，实行一厂一价，甚至一机一价定价方式，最低0.553元/千瓦时，最高1.1元/千瓦时。其上网电价的制定大致分为三类：一是按成本加成法制定临时上网电价，主要指使用广东大鹏澳大利亚进口LNG的9E机组，执行统一上网电价为 0.553 元 / 千瓦时；二是国家批复的临时上网电价为 0.72 元 / 千瓦时，执行该定价的主要是国家核准的燃气机组；三是采用燃煤机组标杆电价加补贴方式确定。广东省目前一部分 9E 机组没有正式的政府审批电价，仅有临时结算电价，电网公司按燃煤标杆电价 0.5042 元 / 千瓦时结算，政府对不足部分进行补贴。

中国电力装机容量和发电量都居世界首位，但燃气发电的发展程度却远远落后于发达国家。2013 年底，中国电力装机总容量达 12.5 亿千瓦，其中火电为 8.6 亿千瓦，约占 69%，而燃气发电装机容量为 4250 万千瓦，只占 3.4%，发电量占 2.5%；2013 年全国耗用天然气 1500 亿立方米以上，发电用气占天然气总耗量的 17.20%，占比太小。当前中国燃气发电主要分为热电厂与调峰电厂两类。热电厂以供热为主，发电为辅，从热负荷看，北方以冬季采暖热负荷为主，南方以工业热负荷为主；而调峰电厂一般运行在峰荷及腰荷。由于气峰与电峰在时间上重合，在冬季两类燃气机组都难以获取充足的气源，无法满足顶峰发电调峰作用，热电厂也无法保证供热质量，同时也减少了供热发电量，降低了节能与经济效益。中国较早建设的燃气发电厂，多数是天然气管道及 LNG 接收站项目配套工程。如西气东输一线工程在江苏、河南配套建设了多家燃气电厂，中海石油气电集团为广东大鹏及福建莆田 LNG 接收站均建设了配套电站。这些燃气电厂承担了为天然气管网调峰的任务，在气量供应紧张的时候，特别是冬季，供气商会对他们减少气量供应甚至停气供应，优先保证居民生活和采暖等其他用户用气。从电力需求看，冬季和夏季都是一年用电高峰，由于燃气电厂得不到充足的气源，无法发挥调峰作用，对热电机组而言，采暖热负荷与工业热负荷无法中断，气源断供带来的负面影响更大。而且，断供使热电机组年利用小时数降低，发电供热都受影响，热电成本增高，电厂经济性降低。

天然气热电厂供热价格远超燃煤热电厂甚至超过供热锅炉房，造成缺乏供热市场竞争力，为了提高市场占有率，燃气热电厂必须大幅降低热价，与燃煤热电厂价格持平或略高，造成供热越多亏损越大的局面。目前天然气发电企业存在亏损的主要原因为气价和电力价格体制尚未市场化。各种发电燃料并没有体现出包括资源稀缺和环境因素等外部成本在内的真实成本，天然气发电企业环境效益和调峰效益的价值没有得到充分体现。

燃气发电成本比燃煤发电成本高的情况将长期存在。这是由于天然气在相同的热值下，价格比煤炭高得多，燃气电厂燃料费占电价成本的 70%~80%，天然气价格未市场化，今后气价改革将进一步深化，自 2015 年存量气与增量气价并轨，使国内燃气电厂的生存环境更趋不利。2013 年 10 月，国家发展和改革委员会下发文件，决定在保持销售电价水平不变的情况下，适当疏导部分地区燃气发电价格矛盾，提高上海、江苏、浙江、广东等八省市的天然气发电上网电价，用于解决因存量天然气价格调整而增加的发电成本。浙江省已将燃气电厂上网电价上调约 20%（上调 0.16 元 / 千瓦时），实现了一定程度的气电联动机制，上海市也将上网电价上调 0.05 元 / 千瓦时，江苏省多个地区上调供热蒸汽价格以改善天然气热电厂项目的经济性。

结合"十三五"新型城镇化建设及城乡天然气管道布局规划和建设，充分考虑天然气机组热、电、冷三联供的综合效益，应优先发展分布式能源系统，因地制宜地发展集中大型天然气发电站。南方地区原则上解决供热和供冷需求，北方地区解决中小热冷用户需求，通过冷、热、电多联供方式实现能源的梯级利用。在风电等新能源大规模发展、系统调峰容量严重不足的地区，利用天然气发电机组承担调峰调频任务，提高系统运行灵活性、可靠性，减少弃风、弃水、弃光。结合西气东输管道和外境管道的接入及液化天然气的进口，在受端地区和城市，根据供热、供暖和环保需求，因地制宜地改善雾霾天气等需求，宜适当发展大型联合循环发电供热系统。

二、综合能源服务

1. 多能互补服务

中国是全世界利用电力最多的国家，拥有全世界最大的电力市场。据国家能源局统计，2016年全国用电量为59198亿千瓦时。据国家发展和改革委员会数据显示，2016年，全国包括直接交易在内的市场化交易电量突破1万亿千瓦时，约占全国用电量的19%。目前，全国大部分省份开展了售电侧改革，建立了初步的电力市场，实施中长期电力交易。国家大力发展可再生能源发电、特高压输电等，随着新能源汽车、电气化铁路、电能替代、储能以及新能源技术等一系列行业发展，电力未来会成为主要的能源形式。伴随经济发展和电力市场化逐步推进，全国用电量逐年增长，参与市场交易的电量逐渐扩大，相应的电力交易、增量配电网以及辅助服务市场前景巨大，掌握核心竞争力的售电公司将分割上万亿电力交易市场。

多能互补就是多种能源互相补充，目的是为了综合使用能源，提高能源输出和利用效率。首批风、光、水、火、储多能互补系统示范工程的确定，是2016年7月国家发展和改革委员会、国家能源局联合发布《关于推进多能互补集成优化示范工程建设的实施意见》的落实，有利于提高可再生能源系统利用效率，也是解决中国风、光等新能源长期存在弃风、弃光、弃水等顽疾的重要手段。

当前，中国能源消费供给、能源结构转型、能源系统形态呈现新的发展趋势。综合能源服务是一种新型的为满足终端客户多元化能源生产与消费的能源服务方式，涵盖能源规划设计、工程投资建设、多能源运营服务以及投融资服务等方面。随着互联网信息技术、可再生能源技术以及电力改革进程加快，开展综合能源服务已成为提升能源效率，降低用能成本，促进竞争与合作的重要发展方向。电力公司为适应能源发展新形势，试图通过开展综合能源服务业务来提升公司发展新能力，拓展公司发展新途径。

为贯彻落实能源"四个革命"和国家节约、清洁与安全的能源发展战略，电力公司主动适应能源供给侧改革和电力体制改革的新要求，以能源互联网、智慧能源和多能互补为发展方向，以智能电网、大云物移、互动服务为支撑手段，构建以电为中心，智慧应用的新型能源消费市场，为客户提供多元化的综合能源服务，促进公司健康可持续发展。电力公司在品牌、技术、客户资源等方面具有传统优势，以节能服务公司为实施主体，可以提供能源诊断、用能监测、节能改造、电能替代、分布式新能源发电、冷热电三联供、储能等多种服务。也可以为公共建筑、工业企业、园区等用户提供集水、电、气、热（冷）等多种能源的综合能源服务。开展综合能源服务有利于落实国家能源发展战略，推动全社会节能减排；有利于巩固公司售电市场、拓展业务范围、提升客户服务新能力；有利于推进电能替代，带动公司相关产业发展，培育新的市场业态，增加新的效益增长点。电力公司积极推进综合能源服务业务发展，使综合能源服务业务做强做优做大，从电能供应商向综合能源服务商转变，打造新的利润增长点，提升市场竞争力。

同时，电力公司积极推动"互联网+"智慧能源发展，构建能源生产、输送、使用和储能体系协调发展、集成互补的能源互联网，推进风、光、水、火、储多能互补系统示范工程的推广应用。电力体制改革对于市场最大的意义在于开放了广大的电力用户，售电公司可以与每一家电力用户产生直接的业务关系，包括电力设备的采购及运行维护、能源管理系统、分布式光伏、多能互补、储能、节能改造、电力工程等。可以说从设备、工程、服务以及信息化等各方面，扩展到其他能源形式就是综合能源服务。

以大规模储能设备为例，储能设备对于电力行业电力系统的意义是划时代的，它是实现柔性电网以及自动发电控制和需求侧响应的理想设备。目前不能在市场上广泛推广主要有两个原因：其一，经济性不理想；其二，能量密度不够，占地面积太大，应用场景有限。随着电力现货市场以及辅助服务市场放开，不同时段的电价通过当时的供需关系反映，需求侧响应的市场化收益、大规模储能设备以及户用储能的收益会有较大幅度提升。

电力运营商必须要通过专业的信息化工具，给广泛分布的电力用户提供基础的电力交易服务，尤其是现货交易，必须要采集用户的用电信息。运营商还为用户提供各式各样更深层次的综合电力服务，比如能源管理系统、分布式光伏发电管理系统、储能运营系统、充电站充电桩运营系统、需求侧管理系统、电力运行维护平台甚至是智能家居系统等，用户的用电信息甚至是能源信息就自然地接入互联网。辅助服务提供商以及发电企业可以利用信息化工具实现智能发电以及自动发电控制等辅助服务，将发电侧信息通过电力市场进行互联。

2. 构建新型商业模式

在中国新电改和能源互联网浪潮的影响下，传统能源企业在经济新常态和能源结构调整等力量的推动下，通过转变发展方式、融合能源供应体系、发展分布式能源、创新商业模式等举措，推进由传统单一的能源产业企业向发电、售电、供热、供冷、供水一体化综合能源供应商转变，同步构建与综合能源系统相匹配的服务模式、业务模式和核心能力。

电力企业纷纷探索由传统能源提供者向综合清洁能源生产专家、综合能源配置专家和综合能源使用专家转变，积极推进传统能源清洁化、清洁能源规模化、节能环保产业化。新形势下，电力公司积极适应能源结构调整和电力市场发展，以市场需求为导向，坚持精准管理、务实高效、稳中求进、创新发展，打造以清洁高效煤电为主体，以分布式（多联供）能源、可再生能源、配售电业务、碳资源开发四种新业务开发作为补充的能源发展新格局。其中，在分布式能源方面，构建"源、网、荷、储、控"协调发展、集成互补的综合能源系统，提供以分布式能源为主导，多能互补、能源互联网的综合能源一体化解决方案成为电力公司的努力方向。

大力开发分布式能源。分布式能源是大气污染治理的有效途径，通过热、电、冷、气多联供方式实现能源的梯级利用，大幅提升能源综合利用效率，将成为大型能源系统的有效补充，是能源高效清洁利用的重要方式。多能互补集成优化按照不同资源和用能对象，实现煤基、天然气、风、光等各类分布式能源互相补充、协同供应，满足用户用能需求。推进多能互补集成优化系统的建设，就是要面向终端用户电、热、冷、气等多种用能需求，因地制宜、统筹开发、互补利用传统能源和新能源，优化布局建设一体化集成供能基础设施，通过煤基、天然气热电冷三联供、可再生能源分布式和能源智能微网等方式，实现多能协同供应和能源综合梯级利用。

电力公司主导的能源互联网是以电力系统为核心和纽带，多种能源互联互通的能源网络，通过多能协同互补大幅提高能源综合利用效率；深度融合能源系统与信息物理系统，助力能源转型；以用户为中心，创新能源电力运营的商业模式和服务业态，向用户提供便捷的能源、信息综合服务。

"源、网、荷、储、控"协调发展、集成互补的综合能源系统以功能区为单元，运用分布式能源技术，提供多能互补、"互联网+"智慧能源（能源互联网）的综合能源一体化解决方案，形成横向"电、热、冷、气、水"能源多品种之间的互联互通、协同供应，纵向"源—网—荷—储—控"能源多供应环节之间的协调发展、集成互补，建成能源与信息高度融合的新型生态化综合能源系统。其中，"源"是指煤炭、天然气、太阳能、地热能、风能、生物质能等各种一次能源以及电力等二次能源；"网"涵盖电网、气网、热网、冷网等能源传输网络；"荷"与"储"则代表了各种能源需求以及存储设施；"控"是采用智能数据采集分析系统，实现多能耦合、综合调控。

综合能源一体化解决方案分为两种模式。一种是煤基或天然气分布式能源+新能源系统（包括太阳能、地热能、风能、生物质能等）+"源、网、荷、储、控"能源互联网的多能融合、多业态服务的区域式综合能源一体化解决方案，适用于城市工业园区、产业园区、大型社区等用户；另一种是天然气分布式能源+新能源系统（包括屋顶光伏、地热能、风能、生物质能等）多能互补、集成优化的城市综合体综合能源一体化解决方案，适用于工厂、学校、医院、单一建筑物等用户。

综合能源服务的基本业务模式是以分布式能源和能源互联网为基础，通过能源输送网络、信息物理系统、综合能源管理平台以及信息和增值服务，实现能源流、信息流、价值流的交换与互动，满足生态、安全可靠、优质经济多目标要求。分布式能源项目实施过程中，会涉及政府、园区、电力、燃气、发电和用户等很多主体。常规看，政府、园区和电力属于被动方，燃气、发电和用户属于主动方，但未来，出于指标压力、产业环境和电网安全考虑，被动方可能会变为主动方，实施主体驱动力。随着国家能源产业规制改革、能源技术创新及分布式能源发展，传统能源产业参与者（包括电力企业、电网企业、燃气企业、设备商、系统集成商以及设计院）都在策划综合能源服务产业转型，分布式能源跨越了电力、天然气、供热、供冷等多个产业，不仅改变了电力与供应形式，还消除了各产业间的政策性和技术性进入壁垒；能源产业出现新型能源和传统能源产业融合趋势，起到了降低成本、分散风险的作用，提高了能源综合利用效率，减少了环境污染，优化了能源结构，实现了多方互利共赢。

分布式能源和能源互联网各项关键技术的突破，是催生综合能源供应商业模式的重要"催化剂"，商业模式本身也将对技术的发展成熟产生重要的推动作用。考虑到综合能源服务业务持续发展对核心能力建设的要求，要在关键技术掌握等方面，阶段性地逐步进行完善。煤基分布式能源是通过集成先进、成熟的高效煤粉炉技术、能源动力中心多联供技术、火电厂煤粉炉尾气减排技术、智能控制技术等，形成高效率低排放煤基分布式能源总体解决方案。煤基分布式能源在实施过程中，需要考虑政策规划、热（冷）负荷、热效率、燃料供给与价格、运行小时、投资与运营成本、环保指标等因素。天然气分布式能源是多种能源高效转化的纽带，可作为综合能源供应的结合点和枢纽。天然气分布式能源在实施过程中，需要考虑以热定电、欠匹配、并网上网、运行时间、燃气价格以及投资界面等因素。在实际项目中，同样配置条件下，发电效率、气价、余热利用、电价和运行时间、运营年限等因素对能源价格的影响较大。

3. 推进可再生能源发电

根据《关于可再生能源发展"十三五"规划实施的指导意见》，到2020年底，全国新能源发电装机容量达3.9亿千瓦以上，占电源总装机比例达到29%，其中风电装机容量在2.1亿千瓦以上，太阳能发电装机容量在1.6亿千瓦以上。目前风电装机容量已达到1.64亿千瓦，太阳能装机容量已达到1.30亿千瓦，未来风电仍有较大增长空间，重点向海上风电倾斜；太阳能装机若保持前两年的增长态势，到2020年会达到甚至超过预期装机总量，同时鼓励光热发电探索多模式发展。

风电开发持续向东中部和南方地区转移，到2020年，东中部和南方地区累计装机容量达到7470万千瓦，占全国风电装机容量的比例从2017的25%提高到36%。到2020年，海上风电开工建设规模达到1000万千瓦，累计装机容量达到500万千瓦以上。重点推动江苏、浙江、福建、广东等省的海上风电建设，装机规模分别达到300万千瓦、30万千瓦、90万千瓦、30万千瓦。

未来将秉承太阳能发电集中开发与分布式相结合的思路。在"三北"地区有序建设太阳能光伏发电基地，2020年光伏发电基地装机规模超过7100万千瓦；全面推进分布式光伏发电建设，2020年全国分布式光伏装机容量达6000万千瓦以上，其中东中部和南方地区占比超过70%。

未来会推进多种类型太阳能发电项目。（1）光伏领跑者计划：结合采煤沉陷区、荒漠化土地治理，统一规划建设光伏发电领跑技术基地。2017—2020年每年安排领跑基地项目800万千瓦。（2）光伏扶贫项目：以主要解决无劳动能力的建档立卡贫困户为目标，大力推进分布式光伏扶贫，在中东部地区优先采用村级电站（含户用系统）光伏扶贫模式。（3）"光伏+"综合利用工程：鼓励结合荒山荒地和沿海滩涂综合利用、设施农业、渔业养殖等方式，因地制宜开展各类"光伏+"应用工程，促进光伏发电与其他产业有机融合。（4）光热发电：2020年太阳能光热发电装机容量达到500万千瓦以上。在青海、新疆、甘肃等地探索建立光热发电与光伏发电、风电等互补利用、发电可控可调的大型可再生能源发电基地。

第四篇

新能源各论

第八章 氢　　能

氢气被认为是21世纪重要的绿色能源。氢气具有可存储的特性，利用氢—电互换，它将成为未来最重要的存储能源之一。随着氢能应用技术逐渐成熟，以及全球应对气候变化压力的持续增大，氢能产业的发展备受关注，日本、美国、欧盟等发达国家或地区相继将发展氢能产业提升到了国家能源战略高度，在氢能产业化应用方面迈出了实质性步伐。无论是政府还是产业资本都在积极布局，推动氢能产业的发展，特别是在能源交通领域，氢能正在发挥越来越重要的作用，逐步掀起一场交通等领域的能源转型革命，全球氢能迎来了最好的发展时期。

2017年，在波恩的联合国气候变化大会上，由汽车、石油、天然气、工业石油气和机械设备制造领域的18家公司财团组成的氢理事会提出，氢能源在广泛领域的应用是向可再生能源系统和清洁能源载体转变的驱动力。2017年初，在达沃斯举行的世界经济论坛上成立的氢能委员会，是第一个促进氢能技术在全球能源转型中发挥作用的全球首席执行官组织。

目前的氢能委员会成员包括3M、液化空气集团、阿尔斯通、英美资源集团、奥迪、宝马集团、中国能源、戴姆勒、ENGIE、通用汽车、长城汽车、本田、现代汽车、岩谷、JXTG新日本石油和能源公司、Kawasaki、Plasticomnium、荷兰皇家壳牌、挪威国家石油公司、博世集团、林德集团、道达尔、丰田和潍柴，以及来自整个价值链的15个动态公司（巴拉德、法贝工业、佛吉亚、第一元素燃料、戈尔、海克斯康复合材料、Hydrogenics、Marubeni、McPhy、三菱商事株式会社、三井物产、Nel Hydrogen、Plug Power、丰田通商和Royal Vopak）。

第一节　氢能发展现状

一、全球氢产业

1. 全球工业氢气市场初具规模

近年来，氢能市场发展迅猛，2011年全球工业氢气市场规模为1870.82亿美元，2017年全球工业氢气市场规模达到2514.93亿美元（图8-1），7年间，增速达到34.4%。

美国是氢气进口额最大的国家。2012年至2016年间，美国进口总额达2.48亿美元；排在第二位的是比利时，进口总额为2.29亿美元；法国、荷兰、德国进口总额依次为0.98亿美元、0.50亿美元、0.34亿美元。

荷兰是氢气出口额最大的国家。2012年至2016年间，荷兰出口总额达3.42亿美元；排在第二位的是加拿大，出口总额为2.46亿美元；比利时、美国、德国出口总额依次为0.59亿美元、0.48亿美元、0.36亿美元。

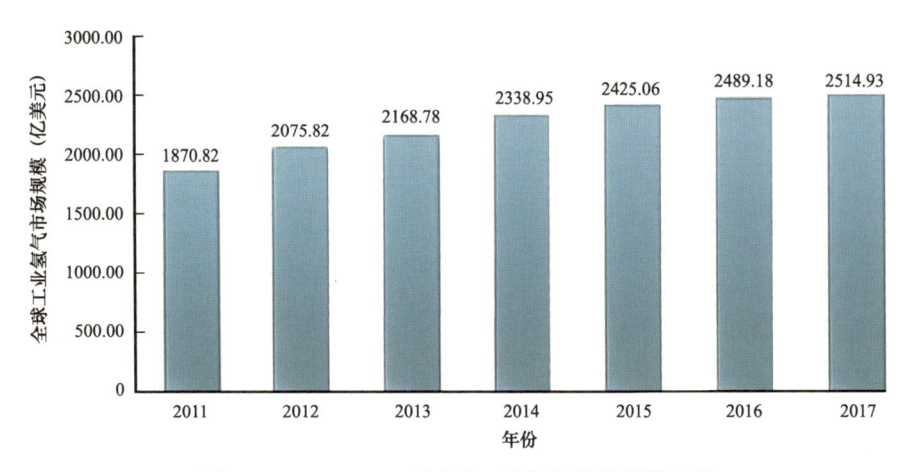

图 8-1　2011—2017 年全球工业氢气市场规模走势

2. 氢气生产具有区域性

在区域分布上，亚太地区的氢气消耗量和制氢量均居全球首位，北美地区紧随其后。中国、印度及其他亚太国家经济的快速增长正在刺激亚太地区清洁能源需求的强劲增长（图 8-2）。

2017 年北美工业氢气市场规模为 555.80 亿美元，欧洲工业氢气市场规模为 517.57 亿美元，亚太地区工业氢气市场规模为 1071.36 亿美元。

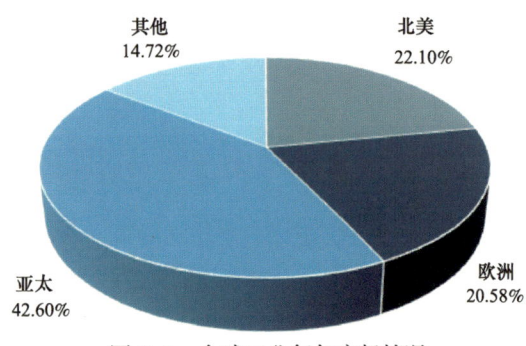

图 8-2　全球工业氢气市场情况

西欧地区大部分氢气的生产是供装置自用，商品氢仅占约 2%，其中以钢瓶或槽车运输的仅占氢气消费的极少部分，大部分氢气通过管道输送。2001 年西欧气态商品氢的生产能力约为 70 万吨/年，主要装置集中在丹麦、法国、德国、意大利、葡萄牙和英国等。西欧炼厂和石化企业自用氢装置产氢能力约为 106 万吨/年（不包括合成氨和甲醇装置产氢能力），主要生产商见表 8-1。

表 8-1　西欧主要液氢生产商（2017 年数据）

公司名称	装置能力（吨/天）
L'Air Liquide SA	10.5
Linde Gas AG	4.4
Air Products Nederland BV	5.4
合计	20.3

德国氢能经济走的是一条由上至下的发展道路。首先重点发展电转气模式，以期尽快为下游氢能应用提供便捷的基础设施，进而激活下游应用场景。在氢能基础设施布局方面，德国政府采取以核心城市为中心，依托完备的天然气管道系统逐步向外延扩展。

美国是世界上主要的氢气生产和消费国，商品氢的供应量大。美国多数炼油厂、石化厂等拥有制氢装置，美国制氢装置产氢能力共计 270 万吨/年（其中未包括合成氨和甲醇装置的产氢能力，由于合成氨和甲醇装置中氢气不是目的产品，故不统计该部分氢气装置的产氢能力）。由于油品质量指标提高，氢耗增加，多数炼厂制氢装置开工率较高，同时，一些炼厂改变传统的自建制氢装置的做法，而由工业气体公司供应，因此，商品氢产量的增长更快。

北美的第一个液态氢装置建于美国，用于美国的太空计划，随后在加拿大利用相对便宜的能源供应建立了第二套装置。到目前为止，美国有四家公司控制着北美的液态氢市场，分别为空气产品和化工公司、Praxair公司、BOC公司、液空公司。

美国中西部地区的氢能路线图已经由可再生氢燃料电池合作（RHFCC）和中西部氢能中心（MHCOE）共同制定出来。RHFCC的成立旨在推动美国中西部地区成为通过教育、宣传和研究采用氢燃料电池车辆的国家级领导者。

美国可再生能源利用具有巨大的潜力。初步计算，如果利用风能、太阳能和其他生物质能，每年可生产10亿吨（相当于11.2万亿立方米）氢气。

日本主要液氢生产商有Iwatani Industrial Gases公司和Pacific Hydrogen公司，生产能力分别为12.4吨/天和17.5吨/天。气态商品氢的生产能力约为45610米^3/小时（相当于3.3万吨/年）。

近些年，中国工业氢气消费量与产量同步上升，长年保持供需平衡的状态，需求量和产量均居世界首位。中国是全球氢利用最大的国家，自从2009年首次突破1000万吨产量以来，连续9年保持世界第一（图8-3）。目前中国主要商品氢气的生产厂家近30家（表8-2）。

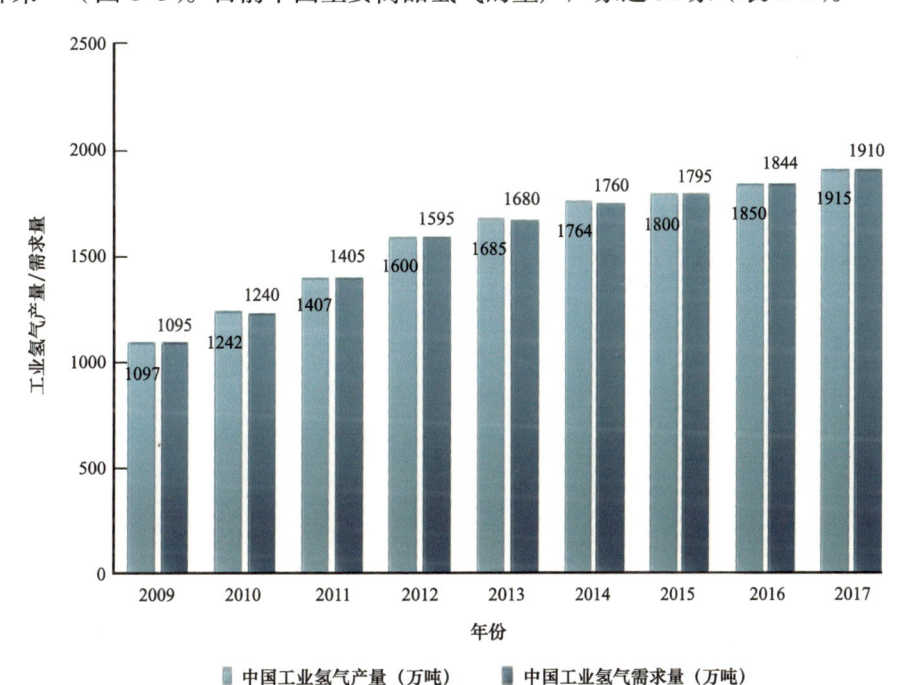

图8-3 中国工业氢气产量与需求关系

表8-2 中国主要商品氢气生产厂

序号	生产商	序号	生产商
1	北京普莱克斯公司	7	抚顺有机化工厂
2	常熟化工厂	8	广东昊天化工集团公司
3	重庆天原化工总厂	9	江苏农药化工总厂
4	春旺工业气体公司	10	江苏金龙集团公司
5	中国石油抚顺石化分公司	11	江苏连云港化工厂
6	中国石油吉林石化分公司	12	江苏梅兰化工集团公司

续表

序号	生产商	序号	生产商
13	四川自贡红河化工厂	20	上海中原化工集团有限公司
14	云南昆明电化厂	21	上海宝钢集团宝氢公司
15	南通农药厂	22	中国石化巴陵石化公司
16	浙江宁波化肥厂	23	中国石化天津石化工业公司
17	河南濮阳市氯碱厂	24	中国石化扬子石化有限公司
18	上海比欧西气体有限公司	25	无锡化工集团公司
19	上海氯碱化工集团有限公司	26	新疆氯碱厂

3. 化石能源制氢居主导地位

从全球来看，2017 年，全球主要的制氢原料 96% 以上来源于传统能源的热化学重整，其中，48% 来自天然气重整，30% 来自醇类重整，18% 来自焦炉煤气；另外，4% 左右来源于电解水（图 8-4）。但不同国家各有特点，制氢主体原料和方式也存在明显差别。

天然气和煤炭是中国氢气生产的主要原料，中国氢气生产中天然气制氢占 61.7%，煤制氢占 18.7%，其他原料制氢（包括炼厂干气、焦炉煤气、甲醇、电解水等副产品）约占 19.6%。

电解制氢在日本氢气制造中具有特殊的地位。盐水电解的产能占所有制氢产能的 63%、天然气制氢占 8%、乙烯制氢占 7%、焦炉煤气制氢占 6% 和甲醇制氢占 6% 等（图 8-5）。

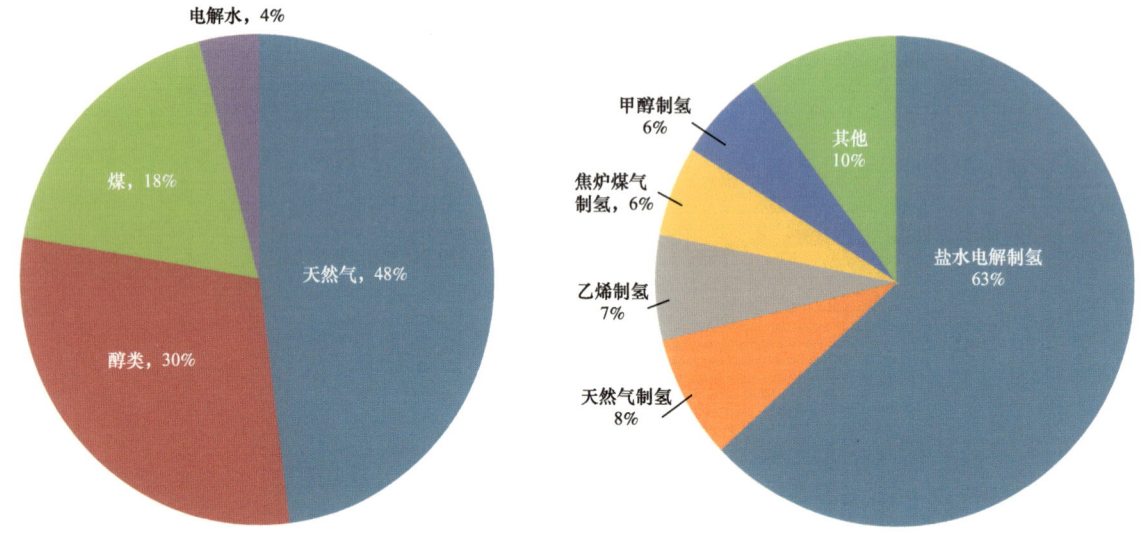

图 8-4　2017 年全球氢气原料主要来源占比　　　图 8-5　2017 年日本氢气原料主要来源占比

中国天然气供需矛盾突出，将天然气作为制氢原料既不经济，原料也难以保障，若依靠天然气制氢则无法满足未来氢能社会对氢气的巨大需求。未来相当长一段时期内，最现实的规模化氢气来源之一应该是电解水制氢，其次是煤炭制氢和钢厂、炼化排放的废气提氢，大规模、低成本的终极制氢技术应该是太阳能制氢（光催化、光热解）和核能制氢等。

目前，氢气大多是以石油、天然气和煤为主要原料制取。化石燃料制造氢气会排放大量的温室气体，对环境造成不利影响。但相对于其他制氢方法，化石燃料制氢的工艺比较成熟，原料价格相对低廉。中国的煤储量相对丰富，利用煤制氢是中国未来实现大规模制氢的路线之一。

4. 变压吸附提纯氢气规模大，经济性好

变压吸附（Pressure Swing Adsorption，PSA）是一种新型气体吸附分离技术，其具有产品纯度高（可在室温和低压下工作，床层再生时不用加热）、节能经济、设备简单、连续循环操作、可完全达到自动化等优点。因此，当该新技术问世后，就受到各国工业界的关注，竞相开发和研究，发展迅速，并日益成熟。

从获取氢气的方法看，变压吸附提纯氢气由于规模大、经济性好而成为氢气制取的重要生产方式。近年来，随着国内甲醇生产规模的扩大，甲醇蒸汽转化制氢发展迅速。目前国内自主生产的变压吸附（PSA）单套提氢装置的规模可达 300000 米^3/小时，可一步获得纯度为 99.999% 以上的氢气。PSA 技术已在石化行业的重整气、催化干气、变换气提纯氢气、催化干气回收乙烯、聚烯烃尾气中回收烯烃等领域实现工业化应用。

催化干气中除含有氢气及烃类组分外，还含有 0.5%～1.2% 的氧气，也可用 PSA 技术提纯其中的氢气。为了获得较高的氢气回收率，产品氢气中含有微量氧气，在要求产品氢气中氧含量很低时，需通过催化氧化反应加干燥过程（图 8-6）。催化干气中的氢含量较低，烃类杂质组分多，为了提高氢气收率，常采用抽空解吸工艺。

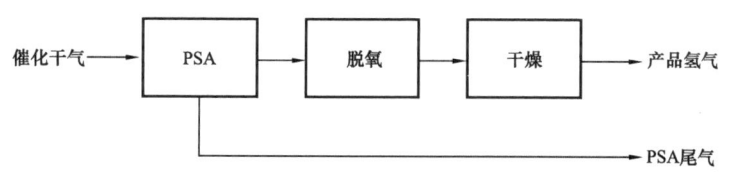

图 8-6 催化干气 PSA 提氢流程简图

5. 煤气化制氢发展潜力大

随着煤制合成气、煤制油产业的发展，煤制氢产量逐年增多，其规模均较大、成本也较低。在煤炭价格适宜且工艺流程、气化炉型等选择得当时，氢气成本可降至 20 元/千克左右。与此同时，能够实现从化工产品（包括合成氨、甲醇等）生产过程中产生的含氢弛放气中回收纯度大于 99% 氢气的装置日渐增多。

煤的气化是指煤在高温常压或加压下，与气化剂反应转化成气体产物。气化剂为水蒸气或氧气（空气），气体产物中含有氢气等组分，其含量随不同气化方法而异。气化的目的是制取化工原料或城市煤气。大型工业煤气化炉如鲁奇炉是一种固定床式气化炉，所制得煤气组成为氢占 37%～39%（体积分数）、一氧化碳占 17%～18%、二氧化碳占 32%、甲烷占 8%～10%。中国拥有大型的鲁奇炉，每台炉产气量可达 100000 米^3/小时。另一种新型炉型为气流床煤气化炉，称为德士古煤气化炉，以水煤浆为原料，中国在 20 世纪 60 年代开始研究开发，目前已建有工业生产装置生产合成氨、合成甲醇原料气，其煤气组成为氢气占 35%～36%（体积分数）、一氧化碳占 44%～51%、二氧化碳占 13%～18%、甲烷占 0.1%。

截至 2017 年底，国内自主开发的气流床洁净煤气化技术主要有：固定床、流化床、水煤浆气流床和干粉气流床四种（表 8-3）。涵盖水煤浆耐火砖气化技术、干煤粉水冷壁气化技术和水煤浆水冷壁气化技术，既有激冷流程，也有废锅流程，其中，水煤浆水冷壁气化技术，即第二代清华炉开创了世界上首套水煤浆水冷壁气化工业装置先河，使国内洁净煤气化技术走在国际前列。

煤地下气化方法近几十年已引起人们重视。地下气化技术具有煤资源利用率高及减少或避免地表环境破坏等优点。但煤炭地下气化制氢技术仍然在探索阶段，离商业化开发还有相当大的距离。

利用弃风、弃光、弃电等可再生能源，通过电解水制取氢气，形成绿色二次能源是一个比较理想，而且现实的解决方法。消纳富裕弃电是对能源的合理配置，将带动各行业的均衡发展。

表 8-3　国内主要煤气化技术及应用现状

技术名称	技术开发单位	技术类型	应用现状
碎煤加压气化技术	赛鼎工程公司	固定床	具有较好的应用业绩
云煤炉气化技术	云煤集团	固定床	共 13 台气化炉投产
ICC 灰熔聚气化技术	中国科学院山西煤化所	流化床	投产或在建共 9 台气化炉
多喷嘴水煤浆气化技术	华东理工大学和兖矿集团	水煤浆气流床	投产或在建 33 个项目，共 92 台气化炉
HT-L 炉气化技术	中国航天科技集团	干粉气流床	投产或在建 20 多个项目 30 多台气化炉
多元料浆气化技术	西北化工研究院	水煤浆气流床	投产或在建约 40 个项目约 100 台气化炉
两段炉气化技术	西安热工研究院	干粉气流床	签约 10 个项目约 12 台气化炉（2 台已投产）
SE 东方炉气化技术	中国石化宁波工程公司、宁波技术研究院与华东理工大学	干粉气流床	签约 2 个项目共 8 台气化炉
宁煤炉气化技术	神华宁煤集团与中国五环工程公司	干粉气流床	—

二、氢储存方式

氢能的存储有低温液态储氢、高压气态储氢、固态储氢和有机液态储氢等方式，几种储氢方式有各自的优点和缺点。氢输送状态可分为气态氢输送、液态氢输送和固态氢输送。

不同的储氢方式，其储氢密度差别很大。从图 8-7 可以看出，气态氢密度最小，金属氢化物储氢密度最大，液态和固态储氢次之。

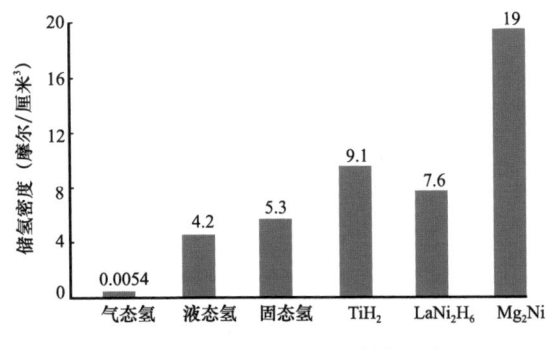

图 8-7　不同储氢技术的储氢密度

1. 低温液态储氢成本高

液态氢的密度是气态氢的 845 倍。液态氢的体积能量密度比压缩状态下的氢气高出数倍，如果氢能以液态形式储运，且价格低廉，其替换传统能源将指日可待。

氢气液化的费用昂贵，液化耗能 4~10 千瓦时/千克，几乎相当于三分之一液态氢的成本。液态氢的储存容器需要极好的绝热装置来隔热，避免沸腾汽化。

针对人类太空研究计划的需要，液态氢的储存容器趋于大型化。目前已能建造储存量超过 1000 立方米容积的大型液态氢绝热储槽。如美国原子能委员会（现能源部）在内华达州的试验基地建有一个 1893 立方米的大型液态氢球罐。液态氢远距离运输通常采用铁路槽罐车，槽罐的液态氢容量为 36~107 立方米，采用专门设计的高真空低温绝热系统，以保证真空绝热层的绝对压力低于 0.133 帕（1 微米汞柱）、传热系数达到 0.1163 瓦/（米²·开尔文）的要求。绝热系统除高真空夹套外，还包括多层辐射屏蔽层。设计良好的液态氢槽罐，能在 20 开尔文温度较长时间储存液态氢，液态氢日蒸发率小于 0.3%。由于液态氢密度低（70 千克/米³），一个 107 立方米的液态氢槽罐，载重不到 7.5 吨，完全可以用槽车运输。由于氢的气液体积比大，液态氢储罐亦可作为需要大量使用氢气工艺的工作储备罐。

2. 高压气态储氢技术成熟，但容量偏小

高压气态储氢是目前最常用并且比较成熟的储氢技术，其储存方式是采用高压将氢气压缩到一个耐高压的容器里。高压气态氢储存装置有固定储氢罐、长管气瓶及长管管束、钢瓶和钢瓶组、车载储氢气瓶等。

目前最常用的高压气态储氢容器是钢瓶，其优点是结构简单、压缩氢气制备能耗低、充装和排放速度快；缺点是存在泄漏爆炸隐患、安全性能较差及体积比容量低。

长管气瓶组及长管拖车也在中国成功制造，已经在一些制氢工厂、用氢的企业、加氢站安装并运行。目前国内已建和在建加氢站，一般都采用该储氢设备。

3. 固态储氢密度大，技术尚未成熟

固态储氢方式能有效克服高压气态和低温液态两种储氢方式的不足，且储氢体积密度大、操作容易、运输方便、成本低、安全等，特别适合对体积要求较严格的场合，如在燃料电池汽车上的使用，是最具发展潜力的一种储氢方式。

储氢材料种类非常多，主要可分为物理吸附储氢和化学氢化物储氢。其中物理吸附储氢又可分为金属有机框架、纳米结构碳材料；化学氢化物储氢又可分为金属氢化物、非金属氢化物（包括硼氢化物和有机氢化物）。

金属氢化物储氢工艺简单，与压缩气体和低温液化形成鲜明的对比，只要选择一种适合的金属氢化物，就能使氢在室温和不太高的压力下储存于金属氢化物中。用金属氢化物储氢的突出优点在于安全，氢是处于低压下与另一种物质（储氢合金）结合成准化合物态而存在，不需要高压，也不需要低温。

金属氢化物储氢具有储氢密度高、纯度高（从氢化物中加热释放出的氢具有极高的纯度，通常可以达到 99.999% 以上）的特点。

但目前真正将金属氢化物储氢用于大规模工业生产的少见，主要有四个方面的原因：（1）储氢合金太贵；（2）结构复杂，由于储氢过程中有大量热量释放出来，储存器内必须增加换热设备，以除去放出的热量；（3）氢化物自身很不稳定，易受有害杂质组分的毒害，多次使用之后，性能明显下降；（4）储氢密度虽高，但储氢质量比太低，即以质量分数计，仅能储存 2%～4% 的氢气。

金属氢化物储氢还处于试验研究阶段，尚未进入商业应用。目前主要开展汽车发动机燃气方面的研发。例如，日本铃木汽车公司研制出一种用镁作粘结剂的 Ti—Zr 储氢复合材料用于燃氢汽车，经受 1000 次循环而无衰退现象，利用一台储氢量为 37 立方米的储氢装置（重约 280 千克），驱动车辆行驶 200 千米。

4. 有机液体储氢备受关注

有机液体储氢技术是通过不饱和液体有机物的可逆加氢和脱氢反应来实现储氢。理论上，烯烃、炔烃以及某些不饱和芳香烃与其相应氢化物，如苯—环己烷、甲基苯—甲基环己烷等可在不破坏碳环主体结构下进行加氢和脱氢，并且反应可逆。

有机液体具有高的质量和体积储氢密度，现常用材料（如环己烷、甲基环己烷、十氢化萘等）均可达到规定标准；环己烷和甲基环己烷等在常温常压下呈液态，与汽油类似，可用现有管道设备进行储存和运输，安全方便，并且可以长距离运输；催化加氢和脱氢反应可逆，储氢介质可循环使用；可长期储存，一定程度上解决能源短缺问题。

有机液体储氢也存在很多不足：技术操作条件较为苛刻，要求催化加氢和脱氢的装置配置较高，导致费用较高；脱氢反应需在低压高温非均相条件下，受传热传质和反应平衡极限的限制，脱氢反应效率较低，且容易发生副反应，使得释放的氢气不纯，而且在高温条件下容易破坏脱氢催化剂的孔结构，导致结焦失活。

三、管道输氢

氢气输送方式有高压气态氢、液态氢和管道输送。中国目前已经运营的近10座加氢站都是采用高压气态罐运输；短距离的氢气管道运输一般是用于炼油厂、化工厂等；液态氢运输主要以液态氢储罐通过拖车、槽车等运输。

氢气长输管道近年已在一些地区建设、运营。据了解已有数条约50千米、2.0～4.0兆帕的输氢管道正在运行中，管道内径已达400毫米。但仍需在管线钢与高压氢的相容性、管道的运营管理等方面开展系统的基础研究工作，为建设长距离、高压力的规模输氢管线创造条件。

四、加氢站建设

随着氢能产业链的不断完善，氢能市场不断扩大。特别是近两年氢燃料汽车的快速发展，对氢气的需求增大，加氢站的建设也在提速。

1. 全球加氢站建设现状

截至2018年1月，全球共有327座加氢站投入运营。其中欧洲139座，亚洲118座，北美68座，南美1座，澳大利亚1座。

日本：日产、本田、丰田联合多家企业签署备忘录，将合作建设加氢站，按照此前日本政府的《氢燃料电池战略规划》，在2020年前将完成160个加氢站的建设。

韩国：目前有165辆氢燃料电池车，其中140辆非商业用途车，25辆用于商业用途。已建立12座加氢站，其中6座用于商业用途，6座用于研究。2018年，还将建立28座加氢站。

德国：截至2018年1月，德国共有45座加氢站。德国加氢站的数量已超过美国，仅次于日本，成为全球拥有加氢基础设施第二多的国家。

2. 中国加氢站建设现状

2016年10月，中国标准化研究院资源与环境分院和中国电器工业协会发布的《中国氢能产业基础设施发展蓝皮书（2016）》首次提出了中国氢能产业的发展路线图，对中国中长期加氢站和燃料电池车辆发展目标进行了规划。到2020年，预计加氢站数量将达到100座，燃料电池车辆达到10000辆，氢能轨道交通车辆达到50列。到2030年，预计加氢站数量将达到1000座，燃料电池车辆保有量达到200万辆；到2050年，预计加氢站网络构建完成，燃料电池车辆保有量达到1000万辆。

截至2018年2月，中国已建成及在建的加氢站共有31座，正在运营的有12座，分别位于北京、上海、广东、江苏、河南、湖北、辽宁和四川共8个省市，合计加氢能力为4000千克/天（表8-4）。

表 8-4　2018 年 2 月国内加氢站统计数据

序号	省	市	名称	加注量（千克/天）	合计加注量（千克/天）	备注
1	北京		北京永丰加氢站	200	200	正在运营
2	上海		上海安亭加氢站	200	700	
3			上海电驱动加氢站	500		
4	广东	中山	中山沙朗加氢站	1000	1400	
5		云浮	思劳加氢站	200		
6		佛山	瑞晖佛山加氢站	200		
7	江苏	如皋	南通百应加氢站	200	200	
8		常熟	丰田加氢站	—		
9	河南	郑州	郑州宇通加氢站	200	200	
10	湖北	十堰	十堰加氢站	500	500	
11	辽宁	大连	同济新源大连加氢站	400	400	
12	四川	成都	郫都区加氢站	400	400	
	全国合计			4000		
1	上海		上海金山加氢站	500	2750	正在建设中
2			松江万象加氢站	500		
3			青浦韵达加氢站	1000		
4			江桥嘉氢实业	750		
5	广东	中山	古镇加氢站	1000	3400	
6		佛山	国能联盛加氢站	1000		
7		云浮	云浮中石化	1000		
8		云浮	罗定 1# 加氢站	400		
9	江苏	张家港	亲枫加氢站	1000	1500	
10		盐城	奥新汽车加氢站	500		
11	浙江	台州	氢能小镇加氢站	500	700	
12		嘉善	爱德曼加氢站	200		
13	湖北	武汉	氢雄加氢站	500	1000	
14		襄阳	试验场加氢站	500		
15	山东	聊城	中通客车加氢站	200	200	
16		滨州	滨化加氢站	—		
17	安徽	六安	明天氢能	400	400	
18	陕西	西安	青年客车	500	500	
19	河北	张家口	张家口加氢站	—		
	全国合计			10450		

正在运营的12座加氢站规模均较小，分布相对集中。从加氢能力来看，加氢站日加注能力普遍偏小，单个加氢站加注能力大都为200~500千克/天，最大仅1000千克/天，且只有一个。从加氢站分布来看，主要分布在中东部及沿海发达地区，长三角地区有4座加氢站已投入运行，8座正建；珠三角地区有3座加氢站已投入运行，4座正建。值得一提的是湖北，已有1座加氢站投入运行，2座正建，单个加氢站加注能力均为500千克/天，在已建和正建的加氢站中属于规模较大的加氢站。

3. 加氢站建设成本居高不下

目前一个新的加氢站的建设成本在200万~500万美元之间。日本建设一座中型加氢站（300米³/小时）的成本为500万~550万美元；美国建设一座中型加氢站大约需要280万~350万美元。

与国外相比，中国加氢站的建设成本相对低些。国内建设一座加氢站（35兆帕）的成本为200万~250万美元。随着加氢站建设数量的增多，势必出现规模效应，加氢站的建设成本将有望下降。

加氢站的主要设备包括储氢装置、压缩设备、加注设备、站控系统等。其中压缩机成本最高，约占总成本的30%（图8-8）。中国需加速氢气压缩机的国产化进程，降低加氢站的建设成本，促进氢能产业链的发展。

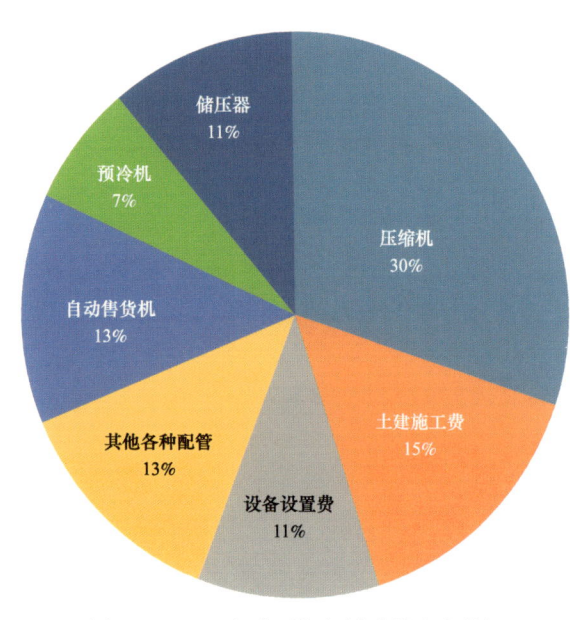

图8-8 2017年中国加氢站建设成本分析

五、燃料电池汽车技术

随着新能源、新材料和环保等新兴产业的快速发展，工业氢气的应用领域得到了极大的拓展，食品饮料和医疗卫生行业的需求不断上升，促进中国工业氢气的发展走上新的平台。从全球看，作为重要技术创新方向的氢燃料电池汽车正逐步成为氢能大规模商业化应用的重要领域。

据美国能源部统计，2016年美国氢能产业创造了约1.6万个就业岗位，氢燃料电池汽车超过3500辆。截至2017年底，日本氢燃料电池汽车超过2000辆，是世界上最大的氢燃料电池汽车市场。预计到2020年，日本可上路的氢燃料电池汽车达到4万辆，到2025年达到20万辆，到2030年达到80万辆，900座广泛分布的加氢站将为这些车辆提供加氢服务。

2017年中国新能源汽车销售79.4万辆。2020年新能源汽车的销量目标为200万辆，2030年预计达到1000万辆。

氢能源汽车在全球还处于起步阶段，虽然整个氢能产业链（制氢—储氢—运氢—用氢）上游发展比较快，但在产业链端下游的交通工具氢应用还处在初期阶段，特别是家用氢能汽车占比微不足道。人们对新事物有个逐步接受的过程，全面氢能源汽车爆发还需要很长的时间。

中国的氢燃料电池应用以氢能物流车和公交车（大型客车）发展为起点，已初具规模。

中国氢能物流车和氢能城市交通车发展已全面启动。目前国内的主要氢能汽车生产厂家包括广东佛山飞驰客车、宇通客车、福田欧辉、浙江青年汽车、江苏奥新公司、成都客车、科力远燃料电池大巴等7家。2017年，全国首批量产的28辆氢燃料电池公交车在广东云浮、佛山投入试运营；2018年，江苏50辆氢燃料电池物流车在大市区运营。

第二节　氢能发展前景

氢能是公认的清洁能源，被誉为 21 世纪最具发展前景的二次能源。氢能对解决能源危机、全球变暖以及环境污染将发挥重要的作用，其开发利用得到了世界范围内的高度关注。多年来氢气在许多工业过程中扮演了重要的角色。全球几乎半数的氢气产量都被用于化工行业生产氨气和甲醇。其余大量的氢气也用在金属加工、玻璃制造、电子及食品行业，以降低内燃机、炼油厂脱硫汽油和柴油的大量排放。氢气在工业上的应用广泛，包括氢化起酥油、电子行业、金属热处理、浮法玻璃、石油及炼化、氢燃料电池、加氢站（氢能汽车）、玻璃表面抛光、热处理淬火及热处理退火、钎焊及热处理粉末冶金等。

据预测，炼油业、新能源汽车以及清洁能源发电将是氢气最大的终端市场，其中全球炼油业消耗的氢气约占全球氢气消耗总量的 90%。随着燃料规格的日趋严格，炼油厂加氢精制需要更多的氢气来生产低硫清洁燃料，将极大刺激氢气需求的快速增长。

一、氢—电互补

氢能和电能都是重要的二次能源，也是未来主要的绿色清洁能源之一，具有远距离输送、存储和氢—电互换的特性。

氢能和电能在工业、农业、电子、钢铁、民用等各个领域用途广泛，但是每一种能源在不同时段、不同时期都会出现波峰—波谷的问题，每种能源在峰谷期间都可能出现 10% 左右的富裕或短缺，氢—电互换是解决能源峰谷波动的有效手段之一。如何有效地利用氢能和电能的互换优势，发挥能源的智慧互联互补，是提高能源利用效率的关键。

氢能燃烧发电：氢气在使用中可能出现短期过剩，这部分多余的氢气可以通过高压储气库、储气罐储存，也可以通过氢气燃烧转换成电能，以缓解电力的不足。

电解水制氢：电力在不同季节、白昼等出现波动的情况普遍存在，特别是风能、太阳能发电等随着天气变化、白昼等会发生较大幅度的波动，如何有效地利用好这部分电力一直是一个世界难题。电能通过蓄电池等形式存储能力有限，无法满足大量电能的去向。电解水制氢是消纳富裕电力的有效手段之一，特别是电解水制氢可以很好地把不连续的风、光电能利用起来。

二、氢能汽车

1. 氢能引领新能源汽车变革

氢燃料电池汽车产业拉开氢能商业化序幕。氢能已经小规模用于大型物流车、城市交通车、家用小汽车。甚至有的已用于火车、自行车、航模、无人机等。氢能在能源交通领域，特别是新能源汽车领域将会引爆一场小规模的革命。

日本、韩国以高压氢技术为主的氢能源乘用车已经量产。其中，本田 Clarity，加氢 3 分钟，续航 750 千米；2019 款现代 NEXO，加氢 5 分钟，续航 609 千米。据《朝日新闻》网站报道，日本大型连锁便利店与丰田汽车公司联手，计划从 2019 年春天开始推出利用氢燃料电池（FC）驱动车辆行驶的货车运送货物，并建立起零排放物流体系。

2017 年 3 月，德国成功测试了世界上第一辆"氢铁"，这是一种零排放的氢动力火车。德国和法国阿尔斯通公司签署了一项协议，将在 2021 年开始建造一系列由氢动力驱动的列车。阿尔斯通公司宣布,他们将建造14辆无排放列车,通过一个完整的氢燃料箱实现1000千米的续航里程,其最高时速可达140千米。

2017年12月13日,法国《欧洲时报》报道称,位于法国下诺曼底大区的圣洛市第一批氢能源电动自行车在当地正式投入使用。这款自行车重25千克,跟普通电动车的质量相差无几,但普通电动车充电需要3小时,而氢能源电动自行车充电只需2分钟,充电量是前者的2倍。

中国前几年以发展电动车为主。2018年,中国总理访问日本成为中国氢燃料电池汽车利用的转折点。2018年2月,由国家能源投资集团牵头的中国氢能源及燃料电池产业创新联盟在北京正式成立。目前已有超过30家上市企业涉足其中,除吉利、一汽、长城等车企外,国家能源投资集团、中广核等能源企业也在开始布局氢燃料汽车。由于起步相对较晚,中国燃料电池汽车生产商的基础研究远落后于日本、韩国、欧美等国家。

2. 2050年氢能消费占比20%

据预测,2050年天然气在能源消费中占比将首次超过石油和煤炭,进入天然气、石油、煤炭和新能源四分天下的时代。其中氢能在能源消费中的占比将超过20%,世界将进入一个清洁能源时代。

氢能理事会于2017年11月发布的报告显示,氢能将占2050年全球总能源消耗的20%左右,每年减排60亿吨二氧化碳,氢能产业链年产值将达2.5万亿美元。

2100年,新能源在能源消费中占比将居首位,其中氢能和天然气占比总和将超过60%,氢能占比将达到30%左右,人类将进入一个真正的绿色能源时代,氢能社会将出现在22世纪初期。

世界前五大煤炭生产国中有三个在亚太地区,中国是全球煤炭消费的主力,占全球煤炭消费量的50.6%。中国已制订了严格的减排计划,中国发展新能源汽车的政策及力度全球最大,发展速度最快。中国氢能发展起步晚于日本、美国及欧盟等国家,但是中国自从2016年开始,制定了氢能发展目标和明确的技术路线图,中国的氢能经济将后来居上。

全球主要国家制订了燃油汽车退出历史舞台的时间表(表8-5)。中国正在制订停止生产和销售传统能源汽车的时间表。2050年左右,全球氢能汽车预计将达到市场保有量的20%左右,2060年将达到50%,2100年全球能源体系将彻底进入以氢能和电能为主的二次能源时代。

表8-5 世界主要国家燃油汽车停售时间表

国家	颁布时间	退出时间	备注
美国加利福尼亚州	2015年8月	2030年	禁售传统燃油车
荷兰	2016年4月	2025年	禁售燃油车
挪威	2016年5月	2025年	禁售燃油车
德国	2016年10月	2030年后	禁售传统内燃机车
印度	2017年6月	2030年	全面禁售燃油车
法国	2017年7月	2040年	全面禁售燃油车
英国	2017年7月	2040年	全面禁售燃油车

三、各国氢能发展路线图

发达国家相继将发展氢能产业提升到国家能源战略高度,许多国家制定了明确的发展目标和详细的行动路线图。

1. 美国氢能发展路线图

美国是氢能发展的先行者，是领导世界氢燃料电池发展的主要国家。1970年开始布局氢能技术研发；2002年11月，美国能源部发布了《国家氢能发展路线图》，就美国的氢能发展目标、影响氢能发展的各种因素，以及氢能技术现状、面临的挑战及未来发展路径进行了详细的设计，标志着美国"氢经济"理念开始由设想阶段转入行动阶段。

自2007年开始，美国加利福尼亚州南部对氢燃料电池的生产和研究设备实行税收全免政策；俄亥俄州为250千瓦以下的燃料电池系统实行税收全免政策。2014年，美国从国家层面开启了新的氢能计划，颁布《全面能源战略》，重新确定氢能在交通转型中的引领作用，并于2017年宣布继续支持30个氢能项目建设，推动氢能产业快速发展。据美国能源部统计，2016年美国氢能产业创造了约1.6万个就业岗位，氢燃料电池汽车超过3500辆，加氢站达到60座。预计在2030年至2040年全面实现氢能源经济。

2. 日本氢能发展路线图

日本着力打造氢能社会，2014年4月制定了《第四次能源基本计划》，确定了加速建设和发展氢能社会的战略方向。2015年定为"氢能元年"，2020年定义为"氢能奥运元年"，2025年定义为"氢能走出去元年"，2030年定义为"氢燃料发电元年"。

到2030年，日本的氢能相关产业要达到1万亿日元（约合88亿美元）的规模。日本领军车企丰田研发的氢能源轿车已经于2014年底在日本上市，本田和日产也在分别研发各自的氢能轿车。日本政府提出未来要建设氢能社会，更要将2020年的东京奥运会打造成一场"氢能盛事"，届时运动员和观众来往于各奥运场馆将乘坐最新的氢能源公交车。预计在2040年日本将建成全国性的氢能供给网络。

日本提出三条路径促进低成本、清洁化用氢技术：（1）推动建立海外氢能供应系统；（2）利用海外廉价的褐煤实现低成本制氢；（3）利用海外可再生能源电解水制氢。2030年氢气供应量达到30万吨/年，2050年达到500万～1000万吨/年。

3. 德国氢能发展路线图

2016年，德国重新修订了氢能源交通战略规划，新公布的氢能交通战略主要有三大举措。

一是加大投资。德国联邦政府推出第二个氢能和燃料电池技术国家创新计划，其目标是保证研发的连续性，并打造氢能和燃料电池汽车在市场上的竞争力。随着电动汽车、自动驾驶和车联网技术的发展，人们正面临着汽车发明以来最大的革命。而燃料电池正是这一革命的核心技术之一。

二是促进合作。按计划，到2023年德国境内将建成400个加氢站。2015年6家企业联合成立了德国氢能交通公司，专门负责在德国分阶段建设氢能交通基础设施网络，总投资达3.5亿欧元。

三是鼓励创新。德国交通部正在酝酿一系列优惠措施，以鼓励创新、激活市场。例如，将重点支持物流专用车以及关键或离网基础设施和设备的自主供电技术。

2017年底，德国共有56座加氢站，其中45座是公共加氢站。预计到2019年，德国加氢站将达到100座，超过美国，仅次于日本，成为全球拥有加氢基础设施第二多的国家。

4. 英国氢能发展路线图

2018年，英国基尔大学的绿色开创性能源试验将首次进行氢气与天然气混合网络的试验，这是英国首次进行家用氢气与天然气混合网络方面的试验。

该试验将在近期正式启动，由燃气网络Cadent领头，并与Northern Gas Networks及一个技术专家联盟合作，名为 HyDeploy 项目。

HyDeploy 项目由 OFGEM 网络创新大赛支持，目标是建立氢气（最多 20%）与常规天然气混合供应网络。从 2019 年开始，基尔大学将会对该学校的私人天然气网络进行为期一年的实时试验。

早在 20 世纪 70 年代，英国天然气网络中使用的城镇天然气由高达 60% 的氢气组成，但并没有普及。在 HyDeploy 项目中，用户将首次在家中使用氢气作为能源。

5. 法国氢能发展路线图

据中国氢能源网报道，《法国氢能计划》指出，从 2019 年起，法国环境和能源署（ADEME）将出资 1 亿欧元用于在工业、交通以及能源领域部署氢气，其主要行动路线图如下。

1）创造无碳化工业

具体目标：2020 年打造一个完善的氢气追溯系统，2023 年氢气在工业中的使用量达到 10%，2028 年使用量达到 40%。

2）开发可再生能源储存容量

通过电解装置，实时为有氢气需求的地区提供氢气服务；创建氢网络的技术和经济条件。通过可再生能源生产电能再制取氢气，实现电—气的转换，由气体运输商以及分销商确定相应的技术和经济条件，并于年底给出中期报告。

3）实现交通零排放

进一步部署大规模氢交通系统，2023 年，拥有 5000 辆轻型商用车、200 辆重型车辆以及 100 座加氢站；2028 年，将轻型商用车规模扩展至 20000～50000 辆，重型车辆（公共汽车、卡车以及船舶等）由 2023 年的 200 辆扩大至 800～2000 辆。2028 年，加氢站进一步增加至 400～1000 座。支持一系列重型道路车辆的研发，致力于用现有的工具开发创新式应用；进一步完善氢气生态网络部署和管理工作，推动项目发展；在现有工作基础上进一步深入展开工作，明确安全和风险防范规定。

6. 中国氢能发展路线图

中国是全球氢利用最多的国家，自 2009 年首次突破 1000 万吨以来，连续 9 年保持世界第一。近年来，中国对发展氢能产业高度重视，出台了一系列有利于氢能发展的相关产业政策。2016 年 4 月，国家发展和改革委员会、国家能源局等联合发布的《能源技术革命创新行动计划（2016—2030 年）》，提出了能源技术革命重点创新行动路线图。该路线图包含三个战略方向和六项创新行动。

1）三个战略方向

（1）氢的制取、储运及加氢站。重点在大规模制氢、分布式制氢、氢的储运材料与技术，以及加氢站等方面开展研发与攻关。

（2）先进燃料电池。重点在氢气/空气聚合物电解质膜燃料电池、甲醇/空气聚合物电解质膜燃料电池等方面开展研发与攻关。

（3）燃料电池分布式发电。重点在质子交换膜燃料电池、固体氧化型燃料电池、金属空气燃料电池，以及分布式制氢与燃料电池的一体化设计和系统集成等方面开展研发与攻关。

2）六项创新行动

（1）大规模制氢技术。研究基于可再生能源和先进核能的低成本制氢技术，重点突破太阳能光解制氢和热分解制氢等关键技术，建设示范系统；突破高温碘—硫循环分解水制氢和高温电化学制氢，完成商业化高温核能分解水制氢方案设计。研发新一代煤催化气化制氢和甲烷重整/部分氧化制氢技术。

（2）分布式制氢技术。研究可再生能源发电与质子交换膜/固体氧化型电池电解水制氢一体化技术，突破高效催化剂、聚合物膜、膜电极和双极板等材料与部件核心技术，掌握适应可再生能源快速变载的高效中压电解制氢电解池技术，建设可再生能源电解水制氢示范并推广应用；研究分布式天然气、氨气、甲醇、液态烃类等传统能源与化工品高效催化制氢技术与工艺，以高效率低成本膜反应器制氢和氢气纯化技术，形成标准化的加氢站现场制氢模式并示范应用。

（3）氢气储运技术。开发70兆帕等级碳纤维复合材料与储氢罐设备技术、加氢站氢气高压和液态氢的存储技术；研发成本低、循环稳定性好、使用温度接近燃料电池操作温度的氮基、硼基、铝基、镁基和碳基等轻质元素储氢材料；发展以液态化合物和氨等为储氢介质的长距离、大规模氢储运技术，设计研发高活性、高稳定性和低成本的加氢/脱氢催化剂。

（4）氢气/空气聚合物电解质膜燃料电池技术。针对清洁高效新能源动力电源的重大需求，重点突破氢气/空气聚合物电解质膜燃料电池的低成本长寿命电催化剂、聚合物电解质膜、有序化膜电极、高一致性电堆双极板、模块化系统集成、智能化过程检测控制、氢源技术等核心关键技术，解决氢气/空气聚合物电解质膜燃料电池性能、寿命、成本等关键问题，并实现氢气/空气聚合物电解质膜燃料电池电动汽车的示范运行和推广应用。

（5）甲醇/空气聚合物电解质膜燃料电池技术。针对清洁高效新能源动力电源的重大需求，重点突破甲醇/空气聚合物电解质膜燃料电池耐高温长寿命电催化剂、新型耐高温聚合物电解质膜、有序化膜电极、一体化有机燃料重整、高温条件下电堆系统集成优化、智能控制等核心关键技术，并实现甲醇/空气聚合物电解质膜燃料电池在电动汽车上应用的示范运行和推广应用（无需制氢、储氢、加氢站）。

（6）燃料电池分布式发电技术。重点研发质子交换膜燃料电池氢源技术、固体氧化型燃料电池技术，以及金属空气燃料电池技术。在分散电站工况条件下，突破质子交换膜燃料电池、固体氧化型燃料电池、金属空气燃料电池关键材料、核心部件、系统集成和质能平衡管理等关键技术，建立分布式发电产业化平台，实现千瓦至百千瓦级质子交换膜燃料电池系统在通信基站和分散电站等领域的推广应用；实现百千瓦至兆瓦级固体氧化型燃料电池发电分布式能源系统示范应用，发电效率60%以上，并开发适于边远城市和工矿企业等的分布式电站；实现金属空气燃料电池系统在智能微电网、通信基站和应急救灾等领域的示范运行或规模应用。

氢能与燃料电池技术创新行动标志着氢能产业已被纳入国家能源战略；2016年6月，国家发展和改革委员会、能源局、工业和信息化部联合发布《中国制造2025—能源装备实施方案》，将燃料电池和氢能开发利用作为专门章节，被《国家创新驱动发展战略纲要（2016）》列为引领产业变革的颠覆性技术；2017年，国家能源局批准多项弃风、弃光制氢储能项目；2018年1月，国家科学技术部已将可再生能源与氢能技术列入重点专项，积极加以支持研究。2018年2月11日，由国家能源集团牵头、国家电网有限公司等多家央企参与的跨学科、跨行业、跨部门的国家级产业联盟——中国氢能源及燃料电池产业创新战略联盟（简称"中国氢能联盟"）在北京成立，多家中央企业带头参与，标志着中国氢能大规模商业化应用正在开启。

在国家战略导向和市场发展的推动下，中国氢燃料电池产业的投资规模正快速增长。据统计，仅2017年氢燃料电池项目（2020年投产）投资就达1000多元亿，产能为17万套氢燃料电池发动机。

3）"氢能中国"战略

中国是全球氢能利用的大国，已形成京津冀、长江三角洲、珠江三角洲、华中、西北、西南、东北等7个氢能产业集群。通过消纳弃水、弃风、弃光等富余新能源，减量替代煤、石油和天然气等化石燃料，加上煤炭的清洁高效利用，逐步降低成本，稳步提高安全性。通过"三大发展阶段"建立有利于氢能产业发展的支撑体系，建成全国性氢能供给和利用基础设备网络。

（1）近期（至2030年），以煤制气为代表的化石基氢能产业发展取得重大突破，初步完成产业链示范。目前需要加快中国煤炭地下气化制氢资源评价、经济高效产氢配套系列技术攻关与现场试验以及超深层、超临界水气化制氢技术储备，特别是对高效产氢机理进行深化研究，加强对地质评价、工程工艺、监测控制、安全环保等系列技术，以及高温高压井下工具和高强度防腐管材等重大装备的研制攻关。中国煤炭地下气化潜力巨大，仅鄂尔多斯盆地埋深介于1000～2000米的煤炭资源量就达1.3万亿吨，保守估算可气化采出商品工业氢气约10万亿立方米（相当于9亿吨）。应当按照浅层（地层压力低于10兆帕）、中深层（地层压力介于10～22兆帕）和超深层、超临界水（地层压力超过22兆帕）三个层次来布局中国煤炭地下气化产业发展，并优选鄂尔多斯、二连、准噶尔等盆地开展现场试验研究。

（2）中期（2035—2050年），氢能产业成为中国新的经济增长点和新能源战略的重要组成部分；打造新材料、储能和氢能产业链；加大石墨烯、纳米超材料等新材料的超前储备。通过自主、合作、技术购买、优质企业并购等多种方式研发和大规模生产高标准、高性能车用、船用等电池，与主要汽车厂商合作或参股推动标准化电池在交通领域的规模利用。发挥企业加油站布局优势，建设大型仓储式充电中心，快速建立新能源汽车高效率充电站网络，抢占交通领域能源革命的先机。发挥石油管道布局优势，发展弃风、弃光、弃水低成本电解制氢，天然气管网输氢，掺氢天然气、液化氢、加氢站等业务。

（3）远期（2050—2100年），氢能成为中国能源消费结构的重要组成部分，依靠新能源等实现国家"能源自主"。中国"能源自主"概念是指通过中国新能源生产革命，实现能源生产基本自给和消费安全。2017年，中国一次能源产量中，煤炭占70%、石油占8%、天然气占5%、新能源占17%。中国煤炭资源丰富但油气相对不足的先天条件，决定了能源生产和消费必须具有中国特色，构成"一大三小"（煤炭大，石油、天然气、新能源小）的中国能源结构。太阳能、风能产量的增长率最快，水电、核电产量的占比最高，氢能、储能、新材料、新能源最具颠覆性，应加快煤炭清洁化利用和新能源"两个规模"提前到来，减少油气在中国能源利用路径中的时间跨度和安全压力。中国"能源自主"可能要到新能源占主体地位才行。

中国需要谋划加快实现常规—非常规油气的生产革命、煤炭发展的清洁革命和新能源发展的速度革命，力争2050年前后实现能源结构从"一大三小"向煤炭、油气、新能源"三足鼎立"的转型革命，届时煤炭约占一次能源消费比例的40%，油气占30%、新能源占30%。

到2100年前后，有可能依靠新能源等实现国家"能源自主"，化石能源占一次能源消费结构的比例下降至30%，非化石能源占到70%，实现二者的地位转换（图8-9）。

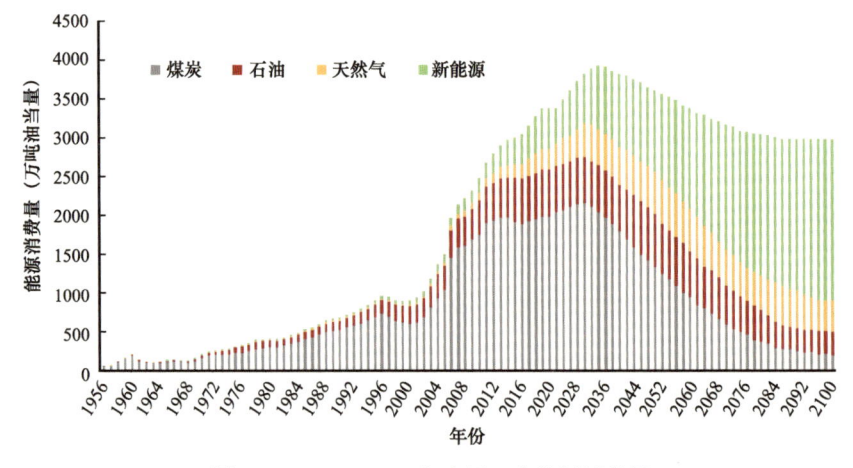

图8-9　1965—2100年中国一次能源消费量

四、氢能发展

1. 全球加氢站建设进入弯道超车阶段

根据2017年2月国外网站H2stations.org发布的报告数据，2016年全球新增92座加氢站，比2015年增加的加氢站多38座，增长速度达到70%，创增长速度新高，加氢站建设进入快速发展阶段。

2017年8月，全球正在运营的加氢站有286座，其中欧洲112座，亚洲109座。日本、美国、德国、中国是拥有加氢站最多的四个国家，分别为91座、60座、31座、12座。中国在建和已建31座，其中正在运营的有12座。

未来5年，全球加氢站将进入快速发展阶段，到2020年，全球加氢站将超过435座，2025年有望超过1000座，日本、德国、美国和中国将分别达到320座、400座、100座和100座。

随着氢能经济的不断推进，氢能社会逐渐清晰。未来，新能源汽车加氢已不再是问题。特别是中国沿海发达地区，100千米一座加氢站将成为现实，可以满足氢能汽车的需求。世界主要国家的加氢站建设计划见表8-6。

到2030年，中国加氢站数量预计将达到1000座，燃料电池车辆保有量达到200万辆；到2050年，中国加氢站网络构建完成，燃料电池车辆保有量达到1000万辆。

表8-6 世界主要国家加氢站建设计划

时间	2020年	2025年	2030年	2050年
日本	160	320	—	—
韩国	80	210	520	—
德国	—	400	—	—
美国	—	100	—	—
中国	100	—	1000	加氢站网络完成

2. 电解水制氢贯穿于氢能产业链的发展

随着全球氢经济发展的兴起，对氢气的需求出现爆发式增长，制氢技术日新月异。煤炭制氢虽然会产生大量二氧化碳，但由于煤炭资源丰富且价格相对低廉，煤气化制氢仍是实现制氢规模化、低成本的最佳途径，通过寻找二氧化碳驱油和埋存等新路径可有效解决二氧化碳封存难题，因此煤炭制氢会持续到2050年。高炉烟道气、化工尾气等含有大量氢气，通过PSA（变压吸附）等技术可实现低成本回收，也是未来氢气来源的重要组成部分。太阳能（光催化、光热解）制氢技术是未来理想的制氢技术，但由于受制于转换效率和成本等问题，2030年之前可能难以规模化。

电解水制氢将会一直贯穿于氢能产业链发展的浪潮中（表8-7，图8-10），是氢能社会中氢气的主要来源。电解水制氢可以有效地消纳风电、光伏发电及其他峰谷电力。随着技术的不断发展，电解水制氢成本会逐渐降低到商业接受的程度。

电解水制氢也是实现分布式制氢的最好途径。单个加油站可以建设小型电解水制氢装置，也可以采用集中式制氢，一个中型电解水制氢站可以满足就近区域几十个加氢站的氢气用量，实现氢能源的智慧互联。

2018年4月16日，由奥钢联、西门子、Verbund和奥地利电网组成的H2FUTURE项目与研究伙伴K1-MET和ECN一起，达成协议，共建全球最大的"绿色"电解制氢试点工厂，容量为6兆瓦。

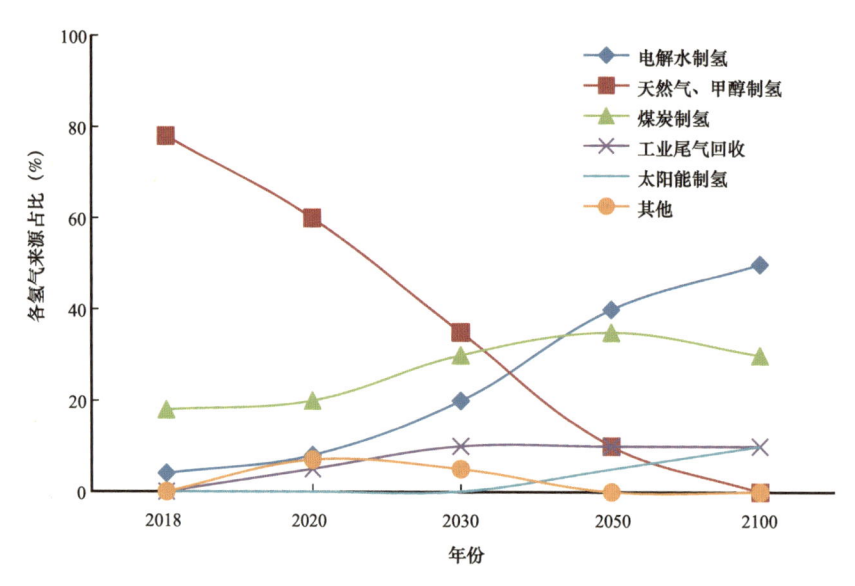

图 8-10　2050 年氢气主要来源预测趋势

表 8-7　2050 年氢气主要来源预测时间表

时间	2018 年	2020 年	2030 年	2050 年	2100 年
电解水制氢（%）	4	8	20	40	50
天然气、甲醇制氢（%）	78	60	35	10	0
煤炭制氢（%）	18	20	30	35	30
工业尾气回收（%）	0	5	10	10	10
太阳能制氢（%）	0	0	0.1	5	10
其他（%）	0	7	5	0	0

3. 2050 年液态氢将会是氢气的主要储存形式

目前氢气主要是采用高压气态形式储存，少部分是液态储存。由于成本问题，液态氢主要用于航空航天领域。随着技术的不断成熟，预计 2050 年液态氢将会是氢气的主要储存形式（表 8-8）。

运氢主要有两种方式：一是采用专用的输氢管道，由于电解水制氢技术的发展，区块链式的分布式制氢将成为主流，由制氢站制取的氢气经过压缩机压缩后直接输送到加氢站，氢气的管道输送以近距离为主；二是采用灌装运输，制氢站制取的氢气经过低温处理成液态，由专门的液态氢运输罐车运送到加氢站。

表 8-8　2050 年储氢方式预测时间表

时间	2020 年	2030 年	2050 年	2100 年
高压气态储氢（%）	90	75	40	25
低温液态储氢（%）	9	20	45	55
有机液态储氢（%）	1	5	10	15
固态储氢（%）	0	0	5	5

第九章 储能与新材料

储能技术是实现能源可持续发展的关键，可用于电力、交通、工业生产等方面。大规模储能系统是智能电网建设的关键一环，在一定程度上，储能技术的应用程度既决定了可再生能源的发展水平，也决定了能源互联网的成败。同时，新材料的发现、发明和应用推广与技术革命和产业变革密不可分，新材料在智能电网中将起到不可替代的基础和支撑作用。加快发展新材料，对推动技术创新、支撑产业升级、建设制造强国具有重要的战略意义。

第一节 储　　能

储能技术在能源转型中具有非常重要的作用，是满足可再生能源大规模接入的重要手段。传统利用化石能源的电站系统，会根据其用电需求进行发电、输电和配电；而对于新型可再生能源（如风能、太阳能等）发电系统，受自然条件制约，其发电具有间歇性和波动性，直接并网运行会给电网造成很大的安全隐患。利用储能技术，可有效解决太阳能、风能等可再生能源发电的波动性和间歇性问题，平滑电站出力，减小波动，提高电网运行的可靠性和安全性，同时使风能和光能等能源得以有效利用。储能也是分布式能源系统、电动汽车产业的重要组成部分，在能源互联网中具有举足轻重的地位。随着越来越多的国家将储能技术列入战略规划，储能市场投资规模不断加大，新兴技术研发瓶颈不断突破，储能产业的产业链及其商业模式将逐渐成熟。

一、储能发展现状

储能是指利用一定的媒介，将电能等能源以一定的形式进行存储，在有市场需求时再将其释放做功发电的技术。储能技术主要可分为物理储能（如抽水储能、压缩空气储能、飞轮储能等）、化学储能（如铅酸电池、氧化还原液流电池、钠硫电池、锂离子电池等）和电磁储能（如超导电磁储能、超级电容器储能等）三大类。物理储能是目前最为成熟、成本最低、使用规模最大的储能方式，化学储能是应用范围最为广泛、发展潜力最大的储能技术。

储能技术的应用主要包括五大领域：（1）发电及辅助服务，涉及辅助动态运行，取代或延缓新建机组，调频、调压、调峰，以及备用容量等；（2）可再生能源并网，主要涉及削峰填谷、跟踪计划出力、平滑输出等；（3）用户侧的电费管理、电能质量、分布式发电及微网应用等；（4）电力输配，如无功支持、缓解线路阻塞、延缓扩容升级、变电站直流电源等；（5）电动汽车，如有序充电、动力电池梯次利用等。

不同储能技术目前所处的开发和应用的阶段也不尽相同。从澳大利亚可再生能源署绘制的储能技术成熟度曲线看（图9-1），抽水蓄能是最成熟的技术，全球并网中的储能技术应用，抽水蓄能占比达到99%。其次是空气压缩技术、钠硫电池和锂离子电池，均处在应用阶段，其未来的成本有望进一步降低。其中已应用或正处于研发阶段的锂离子电池的种类也各不相同，包括钴酸锂电池、镍钴锰酸锂电池、锂锰氧化物电池、氧化钛酸锂电池、磷酸铁锂电池、锂聚合物电池等。

相比其他处于应用阶段的储能技术，锂离子电池储能技术的响应时间更快，能及时并持续向电网供电，确保电网的稳定性。目前，锂离子电池技术的研究热点在于提高能量密度，从而降低成本，符合商业应用的经济性要求。铅酸蓄电池的制造商正在优化其技术，通过合并电极中的碳，结合超级电容或者其他方式开发先进铅酸蓄电池。

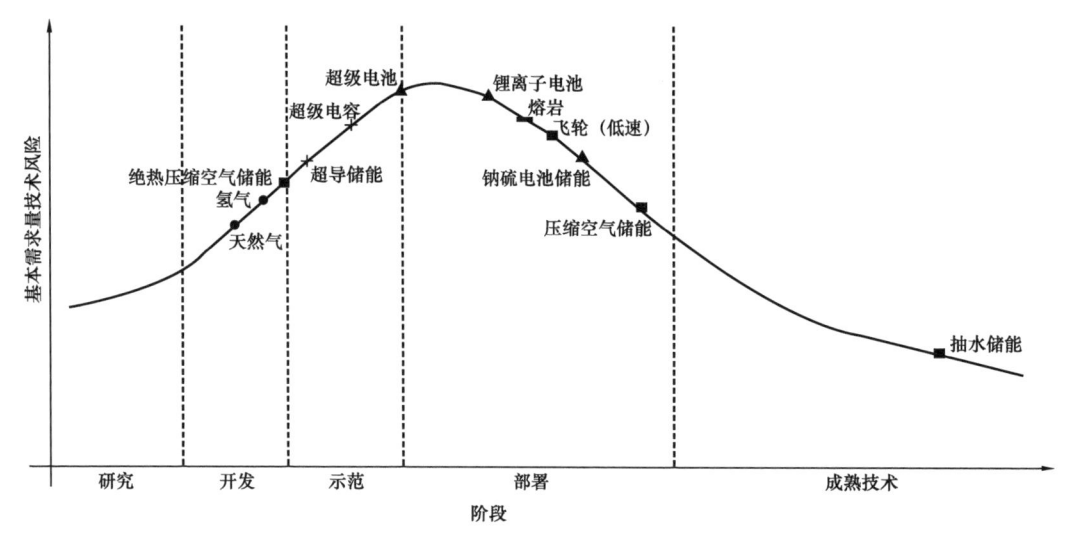

图 9-1 储能技术成熟度曲线

截至 2015 年底，全球累计运行的储能项目装机规模达 146.1 吉瓦。中国累计运行的储能项目装机容量达 23.7 吉瓦，排名全球第二，智利是唯一进入全球储能装机规模前十名的南美洲国家，德国则是欧洲储能装机比重最大的国家。

抽水蓄能应用规模最大。抽水蓄能是全球装机规模最大的储能技术，占全球总储能容量的 98%，日本、中国、美国的装机容量位列全球前三位。抽水蓄能的单机规模已达 300 兆瓦级，是目前发展最为成熟的一种储能技术，截至 2015 年 12 月全球总装机容量达 142.1 吉瓦。抽水蓄能机组在一个国家总装机容量中所占比重的世界平均水平为 3% 左右，部分国家已超过 10%，如奥地利（16.3%）、瑞士（12%）、意大利（11%）、日本（10%）、法国（13%）、德国（11.2%）。截至 2015 年底，全球累计运行储能项目 327 个，装机规模从 2005 年的 50 兆瓦增长到 2015 年的 950 兆瓦，规划和在建项目 180 个。

压缩空气储能技术向产业化迈进。压缩空气储能技术作为目前除抽水蓄能外，容量最大、技术最成熟的储能技术备受业界关注，国际上接近等温压缩空气储能技术已取得突破，小型空气压缩车处于小规模试用阶段。压缩空气储能目前已在德国得到了规模化商业应用。在新型压缩空气储能方面，国际上只有中国科学院工程热物理研究所（1.5 兆瓦超临界压缩空气储能、10 兆瓦先进压缩空气储能）、美国 General Compression 公司（2 兆瓦蓄热式压缩空气储能）、美国 SutainX 公司（1.5 兆瓦等温压缩空气储能）和英国 High View Power 公司（兆瓦级液态空气储能）4 家机构具备了兆瓦级的生产设计能力。中国科学院工程热物理研究所成功研制出国内首台具有自主知识产权的 1.5 兆瓦级超临界压缩空气储能系统，比传统压缩空气储能系统效率高 10% 以上，为中国电网级的储能应用开辟了发展空间。

电化学储能、机械储能及热储能发展也较为迅速。2015 年，热储能装机容量占上述三种储能方式的 43%，西班牙、美国、南非累计装机容量较为突出，累计占全球热储能的 97%。全球电化学储能项目装机容量达 910 兆瓦，美国、日本和中国的电化学储能累计装机容量位列全球前三名，占比分别为 43%、33% 和 11%。全钒液流电池在关键材料、电堆、电池系统设计与集成上都取得了重大进展，产业链逐步完善，整体产业已经进入市场化初期阶段，在日本、加拿大、美国、澳大利亚等国家已逐步开始取代铅酸电池；锂离子电池依然是当前储能领域的研究热门，电动汽车成为带动锂离子电池技术研发的重要因素。当前，对于锂离子电池，正极材料磷酸铁锂和镍钴锰三元材料是研究重点，负极材料纳米硅和石墨烯是研究热点，正负极材料类型越来越多，应用范围越来越广。储热技术发展迅速，部分热储能技术已经非常成熟，特别是显热储能，但市场规模依然不大，主要是由于热储能成本高，社会对热储能缺乏足够重视。据估算，储热系统可为全球节约 30%～40% 的能源。

氢燃料电池应用规模逐渐扩大。氢燃料电池依然是燃料电池发展的主流方向，相关技术已基本达到产业化要求，且小规模应用于火车、公交车、物流车、叉车、无人机等交通运输工具。

储能技术已被视为电力系统"发—输—变—配—用"环节中的重要组成部分。在能源互联网架构的基础上，储能在能源互联网中存在两种应用模式：（1）广域能源网应用。在骨干网络中，利用大规模储能技术协调集中式能源生产，参与广域能量管理，为大规模能源生产和传输提供能量缓冲，为系统广域能量调度提供支撑，维持系统供需平衡。大容量储能的运营主体直接参与能源交易市场，根据能源市场价格变动灵活购入或卖出能量，或提供调节服务。（2）局域能源网应用。局域能源网中，储能与能源转换装置相互配合共同维持系统经济高效运行，局域能源网管理系统根据储能的状态及供需预测信息，结合能源价格信息，对局域网内能源的生产和消耗进行决策，从能源市场购买或卖出能量。在虚拟能源站（VEP）应用中，由于难以对各分散生产者的行为进行预测，因此对分布式电源、电动汽车等进行聚合管理具有较大的难度，引入储能对 VEP 的管理和运行有着重要意义。在储能的作用下，分散的能源生产者具有更可信的能源供应能力，使其具备参与能源市场交易的条件。

二、储能产业政策

储能可能是实现未来能源系统变革的基础。美国、日本、欧洲等发达国家或地区均已从国家层面对储能这一关键技术领域进行研发布局，相关的技术研发和示范活动进展迅速，电网运营商等公用事业机构、大型能源设备制造企业及一些中小型科技企业均看好储能产业的市场前景，纷纷进入该领域。

1. 国际能源署

2014 年，国际能源署（IEA）发布了《储能技术路线图》，该路线图的内容主要包括：调查能源系统中各储能技术的优点并对其分类；探索新的方法，使得在利用其储能优势的同时降低成本，以及识别出部署实施中的障碍；对其他技术进行竞争分析。主要研究的技术包括蓄电（机械转换、化学转化等）和蓄热（水／冰蓄冷、热化学存储）。

2. 美国

美国储能产业发展较快，相关配套政策比较完善。美国政府从 2009 年开始就逐步出台各类与储能直接相关的政策，如《美国能源部 2011—2015 年储能计划》对研发、示范项目及商业化进行调查并制定相应的短期、长期目标；《AB2514 号法案》明确了使用储能系统在电网调峰、可再生能源接入、降低供电成本和减少温室气体排放方面的重要作用；《联邦能源管理委员会（FERC）745 号令》对美国电力供应批发市场需求响应资源进行补偿；《联邦能源管理委员会（FERC）755 号令》要求区域输电组织（RTO）和独立系统运营商（ISO）对能够提供迅速和准确调频服务的供应商进行补偿，而不仅仅按基本电价付费；《加利福尼亚州自发电系统激励计划（SGIP-CA）》为安装在客户端的分布式发电技术提供补贴；《2009 年可再生与绿色能源存储技术法案（S.1091）》

规范电网端和用户侧储能设备的投资减税政策;《联邦政府复兴与再投资法案（ARRA）》以1.85亿美元资助16个储能技术示范项目。

2014年9月，电力咨询委员会通过了《2014年储能计划评估报告》，对美国能源部关于储能计划的战略和行动进行了回顾和总结，并为能源部制定和实施其储能项目提出了相关建议。建议从以下几个方面来重点研究或评估各项工作，分别是：传输层中的存储连接方式；抽水蓄能和压缩空气储能技术；电力电子成本；监管以及市场设计及其对储能的影响。

3. 日本

日本是个能源匮乏的国家，发展可再生能源和储能的时间较早，长期扶持储能技术发展，其电池储能技术已经实现了商业化应用。

日本政府1974年便颁布了《日光计划》着手新能源技术开发，并在1978年出台了《月光计划》，针对储能技术的发展投入了大量的研发经费。2008年，日本经济贸易产业省就在"凉爽地球—能源技术革新项目"的框架下提出了一个高性能的储能技术路线图。该技术路线图主要集中于能源传输问题，包括高效超导传输技术路线图，高性能电力存储技术路线图，氢能生产、运输与存储技术路线图。针对高性能电力存储技术路线，通过研发新概念电池（如金属空气电池）、加强型锂电池、钠硫电池、氧化还原液流电池、镍金属氢化物电池、加强型镍氢电池、新概念电容器，从而极大地提高性能，减少费用。主要的关联技术包括：住宅能源管理系统、大厦能源管理系统、地方级别的能源管理系统。针对日本氢能生产、运输与存储技术路线，制氢由水解、化石燃料产氢发展到可再生能源制氢和光催化制氢等，可以极大地节约成本。氢的运输技术由压缩氢运输、液态氢运输、管道运输转变为高压运输、液态运输，可以极大地提升运输效率和安全性。储氢技术由超高压容器、液态氢容器到络合物、有机金属结构，可以极大地节约成本，延长存储时间，提高安全性。主要的关联技术包括：氢供给技术（建造小型加氢站、地方和国家规模的氢燃料供给系统）、燃料电池电动汽车和燃料电池设施。

2014年5月，日本经济产业省发起新一轮针对锂离子电池储能系统的补贴计划，目的是提高可再生能源的利用比例，有效地管理峰值负荷、提高电力稳定性，帮助政府衡量大规模生产对电池成本的影响。2016年4月，日本政府发布的《能源环境技术创新战略2050》，将储能列入其中，指出研究低成本、安全可靠的快速充放电先进蓄电池技术，使其能量密度达到现有锂离子电池的7倍，成本降至1/10，应用于小型电动汽车后续航里程达到700千米以上；该技术还将用于可再生能源，实现更大规模的可再生能源并网。

4. 德国

2011年，德国政府决定弃核后，以风能、太阳能为主的可再生能源发展步伐不断加快，储能也受到更多关注，政府出台《最新上网电价政策（自消费）税》，规定所有2011年开始投入运行的光伏系统都将面临13%的补贴削减，对于安装储能设备的家庭自消费税大幅下降。此外，《可再生能源法案》进一步提高了可再生能源发电在发电结构中的比重目标，计划在几十年内通过绿色技术替代四分之三传统能源。2012年9月成立了一个新的储能机构——德国储能协会（BVES），宣称要将颁布德国储能技术路线图作为首要任务。2013年德国复兴银行（KFW）联合德国联邦环境、自然保护和核反应堆安全部（BMU）推出分布式光伏储能补贴政策，针对光伏发电配置的储能设施给予补贴，标志着德国的分布式光伏政策从仅补贴发电单元扩大到了补贴保障光伏发电的储能单元。

5. 中国

储能产业在国内虽然起步较晚，但在政府的支持下，近几年发展速度令人瞩目。根据中国科学院信息咨询中心（CICCAS）的调查，截至2015年12月底，大陆地区电力储能（不含抽水蓄能、压缩空气和储热）累计装机规模达105.2兆瓦，涉及136个项目（包括建成、竣工、投入运行和在建）。

2015年以来，国内对储能产业的扶持政策密集出台。储能列入"十三五"规划百大工程项目，首次正式进入国家发展规划。新一轮的电改，特别是电价改革和用电侧的开放政策，都将为储能开拓新的增长点。

国家发展和改革委员会、国家能源局近期联合下发了《能源技术革命创新行动计划（2016—2030年）》和《能源技术革命重点创新行动路线图》，要求研究太阳能光热高效利用高温储热技术、分布式能源系统大容量储热（冷）技术。研究面向电网调峰提效、区域供能应用的物理储能技术、可再生能源并网、分布式及微电网、电动汽车应用的储能技术，掌握储能技术各环节的关键核心技术，完成示范验证，整体技术达到国际领先水平，引领国际储能技术与产业发展。

2016年6月，国家能源局下发《关于促进电储能参与"三北"地区电力辅助服务补偿（市场）机制试点工作的通知》（国能监管〔2016〕164号）。通知明确，在发电侧建设的电储能设施，可与机组联合参与调峰调频，或作为独立主体参与辅助服务市场交易；在用户侧建设的电储能设施，可作为独立市场主体或与发电企业联合参与调频、深度调峰和启停调峰等辅助服务。

6. 其他国家

此外，英国、法国、西班牙、意大利、韩国等国家也制定了储能规划或相应电价机制，通过采取峰谷电价和可再生能源上网电价等方式，直接和间接地支持储能的应用和发展。如英国，2011年未来低碳中心发表了《英国储能的路径》，分别从用户主导、分布式、集中式三个方面制定了储能部署的路径。虽然韩国储能技术起步较晚，但韩国政府也把储能的发展融入能源发展和电力发展政策中。韩国政府出台了《能源存储研发和产业化战略计划》以加大能源存储系统项目建设力度，重点研发和发展韩国国内的储能技术和产业；2011年绿色能源战略路线图目标是绿色能源在韩国市场中的份额从目前的1.2%增加到18%。

三、储能发展前景

1. 发展瓶颈

储能是智能电网、可再生能源接入、分布式发电、微网以及电动汽车发展必不可少的支撑技术，其应用贯穿了电力系统的发电、输配电、用电等多个环节。中国储能市场的发展刚刚起步，在技术研发和产业应用方面还存在以下问题。

（1）技术方面。关键材料、制造工艺和能量转化效率是各种储能技术面临的共同挑战，在规模化应用中还要进一步解决稳定、可靠、耐久性问题。一些重大技术瓶颈还有待解决，比如压缩空气储能中高负荷压缩机技术，系统研发尚处在示范阶段；飞轮储能的高速电动机、高速轴承和高强度复合材料等关键技术尚未突破；化学电池储能中关键材料的制备与批量化／规模技术，特别是电解液、离子交换膜、电极、模块封装和密封等技术与国际先进水平仍有明显差距；超级电容中高性能材料和大功率模块化技术，以及超导储能中高温超导材料和超导限流技术等尚未突破。目前各类储能技术都有优点和缺陷，并没有一种在成本、安全、稳定性及适用性等各项指标上均占优势的技术，且还没有形成明确的技术路线。中国虽然已形成多种技术路线并存的格局，但都缺乏应用实践，因此迫切需要开展技术发展路线的研究，对储能产业的发展提供指导。

（2）推广应用方面。储能在电力系统中的应用主要包括削峰填谷、调峰调频和备用容量，缓解尖峰供电紧张，延缓新建机组的投资、输配线路投资，提高供电质量和可靠性，降低用户用电成本，实现可再生能源接入等。但目前大部分储能项目仍为示范应用，运行时间短，成本高，缺乏清晰的应用方向，尚不能进行完善的经济性分析。虽然储能系统可以实现多重应用，但由于应用场景的复杂性，多重效益的量化目前很难界定，增加了其商业推广的难度。

（3）政策制定方面。美国、日本、欧洲等国都有较成熟的峰谷电价政策，有效体现了储能应用的价值，此外美国政府出台了"按效果付费"（Pay for Performance）和"自发电激励"（SGIP）政策，使储能服务能够参与到美国电力市场特别是调频服务运行中，实现了储能在部分领域的商业化运行。在中国，发展和改革委员会、科学技术部、工业和信息化部和能源局等政府部门已在关注储能产业的发展，普遍将储能定义为重点支持的技术领域。但中国竞争型电力辅助服务市场尚未形成，影响了储能技术的商业化运营和推广速度。

（4）产业发展方面。美国、日本等国在过去20年，各自因地制宜地建立起储能产业发展机制。日本属于资源缺乏型国家，由于日本NAGAKI永木精械株式会社（NGK）的钠硫电池技术因钠和硫在海水中就可提取，没有资源限制，而受到重视。美国因其资源丰富、电力市场化程度高，采取了从应用领域加大支持力度，多种技术共同发展，强调互补性，特别是电力辅助服务与分布式发电应用领域成为政策支持的重点。中国储能产业化正在起步，示范项目数量少，规模有限，应用时间短且应用场景不够丰富，缺乏对储能经济性的论证。此外，中国电力系统改革尚未完成，在现行电力体制下难以界定储能在发电、输配电、用电环节的应用会给参与方带来多少效益，因此也无法确定谁来承担储能系统成本。虽然中国现已公布一些分布式储能的示范项目，但主要通过光伏发电服务工商业和居民的用电，以解决无电人口、边防、特殊作业的供电为主要出发点，且大部分项目还在规划和建设中，与规模产业化发展仍存在一定差距。

（5）标准规范方面。标准是技术实现产业化的基础，也是支持行业健康发展的重要因素。储能是一个新兴的产业，国内外储能方面的标准尚处于探索阶段，标准数量很少，标准体系的建立刚刚起步。当前许多国家都在积极制定储能标准，中国也应加快储能方面标准的制定工作，紧跟国际标准的步伐，在国际标准中争取更多话语权的同时，争取将中国的技术纳入国际标准中，避免出现标准滞后于市场的现象。

2. 前景展望

储能技术对于实现节能减排目标以及优化能源结构有很大的推动作用，发展前景广阔，主要体现在：储能技术能促进传统能源清洁高效利用，推动节能减排；储能技术能推动新能源的推广应用，实现能源结构优化；储能技术能促进电动汽车和绿色交通的发展，减少燃油消耗，优化能源结构；储能技术能推动智能电网建设，促进能源结构优化。

在全球倡导大力发展清洁能源的时代背景下，开发能量密度更高、循环寿命更长、系统成本更低、安全性能更好的储能技术，已经成为各国研究支持计划的一个重要方向。在可再生能源产业、电动汽车产业和能源互联网产业快速发展的推动下，储能产业有望呈爆发性增长态势。可再生能源电力储存成本将持续降低，储能系统性能和技术成本会进入一个良性循环发展新阶段。目前的电池储能成本、能量密度距离人们的期望值还有一定距离，从当前的研究成果来看，电池技术有望迎来重大突破，市场前景广阔。

储能技术尤其是大容量储能技术对于全球能源互联网的发展至关重要。在全球能源互联网发展过程中，最核心的是坚持清洁发展和全球配置两个基本原则，这意味着风电和太阳能等清洁能源将成为主要的电力来源，然而风电和太阳能发电具有随机性、间歇性等特点，接入电网将会带来电压波动、频率波动等电能质量问题，甚至可能影响到电网的安全稳定运行。储能技术可在电力系统中增加能源存储环节，使得实时平衡的刚性电力系统变得更加柔性，从而提高电网运行的安全性、经济性、灵活性。

全球各大机构对未来全球及中国的储能市场规模预测显示，储能市场发展潜力巨大：据Navigant研究机构的估计，全球商业和工业储能2025年部署规模将达到9.1吉瓦，产业收入则将达到108亿美元；美国麦肯锡咨询公司预计到2025年储能市场价值将达到0.1万亿~0.6万亿美元；市场调研机构HIS预测到2025年，全球并网储能系统容量将激增至2100万千瓦，其中锂离子电池将占全球储能市场的80%以上；2016年储能国际峰会发布的《储能产业研究白皮书2016》提出，到2020年中国储能总装机规模最高将达24.2吉瓦，2020年市场规模将达1000亿元。

中国的储能产业还处于发展的初级阶段，以示范应用为主。根据国际能源署（IEA）的预计，到2050年全球储能装机容量将达到800吉瓦以上，占电力总装机容量的比例将提高到10%~15%，其中，中国到2050年储能装机容量将达到200吉瓦，中国对储能的需求巨大且迫切。

中国储能技术仍保持多元化的发展格局。中国储能产业在项目规划、政策支持和产能布局等方面均加快了发展的脚步，储能产业已渐露春意，正蓄势待发。中国抽水蓄能行业发展相对缓慢，而电化学储能市场的增速明显高于全球市场，光热储能目前尚处于起步阶段。得益于技术进步和成本降低，在目前无补贴的情况下，储能在峰谷价差套利、辅助服务市场及可再生能源限电解决方案上已经实现了有条件的商业化运行。据中关村储能产业技术联盟（CNESA）项目库的统计，2016年有多个大型项目规划或投入运行，中国新增投入运行储能项目规模28.5兆瓦，储能装机规模保持持续快速增长态势。同时，能源政策密集出台，储能已逐步成为规划布局的重点领域，地方政府也随之布局储能项目与示范，助推当地产业转型升级。在未来几年里，随着可再生能源行业的快速发展，储能市场亦将迎来快速增长。

国内储能应用尚未得到广泛认同，不同应用领域对储能的技术要求不同，导致各种储能技术在不同应用领域的应用规模与潜力不同。目前，铅酸电池技术为应用范围最广、技术成熟度最高的储能技术。钠硫电池在电网调峰、负荷转移和备用容量（旋转备用等）领域及可再生能源并网领域的应用比例最高。锂离子电池技术除在这些领域占相当比例外，在电网频率调节方面的表现最为突出，是电力系统调频的主要技术选择。飞轮储能和液流电池同样具备瞬时响应的能力，在调频领域也有一些应用，但鉴于其产量及成本限制，其应用规模较小。在用户侧方面，铅酸电池仍被视为主流的储能技术，主要与铅酸电池的应用历史和成本优势有关，但随着家庭储能的兴起，锂离子电池的容量及性能优势将逐渐体现。

在超大容量大规模储能技术中，抽水蓄能和压缩空气技术相对成熟，适合100兆瓦以上规模的储能系统。钠硫电池、钒电池、锂电池、铅酸电池和飞轮储能已经开始运用于兆瓦级可再生能源并网、分布式微网及离网项目，以及充、放、储、换一体化电站等领域。中国现已开展多个可再生能源并网项目，如张北风光储输项目、敦煌风光储能示范项目、辽宁省锦州市黑山塘坊风电场工程、龙源法库卧牛石风电场项目等。鉴于中国正在不断调整能源结构，并制定了积极的可再生能源发展目标，未来储能项目在该领域的应用将保持快速发展的趋势。

受政策推动，可再生能源分布式发电也是近期的一个发展重点。中国在2012年期间建设和规划了较多应用于分布式微网及离网的储能项目，例如新疆吐鲁番微电网示范项目、南麂岛风光柴储综合系统、鹿西岛微电网示范工程、陈巴尔虎旗分布式电源/储能及微电网实验研究项目、烟台长岛太阳能光伏发电及储能项目和海南三沙永兴岛多能互补型微型电网等项目。

储能项目在中国输配电领域也有一些应用，如南网10兆瓦电池储能站项目、甘肃省白银市超导储能变电站、安溪移动式锂电池储能电站，以及莆田湄洲岛储能电站。但与可再生能源并网及分布式发电储能相比，目前输配侧的储能项目数量较少，装机规模也不大。

随着电动汽车规模的日益增大，中国也建设了多个充、放、储、换一体化电站项目，如高安屯电动汽车充换电站、西安电动汽车充电站，以及青岛薛家岛电动汽车智能充换储放一体化示范电站等。

第二节　新　材　料

新材料是指新出现的具有优异性能或特殊功能的材料，或是传统材料改进后性能明显提高或产生新功能的材料。新材料是国家战略性新兴产业，涉及的范围比较广，包括稀土、磁性材料、金刚石材料、新能源材料、特殊陶瓷材料、光电子、信息材料、智能材料以及生物医用材料等行业。按材料的属性，可分为金属材料、无机非金属材料（如陶瓷、砷化镓半导体等）、有机高分子材料、先进复合材料四大类。按使用性能，可分为结构材料和功能材料，结构材料主要是利用材料的力学和物理化学性能，以满足强度、刚度、硬度、耐热、耐磨、耐腐蚀、抗辐照等方面的高性能要求；功能材料主要是利用材料具有的电、磁、声、光、热等效应，以实现某种功能，如电化学材料、半导体材料、磁性材料、光敏材料、热敏材料、隐身材料和制造原子弹、氢弹的核材料等。新材料利用对国家建设意义重大。例如超纯硅、砷化镓的研制成功，导致大规模和超大规模集成电路的诞生，使计算机运算速度从每秒几十万次提高到现在的每秒百亿次以上；航空发动机材料的工作温度每提高 100℃，推力可增大 24% 等。

一、新材料发展现状

全球新材料产业规模不断扩大，地区差异日益明显。2010 年全球新材料市场规模超过 4000 亿美元，到 2016 年已经接近 2.15 万亿美元，平均每年以 10% 以上的速度增长。随着全球高新技术产业的快速壮大和制造业的不断升级，以及可持续发展的持续推进，新材料的需求将更加旺盛，新材料的产品、技术、模式不断更新迭代，市场更加广阔，产业继续快速增长。新材料产业的创新主体是美国、日本和欧洲等发达国家和地区，在经济实力、核心技术、研发能力、市场占有率等多方面占据绝对优势，占据全球市场的垄断地位。其中，全面领跑的国家是美国，日本的优势在纳米材料、电子信息材料等领域，欧洲在结构材料、光学与光电材料等方面有明显优势。中国、韩国、俄罗斯紧随其后，目前属于全球第二梯队。中国在半导体照明、稀土永磁材料、人工晶体材料，韩国在显示材料、存储材料，俄罗斯在航空航天材料等方面具有优势。

"十二五"以来，中国新材料产业发展取得了长足进步，新材料产业总产值已由 2010 年的 0.65 万亿元增至 2015 年的近 2 万亿元。中国已陆续建立了大约 138 个新材料产业基地。中国新材料产业基地的分布类型大致为三种：（1）技术驱动型的地区。如京津冀鲁地区，这些地区以首都北京为中心，以中关村为代表，聚集了中国尖端的科技力量，并产生了一批具有自主知识产权的成果。这种模式是在新材料产业领域拥有自主创新能力的关键。（2）市场指向型的地区。如长三角和珠三角，这些地区凭借优越的地理优势获得了大量的外资注入和国际企业的转移，致使这些地区都以外向型经济为主，从而推动新材料产业的发展。（3）资源依托型的地区。该种依托资源的类型，主要集中在资源丰富的中部和西部地区。这些地区的发展以地方资源为基础，首先发展产业上游的基础加工环节，其次稳定初加工，最后产业升级，完成相关材料的下游产业，也就是通过对经过初加工产品的精加工，进一步提高产品的附加价值，从而使其成为产业优势，而不再是原来的资源型优势。

新材料在智能电网中将起到无可代替的基础和支撑作用。在智能电网领域，高效节能的新型节能材料、新型电工绝缘材料、新型智能材料及新型能源材料将得到不断研发和应用，中国与发达国家还存在较大差距。（1）日本住友电工和古河电工、意大利比瑞利公司、法国内克森公司及美国通用电缆公司等开发出一系列具有世界先进水平的电工铝及铝合金导体材料和导线产品，并在国外输电线路上获得了大规模应用和推广。中国国家电网公司已于2010—2015年进行科技攻关，开展61% IACS标准耐热铝合金导线、59.2% IACS标准中强全铝合金导线以及63% IACS标准硬铝导线的研制及应用技术研究工作，已获得了一定的技术突破；在0.27毫米取向硅钢在高压/特高压变压器应用技术、0.18毫米取向硅钢研发技术、高电压等级变压器取向硅钢评估技术、非晶合金在配电变压器中的应用技术等领域开展了相关研究，并处于国际先进水平。（2）国外在电工绝缘材料及应用技术研究方面处于领先地位。在高等级电工环氧、聚乙烯、液体硅橡胶等基础原材料方面掌握核心技术，在高端电工原材料领域几乎垄断全球市场。（3）美国邦纳、霍尼韦尔，日本三菱集团，德国施克等知名传感器公司在智能传感监测装置和控制系统研发及其在电网安全运行、智能调控及状态监测预警等方面的应用技术水平处于世界领先地位，相关技术产品为国外智能电网的建设及智能安全运行提供了良好的技术支撑。中国在电网相关领域的传感器用智能材料仍以硅、石英、钛酸铅、锆钛酸铅、氧化锌、形状记忆合金、碲化铅、碲化铋等传统功能材料为主。（4）国外在储氢、燃料电池方面开展了大量研究工作，日本、美国等发达国家走在世界前列。国内储氢材料方面的代表单位包括钢铁研究总院、浙江大学、北京科技大学、中国科学院大连化物所等单位，但储氢新材料实用化进程与国外差距较大。固体氧化型燃料电池方面，$LaMnO_3$、YSZ电极材料、$ZrO_2—Y_2O_3$电解质材料等核心材料问题亟待解决。国内在超级电容器等化学储能电极材料方面的研究起步较晚，但跟进速度较快，大量基础研发及应用技术研究工作亟待开展。

新材料技术正朝着研制生产更小、更智能、多功能、环保型以及可定制的产品、元件等方向发展。20世纪90年代，全球逐步掀起了纳米材料研究热潮。由于纳米技术从根本上改变了材料和器件的制造方法，使得纳米材料在磁、光、电敏感性方面呈现出常规材料不具备的许多特性，在许多领域有着广阔的应用前景。专家预测，纳米材料的研究开发将是一次技术革命，进而将引起21世纪又一次产业革命。

2004年，英国曼彻斯特大学成功通过石墨将石墨烯制备出来，人们对这种神奇的石墨单层二维材料的关注度逐年上升，并开展了大量的理论及应用研究，因石墨烯具备优异的力学、热电性能，应用非常广泛，可在电动汽车、航空航天、军事装备、太阳能电池、触摸面板、超强结构材料、光电子器件、散热薄膜等领域使用。根据2016年全球石墨烯产业研究报告显示，虽然石墨烯的发展速度很快，但目前还处于初级阶段，还没有形成完整的产业链。

超导材料在电动机、变压器和磁悬浮列车等领域有着巨大的市场，如用超导材料制造电动机可使极限输出量增大20倍，质量减轻90%。超导材料的研制，关键在于提高材料的临界温度，若该问题得到解决，则会使许多领域产生重大变化。2017年，科学家相继发现了临界温度更新的新型超导材料，使人类在开发室温超导材料上迈出了一大步。日本发现二硼化镁可在-234℃条件下成为超导体，这是迄今为止发现的临界温度最高的金属化合物超导体，二硼化镁超导体易合成、易加工，很容易制成薄膜或线材。近年来，美国科学家在研制更具实用性的超导材料方面取得了明显的进展，并开始进入实用阶段。美国底特律的福瑞斯比电站在地下敷设了360多米的超导电缆，电缆中123千克重的导线是由含铋、锶、钙、铜的氧化物超导瓷制造的，这是世界上首次实用的超导输电线路。中国在高温超导产业化技术上也获得了重大突破，目前已有高温超导线材生产线投产。据估计，到2017年超导产品规模为1300亿~1600亿元美元的市场。但应当指出的是，除超导材料以外，还有许多配套技术需要解决，同时还要继续研发高温超导体，如室温超导材料。

高性能结构材料具有高温强度好、耐磨损、抗腐蚀等优点。目前正在研制的高温结构陶瓷材料,有碳化硅、氧化硅、氮化硅、硼化物、增韧氧化锆陶瓷和纤维增强无机合成材料等。如在内燃机中用陶瓷代替金属可减少30%的燃料消耗,热效率提高50%。高性能结构材料可以根据要求进行设计,使材料扬长避短。当前的研究重点有:纤维增强塑料、碳/碳复合材料、陶瓷基复合材料和金属基复合材料。高分子功能材料是近年来发展最快的有机合成材料,每年以14%的速度递增。此外,美国科学家还发现了一种可和玻璃结合的化合物,这种硅烷化合物能够黏在磷酸盐玻璃表面,形成一个单一分子层和多分子层,从而可以保护玻璃表面,将腐蚀减少到最小程度,这一发现对提高玻璃的抗腐蚀性有重要意义。

随着科学技术的进步,新材料的范围不断拓展,新材料将向更高、更新的方向发展。化学工业生产了大量的化工新材料,为新材料的发展提供技术支持。同时,新材料的发展同样可以推动化学工业的科技进步、产业结构的变化。

二、新材料产业政策

鉴于新材料的战略性和基础性作用,新材料技术成为各国竞争的热点之一。为此,全球主要国家均制定了相应的新材料发展战略和研究计划。

1. 美国的国家制造业创新网络战略规划与材料基因组计划

美国处于世界科技的领先地位得益于对新材料研究的长期重视和持续支持。长久以来,美国科研的主导方向是为国防领域服务,材料研究与开发主要集中在国防和核能领域,使得美国航空航天、计算机及信息技术等行业的相关材料应用得到迅速发展。1991年,美国提出了通过改进材料制造方法、提高材料性能来达到提高国民生活质量、加强国家安全、提高工业生产率、促进经济增长的目的。美国将新材料列为所提出的对国家经济繁荣和国家安全至关重要的领域之一,将新材料发展置于国家战略高度。

美国能源部为了推动清洁能源的发展,于2010年12月发布了《关键材料战略》,以解决因产地、供应链脆弱以及缺乏合适的替代材料等原因导致的安全问题。

2012年2月,美国发布《先进制造业国家战略计划》,创建包括先进材料在内的4个领域的联邦政府投资组合,以促进先进材料的发展。同时,还发布了《国家纳米计划》,确定了纳米材料、纳米制造等8个主要支持领域。

2014年,美国发布《材料基因组计划战略规划》,主要包括生物材料、催化剂、光电材料、储能系统、轻质结构材料、有机电子材料等9个领域63个方向。

2016年,美国发布了《国家制造业创新网络战略规划》,组建了轻质现代金属制造创新研究所、复合材料制造创新研究所等,重点发展先进合金、新兴半导体、碳纤维复合材料等重点材料领域。

2. 欧盟的"地平线2020计划"与"欧洲冶金计划"

欧盟委员会于2009年9月公布了《为我们的未来作准备:发展欧洲关键使能技术总策略》的文件,将纳米科技、微(纳)米电子与半导体、光电、生物科技及先进材料5项科技认定为关键使能技术。

欧盟委员会于2011年11月公布了为期7年、耗资800亿欧元的"地平线2020"规划提案,提出专项支持信息通信技术、纳米技术、微电子技术、光电子技术、先进材料、先进制造工艺、生物技术、空间技术以及这些技术的交叉研究。

2011年，欧盟以高性能合金材料需求为牵引，启动了欧盟第七框架计划下的"加速冶金学"（ACCMET）项目。2014年，欧盟提出《石墨烯旗舰计划》，投资10亿欧元支持石墨烯制备、应用等13个方向，推出"纳米科学、纳米技术/材料与新制造技术"（NMP）项目以及"研究网络计划"，加速高性能合金及新一代材料的研发。

3. 德国的"工业4.0"

2012年6月，德国启动实施了"纳米材料安全性"长期研究项目。2012年11月，德国启动"原材料经济战略"科研项目。德国为鼓励各种社会力量参与新材料研发，先后颁布实行了《材料研究MatFo》（1984—1993年）、《材料技术MaTech》（截至2003年）和《为工业和社会而进行材料创新WING》（始于2004年）3个规划。

2013年4月，德国颁布了《关于实施工业4.0战略的建议》白皮书。之后德国将"工业4.0项目"纳入《高科技战略2020》的10个未来项目中，推动以智能制造、互联网、新能源、新材料、现代生物为特征的新工业革命。德国企业界普遍认为，确保和扩大在材料研发方面的领先地位是其在国际竞争中取得成功的关键。

4. 日本的《科学技术基本计划》

1996年日本实施了首个《科学技术基本计划》，在第四期《科学技术基本计划（2011—2015年）》中，特别强调材料等高新技术在国家发展战略中的重要地位，确定了新材料产业的重要发展方向。

5. 俄罗斯的《2030年前材料与技术发展战略》

俄罗斯始终把新材料相关技术产业作为国家战略和国家经济的主导产业。2012年4月发布的《2030年前材料与技术发展战略》将18个重点材料战略列为发展方向，其中包括智能材料、金属间化合物、纳米材料及涂层、单晶耐热超级合金、含铌复合材料等，同时还制定了新材料产业主要应用领域的发展战略。

俄罗斯科学院于2015年发布《至2030年科技发展预测》，内容主要包括7个科技优先发展方向，即信息通信技术、生物技术、医疗与保障、新材料与纳米技术、自然资源合理利用、交通运输与航天系统、能效与节能等。

6. 中国的新材料产业发展指南

为引导新材料产业健康有序发展，根据"十三五"规划纲要和《中国制造2025》有关部署，中华人民共和国工业和信息化部制定了新材料产业发展指南。到2020年，新材料产业规模化、集聚化发展态势基本形成，突破金属材料、复合材料、先进半导体材料等领域技术装备制约，在碳纤维复合材料、高品质特殊钢、先进轻合金材料等领域实现70种以上重点新材料产业化及应用，建成与中国新材料产业发展水平相匹配的工艺装备保障体系。

三、新材料发展前景

材料的发展对社会形态和人类生活质量的影响作用重大。人类的历史已经证明，每一种新材料的发现，都会使人类社会产生巨大的变化。化学纤维的发现使服装业成为世界的新亮点，人们丰富多彩的各式服装乃至衬衫换飞机的传说，都源自化学纤维的工业化生产。新材料在发展高新技术、改造和提升传统产业、增强综合国力和国防实力方面具有重要作用。材料、能源、信息技术与生物技术一起，构成了文明社会的四大支柱，新材料的发展水平体现了一个国家的科技发展水平和综合国力，是材料工业发展的先导、高端制造及国防工业发展等的关键保障，对国民经济发展、国防现代化、能源安全等有重要支撑和保证作用，是各国战略竞争的焦点。20 世纪中叶以来，世界各国对新材料的研究和开发越来越重视，人类历史上出现了一个材料革命的新时代，新材料的获得途径与传统材料不同，是多学科相互交叉、相互促进、综合研究的成果，它具有高新性能，需要满足尖端技术和设备制造的需要，新型材料的开发与其具体应用的联系更加紧密，与传统材料相比，更加注重生态环境及资源的协调性。在世界范围内，一场新材料研究的浪潮方兴未艾，新材料产业化的竞争也愈演愈烈，新材料的发展已经进入一个黄金时代。

当前，世界发达国家十分重视新材料技术的发展，都把发展新材料技术作为科技发展战略的重要组成部分，在制定国家科技与产业发展计划时，将新材料技术列为 21 世纪优先发展的关键技术之一，予以重点发展，以保持其经济和科技的领先地位。新材料技术与信息技术和能源技术共同构成了当前世界新技术革命的三大支柱，是 21 世纪世界最重要和最具发展潜力的三大领域。新材料领域的发展变化，得益于技术创新和成果转化速度加快。前沿技术的突破使得新兴材料产业不断涌现，同时新材料与信息、能源、医疗卫生、交通、建筑等产业结合越来越紧密，材料科学工程与其他学科的交叉领域和规模都在不断扩大，而且世界各国政府高度重视新材料产业的发展，制定了推动新材料产业和科技发展的相关计划，在资金上给予大力扶持，从而推动了该领域技术创新能力的提高和发展，特别是新材料技术与能源技术的结合，将会对未来能源领域产生颠覆性的影响，我们现在所使用的能源物质很有可能在不久的将来被新的能源物质所取代。

当今世界，科技革命迅猛发展，新材料产品日新月异，产业升级、材料换代步伐加快。新材料技术与纳米技术、生物技术、信息技术相互融合，结构功能一体化、功能材料智能化趋势明显，材料的低碳、绿色、可再生循环等环境友好特性备受关注。新材料呈现以下几方面的发展趋势。

（1）继续重视高性能的新型金属材料。新型金属材料仍然是 21 世纪的主导材料，通过采用高新技术和新工艺（合金成分的合理物理冶金设计、微量元素的加入与控制等），可以大幅度提高材料性能，使金属材料具备高强度、高韧度、耐高温、耐低温、抗腐蚀、抗辐射等性能。

（2）结构材料的复合化、功能化。为满足高新技术对材料性能的综合要求，必须采用新型的复合材料，这种材料可以获得比单体材料更优良的性质或原先材料不具备的性质，因此不同材料的复合化、功能化成为结构材料发展的一个重要趋势。

（3）低维材料应用继续扩大。低维材料是指零维（超微粒）材料、一维（纤维）材料、二维（薄膜）材料等，这些材料是近年来发展较快的一类新型材料，可作为结构材料和功能材料。

零维材料例如纳米材料，是指粉体或者材料中晶粒为纳米级（0.1～100 纳米）的材料，由于晶粒尺寸很小，使得界面、表面原子数目的比例增加（可达到50%），表面原子具有高度活性，可使这些材料在烧结、扩散、强度等物理化学性能上表现出崭新性质，纳米材料的尺寸已经达到电子的德布罗意波长，这时材料中电子的运动必须考虑其波动性和尺寸效应，必然出现新的电、磁、光等性质。

一维材料中最为突出的是光导纤维，可作为通信工程材料。纤维结构材料也同样重要，是复合材料中的主要增强组分，决定了复合材料的关键性能。碳纤维、有机聚合物纤维和陶瓷纤维均具有广阔的应用前景。

二维材料发展迅速，随着电子器件的小型化，需要各种薄膜态绝缘、半导体、介电及磁性材料。金刚石薄膜可用于高速电子计算机的微型芯片，聚合物分离膜已开发出离子交换膜、透析膜、微孔过滤膜、气体分离膜等；高温超导膜将开辟超导技术的新领域。

（4）功能材料向着多功能集成化、智能化、结构功能一体化发展。功能材料是新能源技术、信息技术、计算机技术、生物医用技术等的物质基础。光电子材料将成为发展最快和最有前途的信息材料。新能源材料是发展绿色二次电池、储氢材料、燃料电池、太阳能电池和核能的关键材料。生物医用材料的研究和发展方向有三个：一是模拟人体软硬组织、器官和血液等的组成、结构及功能，开展仿生或功能设计与制备；二是赋予材料优异的生物相容性、生物活性或生命活性，实现人体器官替代向器官修复发展；三是工业生产中的生物模拟。纳米材料的发展趋势是开展纳米加工、纳电子学、纳米医疗以及机器人等未来能形成新兴主导产业领域的基础研究，同时对现有信息高科技产业和传统产业进行改造、提升。超导材料的发展趋势是不断探求更高温度超导体，实现高温超导材料产业化技术在能源、电力、移动通信、国防领域的运用。智能材料是 21 世纪高新技术发展的重要方向之一，在重要工程和尖端技术，如桥梁、水坝、建筑、航空航天、高速列车安全监测、形状主动控制、减噪抗振、损伤自愈及提高生物医用材料的相容性方面均有重要应用前景。

（5）特殊环境下应用的材料。低温、高压、真空、高温以及辐射条件下，材料的结构和组织都会发生转变，并由此引起性能上的变化，研究这些外在条件有利于创造、改进材料。例如，在高压下的结构材料，由于原子间的距离缩短，材料将由绝缘体转变为导电体，Nb_3Sn、Nb_3Ge 和 Nb_3Si 等超导体材料均是在高压下完成。

（6）低碳环保可循环要求。新材料会减少碳排放和有毒金属的使用，减少对大气和环境的污染，通过循环利用降低材料成本和资源浪费，向着绿色环保可循环利用的方向发展。

高性能电化学材料近年也取得了非常大的进展，锂离子插层材料的发现直接促成了锂离子电池的发明。新的电池材料具有容量高、寿命长、安全可靠、功率大等许多优点，吸引能源相关厂商纷纷加入锂离子电池行业。现在，锂离子电池相关产业已成长为世界顶级的庞大领域。锂离子电池在动力、储能等方面的应用正在加速世界能源结构的转型，未来能源结构中很可能出现分布式能源与高性能电池各领风骚的局面。

目前，新能源材料技术已发展到了一个平台，更先进的材料研究陷入瓶颈期，锂离子电池材料的性能已经不能满足日益增长的用户需求。人们不满足于小型电池用于便携式电子产品的供电，还希望小电池可以解决大规模储能、跑车级电动汽车的动力等各种复杂问题。新材料在未来能源领域将有革命性的发展。

第十章 地 热 能

地热资源是指存在于地球表面之下的各种温度和深度的热水田,是仅次于太阳能的第二大清洁能源。可以通过钻井将水蒸气或高温热水汲取到地表后开发利用,如发电、直接利用和供热供冷。由于地热资源是由地球核心产生的热,即使在那些依赖热水田的地热区,采出的水量也可以被回注,使其成为一种可持续能源。通过适当的热水藏管理,使采热速率与自然热交换率保持平衡,就可保障地热资源得到有效持续的利用。

第一节 开发利用现状

地热能是一种绿色低碳、可循环利用的可再生能源,具有储量大、分布广、清洁环保、稳定可靠等特点。全球已有超过120个国家和地区进行了地热资源开发,其中美国、日本、菲律宾、新西兰、印度尼西亚、冰岛等国家地热资源利用和开发程度较高。

一、全球地热资源分布

据估计,全球5千米以浅地热资源量约为4900万亿吨标准煤(3430万亿吨原油),10千米以浅地热资源量约为43000万亿吨标准煤(30100万亿吨原油),是常规油气资源总量的3万多倍,年可采地热资源量为170万亿吨标准煤。

地热资源按温度可分为高温、中温和低温三类。高温地热是指温度大于150℃以蒸汽形式存在的地热;中温地热是指90~150℃以水和蒸汽的混合物等形式存在的地热;低温地热是指温度在25~90℃之间以温水(25~40℃)、温热水(40~60℃)、热水(60~90℃)等形式存在的地热。全球中高温地热资源集中分布在构造板块边缘,在全球发育四大环球地热带,即环太平洋地热带、地中海—喜马拉雅地热带、大西洋中脊地热带、红海—亚丁湾—东非大裂谷地热带。全球中低温地热资源主要分布在板块内部靠近边界的部位。

环太平洋地热带:位于欧亚、印度及美洲三大板块与太平洋板块的边界,以显著的高热流、年轻的造山运动和活火山活动为其特征。其分布范围包括阿留申群岛、堪察加半岛、千岛群岛、日本、中国台湾、菲律宾、印度尼西亚、新西兰、智利、墨西哥以及美国西部。在环太平洋地热带中存在着众多世界闻名的地热田,如美国长谷、罗斯福,日本松川、大岳,中国台湾马槽等。

红海—亚丁湾—东非裂谷地热带:位于阿拉伯板块与非洲板块的边界,是出露于阿拉伯板块与非洲板块之间洋脊扩张带及东非大陆裂谷带的地热带,以高热流、活火山作用及断裂活动为特征。著名的地热田有吉布提、埃塞俄比亚的达洛耳、肯尼亚的奥尔卡里亚等。

地中海—喜马拉雅地热带:位于欧亚板块与非洲板块及印度洋板块边界,西起地中海北岸的意大利,东南经土耳其、巴基斯坦进入中国境内阿里地区的西南部,向东经雅鲁藏布江两岸至怒江,而后和四川省西部以及云南省西部地热活动带相接。意大利拉德瑞罗、土耳其克孜勒代尔、中国西藏羊八井、云南腾冲等世界著名的地热田都分布在该地热带上。

大西洋中脊地热带：位于大西洋中脊扩张带，沿美洲与欧亚、非洲等板块边界展布，以高热流、活火山作用及断裂活动为特征。著名的地热田如冰岛克拉弗拉、亚速尔群岛等。

二、地热勘探开发技术

蕴藏于地下深处的地热资源，需借助地质调查、地球物理、地球化学、地热钻探、产能测试分析与动态监测等综合勘查技术手段查明其分布、资源量、品质及开发利用条件。

1. 地球物理勘查

地球物理勘查是深部地热地质勘查的重要手段，是深部地热钻井前需要开展的工作。地球物理勘查借助物探仪器探测地表以下各地层的物性（重力、磁性、电性等）差异，划分地层、确定热储埋藏深度并对地质构造作出判断，为地热钻井提供设计依据。地球物理勘查常采用的物探方法有：电法、磁法、重力法、人工地震、测温法等。

磁法是依据磁测资料判断断裂构造带位置及走向，圈定侵入岩体范围，结合地质资料可以推测侵入体形成的大致地质年代和岩性，由此预测侵入岩体对形成地热田的影响程度。磁测资料还能帮助人们了解沉积盆地的范围，以及盆地内基底起伏情况。根据磁测资料推测结果，结合相关地质资料能够预测地热可能形成的远景区域，缩小地热田的勘查区域。

电（磁）测深法是目前地热勘查中最常用的地球物理方法之一，地热勘查常用的电（磁）方法有对称四极测深法、频率测深法、瞬变电磁法（TEM）、大地电磁测深法（MT）、音频大地电磁测深法（AMT）、可控源音频大地电磁测深法（CSAMT），以及可控源和天然源相结合的 EH-4 电磁测深法。热储区电阻率是热储区体积范围内各种介质电阻率的综合反映，主要包括地层岩性、地层温度、水离子类型和浓度、地层孔隙度、渗透率及岩层破碎程度等。另外，热水的溶解能力相对较高，随着地下水温度的升高，地下水溶解能力增强，水的密度和黏滞性减小，随之地下水矿化度增高，离子活跃性增加，电阻率降低，形成热储构造区低电阻率异常特征。但是对于高温蒸汽地热系统而言，由于蒸汽类似于一种高阻介质充满地层孔隙中，使得高温蒸汽地热系统呈相对高阻异常特征。

地震法通过地震波的反射、折射和透射情况，经过成像、反演等可反映地下岩层、构造、流体、气体等的分布及赋存情况。微动属于地震法的一种，是地球表面日常微小的颤动，它区别于有特定震源和发震事件的微震，在任何时间和地点均可以观测。微动勘测方法就是一种以平稳随机过程为依据，从微动信号中提取面波（瑞利波）频散曲线，通过对频散曲线反演，得到地下介质 S 波速度结构的地球物理勘探方法。相关研究与实验结果表明，隐伏断裂破碎带在微动视 S 波速度剖面上有明显的低速异常显示，成为微动剖面解释隐伏地热构造的重要标志，并为地热井位选址提供重要依据。

测温法包括大地热流值测量、地层温度测量和地层温度梯度测量。岩层热导率和大地热流对形成地热田至关重要，大地热流值的高低反映从深部传递上来的热量的多少，热流值越高，说明该区高温异常越明显。热流值是关于地球内部释放热量在地表能够测量的唯一参数，是预测一个地区能否形成地热田的重要参数，热流值越高，越有利于形成地热田。

氡气测量法是一种便利有效的放射性探测技术，在众多领域中得到了广泛应用。放射性元素在自然界中广泛存在，在其衰变过程中产生许多子体，其中氡（^{222}Rn）是唯一呈气态的子体，它可以由地下迁移到地表，从而反映地下深层的信息。

2. 地热钻探

中低温地热井钻探技术成熟，已经在井身结构设计、低密度钻井液钻井、测井、固井、滤水管基本性能参数确定及防砂处理等方面形成了钻井完井系列特色技术。

高温地热井钻探面临的难题是高温条件下如何选择合适的钻井液、固井水泥浆、测井仪器、套管等。目前所发现的地热田水温一般低于200℃，中国耐温200℃钻井液、固井水泥浆、测井仪器及技术成熟，可以说国内钻井技术能基本满足高温地热钻井的需求。中国已在青海共和盆地成功钻探的GR1井井底温度高达236℃，其高温水基钻井液体系在236℃高温下性能稳定，未出现明显增稠及减稠现象，具有优良的抗高温流变性能，悬浮、携带能力强，高温条件下护壁效果显著。同时应重视钻井液处理、噪声污染和安全钻进（防喷、降温）等问题，保护生态环境。

3. 产能测试

热储和油气藏的流动过程相似，可借鉴油气藏的试井分析和产能预测方法。但地热井一般通过地面放喷试验测量井口压力、流量等数据，由于放喷采取敞喷的方式，没有施加约束，流量随时间不断变化，相当于变产量生产，不满足常规试井分析要求的定产量生产条件。如果能够根据放喷试验数据计算出定产量条件下的井底压力，则可利用成熟的试井分析和产能预测方法进行生产动态预测。

产能预测分为稳态产能预测和瞬态产能预测。稳态产能预测将地层流动按稳态渗流处理，忽略流体的可压缩性，计算相对简单。瞬态产能预测将地层流动按瞬态渗流处理，可计算产量随时间变化的情况，更加符合实际，生产时间较长时，稳态渗流和瞬态渗流计算出的产量较接近。

4. 配套技术

1）废弃井改造地热井技术

废弃井改造前需全面分析和集成已有的地质、物化探、钻探和勘查成果，重点加强油气井的测井、录井、岩屑等资料的综合整理分析，优选可利用的热储层，为下一步的改造提供可靠资料。选取开采对井时注意采灌井的间距问题，防止热贯通发生。

2）地热井保温技术

地热井与油井类似，越靠近井口，地热水温降越大，热损失越大。采用大排量提液技术可以显著降低井筒热损失，大幅度提高地热水井口温度。

3）地热回灌技术

在地热流体利用后把尾水通过自然或加压方式回注到开采的热储层中，它是解决过量地热流体开采造成地下水位持续下降与尾水排放造成污染的最有效方法。目前国内地热尾水回灌还处在起步阶段，地热尾水回灌技术和方案优化设计的理论模型尚不成熟。

三、地热利用技术

1. 直接利用技术

浅层地热的直接应用主要是使用热泵技术为用热主体提供热量，深层地热的利用包括使用热泵、间接换热以及井下换热等技术为用热主体提供热量。

热泵技术是通过消耗一定的高位能，把不能直接使用的低位热能提升后转换成高位热能，主要用于制冷和供暖，热泵分为压缩式和吸收式两种（表10-1）。

表10-1 压缩式和吸收式热泵分类与对比

项目	压缩式热泵	吸收式热泵
原理	媒介利用电能或机械能产生相变来工作	媒介利用热能产生相变和浓度的变化来工作
补偿方式	以消耗机械能或电能为补偿方式	以消耗热能为补偿方式
传热媒介	为各类制冷剂,如R22、R134等,多对环境有害,受制冷剂性质影响,工作温度范围有限	为溴化锂水溶液等,对环境无害,且无毒,设备出力变化不影响性能
能效比	COP为4~5甚至更高	制热时COP为1.4~2.0 制冷时COP为1.0~1.2
温度	制热出水温度多为45~60℃,极少数能达到更高,制冷温度为7~12℃	制热出水温度可达85℃,温度与热源温度有关,制冷温度为7~12℃
容量	单台设备体积较小,最大容量为1500千瓦	最大30兆瓦,但同机制冷仅为制热的1/3
适用范围	适用范围广,适用于单个房间或数个房间,既能夏季制冷也能冬季供热,较适用于电能廉价的地区	适用集中供暖、制冷等大中型项目,适用于余热丰富、热能廉价的地区

间接换热是将地热水通过换热装置换热后对供暖用户终端散热器进行供暖,换热降温后的地热水,经综合利用后排放或回灌。

井下换热是利用井下换热装置实现井下直接换热,取热不取水,换热效率高,无需回灌,成本低,包括同轴套管换热注采和超导热管换热器两种形式。

2. 发电技术

地热发电是利用地下热水和蒸汽为动力源的发电技术。地热发电的过程是把地下热能转变为机械能,然后再把机械能转变为电能的过程,按照载热体类型、温度、压力和其他特性的不同,可将地热发电技术分为干蒸汽发电技术、扩容蒸汽发电技术、双循环(双工质)发电技术和全流发电技术(图10-1)。

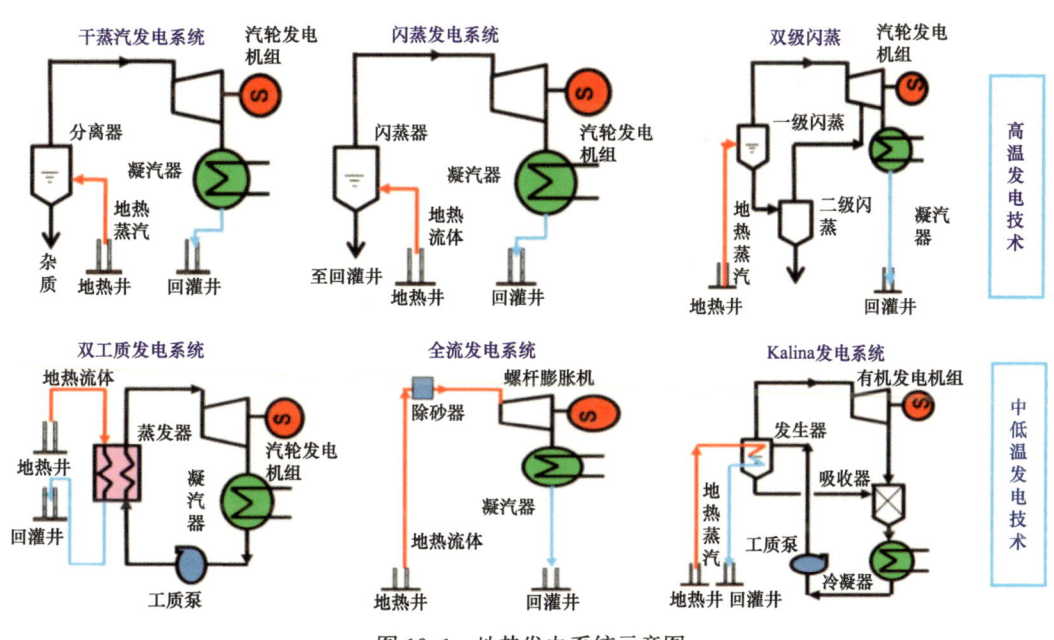

图10-1 地热发电系统示意图

1) 干蒸地热发电技术

干蒸地热发电技术适用于高温，利用汽轮机发电，蒸汽直接进入汽轮机推动发电机发电。系统简单，投资少，回收期短，但对蒸汽质量、机组设备的抗腐蚀和防结垢能力等要求较高。

2) 闪蒸地热发电技术

闪蒸地热发电技术适用于中高温，热流体降压闪蒸蒸汽推动汽轮机，带动发电机工作。优点是投资少、投资回收期短，但现场安装施工复杂、调试难度大。

3) 双循环地热发电技术

双循环地热发电技术适用于中低温，地热流体所产生的热能使低沸点的介质流体发生闪蒸形成蒸汽，推动汽轮机运转发电。优点是设备系统紧凑，易安装，地热水适用性广，但存在工程价格高、有泄漏风险等问题。

4) 全流发电技术

全流发电技术适用温度范围广，利用热液全流进入螺杆空间做功发电。具有效率高、运行费用低、系统简单、安装方便等优点，但装机容量小。

高温发电设备制造商包括日本三菱、富士公司和美国通用电气公司，中低温发电设备市场主要被美国UTC、以色列ORMAT等公司占领。

近年来，干热岩发电技术也有一定突破。相对常规的利用干蒸汽发电和地热水发电，干热岩发电（EGS）具有其独特优势，主要表现在：干热岩资源量巨大、分布广泛；无废气和其他流体或固体废弃物，几乎零排放；开发系统安全；热能连续性好；经济实惠等。该技术自1993年在美国通过可行性论证后，近些年取得了一定突破，干热岩发电已从早期试验性阶段进入小规模的商业开发阶段。当前，利用干热岩发电的国家主要有法国、德国、澳大利亚、美国、日本。其中，世界上最大的EGS项目位于当前正在开发的澳大利亚Cooper盆地，据初步统计，Cooper盆地拥有5000~10000兆瓦的发电潜力。

四、全球及典型国家地热资源开发利用现状

1. 全球地热以直接利用为主，高温地热发电增长迅速

目前全球已有100多个国家开发利用地热能，并以年增18%的速度快速发展。2015年全球地热装机总容量达到83吉瓦（直接利用70.3吉瓦，地热发电12.7吉瓦）。

全球地热直接利用发展迅速，地源热泵技术拓宽了地热的直接利用范围，2015年直接利用装机容量达到70.3吉瓦，其装机总量已占世界地热直接利用的70%，利用量为1632亿千瓦时（6650万吨标准煤），2015年地热发电利用量为736亿千瓦时（2973万吨标准煤）。地热发电利用系数比其他可再生能源更高、更稳定、占地更小。据实测数据显示，地热能利用系数可达72%~76%，是风能发电的3~4倍，是太阳能发电的4~5倍（据世界能源理事会统计）；单位装机容量占地面积比风电、光电至少低1个数量级。2000年开始，全球高温地热发电增长迅速，美国、菲律宾、印度尼西亚装机容量居世界前三位，占比达54.3%；肯尼亚、冰岛等国的地热发电占国内发电量的20%以上。干热岩发电利用率高、系统稳定，发达国家纷纷投入干热岩的开发研究，已建设了一批试验性项目，仅美国、德国和法国实现了商业化运行。中低温地热发电技术尚不成熟，没有大规模推广，有待于进一步攻关。

2.典型国家地热利用各具特色

1)美国地热发电能力居全球首位

美国是世界开发利用地热最好和最多的国家。美国高温地热资源丰富,主要分布在西部,年利用量约1601万吨标准煤。2015年地热直接利用装机容量为17.4吉瓦,年利用量相当于848万吨标准煤,其中地源热泵占88%直接利用装机容量。美国境内地热发电潜力超过300万兆瓦。地热发电从1960年建成第一座地热电站开始,经过60年发展,2015年装机容量达到3.45吉瓦,占世界的27.2%,年发电量为166亿千瓦时。

2)冰岛地热利用体系最为完善

冰岛地处欧亚板块与美洲板块交界处,两大板块的交界线从西南向东北斜穿全岛。活跃的地壳活动、复杂的地貌使冰岛成为地热资源最丰富的国家之一。全国共有250个地热区,热能蕴藏巨大,人均利用量世界第一。2015年冰岛地热装机容量达到2698兆瓦,其中直接利用装机容量为2033兆瓦。

20世纪以来,冰岛人开始大规模利用地热资源取暖和发电,85%的冰岛人口利用地热取暖,首都雷克雅未克全都采用地热取暖,成为目前世界上最清洁的城市,其地热技术被联合国作为典范推广。

冰岛高温地热资源丰富,地热发电始于1969年,目前已建成7个大型地热发电站(首都有4座,北部3座,装机容量最大为303兆瓦),首都周围的3座热电站为15万冰岛人提供热水和电力。2015年地热发电装机容量为665兆瓦,年发电量为50亿千瓦时,占全国电量的26.6%。

冰岛地热利用体系最为完善,除了供暖和发电,地热能还广泛用于温室种植养殖业、工厂烘干、雪融化、洗浴与旅游服务等诸多产业。

3)肯尼亚地热发电快速增长

肯尼亚高温地热资源丰富,地热资源利用除少量直接利用外,主要用于发电。2006年底肯尼亚开始筹建地热发电项目,地热发电呈现快速发展的态势,是近年全球地热发电增量最多的国家。2017年肯尼亚地热发电装机容量为1074兆瓦,年发电量为28.68亿千瓦时,占全国发电量的43.8%,成为非洲最大的利用地热发电的国家。肯尼亚计划在2019年新建6个4兆瓦的地热电站,预计2030年地热发电装机容量将达5000兆瓦。

五、中国地热开发利用现状

1.中国地热资源分布

中国地热资源丰富,5千米以浅地热资源量约为200万亿吨标准煤,约占全球地热资源的1/6,10千米以浅地热资源量约为857万亿吨标准煤(600万亿吨原油)。

1)浅层地热资源分布

中国浅层地热资源主要分布在中东部,其中143个地级以上城市是最适宜开发利用浅层地热能的地区,年可开采量折合标准煤为4.6亿吨,可实现建筑物供暖制冷面积210亿平方米,可基本满足其供暖制冷需要。全国336个地级以上城市浅层地热能资源年可开采量折合标准煤为7亿吨,可实现建筑物供暖制冷面积320亿平方米。

2）中深层地热资源分布

中国中深层水热型地热资源以中低温为主，高温为辅。中国埋深200~4000米的中低温地热能资源可以分为高温对流型地热资源、中低温对流型地热资源、中低温传导型地热资源三种类型。高温对流型地热资源主要分布在滇藏及台湾地区，其中适用于发电的高温地热资源主要分布在藏南、川西、滇西地区，可装机潜力约为600万千瓦；中低温对流型地热资源主要分布在东南沿海地区，包括广东、海南、广西、江西、湖南及浙江等地；中低温传导型地热资源，主要分布在华北、松辽、苏北、四川、鄂尔多斯等大中型沉积盆地之中，该类型的地热资源最丰富。中国中深层水热型地热资源主要分布在东部含油气沉积盆地中，石油企业矿权区内蕴含了大量的水热型地热资源。其中中国石油探区地热资源量为5900亿吨标准煤，约占全国水热型地热资源总量的47.2%；中国石化胜利油田地热资源量约为235亿吨标准煤。

2. 中国地热资源开发利用现状

中国地热资源利用方式主要是直接利用，发电占的比例较低。中国地热资源直接利用方式包括利用地源热泵技术供暖/制冷和直接利用。

1）浅层地热能供暖/制冷

中国于20世纪90年代引进地源热泵技术，浅层地热能供暖/制冷发展很快，应用区域已扩展到全国31个省市自治区。2000年利用浅层地热能供暖/制冷建筑面积仅为10万平方米，2004年利用浅层地热能供暖/制冷建筑面积达到767万平方米，2010年后以年均28%的速度高速增长。截至2017年底，中国地源热泵装机容量达2万兆瓦，位居世界第一，年利用浅层地热能折合1900万吨标准煤，实现供暖/制冷面积超过5亿平方米，主要分布在北京、天津、河北、辽宁、山东、湖北、江苏、上海等省市城区，其中京津冀开发利用规模最大。

2）中深层地热直接利用

20世纪90年代以来，中国中深层地热直接利用发展很快，在天津、河北形成以地热供暖为主的利用模式；在北京、东南沿海地区形成以温泉旅游与疗养为模式的地热利用模式。近10年，中国中深层水热型地热以年均10%的速度增长。到2015年底，中深层地热能供暖面积达到1.02亿平方米，其中天津中深层地热能供暖面积为2100万平方米，居中国城市首位，占全市集中供暖的6%；河北雄县中深层地热能供暖面积为450万平方米，满足了县城95%的供暖需求，创建了中国首个供暖无烟城。据不完全统计，截至2017年底，中国中深层地热能供暖面积达到1.5亿平方米，其中山东、河南、河北增长较快。

3）地热发电

20世纪70年代，中国在广东丰顺、河北怀来、江西宜春、湖南灰汤、辽宁熊岳、广西象州、山东招远建设了7个中低温地热发电站，在西藏羊八井建设了中高温地热发电站。因发电效率、经济效益等原因，目前仅广东丰顺、西藏羊八井地热发电站尚在发电。2017年底，中国地热发电装机容量为27.88兆瓦。

2017年7月，位于云南瑞丽的地美特10兆瓦地热发电站发电试验成功，目前已经有4台400千瓦的机组，除去自用电，目前净发电能力可以达到1.2兆瓦。

2017年中国地热利用量接近2500万吨标准煤，占中国能源总消耗量的0.55%。随着地源热泵技术的引进，中国地热直接利用规模近10年增长速度保持在10%以上。目前中国地热利用主要集中在地源热泵、地热供暖及温泉洗浴（图10-2）。

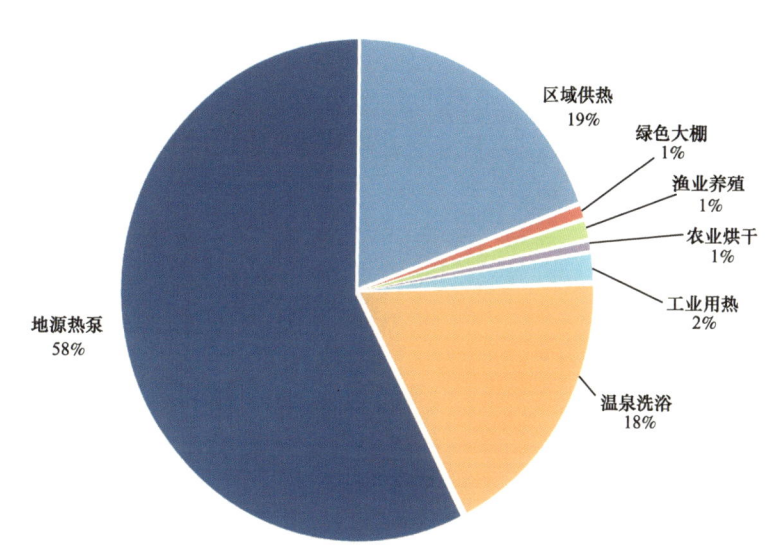

图 10-2　中国 2014 年地热利用方式占比

第二节　干热岩开发前景

一、干热岩概述

干热岩（Hot Dry Rock，HDR）是地球内部岩石热能赋存的一种介质。自 20 世纪 70 年代美国 Los Alamos 国家实验室提出干热岩地热能的概念以来，干热岩的定义也在不断发展，目前普遍认同的干热岩是一种不含水和蒸汽、埋深为 3～10 千米、温度为 150～650℃的致密热岩体。另外，考虑其客观性、科学性、可行性及经济性，干热岩的基本含义可分为广义干热岩和狭义干热岩两类。广义干热岩主要考虑其客观性和科学性，认为是流体含量很少、温度为 150～400℃的储热岩石。而狭义干热岩除客观性和科学性外，还必须考虑地热能发电的经济性和可行性，主要指流体含量少、埋深为 3～8 千米、温度为 200～350℃的储热岩石。其岩性主要是各种变质岩或结晶岩体，较常见的干热岩体有黑云母片麻岩、花岗岩、花岗闪长岩等。中国 2017 年最新发布的地热资源术语标准将干热岩资源定义为：温度大于 200℃、埋深为 3～10 千米，内部不存在流体或仅有少量地下流体的高温岩体。

干热岩的分布几乎遍及全球，普遍存在于地下深处。从目前世界上已开展研究的干热岩资源来看，具备经济技术开采的干热岩资源的主要赋存地区集中在全球范围内近代火山周边、高热流花岗岩发育地区和构造活动地区。

根据目前的地质勘查结果揭示，中国存在高放射性产热型、沉积盆地型、近代火山型、强烈构造活动带型四种干热岩类型。高放射性产热型干热岩主要集中在东南沿海，包括广东、福建、江西、海南以及广西部分地区，以燕山期形成的大范围酸性岩石作为赋存体形成干热岩资源富集区；沉积盆地型干热岩主要分布在关中、贵德、东北等中—新生代断陷盆地下部，由于沉积覆盖层具有较高的地温梯度，通常与水热型地热田共生；近代火山型干热岩分布在云南腾冲、吉林长白山、黑龙江五大连池等地，其热源特征与底部岩浆活动历史和岩浆活动特征密切相关；强烈构造活动带型干热岩分布在西藏地区，受欧亚板块和印度洋板块的挤压，新生代以来青藏高原逐渐隆升，局部有岩浆底侵存在，为干热岩资源的形成提供了良好的条件。

1. 东南沿海高放射性产热型干热岩富集区

中国东南沿海地区中生代时期发生过大规模花岗岩体侵位，面积之大，范围之广，世界罕见。根据以往的研究发现，东南沿海地区中生代时期花岗岩类侵位事件具有明显的时空分布规律。按照地质年代划分，中生代最早期三叠纪花岗岩类岩浆活动主要出现在远离欧亚—太平洋板块接触带的内陆地区，侏罗纪花岗岩类岩浆活动则相对于三叠纪更靠近板块接触带，而白垩纪花岗岩类岩浆活动则分布在中国东南海岸一带，相对最为靠近板块接触带。整体而言，东南沿海地区的花岗岩类岩浆活动具有由西向东，岩体侵位时代由老变新的整体趋势。中生代广泛出现的花岗岩类岩浆活动，为干热岩资源的形成提供了重要条件。

大地热流值是干热岩资源赋存分布的重要地热地质指标之一。中国东南沿海地区大地热流值整体受大地构造背景影响明显：西北侧的盆地区整体构造活动较稳定，表现为较低的大地热流值，而靠近板块接触带的东南海岸一带，则表现为较高的大地热流值。

在整体由西向东热流值逐渐升高的趋势下，局部的深部热结构控制了大地热流值的高低。福建福州、漳州以及广东阳江—茂名一带大地热流值达到最高，热流值达到 95 微瓦/米^{2}以上。放射性生热是岩石圈内热的主要来源之一，U（铀）、Th（钍）和天然放射性同位素 ^{40}K（钾）是主要的生热元素。根据现有的研究结果，东南沿海地区绝大部分区域都处于高生热率范围，基本都高于 2.1 微瓦/米^2。尤其是广东全省及江西南部、福建南部地区的大面积花岗岩出露，生热率背景超过 2.8 微瓦/米^2，如此大面积的高生热率区域在全球大陆实属罕见。放射性生热作为地壳生热最主要的热来源，对干热岩资源的赋存有重要意义。

东南沿海地区，尤其是广东惠州、从化一带，具有良好的干热岩资源勘查开发前景。根据中国东南沿海地区 5.5 千米深度地温反演结果，其与大地热流值分布图、居里面埋深图及壳幔埋深剖面图基本一致，说明东南沿海地区的深部温度整体受大地构造背景的控制作用影响。福建福州、漳州、广东阳江及湖南汝城地区具有较高的深部温度，局部可达 250℃以上。综合考虑干热岩资源赋存的地热地质条件与地方需求，圈定出广东阳江新洲和雷琼断陷盆地、广东惠州黄沙洞以及海南陵水等地区作为东南沿海干热岩资源勘查可选靶区。

2. 沉积盆地型干热岩

沉积盆地型干热岩资源是指深部热源通过对流、传导到达浅部，并受浅部热导率小的沉积覆盖层阻隔，形成的基岩覆盖层厚、表层地温梯度大及增温稳定的一类干热岩资源。下面重点对贵德盆地和共和盆地沉积盆地型干热岩进行论述。

青海东部的中—新生代断陷盆地中，贵德盆地和共和盆地基底由中生界三叠系及印支期花岗岩组成，西宁盆地基底由古生界、元古宇变质岩及加里东期花岗岩组成，中—新生代堆积物巨厚，为地下热水和干热岩提供了良好的形成和赋存条件。共和—贵德盆地处于昆仑—秦岭纬向构造带与河西系构造复合部位，为"秦昆盆口"的新生代断陷盆地，四周被断褶带隆起山地围限，中间被瓦里贡山构造岩浆岩隆起带分隔为共和、贵德两盆地。该盆地具有良好的沉积盆地传导型地热地质背景，其东、西两侧分布有构造岩浆带断裂型地热高温热水，干热岩主要分布在秦昆结合部造山带地区。受强烈构造活动控制，山体隆升，形成新生代断陷盆地，造就了共和—贵德盆地良好的地热地质背景环境，也沉积了较厚的冲洪积、河湖相及湖相堆积物，为沉积盆地传导型干热岩资源的形成提供了条件。借助于隐伏断裂对流、传导作用，深部热源得以向浅部传导，同时受制于上覆沉积覆盖层阻隔，热量损耗明显较少，干热岩岩体为印支期花岗岩。该类型干热岩资源热源为高温熔融体，热储为完整岩体与裂隙较发育岩体互层，部分地段还有断裂带分布，巨厚的冲洪积、河湖相、湖相堆积物及花岗岩均可作为热储层，隐伏断裂提供通道，热量以对流、传导形式上传，具备良好的盖层条件。

3. 近代火山型干热岩

中国新生代火山活动频繁，主要分布在两大区域：一是分布于青藏高原及其周边地区，是地中海—喜马拉雅火山构造带的一部分；二是沿中国东部北北东向平原和山地分布，是环西太平洋火山带的一部分。东北—华北火山区以东北最为密集，在约150万平方千米范围内的辽宁、吉林、黑龙江及内蒙古东部一共分布了大约690座火山锥。昆仑山火山带在东西向延伸1000千米范围内大约有12个火山群。东南沿海和海南岛火山群西起北部湾的涠洲岛，东抵中国台湾北端的大屯，最南端是西沙群岛上的高尖石火山。云南腾冲火山群孤悬于西南边陲。新生代火山与干热岩资源的关系密不可分。受底部未冷却岩浆作用，地表具有明显的水热活动现象。通常在较浅的地方就可以获得较高温度的干热岩。

4. 断裂构造活动带型干热岩

中国强烈构造活动带型干热岩资源主要是指受欧亚板块和印度洋板块挤压作用，新生代以来多次隆升，局部地区发生岩浆底侵，深部高温热源通过大断裂对流传热到浅部的一类干热岩资源。青藏高原的隆升不仅造就了全区域地质构造格局的巨大变化，同时为干热岩资源的形成提供了良好的赋存条件。受构造活动的影响，自第四纪以来，青藏高原受到南北向强烈挤压，随着青藏高原地质应力的不断变化，早期以东西向展布为主的构造格局逐渐遭到破坏，产生了一系列北西、北北西走向的走滑断裂以及近南北向的张性、张扭性活动断裂，这些活动断裂带内发生了比较强烈的现代地热活动，以那曲—羊八井—多庆错活动构造带和查去俄—古堆—错那构造带最为显著。查去俄—古堆—错那构造带内由南往北为错那、古堆、日多、沃卡、松多、查去俄等中高温地热显示区，这些地区可作为强烈构造活动带型干热岩资源的理想前景区。

根据中国地质调查局的评价数据显示，中国3～10千米干热岩资源量约为856万亿吨标准煤，与美国处于同一数量级（表10-2）。如果按照可采资源量下限（2%）来计算，资源可利用量约是中国2015年全国能源消耗总量的3337倍。特别是埋深在3.5～7.5千米深度的干热岩利用价值高，温度介于150～250℃之间，资源量折合标准煤为215万亿吨，是最具潜力的战略接替能源。

表10-2 中国干热岩资源计算结果与美国对比

国家	序号	计算层位深度（千米）	热能（10^{25}焦耳）	换算成标准煤（10^5亿吨）
中国	1	3.0～4.0	0.19	6.5
	2	4.0～5.0	0.25	8.4
	3	5.0～6.0	0.30	10.3
	4	6.0～7.0	0.36	12.2
	5	7.0～8.0	0.42	14.1
	6	8.0～9.0	0.47	16.1
	7	9.0～10.0	0.53	18.0
		3.0～10.0	2.52	85.6
美国		3.0～10.0	1.67	57.2

从干热岩地热资源的温度上看，3~10千米深度内，小于75℃的干热岩资源占总资源量的2%；75~150℃的干热岩资源占总资源量的43%；大于150℃的干热岩资源占总资源量的55%。从干热岩地热资源区域分布上看，青藏高原南部的干热岩资源占中国大陆地区干热岩总资源量的20.5%，并且温度最高；华北盆地、汾渭地堑的干热岩资源占总资源量的8.6%；东南沿海中生代岩浆活动地区的干热岩资源占总资源量的8.2%；东北松辽盆地的干热岩资源占总资源量的5.2%；云南西部干热岩温度虽然较高，但面积有限，占总资源量的3.8%。

二、干热岩开发利用现状

美国、法国、德国、英国、日本、澳大利亚等国家起步较早，从1970年美国建立世界上第一个干热岩开发项目开始，全球已经建立了25项试验性质的EGS工程（欧洲15项、美国6项、澳大利亚2项、日本2项），累计发电能力约12兆瓦（表10-3）。

下面以美国、澳大利亚、法国、日本具有典型意义的干热岩项目进行简单介绍。

表10-3 主要国家的典型项目基本情况

国家	项目名称	热流值（毫瓦/米²）	温度（℃）	深度（米）	岩性	布井	特点	效果
美国	Fenton Hill	160	325	4391	花岗岩、闪长岩	一注一采		研究先驱，取得宝贵经验
	Desert Peak	128	135~204	2475	变质灰岩	两注一采		2013年成功发电，1.7兆瓦
	The Geysers	168	400	3400	变质砂岩	一注两采	温度最高	成功并网发电，新增5兆瓦
	Newberry	160	315.6	3050	泥灰岩			在建
	Raft River	—	130~200	1828	花岗岩			在建
澳大利亚	Habanero	100	270	4911	花岗岩	一注多采		2013年投产，发电能力1兆瓦
英国	Rosemanowes	120	100	2600	花岗岩			终止
法国	Soultz	176	210	5270	花岗岩	一注多采	深度最深	2011年投产，发电能力1.5兆瓦
德国	Landau	100	160（井口）	4200	碳酸盐岩	一注一采		发电能力2.9兆瓦，供热能力3兆瓦
日本	Hijiori	168	270	2200	花岗岩	一注多采		终止
	Ogachi	—	230	1100	闪长岩	一注多采		终止

1. 美国

1970年美国在新墨西哥州环形结构断层外部的Valles Caldera地区选址钻井，建立了世界上第一个以干热岩为开发对象的增强型地热系统——芬顿山项目，美国芬顿山干热岩井底温度为200℃，井深约2000米。1974年，最初采用对井设计（GT-2井和EE-1井），由于对井水力连通性差，其中一口GT-2井加深钻至2500米成为GT-2A井，经过重复压裂后，仍未能与EE-1井形成较好的连通对井系统。之后在原先两井之间的地层裂隙中新钻一口井 GT-2B 井，最终与 EE-1 井形成了较好的循环对井系统，回灌循环产生热流功率为 3~5 兆瓦，试验性地驱动了一个 60 千瓦发电机。1978 年，美国芬顿山项目设计了 EE-2 和 EE-3 对井系统，热储构造位于地下 3000 米深的片麻岩和片岩中。首次水力压裂，EE-3 井未能与 EE-2 井形成较好的水力循环，随后根据微地震监测数据，在 EE-3 井 2830 米处侧向开钻，形成 EE-3A 井，最终井深 4018 米，进入 EE-2 井和 EE-3 井之间的人工压裂裂缝系统中。通过 EE-2 井和 EE-3A 井之间的循环注采试验显示，注水回收率在 66% 左右。

Desert Peak 地热田位于内华达州北部的热泉山，属于高热焓的隐伏性水热型地热系统。该区地热活动主要受一系列断层控制，这些断层的存在为深部高温流体提供了良好的垂向通道。为了增加 Desert Peak 地热田的热产量，位于地热田边缘且渗透率较低的 27-15 井被选为目标井，实施水力压裂。2010 年 9 月开始水力压裂施工，压裂目的层段岩性以流纹岩和泥岩为主。水力压裂使该井注入能力额外增加了 4 倍，与南部的地热田有了更好的水力连通，从而更具商业价值。

Geysers 是世界上最大的蒸汽型地热田，位于加利福尼亚州旧金山市北部 100 多千米，发电装机容量为 825 兆瓦。1960 年开采以来，储层压力不断下降。1980 年勘探井在蒸汽储层下钻遇高温变质岩体（280~400℃），工程计划对深部低渗透高温岩体进行水力压裂以增加上部蒸汽储层热产能。工程将之前废弃的勘探井 P-32 井和 PS-31 井分别加深至 3000 米和 3500 米，两井相距约 500 米。2011 年开始对两井进行水力压裂测试，注入压力远低于岩体破裂压力，希望通过低压冷水注入引起储层热收缩和剪切破坏增加储层渗透率。压力响应和监测数据显示，深部高温岩体中成功建立了新的裂缝系统，循环注采测试预测新储层热提取率约 5 兆瓦。

Raft River 地热田位于美国西部爱达荷州与犹他州交界处，在 Raft River 峡谷的南部边缘。项目从 2007 年开始商业发电，由美国地热公司进行运营，装机容量为 10.5~11.5 兆瓦。为了增加地热田的热产能和发电量，对地热田西南方向约 1.6 千米处的 RRG-9 井进行水力压裂，使其与现有地热田取得较好的水力连通。水力压裂使 RRG-9 井注入能力有了明显的增加。后续的循环试验以及示踪试验也表现出与地热田中其他井之间的连通性。

2. 澳大利亚

Habanero 项目位于澳大利亚中南部 Cooper 盆地，油气勘探井数据显示 4000 米井深温度可达 250℃，热储层岩性为花岗岩。从 2002 年开始钻井，一共钻有 4 口开发井：Habanero-1、Habanero-2、Habanero-3、Habanero-4。钻井深度均超过 4000 米，测试地层温度约 240℃，地层压力约 73 兆帕。取心和测井解释分析，热储层为火成岩和热蚀变岩，预测孔隙度仅为 0.3%，基质无渗透能力。4 口井同处于 Habanero 断层，有大量天然裂缝发育。Habanero-1 井完钻井深 4421 米，使用盐水进行水力压裂，主裂隙沿水平方向伸展，覆盖面积约 3 平方千米；Habanero-2 井在完钻后有落鱼在井底；Habanero-3 井出现套管损坏。在压裂测试后，Habanero-2 井和 Habanero-3 井均进行报废处理，2012 年新钻 Habanero-4 井，将 Habanero-1 井作为注水井，组成一注一采循环系统。循环注采试验过程中流量达到 25 千克/秒，生产井口温度为 210℃。建成相距 705 米的两井循环注采（装机容量为 1 兆瓦）发电系统。

3. 法国

在国际上的增强型地热系统 EGS 示范工程中，最成功的是法国 Soultz 项目。Soultz EGS 工程场地位于莱茵地堑上，是欧洲新生代裂谷从地中海延伸到北海海岸的一部分。该区域的沉积物厚度大约 1400 米，浅部的大地热流值为 100~120 毫瓦/米^2，1000 米以内的地温梯度非常高，达到

100℃/千米。

Soultz工程项目于20世纪80年代中期开始，到目前可以分为三个阶段：前期调查选址阶段；勘探、钻井、储层开发阶段；地面发电站建设阶段。其中第二个阶段持续时间较长，是该工程的主要阶段。Soultz项目共实施了5口井，构成浅部（深度3.5千米—注—采GPK1—GPK2）和深部（深度5千米—注两采GPK2—GPK3—GPK4）两个注采循环系统。

法国Soultz项目最初试验为一注一采。GPK1井1992年完井，井深3590米。根据GPK1井钻进和压裂过程中的微地震监测结果，对GPK2井进行定位和设计，1995年完钻，井深3876米，井底距离GPK1井50米。在GPK2井的水力压裂过程中，GPK1井压力反应明显，显示出较好的水压关系。注采循环生产试验流量达到25千克/秒（1.5米^3/分钟），流体回收率接近100%。2009年采用二注二采，2011年进行兆瓦级发电时，为了减少诱发地震，采用了二注一采。

4. 日本

Hijiori项目是日本第一个干热岩开发示范研究工程，位于日本Hijiori火山口的南部边缘，1500米深处温度可达到225℃。地热储层由浅部和深部两个热储层组成，前后钻了SKG-2、HDR-1、HDR-2、HDR-3等4口井，钻井过程中发现1800米和2200米深处天然裂隙非常发育。项目的研究分为两个阶段：第一阶段始于1985年，1988年开始对SKG-2井进行水力压裂试验，然后以SKG-2井作为注入井，HDR-1井和HDR-2井作为生产井，循环过程中，水损失超过70%。1991年再次进行注采循环试验，水损失率下降到22%，热提取率达到8.5兆瓦。第二阶段始于1992年，HDR-1井被加深钻至2205米，并在井底进行水力压裂，随后将HDR-2井和HDR-3井加深至2303米。1995年对深部热储进行循环注采试验，水损失率约50%。从2000年开始进行为期1年的循环注采试验，SKG-2井和HDR-1井作为注入井，HDR-2井和HDR-3井作为生产井，产水温度约172℃，总热提取率约8兆瓦，驱动了一台130千瓦的小型发电机组。后来由于循环注采过程中水损失不断加大，并且HDR-2井产水温度从163℃降低到100℃，循环注采试验最终停止。

Ogachi工程位于日本秋田县，热源为Yamabushi火山，目标储层岩性为花岗闪长岩，1000米深度温度可达230℃。项目始于1990年，注入井OGC-1井完钻井深1000米，井底温度为230℃，分别在井底和井深710米处进行两次水力压裂。生产井OGC-2井完钻井深900米，井底温度为240℃。循环注采试验显示注水回收率只有3%，OGC-2井经水力压裂后回收率提高到10%，之后OGC-1井和OGC-2井再次进行压裂，回收率达到25%。为了改善回收率低的情况，结合之前的水力压裂微地震监测结果，新钻OGC-3井进入人工裂缝系统中。新钻OGC-3井与OGC-1井之间的水力循环有了很大改善，注入水回收率大幅度提高。实践表明，新钻井钻入已有的裂缝系统，远比同时钻进而后通过水力压裂建立裂缝系统的方法更有效。

综上所述，世界早期干热岩的开发研究主要集中在具有高温的花岗岩体，目前的热储改造技术还难以实现具有竞争力的商业开发。随后研究开始延伸到现有的水热型地热系统的边缘或深部，通过扩展水热型热储层来增加现有水热型地热田的发电能力。美国能源部基于早期的研究经验，资助了几个EGS示范项目：内华达州的Desert Peak、加利福尼亚州的Geysers和爱达荷州的Raft River。这些地方的水热型资源已经有多年的开发基础，但产能都随着时间略有下降，迫切需要干热岩的开发方式——水力压裂增加产能。

总之，从深度看，2000～5000米上部1000～3000米多为高温水热型；从温度看，较成功的都在180～200℃甚至更高，最高已经达到400℃；从储层特征看，有天然裂缝发育且相对容易形成体积裂缝的地层比较容易成功；从成井工艺看，主要采用定向井，裸眼完井，清水、泡沫等无固相低密度钻井液；从压裂参数看，液体选用水或盐水，不使用支撑剂，压裂规模基本在2000立方米以上。

干热岩开发是世界性难题,与浅层、中深层水热型不同,随着深度、温度以及深部地层复杂程度的不断增加,干热岩开发难度不断增大。目前世界上有8个发达国家参与干热岩的开发,仅有3个国家4个项目实现了商业化运行。

三、关键技术

干热岩开发的工程技术最早由 Los Alamos 国家实验室提出,主要做法是通过水力压裂形成人造裂缝沟通注水井、采水井,以供流体在高温干热岩体中不断被加热和采出。涉及的主要关键技术包括选区选址、系统设计、高效成井、压裂造储以及系统的稳定运行。

1. 选区选址

在干热岩开发前,要进行选区选址,优选经济技术指标优越的目标区块,优选指标包括热储的温度、裂隙的发育情况、大地热流数据、居里面埋深、酸性岩体分布以及控热构造特征。主要技术手段是基于现场试验和研究,通过地质、地球物理、地球化学、遥感等手段优选经济技术指标优越的目标区块。干热岩选区选址面临的问题是热源埋藏深、地温场非均匀性强、成因机理主控因素复杂、资源可动用性不清。

干热岩普遍埋藏于地表深处,除了钻探工作外不能直接勘查与评价,但可以通过一些指标参数来间接反映地下的热异常,如大地热流值、居里面埋深、酸性岩体分布和控热构造特征。

1)大地热流值

大地热流值简称热流,是地球内部热能传输至地表的一种现象,是地热场最重要的表征。

2)居里面埋深

在地壳中,当铁磁体温度上升达到特定值时,铁磁体磁化率会急剧下降,从铁磁相转换成顺磁相,这种临界温度即为居里点,居里点埋深面则称为居里面。利用航磁资料可以计算达到居里点的地温深度,深度相对较浅,则表示深部热源流向地表传递散发距离较短,有利于干热岩等高温地热资源的勘探研究。

3)酸性岩体分布

地表所感测到的大地热流主要由两部分构成,一部分来自地核和地幔向上输入地壳的对流和传导热量,简称为地幔热流;地壳中存在的放射性元素,尤其是 U、Th、K 的同位素衰变产生的热流,被称为地壳热流。较高的地壳热流对地壳浅部温度分布具有重要的影响,有利于干热岩资源的赋存。酸性岩体中富含放射性生热元素 U、Th、K,因此作为干热岩资源赋存的重要指标之一。

4)控热构造特征

新构造运动塑造了现今的地热资源背景,而活动构造对这些资源的分布具有重要的指示意义。按照热流—构造分区,通常地热活动强度随远离板块边界而减弱。板块边界及其相邻地区,均是构造活动最强烈的地区,具备产生强烈水热活动和孕育高温水热系统必要的构造条件和热背景。

2. 系统设计

选区选址之后,要对干热岩开发系统进行设计,掌握热储地质工程特征,精细描述热储,并设计热储换热参数、井组、井网、井距、采灌制度等运行参数。主要技术包括地质建模、渗流传热模拟、多场耦合建模与数值求解、热储运行效率与寿命分析。难点在于干热岩的开发过程是温度场、应力场、渗流场和化学场在时间上和空间上的复杂耦合过程，涉及的关键开发指标多，协调难度大（图10-3）。

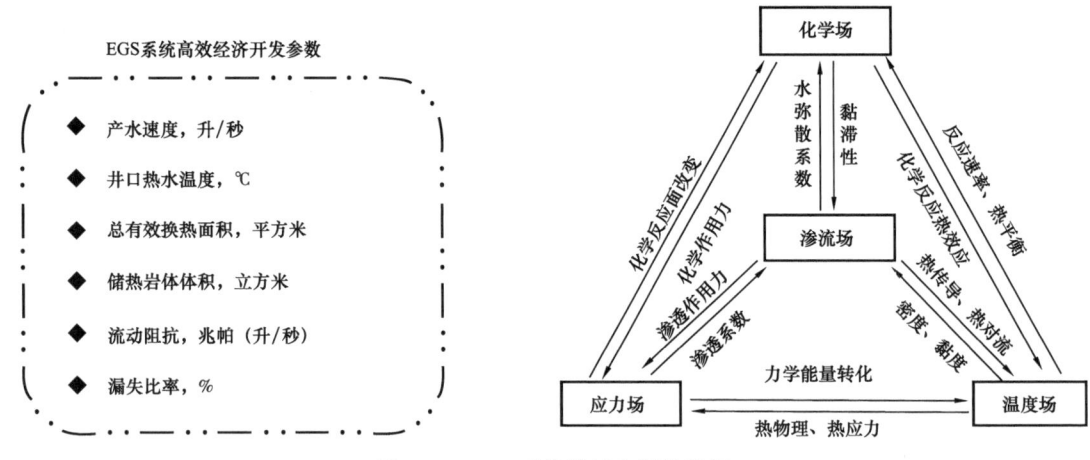

图 10-3　EGS 系统设计和调整依据

3. 高效成井

根据系统设计需求进行深钻施工，形成可靠的循环采热通道。依靠耐高温且适用于硬地层的破岩钻头和工具、耐高温测量仪器以及井筒流体材料等配套工艺，保证钻井在超高温、高强度、裂隙发育、构造复杂、热破裂现象频发的地层顺利完钻。目前干热岩的钻井成本较高，主要是钻头磨损、套管、耐高温水泥浆用量大。统计数据表明，井深5000米干热岩钻井成本近1亿元，钻井成本占开发总成本的50%以上。

4. 压裂造储

在干热岩开发过程中，压裂造储是目前难度最大，也是制约干热岩开发最关键的技术。压裂的目的在于建立大体积、大换热面积的裂缝发育空间热储。干热岩的压裂与非常规油气压裂的区别在于，油气储层需要的是油气流动到裂缝的流动距离最短，裂缝越复杂越好；而干热岩则需要同时兼顾裂缝复杂性和流体的流动性，既需要有较大的裂缝面积进行换热，也需要保证流体在裂缝内的流动阻力在一定范围，同时满足两个条件才能进行商业化开采。

干热岩体水力压裂与油气储层水力压裂有诸多相似之处，目的都是通过地面高压注入液体在地下热储/油气储层中形成水力裂缝以提高储层的渗透性，获得最大限度的油气开采或者提热。通过对国外干热岩水力压裂的技术参数分析发现，干热岩的水力压裂规模与非常规页岩气储层的水力压裂规模大致相当，单井的液量规模达到了30000立方米以上，同样使用清水进行压裂，目的都是在油气储层或者热储层中形成一定体积规模的裂缝网络系统。不同的是水力压裂的目的层深度、温度以及施工排量存在较大的差异。

干热岩与非常规油气储层的改造目标既在一定程度上相似又有区别（表10-4）。非常规油气储层改造需要通过水力压裂尽力打碎储层形成裂缝网络，缩短岩石基质中油气流向裂缝的距离，实现油气的最大化开采。干热岩的压裂改造需要通过水力压裂形成一定的裂缝表面积提供充分的换热空间，以达到高效提热/换热的目的。因此，需要结合各自的不同需求并深入理解相应的压裂机理来考虑压裂施工设计。

表 10-4　干热岩储层与非常规储层地质及力学特征差异分析

参数	干热岩	页岩	致密油
岩石密度（克/厘米³）	2.64		
孔隙度（%）	2	2~4	8~10
渗透率（毫达西）	0.01	<0.1	<0.1
杨氏模量（吉帕）	69	36	
泊松比	0.16	0.239	
剪切模量			
抗压强度（兆帕）		292	
抗拉强度（兆帕）		2.5	

注：干热岩数据为松辽盆地北部干热岩靶区 4400 米岩样测试结果。

干热岩发电系统的热能来源于地下干热岩对注入循环流体加热。采热的本质是流体在裂缝内流动，并从裂缝两侧高温岩体中提取热能。在储热岩石和裂缝水流温差驱动下，储热岩石内部存在热传导，裂缝壁面和裂缝内流体存在热传导和热对流。根据最基本的传热模型，给定换热系数条件下，流体接触面积越大，换热量越大。

热储层的水力压裂会形成新的水力裂缝并改变原有天然裂缝的展布和重新连通，进而影响流体的流动路径。水力压裂过程中形成裂缝的复杂程度越高，流体渗流路径越复杂，越会增加换热面积。在保证压裂具有一定改造体积的前提下，流体在热储中流动的路径越长，流体和岩体越能发生更充分的热交换，对应热采出温度越高，同时降低热突破的风险，热储层寿命也越长（图10-4）。

干热岩发电系统另一个商业运行的参数要求裂缝复杂程度需要控制在一定范围内，该参数称为储层流动阻抗。储层流动阻抗与压裂后形成的裂缝形态有关，裂缝形态越复杂，形成的摩擦阻力越高，注入与采出的压力差越大，流动阻抗越高。因此干热岩发电系统的水力压裂需要同时考虑裂缝的复杂程度与储层流动阻抗之间的复杂关系。

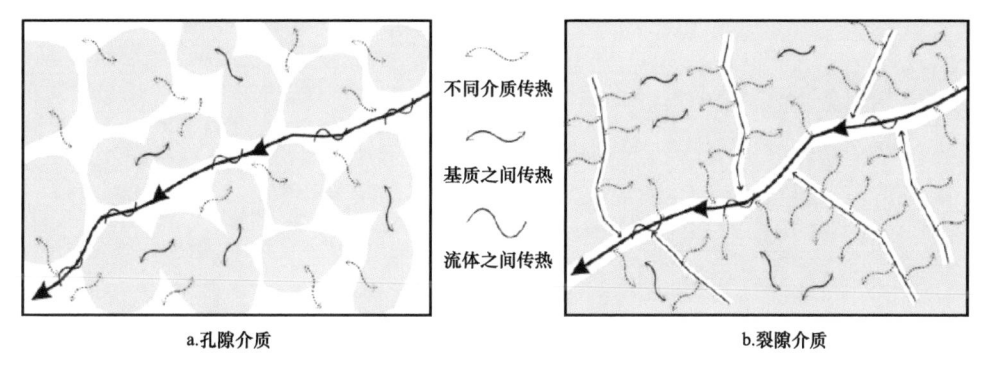

图 10-4　局部热非平衡模型热传导过程示意图

干热岩压裂施工与油气压裂施工最大的区别在于压裂排量（表10-5）。这是由于后期的干热岩热量提取需要流体在裂缝表面穿过的流速不必太快，而使流体从注入生产井流动过程中充分地与储层换热达到一定的换热效率，同时降低短路循环和热突破的风险，这就需要岩体形成的裂缝表面积足够大而裂缝导流相对较小。

表 10-5 不同资源压裂工艺对比

具体参数	干热岩	页岩气	致密油
施工规模（立方米）	20000~30000	20000~30000	20000~30000
施工排量（米³/分钟）	<5	>10	>10
施工深度（米）	>3500	<3500	<3000

由于受岩石物性参数的影响，干热岩与非常规油气储层水力压裂过程的破裂机理存在着本质的不同。非常规油气储层水力压裂过程中，天然裂缝随着裂缝内流体净压力的升高产生滑移并张开，水力裂缝延伸到周围，天然裂缝受压后尖端开启并扩展，水力裂缝与天然裂缝相互沟通，最终形成连续路径复杂的裂缝网络，因此非常规油气储层岩体既发生破裂延伸又存在一定程度的错动滑移，混合破裂的作用机理使得储层的裂缝网络更加容易形成，达到提高油气产量的目标。干热岩力学强度较高、渗透率低，短时间内高压液体将直接渗入天然裂缝，并随着天然裂缝内流体压力不断升高，天然裂缝在剪切作用下发生滑移和剪胀，获得一定导流能力。

从美国 Fenton Hill、法国 Soultz 等干热岩发电项目发现，在水力压裂改造前后，注入流体都从井壁周围的天然裂缝流入地层，井壁周围没有水力裂缝的产生，但微地震监测的响应则高达数百万平方米。因此，干热岩在现有的施工参数下新的水力裂缝形成难度较大，主要通过岩体本身存在的天然裂缝被激活并发生错动、滑移，在现有的天然裂缝基础上发生水力剪切作用，并依靠裂隙面的刚度维持裂缝表面粗糙度，使裂缝面在压力释放后仍然维持张开状态，形成剪胀作用。相对于非常规油气储层以张开和剪切共同作用形成裂缝网络的理念，干热岩现有的水力压裂过程可能只有天然裂缝的大规模滑移和剪胀，虽然从微地震监测结果显示这种滑移和剪胀的响应范围很大，但裂缝之间的连通性可能无法保障，不能形成足够的流动换热空间，无法满足干热岩发电系统商业运行的参数要求。

5. 系统运行

在系统运行方面，要维持系统运行寿命超过 20 年，保证采出流体的温度和流量在运行过程中始终满足发电要求，保障地下换热效率和地面发电系统管路通畅。系统运行过程中需结合系统运行监测（示踪）、热储动态模拟和运行参数动态优化、发电工艺优选、管路除垢阻垢等技术。

四、发展前景

中国干热岩的勘探开发还处于勘查阶段。2014 年，国土资源系统分别在青海、西藏、四川、福建、广东、湖南、松辽盆地、海南等高热流区域进行了干热岩资源的地质勘查，并在青海贵德和共和、山东利津、广东惠州、四川康定等地相继开展干热岩初步钻探，大部分井深在 1000 米左右，温度为 100~120℃（表 10-6）。

2014 年 4 月，青海省水文地质工程地质环境地质调查院经过了两年的钻探，最终通过钻孔 DR3 在青海省海南藏族自治州共和盆地 2927 米深度处钻遇 183℃干热岩。2014 年 6 月，在 2735 米深处成功钻获 168℃以上的干热岩，10 月 6 日，青海省共和县 ZKD23 井，钻探深度 2889 米，井底温度达到 181℃。截至目前，分别在青海共和盆地恰卜恰进行了 7 口勘探井的施工，其中 4 口达到干热岩标准；在贵德盆地扎仓沟进行了 4 口勘探井的施工，其中 2 口达到干热岩标准；2015 年 5 月 21 日，由中国地质调查局组织实施中国首个干热岩科学钻探深井，在福建省漳州龙海市东泗乡清泉林场开钻，钻探深度达到 4000 米。2017 年 5 月在共和县恰卜恰镇南东完井的

GR1干热岩勘探孔再获温度新高，3700米的孔底温度高达180℃，实现了中国干热岩勘探的重大突破。

从资源上看，干热岩是极具潜力的战略接替能源，已引起许多国家的重视；从技术上看，国际上干热岩开发仍处于初级阶段，需要继续攻关；从地热资源本身来看，干热岩是地热能的未来，主要是因为常规地热资源以用热为主，受地域限制影响明显。热电转化是其最高的利用形式，但中国的高温地热发电潜力（7.12吉瓦）相对于风、光、水电等其他新能源，资源潜力有限，受到的关注度和靠政策的扶持来不断提高技术降低成本的速度要差一些。据中国科学院预测，中国干热岩发电潜力预计超过700吉瓦，远超水电极限400吉瓦的潜力。因此，如果说地热能在新能源领域起到重要作用，一定要依靠干热岩。

表10-6 中国干热岩勘查情况统计

地区	井号	孔深（米）	孔底温度（℃）	状态
共和盆地恰卜恰	QR1	969	70	地热井
	DR1	1455	87	未利用
	DR2	1853	100	未利用
	DR3	2927	183	医院供暖（热水）
	DR4	3102	181	中温热水试验发电站
	GR1	3700	180	未完工
	GR2	3000	182	封孔
贵德盆地扎仓沟	R2	1709.56	97	封孔—监测
	R3	2701.2	106.7	封孔—监测
	ZR1	3050.68	151.34	封孔—监测
	ZR2	2000	>120	正在施工
福建漳州	HDR1	4000	109	封孔—监测

第十一章 核 能

核能是原子核结构发生变化时释放的能量，核能释放包括核裂变和核聚变。核裂变所用原料铀1克就可释放相当于30吨煤的能量，而核聚变所用原料氚560吨就可以为全世界提供一年的能量。海洋中氚的储量可供人类使用几十亿年，是取之不尽、用之不竭的新能源。当前核能的利用主要是基于核裂变，核能的发展将逐渐由核裂变走向核聚变。

第一节 核能利用现状

一、铀矿资源状况

世界铀矿资源分布极不均匀，主要分布在澳大利亚、加拿大、哈萨克斯坦、尼日尔、纳米比亚、俄罗斯、南非等国。世界铀矿资源量达954.69万吨，其中，生产成本为80~130美元/千克的资源量总计345.84万吨，40~80美元/千克的资源量为122.36万吨，小于40美元/千克的低生产成本的资源量为47.85万吨，130~260美元/千克的高生产成本的资源量为438.64万吨。

中国铀矿资源量估算差异较大。根据国际原子能机构数据，中国已查明铀矿资源量为6.8万吨，待查明铀矿资源量为0.6万吨，合计7.4万吨。中国地质调查局"全国铀矿资源潜力评价项目"成果揭示，中国已查明的铀矿资源分布于23个省、市、自治区，矿床类型多样，成矿条件复杂，以砂岩型和花岗岩型为主；中国铀矿预测区铀矿资源潜力预计为200余万吨。

2007年至2015年世界铀矿产量整体呈上升趋势，同比上升46.5%。2015年世界铀矿产量为71343吨，同比增长7.9%。预计在未来一段时间，铀矿产量仍将呈增长趋势。世界铀矿生产主要集中在哈萨克斯坦、加拿大、澳大利亚、尼日尔、俄罗斯、纳米比亚和乌兹别克斯坦等国（图11-1）。近几年哈萨克斯坦在国际铀矿生产市场上占据着极其重要的地位，采用低成本浸出开采技术（ISL）开发砂岩型铀矿。

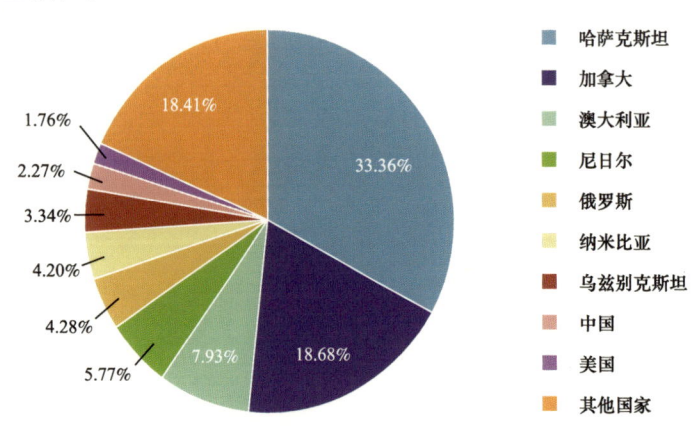

图11-1 2015年世界主要铀矿生产国产量占世界总产量的比例

二、核电技术发展历程

核电站是利用核裂变或核聚变反应所释放的能量产生电能的发电厂。目前商业运转中的核能发电厂都是利用核裂变反应而发电（图11-2）。核电站一般分为两部分，利用原子核裂变生产蒸汽的核岛（包括反应堆装置和一回路系统）和利用蒸汽发电的常规岛（包括汽轮发电机系统），使用的燃料一般是放射性铀和钍重金属。如果除去核反应堆，核电站和火电站除了生成蒸汽的热源不同外，差异很小。核电站的开发与建设始于20世纪50年代，到目前已经发展到了第四代核电站。

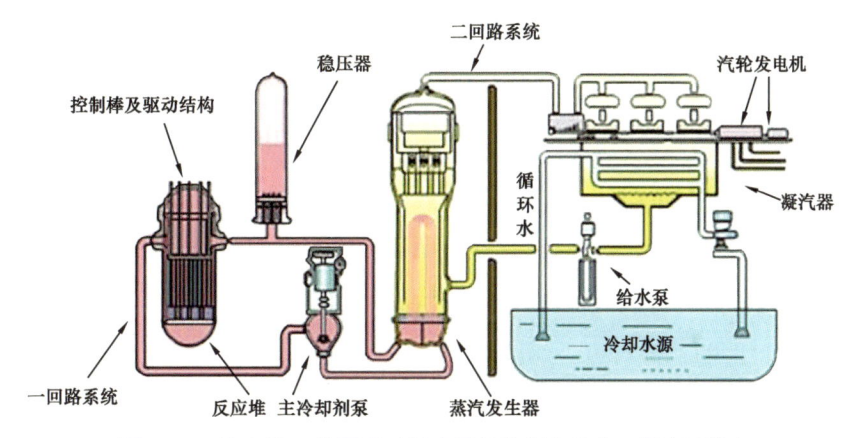

图11-2 核电站工作原理（据中国核能行业协会、招商证券）

当前，具备非能动安全技术的第三代反应堆技术日趋成熟，AP1000、HPR1000、EPR和APR1400等工程建设项目均已开工建设或接近完工；第四代反应堆技术，包括加速器驱动次临界系统的研发等有序推进。

第一代核电站：1954年苏联建成发电功率为5兆瓦的实验性核电站；1957年，美国建成发电功率为9万千瓦的Shipping Port原型核电站。这些成就证明了利用核能发电的技术可行性。国际上把上述实验性的原型核电机组称为第一代核电机组。

第二代核电站：20世纪60年代后期，在实验性和原型核电机组基础上，陆续建成发电功率为30万千瓦的压水堆、沸水堆、重水堆、石墨水冷堆等核电机组，在进一步证明核能发电技术可行性的同时，使核电的经济性也得以证明。目前，世界上商业运行的400多座核电机组绝大部分是在该时期建成，习惯上称为第二代核电机组。

第三代核电站：20世纪90年代，为了消除三里岛和切尔诺贝利核电站事故的负面影响，世界核电业界集中力量对严重事故的预防和缓解进行了研究和攻关，美国和欧洲先后出台了《先进轻水堆用户要求文件》URD文件和《欧洲用户对轻水堆核电站的要求》EUR文件，进一步明确了预防与缓解严重事故、提高安全可靠性等方面的要求。国际上通常把满足URD文件或EUR文件的核电机组称为第三代核电机组。

第三代反应堆即先进反应堆，包括轻水堆（ABWR、AP600/AP1000、IRIS、System 80+、EPR、SWR1000、ESBWR、VVER-91）、重水堆（CANDU、ACR、AHWR）、高温气冷堆（PBMR、GT-MHR）、快中子堆（BN-800、BN-600、ALMR、Super-PRISM）等堆型。

AP1000是美国西屋公司依照非能动核安全的概念设计的第三代压水式反应堆。CAP1400是中国在AP1000的基础上研发的第三代压水式反应堆，CAP1400示范工程在山东省荣成市石岛湾现场有序推进。HPR1000，即华龙一号也是中国研发的第三代压水式反应堆，华龙一号首堆示范工程——中国核工业集团福清核电5号机组工程建设正有序进行。APR1400是韩国研究的第三代压水式反应堆，APR1400首台机组（韩国新古里核电站3号）已于2016年12月投入商业运行；第二台机组（新古里4号）计划于2018年9月投入商业运行；阿拉伯联合酋长国在建的4台APR1400机组预计在2020年投入运行；另外，计划在英国穆尔赛德建设的3座核电站拟采用APR1400设计。

第四代核电站：早在1999年，核科学家提出了第四代核电反应堆（Gen-Ⅳ）的概念。美国、法国、日本、英国等核电发达国家在2000年组建了Gen-Ⅳ Forum（GIF）国际论坛。总目标是在2030年左右，向市场提供能够解决核能经济性、安全性、废物处理和防止核扩散问题的第四代核能系统。经广泛研究和认证，选定了下列6种堆型作为第四代堆的重点关注对象：钠冷快堆（SFR）、铅合金冷却堆（LFR）、气冷快堆（GFR）、超常高温堆（VHTR）、超临界水冷堆（SCWR）和熔盐堆（MSR）。

加速器驱动的次临界系统（Accelerator Driven Subcritical System，ADS）是为国际原子能机构（IAEA）所承认的第四代核能系统，是一种基于铅铋合金冷却的次临界快堆。2016年12月，中国首座铅基核反应堆零功率装置"启明星Ⅱ号"首次实现临界。

三、世界核电装机容量

截至2017年底，全球共有30个国家使用核能发电，在运核电机组总计445台，总净装机容量约为389.8吉瓦；15个国家正在建设总计58台核电机组，总装机容量约为62.7吉瓦（表11-1）。其中，美国共有99台在运核电机组，总净装机容量为99.65吉瓦；2台在建机组，总装机容量为2500兆瓦。俄罗斯共有35台在运核电机组，总净装机容量为26.87吉瓦；7台在建机组，总装机容量为5904兆瓦。法国共有58台在运机组，总净装机容量为63.13吉瓦；1台在建机组，总装机容量为1750兆瓦。英国共有15台在运机组，总净装机容量为8883兆瓦。日本共有40台在运机组，总净装机容量为37.71吉瓦，但仅有4台机组处于运行状态，总净装机容量为3352兆瓦；2台在建机组，总装机容量为2756兆瓦。韩国共有24台在运机组，总净装机容量为22.5吉瓦；4台在建机组，总装机容量为5600兆瓦。印度共有22台在运机组，总净装机容量为6219兆瓦；6台在建机组，总装机容量为4350兆瓦。中国投入商业运行的核电机组共38台，装机容量达到34647兆瓦；20台在建机组，总装机容量为21546兆瓦。2017年核能累计发电量为2474.69亿千瓦时，比2016年上升了17.6%。

表11-1 世界各国/地区核电状况

国家/地区	在运机组 数量（台）	在运机组 净装机容量（兆瓦）	在建机组 数量（台）	在建机组 净装机容量（兆瓦）	计划中的机组 数量（台）	计划中的机组 净装机容量（兆瓦）	拟建机组 数量（台）	拟建机组 净装机容量（兆瓦）
美国	99	99647	2	2500	14	3100	21	30000
法国	58	63130	1	1750	0	0	0	0
日本	40	37712	2	2756	9	12947	3	4145
中国	38	34647	20	21546	39	46100	143	164000
俄罗斯	35	26865	7	5904	26	28390	22	21000
韩国	24	22505	4	5600	1	1400	6	8800
加拿大	19	13553	0	0	2	1500	0	0

续表

国家/地区	在运机组 数量（台）	在运机组 净装机容量（兆瓦）	在建机组 数量（台）	在建机组 净装机容量（兆瓦）	计划中的机组 数量（台）	计划中的机组 净装机容量（兆瓦）	拟建机组 数量（台）	拟建机组 净装机容量（兆瓦）
乌克兰	15	13107	0	0	2	1900	11	12000
德国	7	9444	0	0	0	0	0	0
英国	15	8883	0	0	11	15600	2	2300
瑞典	8	8376	0	0	0	0	0	0
西班牙	7	7121	0	0	0	0	0	0
印度	22	6219	6	4350	19	17250	46	52000
比利时	7	5943	0	0	0	0	0	0
捷克	6	3904	0	0	2	2400	1	1200
瑞士	5	3333	0	0	0	0	3	4000
芬兰	4	2764	1	1720	1	1250	0	0
保加利亚	2	1926	0	0	0	0	1	1200
巴西	2	1896	1	1405	0	0	4	4000
匈牙利	4	1889	0	0	2	2400	0	0
南非	2	1830	0	0	0	0	8	9600
斯洛伐克	4	1816	2	942	0	0	1	1200
阿根廷	3	1627	1	27	2	1950	2	1300
墨西哥	2	1600	0	0	0	0	3	3000
巴基斯坦	5	1355	2	2322	0	0	0	0
罗马尼亚	2	1310	0	0	2	1440	0	0
伊朗	1	915	0	0	4	2200	7	6300
斯洛文尼亚	1	696	0	0	0	0	1	1000
荷兰	1	485	0	0	0	0	0	0
亚美尼亚	1	376	0	0	1	1060	0	0
阿拉伯联合酋长国	0	0	4	5600	0	0	10	14400
白俄罗斯	0	0	2	2388	0	0	2	2400
孟加拉国	0	0	1	1200	1	1200	0	0
波兰	0	0	0	0	6	6000	0	0
土耳其	0	0	0	0	4	4800	8	9500
越南	0	0	0	0	4	4000	6	7100

续表

国家/地区	在运机组 数量（台）	在运机组 净装机容量（兆瓦）	在建机组 数量（台）	在建机组 净装机容量（兆瓦）	计划中的机组 数量（台）	计划中的机组 净装机容量（兆瓦）	拟建机组 数量（台）	拟建机组 净装机容量（兆瓦）
埃及	0	0	0	0	2	2400	2	2400
约旦	0	0	0	0	2	2000	0	0
印度尼西亚	0	0	0	0	1	30	4	4000
沙特阿拉伯	0	0	0	0	0	0	16	17000
泰国	0	0	0	0	0	0	5	5000
智利	0	0	0	0	0	0	4	4400
立陶宛	0	0	0	0	0	0	2	2700
马来西亚	0	0	0	0	0	0	2	2000
哈萨克斯坦	0	0	0	0	0	0	3	1800
以色列	0	0	0	0	0	0	1	1200
朝鲜	0	0	0	0	0	0	1	950
全球合计	445	389801	58	62710	157	162117	351	401895

四、核裂变面临的挑战与前景

地球上的核裂变资源属于矿产资源，其蕴藏量有限，且核能释放之后不能在短期内自己恢复成核燃料，属于不可再生能源。尽管核裂变资源使用周期相对较长，但资源稀缺导致其不可能成为世界能源的主体。核聚变在一定程度上可看作可再生能源，因为聚变原料，即氢的同位素，在海洋中蕴藏十分丰富。但其获取要比氢气还难，且应用技术尚未成熟，短时间内不具备产业条件。

核辐射对人类健康危害很大，发展核能必须首先考虑安全问题。核废料是核物质在核反应堆（原子炉）内燃烧后余留下来的核灰烬，具有极强放射性，而且其半衰期长达数千年、数万年甚至几十万年。在几十万年后，这些核废料还能伤害人类和环境。所以如何安全、永久地处理核废料是一个重大课题。

安全、永久地处理核废料有两个必需条件：首先要安全、永久地将核废料封闭在一个容器里，并保证数万年内不泄漏。为达到该目的，曾经设想将核废料封在陶瓷容器里面，或者封在厚厚的玻璃容器里面。科学实验证明，这些容器存入核废料在100年以内效果还是很理想，但100年以后，容器会经受不住放射线的猛烈轰击而发生爆裂，到那时，放射线就会散发到周围环境中，后果不堪设想。英国皇家科学院发现一种新型水晶可以经受住放射线的强烈攻击，用它来生产储藏核废料的容器，能够更大程度上保证安全。然而，要寻找到一种能够在几万年内，都能承受放射线辐射的物质，仍然是科学家努力的方向。

其次，要寻找一处安全、永久存放核废料的地点。该地点要求物理环境特别稳定，长久地不受水和空气的侵蚀，并能经受住地震、火山、爆炸的冲击。实验证明，在花岗岩层、盐岩层以及黏土层可以有效地保证核废料容器数百年内不遭破坏。但数百年后，这些存放地点会不会发生破坏无法预料。最好的方法是先在这样一个稳定地点挖一个数百米深的坑道存放核废料，待将来科学发达了，再寻找更好的办法处理这些"人类杀手"。

国际原子能机构（IAEA）和国际能源署（IEA）等国际机构在2017年下半年公布了对全球未来能源市场的核电发展预测，显示全球核电装机容量未来仍将呈增长趋势。

IAEA对未来全球核电发展前景进行了高值和低值两种情景预测：在高值情景中，全球核电净装机容量将从2016年底的392吉瓦增加至2030年的554吉瓦、2040年的717吉瓦和2050年的874吉瓦，2050年核发电量在全球总发电量中所占份额将从当前的约11%上升至13.7%；在低值情景中，全球核电净装机容量将从2016年底的392吉瓦降至2030年的345吉瓦和2040年的332吉瓦，然后再逐步回升至2016年底的水平，2050年核电份额将从当前的11%降至约6%。

IEA指出，如果要实现联合国可持续发展目标，到2040年核电将需要为全球提供至少15%的电力。在可持续发展情景中，全球总发电量将从2016年的24765太瓦时增加到2040年的35981太瓦时，同期核发电量将从2611太瓦时增加到5345太瓦时，核电份额从11%增加至15%；在弃核新政策情景中，全球核电总装机容量将从2016年的413吉瓦增加到2040年的近520吉瓦。

第二节　核聚变发展前景

利用核能的最终目标是要实现受控核聚变，现有的反应堆依靠重原子核裂变释出能量，如铀、钚等，而聚变反应则由较轻的原子核聚合释出能量，如氢的同位素氘和氚聚合形成氦元素，反应产物是无放射性污染的氦。

一、核聚变概况

核聚变，即轻原子核（例如氘和氚）结合成较重原子核（例如氦）时放出巨大能量。这种原子核间的聚变反应又称为热核反应。参与核反应的轻原子核，如氢（氕）、氘、氚、锂等从热运动获得必要的动能而引起聚变反应，可在瞬间产生大量热能，但目前尚无法加以利用。如能使热核反应在一定约束区域内，根据人们的意图有控制地产生与进行，即可实现受控热核反应。受控热核反应是聚变反应堆的基础。聚变反应堆一旦成功，则可能向人类提供最清洁而又取之不尽的能源。

核聚变能利用的燃料是氘（D）和氚。氘在海水中大量存在。海水中大约每6500个氢原子中就有一个氘原子，海水中氘的总量约45万亿吨。每升海水中所含的氘完全聚变所释放的聚变能相当于300升汽油燃料的能量。在可以预见的地球上人类生存的时间内，海水中的氘，足以满足人类未来几十亿年对能源的需要。从这个意义上说，地球上的聚变燃料，可以满足未来人类对能源的所有需求。聚变能源的开发，将"一劳永逸"地解决人类的能源需要。经过科学家60多年的不懈努力，聚变能源的控制已取得重大进展。

核聚变的研究始于20世纪50年代，磁约束的托卡马克取得了举世瞩目的成就，并且已接近反应堆区域。20世纪50年代初，苏联物理学家塔姆和萨哈罗夫提出，在环形等离子体中通过大电流感应产生的极向磁场跟强的环向（纵向）磁场结合起来，便可能实现等离子体平衡位形。莫斯科库尔恰托夫研究所在阿齐莫维奇领导下开展了该项实验研究，他们在环形陶瓷真空室外面套很多匝线圈，充电后的电容器组向这些串联的线圈放电，在真空室内形成环形磁场，由变压器回路放电产生的等离子体电流自身感应出极向磁场，这两种磁场合成具有螺旋特性的磁场对等离子体具有良好的约束作用。他们将这种装置叫作托卡马克（Tokamak）。

根据温度、密度和时间的三重积，可将托卡马克的发展历程划分为五个阶段：

（1）第一阶段：1950—1960 年，托卡马克装置聚变三重积在 $10^{18\sim 19}$（秒·千电子伏特）/米^3 左右。如前所述，氘与氚在产生聚变反应前必须先将其原子核及中子加热到很高的温度，进入等离子体状态。最早用等离子体在磁场约束下做的聚变实验是于 1951 年发表的。其后英国、苏联、美国等进行了聚变堆的研究，认识到它具有意想不到的困难。1958 年以后美国、苏联、中国等国家对磁场约束的各种形式进行设计和实验。但等离子体由磁场外泄的数量比理论值大，对其原因的分析难度很大。

1958 年是核聚变研究发生重大转折的一年，研究初期的过高期望没有实现，各类装置的高温等离子体普遍出现不稳定性现象，约束性能很差，等离子体温度也与受控核聚变的要求相差甚远。一方面，各国之间严格保密，互相封锁情报是阻碍核聚变研究发展的重要原因；另一方面，当时的重点是寻找实现核聚变的具体途径，对高温等离子体基本性质缺乏系统的研究。科学家将研究重点从急于建成聚变反应堆转向对高温等离子体进行系统的基础性研究。

（2）第二阶段：1960—1970 年，托卡马克装置的聚变三重积在 10^{19}（秒·千电子伏特）/米^3 左右，以苏联的 T-3 为代表。1961 年，苏联的 H.S. 约菲氏及 1963 年在美国居住的日本大河千弘氏，用所谓"极小磁场"的方法做约束等离子体的实验，逼近了（外泄量的）理论值，出现了一线曙光。

1968 年，受控核聚变研究又一次发生了重大转折，国际原子能委员会在苏联的新西伯利亚召开了第二届等离子体物理和受控核聚变研究国际会议，会议上阿齐莫维奇公布了在 T-3 托卡马克上取得的最新实验结果，即电子温度 1 千电子伏特，离子温度 0.5 千电子伏特，$n\tau$（n 为等离子体密度，τ 为约束时间）值达到了 10^{18} 秒/米^3，这为核聚变研究指明了方向，随后在世界上刮起了托卡马克旋风。

（3）第三阶段：1970—1980 年，托卡马克装置的聚变三重积在 $10^{19}\sim 10^{20}$（秒·千电子伏特）/米^3 范围之间。20 世纪 70 年代后期以来，核聚变研究无论在理论方面还是实验方面都取得了许多重要进展，托卡马克等离子体参数大大提高。普林斯顿实验室为了尽快重复 T-3 的实验结果，把原来的实验装置仿星器-C 改装成 ST 托卡马克；美国橡树岭国家实验室建造了奥尔马克（Ormak）；法国冯克奈·奥·罗兹研究所建造了 TFR 托卡马克；英国卡拉姆实验室建造了克利奥（Cleo）；日本原子能研究所建造了 JFT-II 托卡马克；联邦德国的马克思·普朗克研究所建造了普尔萨特（Pulsator）托卡马克。几年之后，中国也开始了有关托卡马克的研究，小型托卡马克 CT-6 装置于 1975 年投入运行。1978 年，在 PLT 托卡马克上采用中性注入加热法，使等离子体的温度提高到了 7.6 千电子伏特。

（4）第四阶段：1980—1990 年，托卡马克装置的聚变三重积在 $10^{20}\sim 10^{21}$（秒·千电子伏特）/米^3 范围之间，以 4 个大型托卡马克为代表，分别是美国的 TFTR、日本的 JT-60、欧洲的 JET 和苏联的 T-15。前 3 个装置在 20 世纪 80 年代初期已分别建成并投入运行，取得了重大进展。1986 年，TFTR 的超级发射放电创造了离子温度的世界纪录，高达 20 千电子伏特，最大聚变输出功率大于 10 兆瓦，超过了聚变点火的要求。日本的 JT-60 也实现了输出功率/输入功率=1.25，获得了能量收益。尤其令人兴奋的是 1991 年 11 月 9 日，欧洲的 JET 装置首次成功地实现了受控的 DT 聚变反应，温度达 2 亿℃，持续了 2 秒钟，功率达 1.7 兆瓦。目前 TFTR 和 JT-6 已经被停掉，唯一在运行的就是欧洲联合环 JET，它是世界上已建成的最大常规托卡马克之一，已领先于美国、原苏联、日本，成为磁约束核聚变研究中的一个里程碑。

中国核工业西南物理研究院于 1984 年 9 月在四川省乐山市建成"中国环流器 1 号"核聚变托

卡马克装置并投入使用，是中国第一个中等规模的托卡马克装置。1995年5月，又在乐山市建成改进了"中国环流器新1号"，其各项参数均有较大提高，标志着中国研究可控核聚变的实验手段已经达到世界一流水平，并将为人类探求新能源事业作出自己的贡献。

（5）第五阶段：1990年至今，发展目标是使托卡马克装置的聚变三重积达到10^{21}（秒·千电子伏特）/米^{3}以上，基本实现可控核聚变反应的第一目标，以中国的EAST超导托卡马克和国际ITER项目为代表。目前技术下等离子体温度已达到$2\times10^8\sim4\times10^8$℃，最高聚变输出功率超过16兆瓦，聚变输出功率/输入功率为1.25，总体上约束性能有了很大改善。但是，上述进展只能维持几秒钟，因为常规托卡马克的磁体只能脉冲运行，否则将被烧毁，所以实现稳态运行成为托卡马克的前沿研究领域。在这样的背景下，中国及时提出建造先进全超导托卡马克计划，经过数年论证和专家评审，EAST全超导托卡马克核聚变实验装置作为国家"九五"重大科学工程在1997年被中央科技领导小组批准。

目前，世界上参与磁约束核聚变以及惯性约束核聚变技术研发的国家主要包括英国、俄罗斯、日本、中国、美国和法国等，其所研发的装置类型及参数，见表11-2。

表11-2 世界著名大型激光装置

激光装置	国家及实验室	输出能量（千焦耳）	束数	建成时间
GEKKO-XII	日本大阪大学ILE	15	12	1983年
PHEBUS	法国里梅尔实验室	10	2	
VULCAN	英国卢瑟福实验室	2	8	
HELEN	英国原子武器中心	1	1	
NOVA	美国利弗莫尔劳伦斯国家实验室	40	10	1984年
OMEGA	美国罗彻斯特大学LLE	30	60	
Beamlet	美国利弗莫尔劳伦斯国家实验室	6.4	1	1994年
神光3	中国工程物理研究院	60	60	2020年
NIF	美国利弗莫尔劳伦斯国家实验室	1800	192	2010年
MLF	法国核武器所	1800	240	未知
100-TW	英国武器中心	大于100	32	未知
LEFX	日本大阪大学	大于100		尚未批准

二、国外核聚变发展展望

1. 国际计划

国际热核聚变实验堆（ITER）计划，是目前世界上仅次于国际空间站的一个国际大科学工程计划。该计划将集成当今国际上受控磁约束核聚变的主要科学和技术成果，首次建造可实现大规模聚变反应的聚变实验堆，将研究解决大量技术难题，是人类受控核聚变研究走向实用的关键一步，目标是验证和平利用聚变能的科学技术可行性，为实现聚变能源商业化应用奠定科学和技术基础。

2006年11月，欧盟、美国、俄罗斯、日本、韩国、印度和中国七方在巴黎正式签署协议，启动全超导磁约束国际热核实验堆（ITER）建设，项目耗资120亿美元，将于2020年以前在法国建成，设计聚变功率输出为500～700兆瓦，等离子体放电脉冲为500～1000秒。ITER是一台甜甜圈状的托卡马克（图11-3），建成后，它将是全球体积最大的托卡马克。托卡马克是已知的最有可能首先实现聚变能商业化的途径。基于托卡马克途径的ITER实验堆开始建设，标志着国际聚变能研究由基础性研究进入了实验堆的研究阶段。

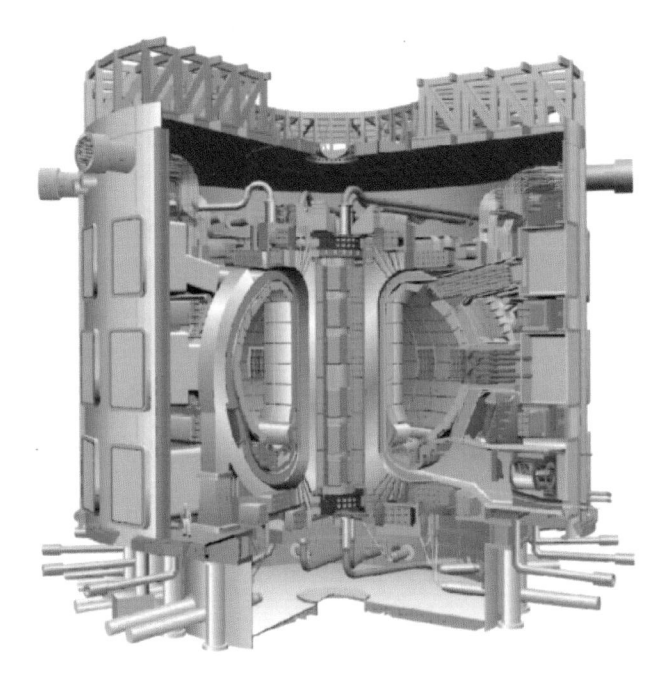

图11-3 ITER装置的剖面图

ITER计划分三个阶段进行：第一阶段为实验堆建设阶段，从2007年起到2020年止；第二阶段为热核聚变运行实验阶段，持续20年，其间将验证核聚变燃料的性能、实验堆所使用材料的可靠性、核聚变堆的可开发性等，为大规模商业开发聚变能进行科学和技术认证；第三阶段为实验堆拆卸阶段，历时5年。实验阶段结束后，各参与方还将进行示范堆建设，为最终实现商业堆开发做准备。

2. 美国

1）球形托卡马克项目

2016年，美国能源部普林斯顿等离子体实验室（PPPL）的物理学家在《核聚变》上发表了一篇论文，公布了他们研发新一代核聚变设备的计划。PPPL完成国家球形托卡马克实验升级项目（NSTX-U），耗资约9400万美元（约合6.27亿元），已开始运作。

球形托卡马克的形状如同带核的苹果，而传统的托卡马克则更像甜甜圈，比球形托卡马克要矮胖一些。球形托卡马克可以在相对较弱、成本较低的磁场中产生高压等离子体，这种特殊的能力将帮助科学家开展新一代核聚变实验，对国际热核聚变实验堆（ITER）加以补充。

"我们之所以要研发球形托卡马克，主要是想减小利用托卡马克进行核聚变的成本。"英国原子能总署最新任命的主管、卡拉姆科学中心磁约束聚变研究计划的带头人伊安·查普曼说道。托卡马克中心孔洞的大小是问题的关键。在球形托卡马克中，这个孔的大小只有传统托卡马克的一半，因此可以利用相对更弱的磁场来控制等离子体。孔洞缩小之后，还可以与用于产生氚的系统兼容。在下一代托卡马克中，氘将与氚产生核聚变反应。在试点发电厂中，研究人员希望能用超导磁体来代替核聚变装置中的铜磁体。超导磁体的效率比铜磁体高得多，但需要用更厚的防护罩来保护。不过，高温超导体近期取得了一定进展，或能大大缩小超导磁体的厚度，从而减少所占空间，也能大大降低机器的体积和造价。

研究人员还在论文中描述了一种名叫"中心束注入装置"的设备，不需要利用托卡马克中的高温线圈，就能够启动和保持等离子流。中心束注入装置会把高速运动的中性原子射进等离子体中，并对约束和控制高温等离子体的磁场加以优化。

研究人员称，PPPL的托卡马克装置在升级之后，能量更加强大，同时卡拉姆的兆安球形托卡马克（MAST）设备升级也即将完成，这都将使我们朝着商用核聚变发电厂的建成更进一步。PPPL主管斯图尔特·普拉格指出，NSTX 和 MAST 装置"将进一步推动物理学的发展，增进我们对高温等离子体的了解，并为核聚变的发展打下科学基础"。

一些装置也面临着许多物理学上的挑战。例如，当超高温等离子体粒子暴露在强大电磁场中时，会出现剧烈的波动，这些装置必须对其加以控制。此外，它们还必须仔细地控制等离子体粒子与四周围墙间的关系，防止等离子体变得密度过大或者受到污染，从而阻碍核聚变的进行。PPPL、卡拉姆实验室和其他实验室的研究人员都在努力寻找解决这些挑战的方法，以便更好地研发新一代核聚变装置。

2）国家点火装置（NIF）

NIF 是 National Ignition Facility 的英文缩写，就是美国国家点火装置。位于美国加利福尼亚州利弗莫尔劳伦斯国家实验室，有850名科学家和工程师，另外大约有100名物理学家在那里设计实验。容纳 NIF 的建筑物长215米、宽120米，大约同古罗马圆形竞技场一样大，是目前世界上最大和最复杂的激光光学系统。NIF 的实验过程为：先将外部激光增强10000倍，然后将一束激光分离为48束激光，再增强，进一步分离为192束激光，其总能量增加到原来能量的3000万亿倍，再聚焦到直径为3毫米的氘氚小丸上，产生 $1\times10^8℃$ 的高温，压力超过1000亿大气压，进而引发核聚变。每束激光发射出持续大约十亿分之三秒、蕴含180万焦耳能量的脉冲紫外光——这些能量是美国所有电站产生的电能的500倍还多。当这些脉冲撞击到目标反应室上，它们将产生X光，这些X光会集中于位于反应室中心装满重氢燃料的一个塑料封壳上。X光将把燃料加热到 $1\times10^8℃$，并施加足够的压力，释放的能量将是输入能量的15倍以上。

该计划自1994年启动，于1997年正式开始建设，2009年竣工，并在2010年开始点火试验。2012年7月5日，NIF 曾经将192束激光束成功融合成一个单一脉冲，产生了1.8兆焦耳的能量和500万亿瓦的峰值功率，相当于美国在任何特定时刻内全国耗电量的1000多倍，成为人类历史上发射能量最大的激光脉冲。在聚变能研究领域，国家点火装置以成为第一个突破平衡点的设施为目标。突破平衡点指产生的能量大于启动它所需要的能量，即能量增益，而这是半个多世纪以来核聚变工作者梦寐以求的目标。本次实现能量盈余，意味着 NIF 离实现该目标又迈进了一步。

NIF 的问题是它的激光每几小时只能发射一次，美国 Mercury 激光方案已经在计划中。它不一定比 NIF 更大，其目标是每秒钟发射10次脉冲。

3. 德国

位于德国东北部城市格赖夫斯瓦尔德的 Wendelstein7-X 装置在2015年12月开始运行。德国马克斯·普朗克等离子体物理研究所表示，该装置为世界最大的仿星器受控核聚变装置，2016年3月成功实现第一轮实验，制造出氦和氢等离子体。同时，经过2000多次实验，氢等离子体脉冲持续时间也从最初的0.5秒钟达到6秒钟。

仿星器就是对恒星的模仿，是一种受控核聚变装置。仿星器通过模仿恒星内部的核聚变反应，将等离子态的氢同位素氘和氚约束起来，并加热至 $1×10^8℃$ 左右发生核聚变，以获得持续不断的能量。

研究人员介绍，利用4兆瓦的微波加热装置，等离子体反应器内的温度迅速升高，电子温度达到 $1×10^8℃$，离子温度也升至 $1000×10^4℃$。第一轮实验结果超出预期，他们对此非常满意。2016年，等离子体反应装置正在升级改造，于2017年中结束，Wendelstein 7-X 能够承受更高温度并将等离子体脉冲维持10秒钟。按计划，经多次升级，大约4年后可实现等离子体脉冲持续30分钟。

Wendelstein7-X 由德国马克斯·普朗克等离子体物理研究所承建，项目投资超过10亿欧元，耗时9年的设备组装工作直至2014年才完成。

4. 日本

位于日本青森县六所村的日本原子能研究开发机构的核聚变研究开发部门（六所村核聚变研究所），设置了 ITER 的国际核聚变能源研究中心。在 ITER 投入运行时，将会设置与 ITER 的控制室功能基本相同的 ITER 远程实验中心。据六所村核聚变研究所所长牛草健吉介绍，正在法国卡达拉什建设的 ITER 运行情况将会实时传输到该中心。

目前，六所村核聚变研究所正在开发氚的生成和回收技术、管理技术，并通过实验来验证反应炉材料的放射性活化。除此之外，为了制备氚，该研究所还在开发从海水中提取锂的技术。

三、中国核聚变发展展望

1. 全超导核聚变实验装置（EAST）

EAST 全称 Experimental Advanced Superconducting Tokamak，是由中国科学家独立设计建造的世界首个全超导核聚变实验装置（图11-4），该装置2007年通过国家验收。EAST 是一个实验堆，主要目的在于研究等离子体稳态约束的实验可行性，为未来能发电的示范堆建设积累经验与数据。

要稳定地利用核聚变必须满足两个条件：一是把氘或氚的等离子体瞬间加热到 $1×10^8℃$；二是至少持续1000秒钟以达到持续反应。这是国际托卡马克实验装置在电子温度达到 $5000×10^4℃$ 时，持续时间最长的等离子体放电，实现了从60秒钟到百秒量级的跨越，其稳态运行模式将为 ITER 和未来反应堆提供重要参考。

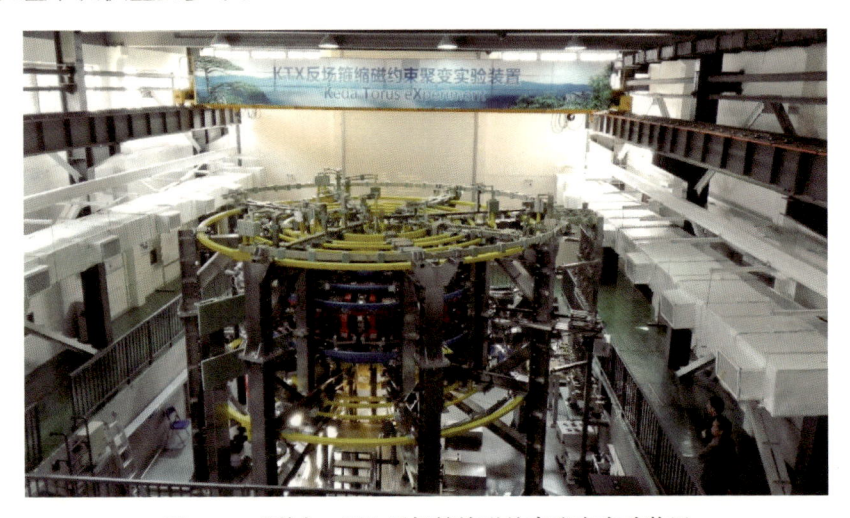

图11-4 "科大一环"反场箍缩磁约束聚变实验装置

大科学工程管理委员会认为，先前一些聚变实验持续了 100 多秒钟，但它们就像骑一匹烈马，难以控制不稳定的等离子体。在 EAST 上进行的实验更像是一次盛装舞步表演，处在被极强电磁场屏蔽的一个环形室中的等离子体被控制在一种高效稳定态——H-mode（高约束模式）。

但与此同时，有专家认为上百秒的持续放电，意义可能并没有那么大。聚变能否实现的标准是 Lausoncriterion，即密度、温度、约束时间三者的乘积要大于一个固定的数值，其他两项无法达到一定的数值，单独谈约束时间没有太大的意义。

2. 神光三号

作为受控核聚变反应堆的点火装置，中国神光系列激光点火装置一直是国人关注的焦点。目前，神光三号作为开展高能量密度物理和惯性约束聚变研究的首台 10 万焦耳量级高功率激光装置，已在中国科学院合肥物质科学研究院基本建成。神光系列从神光一号、神光二号发展到神光三号，装置目前已建成投入使用。

过去几十年里，中国科学院合肥物质科学研究院和上海光机所等单位不断冲击世界先进水平，逐步建立了独立自主的惯性约束聚变研究体系，建成神光一号、二号和三号激光驱动装置。

神光三号作为亚洲最大、世界第二大激光装置，共有 48 束激光，总输出能量为 18 万焦耳，峰值功率高达 60 万亿瓦。2015 年 2 月，神光三号主机装置均实现了基频光 7500 焦耳、三倍频光 2850 焦耳的能量输出。激光器主要性能指标均达到设计要求，标志着神光三号主机基本建成，中国成为继美国国家点火装置后，第二个开展多束组激光惯性约束聚变实验研究的国家。

3. 聚龙一号

2014 年 12 月 27 日，中国科学院合肥物质科学研究院聚龙一号装置建设项目通过国家验收。作为国内首台多路并联超高功率脉冲激光装置，其采用超高功率脉冲装置驱动柱形金属丝阵负载，使其汽化并向轴心箍缩（即 Z 箍缩），技术指标达到国际同类先进水平。

2015 年在北京举行的首届国防科技工业军民融合发展成果展上，聚龙一号作为未来理想能源（"瓶中的太阳"）首度亮相。聚龙一号输出电流达到 800 万～1000 万安培，电流脉冲上升时间小于千万分之一秒，瞬间功率超过 20 万亿瓦，相当于全球平均发电功率的 2 倍。

截至 2017 年 5 月，聚龙一号装置进行近 170 次实验，取得了一批达到国际先进水平的物理实验结果。它的研制成功标志着中国成为少数几个独立掌握数十万亿瓦超高功率脉冲加速器研制技术的国家。

4. 中国聚变工程实验堆

中国正在发展新计划——中国聚变工程实验堆（CFETR），旨在建起 ITER 和未来核聚变电厂之间的桥梁。

2015 年完成 CFETR 的概念设计，2016 年将进入工程设计。根据中国科学家的设想，CFETR 共分两期完成：一期采取类 ITER 技术，目标是稳定运行；二期则以自主创新为主，目标是示范核聚变发电。

CFETR 将为世界提供关键的能力，以开发和实验未来商用电厂所需的关键元素，如核聚变技术、氚生产、自维持以及聚变离子体长稳态。CFETR 被期望在后期阶段实现 Q 大于 25，即每消耗 1 份能量，释放出 25 份；而 ITER 的目标是 Q 大于 10，未来将为中国立足于聚变能发展前沿提供强大基础。

CFETR 将伴随着中国"两个一百年"奋斗目标砥砺前进，计划分"三步走"完成"中国聚变梦"：第一阶段到2021年，CFETR开始立项建设；第二阶段到2035年，计划建成聚变工程实验堆，开始大规模科学实验；第三阶段到2050年，聚变工程实验堆实验成功，开始建设聚变商业示范堆。

5. 核聚变发展面临的问题与挑战

针对惯性约束核聚变的方案，激光加热的方法仍存在许多弊端。比如中国的神光三号对于如何防止燃料烧穿的研究仍需要攻关，目前的方案是在极短时间内将上百个激光头的能量全部打到一个极小的、装有核燃料的标靶上，制造一次极小的核聚变，在瞬间将该核聚变过程完成，释放大量能量。等效于通过一次又一次制造极小的微型氢弹爆炸，在爆炸威力不会对仪器产生太大影响的前提下，释放出标靶内核燃料的能量。托卡马克方案需解决自持燃烧及稳态运行等关键问题，有四个难点：

（1）物理理论。虽然等离子体的运动由麦克斯韦方程组就可以完全描述，甚至无需量子力学，但是因为包含的粒子数目多，就会遇到本质的困难，此所谓"More is different"。正如在流体力学里，虽知基本方程就是Navier—Stokes方程，但是其产生的湍流现象却是物理上几百年来都攻不下来的难题。等离子体同样会产生等离子体湍流，因为有外磁场的存在甚至比流体湍流更复杂。在物理上，没有办法从第一性原理出发找到一个简洁的模型，预测等离子体行为。目前所能做的，就是像流体湍流研究那样，构建一些更加适用的模型，同时发展数值模拟技术。

（2）物理实验。托卡马克里的高温高密度等离子体有非常多的不稳定性，如果将一根探针伸进等离子体中心，会激发起不稳定性，整个等离子体就会分崩离析。基于这个原因，实验观测的手段就会很受限制。

（3）工程难点。如果要达到聚变的点火条件，工程要在足够大的体积内产生足够强的磁场（约为10特斯拉）。而现在人类能实现的最大稳定磁场大概也就是10特斯拉量级，产生这样大磁场的磁铁，需巨大的电流，而巨大电流会发热，发热之后就会把材料烧掉。正在建的最大的托卡马克工程ITER，采用超导线圈方式，解决了发热问题，但线圈要维持超导，需要极低温，通液氦浸泡。要使磁容器本身达到−269℃，同时维持堆芯中温度达到上亿摄氏度高温，在工程上难度很大。

（4）经济性。大超导电磁铁，资金花费将不可估量。最大托卡马克工程ITER目前由7个国家合作，并在持续探索中。

第十二章 风、光、潮汐等新能源

第一节 太阳能

一、概述

太阳能是指太阳所负载的能量,其计量一般为阳光照射到地面的辐射总量,包括太阳的直接辐射和漫散射辐射的总和。太阳能是地球上最丰富的能源资源,照射到地球表面一个半小时的太阳光能量,足够解决全世界全年的能源消费。得益于技术的不断进步,太阳能具有惊人的潜力为人类日常生活提供动力。利用太阳能发电主要有光伏(PV)和聚焦太阳能发电(CSP)两种技术类型。

光伏发电最为常见,通常以电池板的形式使用。当太阳照射在太阳能电池板上的时候,来自太阳光的光子被电池板中的电池吸收,在整个层中创建电场并引起电力流动。光—电直接转换方式是利用光电效应,将太阳辐射能直接转换成电能,光—电转换的基本装置就是太阳能电池。太阳能电池是一种由于光生伏特效应而将太阳能直接转化为电能的器件,是一个半导体光电二极管,当太阳光照到光电二极管上时,光电二极管就会把太阳的光能变成电能,产生电流。

光伏材料和仪器将阳光转化为电能。简单的 PV 仪器被称为电池。单个的 PV 电池通常很小,通常产生 1~2 瓦特电。为了增大 PV 电池的电力输出,将它们串联在一起形成较大的单元,称为模块或电池板。模块可以单独使用,或者几个连接起来形成阵列。一个或更多的阵列连接成电网,作为整个 PV 系统的一部分。因为模块的这种结构,PV 系统可以建成满足不同规模电力需求的供电系统。

聚焦太阳能发电,又称为 CSP,主要用在大型的发电厂。通常使用反射镜或透镜,利用光学原理将大面积的阳光汇聚到一个相对细小的集光区中,令太阳能集中,发电机上的集光区受太阳光照射而温度上升,由光热转换原理令太阳能换化为热能,热能通过热机(通常是蒸汽涡轮发动机)做功驱动发电机,从而产生电力。聚焦太阳能发电是一个光—热—动—电转换方式,一般是由太阳能集热器将所吸收的热能转换成蒸汽,再驱动汽轮机发电。前一个过程是光—热转换过程;后一个过程是热—动再转换成电的转换过程。

二、太阳能发电现状

从 20 世纪 50 年代光热发电技术诞生至今,全球太阳能光热发电产业蓬勃发展。全球太阳能产业巨大的增长正在为向更清洁、可持续的能源未来发展铺平道路。过去几年,太阳能发电成本已经显著下降,使得更多的家庭和企业能够负担得起。目前,太阳能发电在全球发电结构中的比例还较低,但其发展态势却十分强劲。

当前全球太阳能光热发电市场呈现出中国装机总量领跑，新兴市场装机开始释放，整个产业全球范围蓬勃发展的局面。2017年，太阳能前所未有地主导了全球新能源发电投资，世界范围内太阳能装机容量创纪录增长98吉瓦，远远超过可再生能源、化石能源以及核能等其他发电技术的净增量。近两年太阳能投资大幅上涨的主要推动力是中国。中国新增53吉瓦装机容量，占全球新增装机容量的一半以上，其投资额同比增长58%。

1. 全球太阳能光伏发电发展现状

1）全球光伏发电装机容量持续上升

2000—2016年全球光伏发电累计装机容量快速增长（图12-1），全球光伏发电累计装机容量由2000年的1.3吉瓦增至2016年的306.5吉瓦，年复合增长率达40.7%；年新增装机容量由2000年的0.3吉瓦增至2016年的76.6吉瓦，年复合增长率达41.4%。2016年全球光伏发电年新增装机容量较2015年增长51.4%，中国新增装机容量为34.54吉瓦，位列第一；美国新增光伏装机容量为14.8吉瓦，位列第二；日本新增光伏装机容量为10.5吉瓦，位列第三。自2011年以来，美国、中国以及亚太等其他地区和国家装机增长速度已经超越传统欧洲光伏市场，占据主导地位。

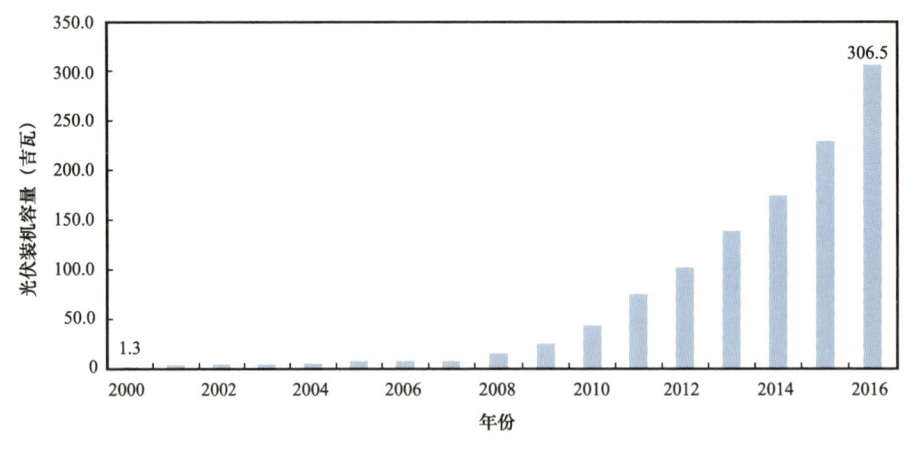

图12-1 全球光伏装机容量发展现状

目前美国是世界上光伏发电普及率最高的国家。光伏发电已经普及美国普通家庭，在一些较大的州，中等收入和工薪阶层的家庭都在加大屋顶太阳能系统的投资，而且这种趋势愈演愈烈。

2016年美国新增太阳能光伏装机容量达到创纪录的14.8吉瓦，比2015年翻了一番；2017年受美国页岩气持续革命以及页岩油快速发展的影响，新增光伏发电装机容量有所下降，但仍然达到12.5吉瓦。

2016年日本光伏新增装机容量为10500兆瓦，较2015年的10800兆瓦下降2.18%。2017年日本光伏新增装机容量为6.8兆瓦。

2015年至2017年，欧洲分布式光伏市场新增装机容量分别为4.7吉瓦、6.5吉瓦、7.1吉瓦，预计2020年分布式光伏市场新增装机容量将达到10.4吉瓦。

2）全球光伏发电系统成本大幅度下降

随着技术的不断进步，全球光伏产业快速发展，产品成本不断下降（图12-2），光伏行业步入良性循环发展阶段。作为光伏系统的主要构成部件，光伏组件近年生产成本持续下降。按照目前的发展趋势，大多数国家光伏发电平价上网有望在2020年前实现，光伏发电将成为全球主要能源供给方式之一。

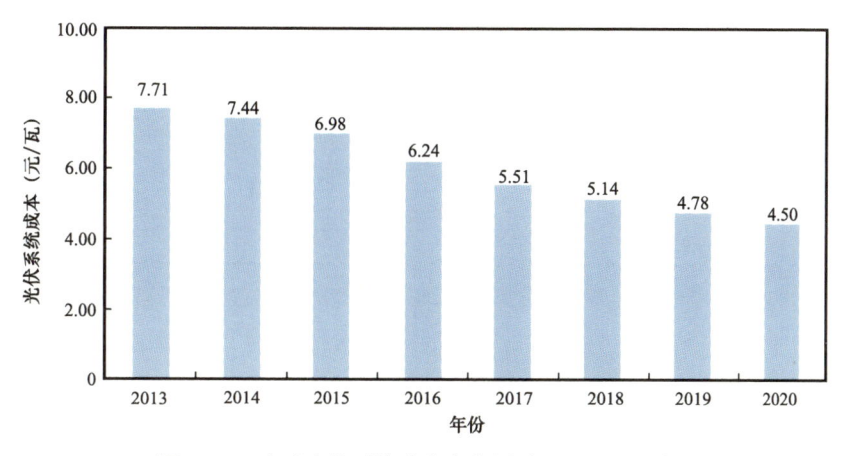

图 12-2　全球光伏系统成本走势图（2013—2020 年）

2. 中国太阳能光伏发电发展现状

1）中国光伏发电装机容量快速增长，装机容量超过 130 吉瓦

据国家能源局资料，2013—2015 年，中国光伏发电年新增装机容量在 10～15 吉瓦之间徘徊；2016—2017 年年新增装机容量快速增长，2016 年新增装机容量超过 34 吉瓦，2017 年新增装机容量超过 53 吉瓦。截至 2017 年 12 月底，全国光伏发电累计装机容量达到 130.25 吉瓦，其中光伏电站为 100.59 吉瓦，分布式光伏为 29.66 吉瓦（图 12-3）。

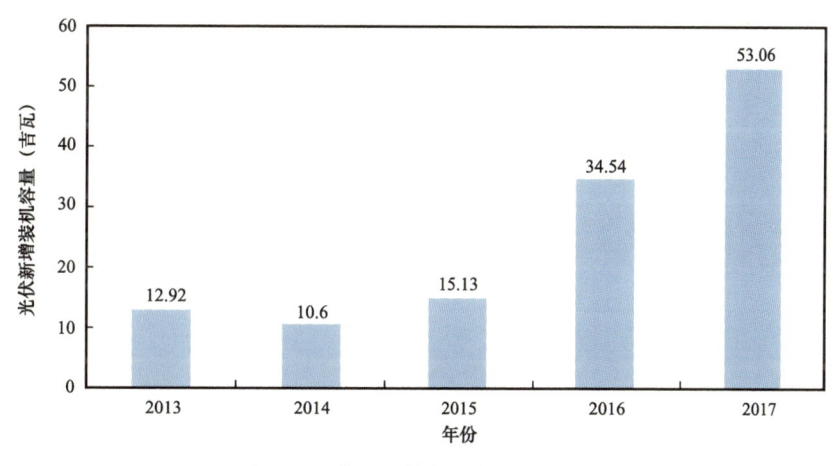

图 12-3　中国光伏新增装机容量统计

国家能源局统计数据显示，2017 年中国光伏发电新增装机容量为 53.06 吉瓦，同比增加 18.52 吉瓦，增速高达 53.62%，年新增装机容量再次刷新历史纪录。其中，光伏电站为 33.62 吉瓦，同比增长 11%；分布式光伏为 19.44 吉瓦，同比增长 3.7 倍。2017 年光伏电站的增幅回落（2016 年光伏电站同比增幅为 121%），主要受光伏发电补贴拖欠、土地资源和指标规模有限、分布式光伏爆发式增长等多重因素制约。预计未来几年光伏电站增长将逐渐趋于放缓，分布式光伏仍将保持较高的增长速度。

2）中国光伏产业链健康发展

光伏太阳能行业的上游产业是硅原料以及多晶硅产业，下游产业是太阳能发电产业。中国太阳能电池、光伏系统、太阳能热发电系统和太阳能建筑一体化系统技术已经达到世界领先水平。大型并网光伏系统关键技术跻身世界先进行列，光伏微网技术开发与国际基本同步。具有完全自主知识产权的兆瓦级塔式太阳能热发电站使中国成为继西班牙、美国、德国之后世界上第四个能够独立设计和集成建设规模化太阳能热发电站的国家。

2017年，受国内光伏分布式市场加速扩大和国外新兴市场快速崛起双重因素影响，中国光伏产业持续健康发展，产业规模稳步增长，技术水平明显提升，生产成本显著下降，企业效益持续提高，对外贸易保持平稳。

（1）产业规模稳步增长。

2017年中国多晶硅产量为24.2万吨，同比增长24.7%；硅片产量为87吉瓦，同比增长34.3%；电池片产量为68吉瓦，同比增长33.3%；组件产量为76吉瓦，同比增长31.7%。产业链各环节生产规模全球占比均超过50%，继续保持全球首位。

（2）创新能力不断提升。

P型单晶及多晶电池技术持续改进，常规生产线平均转换效率分别达到20.5%和18.8%，采用钝化发射极背面接触技术（PERC）和黑硅技术的先进生产线则分别达到21.3%和19.2%。多晶硅生产工艺进一步优化，行业平均综合电耗已降至70千瓦时/千克以下。

光伏电池技术创新能力大幅提升，创造了晶硅等新型电池技术转换效率的世界纪录。建立了具有国际竞争力的光伏发电全产业链，突破了多晶硅生产技术封锁，多晶硅产量已占全球总产量的40%左右，光伏组件产量达到全球总产量的70%左右。技术进步及生产规模扩大使"十二五"时期光伏组件价格下降60%以上，显著提高了光伏发电的经济性。

（3）生产成本显著下降。

在技术进步及生产自动化、智能化改造的共同推动下，中国领先企业多晶硅生产成本降至6万元/吨，组件生产成本降至2元/瓦以下，光伏发电系统投资成本降至5元/瓦左右，发电成本降至0.5~0.7元/千瓦时。

（4）企业效益持续提高。

受惠于市场规模扩大，企业出货量大幅提高，同时由于技术工艺进步带动生产成本下降，中国光伏企业盈利水平明显提升，上游硅料、硅片、原辅材以及下游逆变器、电站等环节毛利率最高分别达到45.8%、37.34%、21.8%、33.54%和50%。

（5）对外贸易保持平稳。

2017年1月至11月，中国光伏产品出口总额为131.1亿美元，同比增长1.4%；多晶硅进口量为14.4万吨，同比增长17.3%。受全球光伏市场继续扩大的影响，中国光伏产品出口量快速增长，但产品出口价格持续下滑，墨西哥、巴西、印度等新兴市场不断扩大，其中对印度出口跃居第一位。

三、中国太阳能面临问题及举措

1. 光伏产业面临的问题

1）产业格局不平衡

中国光伏产业存在"中间大，两头小"的畸形产业结构，原料靠进口和成品靠出口这种两头在外的生产格局过分依赖国际市场，同时因对技术缺乏深入的理解，产能属于简单的复制，生产管理未适应产业的特点。一旦国际市场有变，中国企业就会受到较大冲击，缺乏应对危机的主动性。

从产业链上的企业分布来看，中国光伏企业主要集中在产业链的中下游环节，多晶硅生产、硅锭铸造和光伏系统安装环节的企业较少。越往下游竞争越激烈，主要是由于下游组件制造产品生产投资少、建设周期短、技术和资金门槛低、最接近市场，吸引了大批并不具备生产技术与条件的企业进入光伏行业。这种非核心技术市场的竞争，对促进产业的健康发展并无益处。

2）核心技术缺乏

光伏产业初期以简单的产能规模的复制扩张为主，大部分技术和生产设备主要为国外简单引进。光伏产业投资的随意性，导致核心技术的缺乏，专业人才的严重不足，使得中国的光伏产业缺乏自我更新能力，导致已经投入的大量设备因效率低下及生产成本偏高而不能开工，形成了相对过剩而无效的产能。

3）面临依赖补贴和国外市场的双重风险

虽然中国太阳能电池生产的年增长率远远超过世界平均水平，然而中国光伏市场却大大落后于世界光伏市场的发展。相比中国光伏制造业早在2007年就已经跃居全球第一，中国光伏装机量的增长却相对缓慢。内需不足使中国庞大的光伏制造业除了依赖补贴，还严重依赖外部市场，面临双重风险。

4）贸易摩擦加剧不利于扩大光伏产品出口

中国商务部2016年1月21日发布的数据显示，近年来，中国光伏产品遭遇美国等主要出口市场的反倾销反补贴调查，累计涉案金额高达253亿美元。

以美国大幅调高中国光伏产品双反税率为例，美国商务部于2015年7月8日正式公告2012年中美太阳能双反重审终判结果。根据对2012年5月25日至2013年11月30日之间进口自中国晶硅太阳能电池的调查，最终判决大幅调高中国电池的双反税率。

2. 光伏产业发展举措

经历10年的积蓄和近5年的跨越式发展，中国光伏产业已经走到了一个历史性的转折点：一是在大气污染和减排目标压力下，光伏产业迎来前所未有的发展机遇；二是未来从替补逐渐走向替代，将面临其他各类能源的竞争，市场消纳压力更趋严峻。

按照技术进步、成本降低、扩大市场、完善体系的原则，促进光伏发电规模化应用及成本降低，推动太阳能热发电产业化发展，继续推进太阳能热利用在城乡应用。

1）全面推进分布式光伏和"光伏+"综合利用工程

继续支持在已建成且具备条件的工业园区、经济开发区等用电集中区域规模化推广屋顶光伏发电系统；积极鼓励在电力负荷大、工商业基础好的中东部城市和工业区周边，按照就近利用的原则建设光伏电站项目；结合土地综合利用，依托农业种植、渔业养殖、林业栽培等，因地制宜创新各类"光伏+"综合利用商业模式，促进光伏与其他产业有机融合；创新光伏的分布利用模式，在中东部等有条件的地区，开展"人人1千瓦光伏"示范工程，建设光伏小镇和光伏新村。

2）有序推进大型光伏电站建设

在资源条件好、具备接入电网条件、消纳能力强的中西部地区，在有效解决已有弃光问题的前提下，有序推进光伏电站建设。积极支持在中东部地区，结合环境治理和土地再利用要求，实施光伏"领跑者"计划，促进先进光伏技术和产品应用，加快市场优胜劣汰和光伏上网电价快速下降。在水电资源丰富的地区，利用水电调节能力开展水、光互补或联合外送示范。

3）因地制宜推进太阳能热发电示范工程建设

按照总体规划、分步实施的思路，积极推进太阳能热发电产业进程。太阳能热发电先期发展以示范为主，通过首批太阳能热发电示范工程建设，促进技术进步和规模化发展，带动设备国产化，逐步培育形成产业集成能力。按照先示范后推广的发展原则，及时总结示范项目建设经验，扩大热发电项目市场规模，推动西部资源条件好、具备消纳条件、生态条件允许地区的太阳能热发电基地建设，充分发挥太阳能热发电的调峰作用，实现与风电、光伏的互补运行。尝试煤电耦合太阳能热发电示范的运行机制。提高太阳能热发电设备技术水平和系统设计能力，提升系统集成能力和产业配套能力，形成中国自主化的太阳能热发电技术和产业体系。

4）大力推广太阳能热利用的多元化发展

持续扩大太阳能热利用在城乡的普及应用，积极推进太阳能供暖、制冷技术发展，实现太阳能热水、采暖、制冷系统的规模化利用，促进太阳能与其他能源的互补应用。继续在城镇民用建筑以及广大农村地区普及太阳能热水系统，加快太阳能供暖、制冷系统在建筑领域的应用，扩大太阳能热利用技术在工农业生产领域的应用规模。

第二节 风 能

一、概述

风能（Wind Energy）是空气流动所产生的动能，也是太阳能的一种转化形式。由于太阳辐射造成地球表面各部分受热不均匀，引起大气层中压力分布不平衡，在水平气压梯度的作用下，空气沿水平方向运动形成风。风能资源的总储量非常巨大，一年中技术可开发的能量约53万亿千瓦时。风能是可再生的清洁能源，储量大、分布广，但其能量密度低（只有水能的1/800）且不稳定。在一定的技术条件下，风能可作为一种重要的能源得到开发利用。风能利用是综合性的工程技术，通过风力机将风的动能转化成机械能、电能和热能等。

人类利用风能的历史可以追溯到公元前，但数千年来，风能技术发展缓慢，没有引起人们足够的重视。自1973年世界石油危机以来，在常规能源告急和全球生态环境恶化的双重压力下，风能作为新能源的一种才重新有了长足的发展。风能作为一种无污染和可再生的能源有着很大的发展潜力，特别是对沿海岛屿、交通不便的边远山区、地广人稀的草原牧场，以及远离电网和近期内电网还难以达到的农村、边疆，作为解决生产和生活能源的一种可靠途径，有着十分重要的意义。

风能作为一种高效清洁的新能源也日益受到重视，美国早在1974年就开始实行联邦风能计划。其内容主要是：评估国家的风能资源；研究风能开发中的社会和环境问题；改进风力机的性能，降低造价；主要研究为农业和其他用户用的小于100千瓦的风力机，为电力公司及工业用户设计的兆瓦级风力发电机组。美国已于20世纪80年代成功开发了100千瓦、200千瓦、2000千瓦、2500千瓦、6200千瓦、7200千瓦六种风力机组。目前美国已成为世界上风力机装机容量最多的国家，超过2万兆瓦，每年还以10%的速度增长。

现在世界上最大的新型风力发电机组已在夏威夷建成运行，其风力机叶片直径为97.5米，重144吨，风轮迎风角的调整和机组的运行都由计算机控制，年发电量达1000万千瓦时。2009—2013年，年均新增风力发电能力7吉瓦，占终端客户电力需求的4.5%，2014—2020年，计划占终端客户电力需求的7%。瑞典、荷兰、英国、丹麦、德国、日本、西班牙也根据各自的情况制定了相应的风力发电计划。如2016年瑞典风电新增装机容量为493兆瓦，累计装机容量达6520兆瓦。

丹麦在1978年建成了日德兰风力发电站，装机容量为2000千瓦，三片风叶的扫掠直径为54米，混凝土塔高58米。德国1980年在易北河口建成了一座风力发电站，装机容量为3000千瓦。英国英伦三岛濒临海洋，风能十分丰富，政府对风能开发也十分重视，2018年第一季度，英国风力发电量超过其8座核电站所生产电量，也是英国风电在一个季度内发电量首次超越核电。该季度英国风电占总发电量的18.8%，仅次于天然气。

1991年10月，位于轻津海峡青森县的日本最大风力发电站投入运行，5台风力发电机可为700户家庭提供电力。出于安全考虑，日本在福岛核电站事故后开始逐步关闭在运核电站，并在2013年9月实现全部关闭，日本因此出现巨大的电力缺口。为支持可再生能源发电业务，日本效仿德国、西班牙等欧洲国家，于2012年7月推出可再生能源固定价格收购制度（Feed in Tariff，FIT）。根据日本经济产业省最新公布的统计数据，2016年太阳能已经可以为日本提供4.3%的电力，风能则提供了1.5%。

中国位于亚洲大陆东南，濒临太平洋西岸，季风强盛。季风是中国气候的基本特征，如冬季季风在华北长达6个月，在东北长达7个月，东南季风则遍及中国的东半部。根据国家气象局估计，全国风力资源的总储量为每年16亿千瓦，近期可开发的约为1.6亿千瓦，内蒙古、青海、黑龙江、甘肃等省风能储量居中国前列，年平均风速大于3米/秒的天数在200天以上。

中国风力机的大规模发展，始于20世纪50年代，50年代末的风力机为各种木结构的布篷式风车，1959年仅江苏省就有木风车20多万台；到60年代中期主要是发展风力提水机；70年代中期以后风能开发利用列入"六五"国家重点项目，得到迅速发展；进入80年代中期以后，中国先后从丹麦、比利时、瑞典、美国、德国引进一批中、大型风力发电机组，在新疆、内蒙古的风口及山东、浙江、福建、广东的岛屿建立了8座示范性风力发电场。1992年装机容量已达8兆瓦。其中新疆达坂城的风力发电场装机容量已达3300千瓦，是全国目前最大的风力发电场。至1990年底全国风力提水的灌溉面积已达2.58万亩。1997年新增风力发电10万千瓦。2017年中国新增装机容量为19.5吉瓦，位居全球新增装机容量第一。截至2017年底，中国风电累计装机容量达188.23吉瓦，占全球的34.88%。目前中国已研制出100多种不同型式、不同容量的风力发电机组，并初步形成了风力机产业。与发达国家相比，中国风能的开发利用较落后，还没有形成规模。近年来，中国风电连续多年新增装机居全球首位，取代美国成为全球第一风电大国。风电超越核电，成为仅次于火电、水电的名副其实的中国第三大主力电源。

二、利用现状

1. 全球风电市场发展现状

1）北美

3兆瓦以上风力机机型的市场需求增加，成为2017年度北美市场并网容量的分水岭。Vestas公司的3兆瓦机型（V117和V126）和Nordex公司的AW3000机型双双走俏，两者的新增装机量占北美3兆瓦以上机型并网总量的91%；GE和Nordex公司成为工商业电力承购商的主要整机供应商。其中，工商业电力承购商56%的风力机机组由GE公司提供，多选用2.X—116机型；2017年Nordex公司新增并网市场份额首次突破10%，继2015年的7%后再创新高。

2）欧盟

《2017年度全球风力机整机商用市场份额报告》指出，德国和英国海上风电项目成为带动该市场强有力的引擎。SGRE公司向英国与德国大型海上风电项目供应的SWT-6.0-154风力机顺利并网发电，在陆上风电市场，SWT 3 兆瓦直驱风力机及 G114 齿轮箱传动风力机需求增加，促使 SGRE 公司市场份额增长；Enercon 公司凭借其低风速风力机产品的优异表现，在德国与法国市场实现双收，但在欧洲其他市场（奥地利、意大利、卢森堡与葡萄牙）却表现不佳，导致其 2017 年市场份额下滑。由于英国陆上风电市场竞争加剧，2017 年，Vestas 公司新增并网容量同比下滑 5 个百分点。V105—3.X 机型表现平平，Vestas 公司在波兰市场也未有新增并网。东方电气公司在瑞典完成 Blaiken 四期风电项目并网工作，采用 DF2.5MW—110 风力机机型。

3）亚太

SGRE 与 Suzlon 公司凭借与印度市场的开发商关系较好，市场份额之和占整个亚太（除中国外）市场的 50% 以上；Vestas 公司产品的多样性能够满足区域内多元化的市场需求，澳大利亚、印度、蒙古、韩国、泰国与越南的开发商采用的风力机平台为 1.8~3.45 兆瓦；Hitachi 公司的市场份额实现同比翻番。日本本土开发商 Eurus 与 Eco Powe 公司的大型项目采用 Hitachi 2 兆瓦机型，纷纷完成并网，成为主要推力；金风科技公司在区域内的市场份额增加 4 个百分点，包括巴基斯坦 149 兆瓦的并网容量和澳大利亚 175 兆瓦的 White Rock 项目并网容量，分别受益于中国与巴基斯坦政府关系较好以及开放的澳大利亚风电市场。

4）印度

2017 年，印度政府推出可再生能源发展三年规划，宣布将在未来三年内兴建超过 100 吉瓦的太阳能和风电项目。其中，到 2020 财年末，印度计划新增风力发电项目 30 吉瓦，并将建设风力与太阳能混合发电项目。

根据印度风力涡轮机制造协会（IWTMA）最新发布的统计数据，在 2017 年 4 月至 2018 年 3 月（以下简称"2017 财年"）的一个财年中，印度新增风电装机量降至 5 年来的最低水平，全国总共新增风电装机容量 1762 兆瓦，相比此前财年的历史高位锐减了近 70%。

2017 财年是印度风电行业度过的艰难一年，行业先后遭遇重大政策调整、电力需求下降等一系列问题，导致新增装机量锐减。印度政府从 2016 年 6 月开始，停止监管机构设定上网电价，改由风电开发商通过竞标获得项目，但从那时起，印度进行招标的风电项目寥寥无几，严重影响风电装机量的增加。

印度政府调整此前设定的发电激励机制（GBI）也影响了行业发展新项目。原本根据现行的 GBI，企业采用风力发电，每单位电力可以获得一定的补贴，2017 财年刚一开始，该套 GBI 突然被叫停。此后，在 2017 财年中期又给予风电企业部分资金补贴。变幻不定的政策令整个行业感到困惑，并导致风电新增装机一度严重下滑。

印度政府在可再生能源领域实际上更青睐太阳能，也在一定程度上影响了风电的发展。早在 2010 年初，印度政府即提出了 JNNSM 计划，旨在 2022 年前将印度太阳能发电能力提高至 20 吉瓦。2017 年 6 月，印度又正式批准了扩大太阳能发电装机的目标计划，在 2010 年计划基础上将太阳能发电目标提升了 5 倍，到 2022 年要实现 100 吉瓦的太阳能发电量。印度政府还为太阳能项目提供了大量支持政策，如优先批准用地、提供配套基础设施建设、减免税收等。所有这些举措都挤占了风电从印度政府方面获得的支持。印度政府仅提出，计划到 2020 财年末，新增风力发电装机容量 30 吉瓦。

2. 世界风电发展现状

由于整个行业的蓬勃发展，丹麦权威风能咨询机构（MAKE）预计，2018 至 2027 年，风电发电能力年均增长超过 65 吉瓦，复合年增长率（CAGR）为 4%。2017 年至 2020 年，激励措施和跨市场的竞价机制是增长的主要诱因，预计年产能增加超过 30%。2023 年至 2027 年，海上风电和全球新兴市场的持续发展将促成第二个30%以上的产能增长。

在北美，美国风电行业在2017年底通过税制改革谈判避免了彻底的灾难，但新的政策已经影响了项目的计划，可能会使得2019年至2020年陷入增长泡沫。预计年生产力会在2021年后大幅下降。

2018年，拉丁美洲的整个竞价计划表（预计在巴西、墨西哥、阿根廷、哥伦比亚和秘鲁进行竞价）将使各子区域的复合年增长率超过近10年的14%。2017年12月巴西风电竞价的回归，再加上2018年的竞价，有助于恢复最近遭受政治和经济动荡的市场。

中东和亚洲的风能新兴市场将在未来10年内逐步发展。计划在南非签署的电力合同，以及在沙特阿拉伯获得的1.2吉瓦风电合同为市场提供基础，且伊朗和埃及产能的增长，也为预期26%的复合年增长率作出了贡献。在未来10年内一些新兴的陆上风电市场，以增加产能的形式，使得亚洲其他地区成为仅次于中国的第二大陆上风电市场。改善监管环境与新的涡轮机技术相结合，为泰国、巴基斯坦、越南和其他市场创造了机会，预计总体增加产能将超过9吉瓦。

1）海上风能资源

在全球范围内，各风电市场都依赖海上风电的增长。在北欧，近海风电占新增产能的50%，其中大部分属于英国。丹麦（近期）、瑞典和爱尔兰（长期）也致力于海上风电的发展。在东欧，2024年到2027年，预计该区域的平均产能将超过2吉瓦。

第一个海上风能项目始于1991年丹麦海岸线外。从那时起，属于商业范畴的海上风能设施在世界各处的浅水海域开始运营，大部分是在欧洲。后来一些风能项目也陆续在美国外海成型。与此同时，新型涡轮和基础技术研究的不断发展使风能项目在海岸线更远的深海地区得以施行。同时，对于国际风能资源管理和数据库建设的规范，以及规章制度的建立同样是重要的因素。

人类利用风能资源的历史已经超过2000年。比如，风车常被农民和牧民用来抽水和碾磨谷物。在现代，风能主要被用来通过风力涡轮产生电力。

所有风力涡轮都采用同一种方式运行，即风吹动翼型扇叶来带动涡轮扇叶旋转。扇叶连着传动轴使发电机产生电力。最新型的风力涡轮属于高精尖技术，其中包含工程学和机械学的技术革新，以使产生电力的效率最大化。

海上风力涡轮已经被很多国家用来从海洋强风中获取能源。在美国，百分之五十的人口居住在沿海的郡县里，这些郡县包括海岸线上的区域和沿海流域。这些区域能源消耗和需求一般都很高，但是陆上可再生能源却很有限。丰富的海上风力资源为美国这些沿海大城市的可再生能源供应提供了可能，例如纽约、波士顿和洛杉矶。

海上风力比陆上风力更强更均匀。风力所能产生的潜在能源与风速的三次方成正比。风速每增加几英里/小时，将会多产生大量的电力。例如，对于同一种风力涡轮，在每小时16英里的风速下，其产生的电能要比在每小时14英里的风速下产生的电能多50%。这也是开发者更愿意去开发海上风能的原因。

南大西洋海岸和墨西哥湾的风速一般比太平洋风速要低。然而，目前大西洋浅水区域的开发更有吸引力而且更经济。夏威夷被评估为最有潜力的地方，因为其大约拥有全美17%的风力资源。

很多国家，包括美国，有着丰富的海岸风力资源。美国第一个风力农场——Block Island风力农场，在2016年12月开始运行。此外美国更多的项目都处在计划阶段，大部分在大西洋东北部和中部区域。一些项目也被考虑建在大湖、墨西哥湾和太平洋区域。

商业范畴的海上风力设施与陆上风力设施很相似。然而海上风力涡轮相比陆上需要做出一些改善，包括要能防止腐蚀，能承受严酷的环境例如强海浪强台风，甚至冰流。大约百分之九十的风力资源都在深水区，而现有的技术无法应用在该区域。工程师们正研发新的技术，包括基础革新和漂浮风力涡轮，这些技术可以使风能转化应用于深海和更严酷的环境下。

2）海上风能技术

海上风力设施的建设和设计依赖建设地点的实际情况，特别是深水区，海床的地质情况、波浪情况都需要考虑。在浅水地区，单桩是比较可行的方案。一个钢铁柱子插入海床之中，用来支持塔身和机舱。该机舱用来封装变速器、发电机、扇叶轮毂和剩余的电子组分。一旦涡轮开始工作，连接着风力感应器的偏航系统将机舱面对风向，以此来最大化产生电力。

要对海上涡轮机进行技术改进和实质性的系统升级，以适应海洋环境。这些修改包括加强塔架以应对来自波浪或冰流的加载力，加压发动机舱以保护关键电气部件远离腐蚀性海浪，以及添加颜色鲜艳的通道平台用于安全导航和通道维护。海上涡轮机通常配备大量的防腐蚀保护，内部拥有气候控制系统、高级外墙涂料和内置服务起重机。

为了最大限度地降低日常维护费用，海上涡轮机可以拥有自动润滑系统来润滑轴承和叶片以及加热和冷却系统，以将齿轮油温度保持在指定范围内。雷电保护系统有助于将一些经常发生雷击的海上区域的损坏风险降至最低。涡轮机和塔架通常涂成浅灰色或灰白色，有助于它们融入天空，减少岸上的视觉冲击。支撑塔的下部可以涂上鲜艳的颜色，以提高通过船只的航行安全性。

为了利用更稳定的风力，海上风力涡轮机比陆上涡轮机更大，并且具有增强版的发电能力。海上涡轮机的塔高通常大于200英尺，转子直径为250~430英尺。在叶片的尖端处，结构的最大高度可以很轻易达到500英尺。

虽然海上涡轮机的塔架、涡轮机和叶片通常类似于陆上涡轮机，但是下部结构和基础系统有着显著的不同。最常见的子结构类型是单桩——一个直径达20英尺的大型钢管。单桩通常用于15~100英尺的水深。在泥线以下80~100英尺深处将桩打入海床，以确保结构稳定。一个凸出过渡件位于水线之上，利用平法兰来紧固塔架。在具有坚固海床基底的浅海环境中，可以使用基于重力的系统，以避免使用大型的打桩锤。三脚架和导管架基础系统已经部署在水深超过单桩实际限制的区域。

3）风力发电的输送

风力涡轮机产生的所有功率需要传输到岸上并连接到电网。每个涡轮机通过电缆连接到电力服务平台（ESP）。ESP通常位于涡轮机阵列内的某处，并且是所有风力涡轮机和变电站的一个公共电收集点。此外，ESP可配备中央服务设施，包括直升机降落垫、通信站、船员宿舍和紧急备用设备。

在从风力涡轮机收集到电之后，从ESP运行的高压电缆中将电力传输到陆上变电站，在这里电力被收集到电网中。用于这些项目的电缆通常埋在海床下面，它们不会被锚或渔具损坏，并且可以避免暴露在海洋环境中。这种类型的电缆昂贵，是开发商的主要成本。所使用的电缆数量取决于许多因素，包括项目离岸的距离，涡轮机之间的间距，由于障碍物的存在需要在某些特定方向上布线以及其他因素。

3. 中国风电行业发展现状

1）风能资源丰富，分区差异明显

中国幅员辽阔，海岸线长，风能资源比较丰富。据国家气象局2016年估算，全国风能密度为100瓦/米^2，风能资源总储量约16万兆瓦，特别是东南沿海及附近岛屿、内蒙古和河西走廊、东北、西北、华北和青藏高原等部分地区，每年风速在3米/秒以上的时间近4000小时左右，一些地区年平均风速可达6~7米/秒甚至更高，具有很大的开发利用价值。

国家气象局的有关专家采用三级区划指标体系对中国风能资源进行划分。

第一级区划指标：主要考虑有效风能密度的大小和全年有效累计小时数。将年平均有效风能密度大于200瓦/米^2、3～20米/秒风速的年累计小时数大于5000小时的划为风能丰富区，用"Ⅰ"表示；将150～200瓦/米^2、3～20米/秒风速的年累计小时数为3000～5000小时的划为风能较丰富区，用"Ⅱ"表示；将50～150瓦/米^2、3～20米/秒风速的年累计小时数为2000～3000小时的划为风能可利用区，用"Ⅲ"表示；将50瓦/米^{2}以下、3～20米/秒风速的年累计小时数在2000小时以下的划为风能贫乏区，用"Ⅳ"表示。在代表这四个区的罗马数字后面加上英文字母，表示各个地理区域。

第二级区划指标：主要考虑一年四季中各季风能密度和有效风力出现小时数的分配情况。利用1961—1970年间每日4次定时观测的风速资料，先将483个站风速不小于3米/秒的有效风速小时数点成年变化曲线。然后，将变化趋势一致的归在一起，作为一个区。再将各季有效风速累计小时数相加，按大小次序排列。春季指3月至5月，夏季指6月至8月，秋季指9月至11月，冬季指12月、1月、2月。分别以1、2、3、4表示春、夏、秋、冬四季。如果春季有效风速（包括有效风能）出现小时数最多，冬季次多，则用"14"表示；如果秋季最多，夏季次多，则用"32"表示；其余依此类推。

第三级区划指标：风力机最大设计风速一般取当地最大风速。在该风速下，要求风力机能抵抗垂直于风的平面上所受到的压强，使风力机保持稳定、安全，不致产生倾斜或被破坏。由于风力机寿命一般为20～30年，为了安全，取30年一遇的最大风速值作为最大设计风速。根据中国建筑结构规范的规定，以一般空旷平坦地面、离地10米高、30年一遇、自记10分钟平均最大风速作为计算的标准，计算了全国700多个气象台、站30年一遇的最大风速。按照风速，将全国划分为4级：风速在35米/秒以上（瞬时风速为50～60米/秒），为特强最大设计风速，称特强压型；风速为30～35米/秒（瞬时风速为40～50米/秒），为强设计风速，称强压型；风速为25～30米/秒（瞬时风速为30～40米/秒），为中等最大设计风速，称中压型；风速在25米/秒以下，为弱最大设计风速，称弱压型。4个等级分别以字母a、b、c、d表示。根据上述原则，可将全国风能资源划分为4个大区、30个小区。

Ⅰ区（风能丰富区）：ⅠA34a—东南沿海及中国台湾岛屿和南海群岛秋冬特强压型；ⅠA21b—海南岛南部夏春强压型；ⅠA14b—山东、辽东沿海春冬强压型；ⅠB12b—内蒙古北部西端和锡林郭勒盟春夏强压型；ⅠB14b—内蒙古阴山到大兴安岭以北春冬强压型；ⅠC13bc—松花江下游春秋强中压型。

Ⅱ区（风能较丰富区）：ⅡD34b—东南沿海（离海岸20～50千米）秋冬强压型；ⅡD14a—海南岛东部春冬特强压型；ⅡD14b—渤海沿海春冬强压型；ⅡD34a—中国台湾东部秋冬特强压型；ⅡE13b—东北平原春秋强压型；ⅡE14b—内蒙古南部春冬强压型；ⅡE12b—河西走廊及其邻近春夏强压型；ⅡE21b—新疆北部夏春强压型；ⅡF12b—青藏高原春夏强压型。

Ⅲ区（风能可利用区）：ⅢG43b—福建沿海（离海岸50～100千米）和广东沿海冬秋强压型；ⅢG14a—广西沿海及雷州半岛春冬特强压型；ⅢH13b—大小兴安岭山地春秋强压型；ⅢI12c—辽河流域和苏北春夏中压型；ⅢI14c—黄河、长江中下游春冬中压型；ⅢI31c—湖南、湖北和江西秋春中压型；ⅢI12c—西北五省的一部分以及青藏的东部和南部春夏中压型；ⅢI14c—川西南和云贵的北部春冬中压型。

Ⅳ区（风能欠缺区）：ⅣJ12d—四川、甘南、陕西、鄂西、湘西和贵北春夏弱压型；ⅣJ14d—南岭山地以北春冬弱压型；ⅣJ43d—南岭山地以南冬秋弱压型；ⅣJ14d—云贵南部冬春弱压型；ⅣK14d—雅鲁藏布江河谷春冬弱压型；ⅣK12c—昌都地区春夏中压型；ⅣL12c—塔里木盆地西部春夏中压型。

2）风电行业快速发展后趋于理性

风电行业的上游是风力发电机组零部件供应商。由于风电机组生产需要的零部件行业跨度广、制造难度大，整机厂商不可能全部自己制造，因此，零部件供应商的技术、工艺水平和生产能力对行业的影响较大。

风电行业的下游主要是国内各类风电投资商和大型电力集团。这些风电投资商和大型电力集团往往既投资风电，又投资火电、水电等其他电源，其投资方向和投资重点的调整直接影响风电行业的市场需求。

2013—2015 年，中国风电装机快速增长，2015 年新增装机容量达到 3075 万千瓦，创历史最高纪录。经过 2015 年"抢装潮"之后，2016 年、2017 年中国风电装机新增规模持续下降，2017 年风电装机新增规模为 1966 万千瓦，同比减少 371 万千瓦。风电行业发展趋于理性。

3）风电装机规模世界第一，弃风弃电现象普遍

截至 2017 年底，中国风电累计装机容量达到 18839 万千瓦，约占全球风电累计装机容量的 35%，远超排名世界第二的美国（美国装机容量为 89077 万千瓦）（图 12-4）。

2017 年，全国风电平均利用小时数较高的地区是福建（2756 小时）、云南（2484 小时）、四川（2353 小时）和上海（2337 小时）。2017 年，弃风率超过 10% 的地区是甘肃（弃风率 33%、弃风电量 92 亿千瓦时）、新疆（弃风率 29%、弃风电量 133 亿千瓦时）、吉林（弃风率 21%、弃风电量 23 亿千瓦时）、内蒙古（弃风率 15%、弃风电量 95 亿千瓦时）和黑龙江（弃风率 14%、弃风电量 18 亿千瓦时）。

图 12-4 中国风电新增装机容量统计

三、中国风能发展前景及难点

1. 中国风能发展前景

1）运营维护市场将快速发展

随着中国风电行业发展走向成熟，以及走出质保风力机的累积式增长，风电运营维护服务市场在 2016 年真正迎来了拐点。尤其是率先发展起来的风电整机巨头，更具有存量优势，第一批进入后运营维护市场的风力机来自华锐风电、金风科技、明阳风电等企业。华锐风电仅 1.5 兆瓦的风电机组就有 8000 余台，目前释放出来的市场量已达到 3 亿元。华锐风电将有 6000 台风力机走出质保期。一般风力机的运行寿命是 20~25 年，在运行 15 年左右后，其经济性就会大大降低，

此时，大批风力机还面临更新改造、换代升级的问题，将成为后运营维护服务市场的又一大需求点。

当一个产业发展到一定阶段时，后服务市场将是产业发展新的推动力。近年来，中国也在大力推进服务业的发展，随着风力机制造技术的逐渐成熟，运营维护服务增值空间将逐渐扩大，甚至超越工业制造业。

2）运行模式

根据生命周期理论，中国风电运营维护服务还处于成长阶段，而风电运营维护市场的爆发将优化风电运营维护服务商业模式，更新运营维护服务内容，推动该行业走向成熟。根据当前风电运营维护行业的发展形势，中国风电运营维护内涵将出现新的发展方向。

（1）全生命周期服务理念成未来趋势。

风电行业发展早期，风电场开发商往往只注重风力机质量和价格，而忽视了运营维护服务的重要性。随着对风电场开发经验的积累，越来越多的风电场开发商意识到，好的运营维护服务是保持风电场效益的重要因素。

在国外，风电场开发商从选择采用何种风力机品牌的那一刻起，就开始考虑风力机整个运行寿命的维护问题，一般与风电整机企业签订"2+8"或"2+10"的风电运营维护服务协议。即在前两年的质保期过后，继续由整机商提供运营维护服务，保证风力机运行的稳定性和发电效率。

近年来，风电场开发商在选择风力机品牌时，也把运营维护服务实力作为重要的评估标准。基于此，很多整机商提出了全生命周期的服务理念，即向业主提供从风场早期开发选址到建成后的运行维护，再到出质保后的全过程维修服务，保证业主风场开发的效益。华锐风电、金风科技、联合动力等多家风电场整机制造企业均已提出这一服务理念，促使运营维护服务走向系统化、专业化。

（2）高、中、低端服务市场分层。

高、中、低端运营维护服务市场分层是又一未来发展趋势，这既和运营维护服务本身特点有关，也和当前中国运营维护企业的发展形态相关。

就运营维护服务本身而言，存在高、中、低端的服务形式和利润空间。风电运营维护一般包括定时检修、日常运营维护工作、大部件的更换与特定部件检修三个部分。其中定时检修环节对运营维护人员素质要求不高，操作流程简单，也是风电运营维护同质化最高的部分，税前利润不超过5%。

日常运营维护工作包括巡检和故障处理，对运营维护人员技术和经验要求较高，操作流程也较为复杂，因此市场竞争度相对低，利润空间较大，税前利润在15%～100%之间。大部件的更换和特定部件检修，是运营维护服务利润最高的部分，税前利润超过30%。该部分的运营维护服务对资金支持、技术实力和工程经验均有很高要求，进入门槛高，目前只有专业公司、实力较强的整机制造商和开发商具备该实力，属于高端运营维护服务。

由于风电运营维护服务的分层化，相应形成了高、中、低端的市场格局。目前来看，风电整机商的主要定位在高端运营维护服务。如华锐风电投入2.3亿元，用于部分风电项目的技术改造，实现了停机率降幅70%，机组可利用率达97%以上的效果，展示了其在该领域的实力。华锐风电也表示，将主打高端运营维护市场。部分风电场开发商也具备高端运营维护实力，如大唐新能源成立了大唐新能源试验研究院子公司，可以承担起风电场包括技术改造服务在内的全部风电运营维护服务。

中端运营维护服务主要由风电场自主完成，或风电场请实力比较强的第三方运营维护服务公司完成。第三方运营维护公司在低端运营维护服务领域更具有成本优势，因此主要由第三方运营维护公司完成。

（3）智慧运营维护实现效益增值。

随着大数据、云计算等新兴 IT 技术的广泛应用，应用新兴互联网技术提高风力机运行稳定性和风电场发电效益成为风电行业新趋势。智慧运营维护将成为风电运营维护服务的重要组成部分。

中国 2015 年发布的《中国制造 2025》提出，智能制造是中国制造业发展的重要方向。在风电行业，也兴起了智能制造的各项尝试，智慧运营维护是其中的一个重要方面。华锐风电近年来提出了"Internet+ 智慧风能云平台 TM"的科技战略，其核心内涵是智慧风场和智慧风力机，以实现主机企业的智能云端制造，以及风电场的智能管理和运营维护。

在智慧运营维护方面，主要通过预测诊断和专家诊断相结合，提高运行效率，减少故障率。远景能源科技有限公司也推出了智慧风能管理云平台，实现了对风力机、测风塔及升压站等设备的远程监控，从而提升维护效率，降低运营维护成本。许多第三方运营维护公司也积极进行该领域的布局，中航高科智能测控有限公司推出了油品在线监测系统，可以实现对风电机组齿轮箱油液的远程在线检测，从而远程智能获得风电机组的运行情况，提高了运营维护效率。

智慧运营维护的优势在于通过整合大数据，对风力机进行全生命周期的运行评估，预测风力机的运行状况，并及时进行维护，防止故障发生，有助于实现从故障运营维护向计划运营维护的转变。更具有长远意义的是，智慧运营维护还将促进能源互联网的建设。

然而，当前中国风电运营维护长期处于"各自为战"的状态，导致各个风力机制造商的运营维护数据不能全面分享，影响了大数据的整合、优化。近来，该状态已经被打破，期望随着整机商之间、整机商与开发商及业主之间的技术交流和经验共享逐渐增加，未来这种壁垒将能够被打破，建立起互联互通的信息分享平台，最大化运营维护效益。

2. 未来发展难点

中国风电行业的发展特点是，先发展陆上风电，尤其是率先在"三北"（东北、西北、华北）等优势风能资源地区建立陆上风电场，再发展技术难度更高的海上风电，并同步发展风资源相对少、技术难度相对高的低风速区域风电。相应也形成陆上运营维护先发展、海上运营维护后发展的特点。

而相比陆上运营维护，海上运营维护存在受天气和海上影响多、施工成本高、作业时间短、交通困难、危险系数高等难点，对运营维护服务企业的要求较高。近年来中国海上风电发展较缓慢，海上运营维护市场尚在成型中。

就目前来看，华锐风电是海上运营维护服务发展最早也是最成熟的企业。中国首个海上风电示范工程——上海东海大桥 102 兆瓦风电场项目中，全部 34 台风电机组均由华锐风电提供，并于 2010 年走出质保期。据了解，华锐风电采取了强化培训、运营维护模式创新、强化数据分析与应用、海上大部件易维护系统、物资管理、智能运营维护等措施，实现了风电机组的稳定运行。

较早布局海上风电场的开发商也具备较强的海上运营维护实力。如龙源电力在风力机出质保前半年，会专门派出团队和整机开发商一起做风力机运营维护工作，学习核心运营维护技术，风力机出质保后由其专门运营维护公司承担主要运营维护工作，次要运营维护服务由第三方运营维护公司承担。龙源电力还打造了专门的运营维护船，节省交通成本。

尽管海上运营维护门槛高、起步晚，但随着中国海上风电的发展，未来将形成陆上运营维护和海上运营维护市场的细分格局。

第三节 潮汐能

在海湾或赶潮河口，可见到海水或江水每天有两次的涨落现象，早上的称为潮，晚上的称为汐。潮汐作为一种自然现象，为人类的航海、捕捞和晒盐提供了方便。该现象主要由月球、太阳的引潮力以及地球自转效应造成。涨潮时，大量海水汹涌而来，具有很大的动能；同时，水位逐渐升高，动能转化为势能。落潮时，海水奔腾而归，水位陆续下降，势能又转化为动能。海水在运动时所具有的动能和势能统称为潮汐能。

潮汐是一种蕴藏量大、取之不尽、用之不竭、不需开采和运输、洁净无污染的可再生能源。建设潮汐电站，不需要移民，不淹没土地，没有环境污染问题，还可以结合潮汐发电发展围垦、水产养殖和海洋化工等综合利用项目。潮汐能的主要利用方式是潮汐发电，潮汐发电与普通水力发电原理类似，通过储水库，在涨潮时将海水储存在水库内，以势能的形式保存，然后，在落潮时放出海水，利用高、低潮位之间的落差，推动水轮机旋转，带动发电机发电。差别在于海水与河水不同，蓄积的海水落差不大，但流量较大，并且呈间歇性，从而潮汐发电的水轮机结构要具有低水头、大流量的特点。在有条件的海湾或赶潮口建筑堤坝、闸门和厂房，围成水库，水库水位与外海潮位之间形成一定的潮差（即工作水头），从而可驱动水轮发电机组发电。

一、利用现状

潮汐能（Tide Energy）是海水周期性涨落运动中所具有的能量，其水位差表现为势能，其潮流的速度表现为动能。这两种能量都可以利用，是一种可再生能源。由于在海水的各种运动中潮汐最具规律性，又涨落于岸边，也最早为人们所认识和利用，在各种海洋能的利用中，潮汐能的利用是最成熟的。

20世纪初，欧美一些国家开始研究潮汐发电。1913年德国在北海海岸建立了第一座潮汐发电站。世界上第一座具有商业实用价值的潮汐电站是朗斯潮汐电站（Rance Tidal Power Plant），位于法国朗斯圣马洛湾朗斯河口，1960年开始建造，1966年建成投产。朗斯河口最大潮差为13.4米，平均潮差为8米。一道750米长的大坝横跨朗斯河，坝上是通行车辆的公路桥，坝下设置船闸、泄水闸和发电机房。朗斯潮汐电站机房中安装有24台双向涡轮发电机，涨潮、落潮都能发电，装机容量为240兆瓦。

北美洲第一座潮汐发电站是安纳波利斯潮汐电站（Annapolis Royal Generating Station），位于加拿大新斯科舍省安纳波利斯罗亚尔，在芬迪湾的入口处。装机容量为20兆瓦，1984年竣工。北美洲岩滩潮汐发电示范工程（Race Rocks Tidal Power Demonstration Project）第一台潮汐能发电机于2006年9月安装在加拿大温哥华岛（Vancouver Island）瑞斯礁岩（Race Rocks）。

英国苏格兰海域的MeyGen潮汐发电站是全球最大的潮汐能发电项目，设计装机容量为398兆瓦，2016年11月投产发电。2017年8月该项目有两部发电机的单月潮汐能发电达到700兆瓦时，打破了世界潮汐能单月发电量的最高纪录。

韩国始华湖的潮汐发电站，设计装备10台发电机，合并发电容量为254兆瓦。2004年始华湖潮汐发电站开工建设，2010年4月，6台发电机进入阶段性试运转，2011年8月始华湖潮汐发电站10台发电机全部投产，年发电量可达5亿5200万千瓦时。中国的海岸线曲折蜿蜒，全长约1.8万千米，沿海有8000多个岛屿，蕴藏着丰富的潮汐能资源。据测算，中国潮汐能的理论蕴藏量达到1.1亿千瓦，可开发总装机容量为2179万千瓦，年发电量可达624亿千瓦时，其中浙江、福建两地的蕴藏量最大，约占全国的80%。

中国早在20世纪50年代就已开始利用潮汐能，是世界上利用潮汐能较早的国家之一。20世纪50年代末，中国在东南沿海兴建了40余座小型潮汐电站或动力站。由于没有科学研究及正规的勘测设计，不少站址选择不当，设备简陋、海水腐蚀等原因，在运行一段时间后就停办或废弃。20世纪70—80年代末，国家又建设了一批较大的潮汐电站，包括江厦、幸福洋、白沙口、海山等潮汐电站，总装机容量近6000千瓦，但现在真正发电运行的仅剩江厦与海山两座潮汐电站。

中国最大的潮汐电站是位于浙江温岭市乐清湾北端江厦港的江厦潮汐电站，也是中国第一座双向潮汐能发电站，共安装6台潮汐发电机组，装机容量为3.0兆瓦。1980年5月第一台机组投产发电，现年发电量约1000万千瓦时，以35千伏电压向温州电网供电。江厦潮汐电站是当时亚洲最大的潮汐电站，装机容量仅次于法国朗斯潮汐电站和加拿大安纳波利斯潮汐电站，居世界第三位。

二、主要利用技术和特点

潮汐能利用技术可以分为潮差利用技术和潮流利用技术。

1. 潮差利用技术

退潮和涨潮间水位差异产生的势能称为潮差能。潮差能存在于大型水体流入复合区或海湾与河口处。潮差能受月球、太阳和地球重力等星象循环的影响，不受天气条件影响，可以准确预测其一天、一月或一年中的变化规律。

潮差能的利用主要用于发电。从1913年德国建成世界第一潮汐发电站算起，潮汐发电技术的发展已经历经百年。法国、韩国、英国已相继建成规模较大的潮汐发电站。

多数常规潮差体系使用贯流式涡轮机，相当于安装在大坝中的水力涡轮机（河流奔腾的水电厂）。潮差发电目前成熟的技术包括单向落潮发电、单向涨潮发电、双向发电。

单向落潮发电：在涨潮时，一旦潮汐到达最高水平，就关闭闸门或水闸充满水库；在落潮时，水库中的水通过涡轮机释放并且用来发电。通过单一循环，每天仅有四个小时发电。加拿大的安纳波利斯是一个落潮发电厂。

单向涨潮发电：涨潮时，闸门保持关闭将水库隔离在最低水位；当潮汐涨高时，来自向海一侧的水通过涡轮机流入水库，用来发电。这种循环的不足是能力小、发电也少，并且因为蓄水池中的水位保持在低位很长时间，很可能对生态造成伤害。韩国始华湖（Sihwa）是一个涨潮发电厂。

双向发电：进入和流出的潮汐通过涡轮机发电。这种循环每天四小时发电两次。双向发电要求可逆向涡轮机。法国朗斯是双向发电厂，贯流式涡轮机能够优化泵水量。

2. 潮流利用技术

潮流能是潮水在水平运动时所拥有的动能，又称海流能。目前全球未建成商业性潮流发电站，但利用潮流能发电的设备正在研发中，其中部分设备在英国水域开展了全规模测试。

潮流发电多数示范项目使用水平轴涡轮机，其可以分为三个主要类型。

1）水平轴轴向和垂直轴贯流式水轮机

水平和垂直轴潮汐涡轮机目前使用的叶片要么与水流方向平行，要么与水流方向垂直。涡轮机类似于风力涡轮机使用的设计，但由于水的密度较高，同风力涡轮机相比，叶片更小并且转动更慢。此外，它们必须比风力涡轮机承受更大的力量和运动。

多数设计使用连接到中心转轴的叶片，通过变速箱与发电机轴相连。中心开放式涡轮机有不同的设计，叶片安装在内部，中心开放，放置在静态管中的轴上。当水流过轴时，其旋转并发电。水平或垂直涡轮机的叶片也能封闭在导管内。后者被称为封闭、导流或闭式涡轮机。由于封闭，洋流被集中和流线化，以便增加来自涡轮机的流动和电力输出。

2）往复运动装置

往复运动装置又称为水翼。水翼的叶片像飞机机翼的形状，随着潮流在叶片两侧流动而上下运动。水翼的上下运动随后被转化为转动来驱动转轴，或连接到活塞上支持水力系统来发电。往复运动装置的优势是叶片的长度不受水的深度限制，然而，它也要求复杂的控制系统来正确地推送叶片。

3）支撑结构

所有的潮流利用技术要求支撑结构，保持技术到位并承受海洋的严酷条件。地基的选择取决于水中潮流利用技术的位置、水深、海底结构和支持建设的船只及离岸钻井装置。支撑结构包括三类：第一类是重力结构，包括大量的混凝土和钢材，将发电设备连接到海床；第二类是堆积结构，将一个或多个桩柱钻入或固定在海床上；第三类是所谓的浮动地基，通过硬线或软线或链条连接到海床。

4）阵列形式的部署

单个发电机在能力上有限，因此需要建设潮流涡轮机多排阵列来捕获潮流的全部潜力。它们被放置的构型是决定潜力产生和产出的关键因素。

目前潮流利用技术处在测试阶段。加拿大、中国、法国、爱尔兰、日本、韩国、西班牙、英国和美国已开展潮流利用技术的测试。

2016年，海上潮流发电平台1兆瓦发电机组在中国舟山岱山县秀山岛南部海域建成并发电，标志着世界首个兆瓦级潮流发电站顺利建成。机组稳定发电后，年发电量将达到600万千瓦时。

三、发展前景与面临的挑战

1. 具有较好的发展前景

世界潮汐资源相当可观。专家预测全球潮汐能资源为3太瓦，其中技术可利用资源约1太瓦（Carbon Trust，2011；Lewis等，2011）。海岸的形状决定了潮差的波动幅度，潮差的高低决定了潮汐能的丰度。阿根廷、澳大利亚、加拿大、智利、中国、哥伦比亚、法国、日本、俄罗斯、韩国、西班牙、英国和美国等具有很高的潮差，潮汐能资源较丰富。

潮流能的利用要求水流速度至少为每秒1.5~2米。潮流能的丰度也取决于海岸的形状。估计欧洲可利用潮流资源最小值为12000兆瓦（European Ocean Energy Association，2010）。目前世界大多数地区对潮流能的调查工作不足，对潮流能资源的认识尚不清楚。

自20世纪60年代晚期，加拿大、中国和法国已经开始商业化应用潮差能，最近主要是在韩国。关于潮差，最初与安装相关的成本很高，然而，它们有很好的长期回报特性。20世纪六七十年代的很多安装现在依然没有问题，仍然在运行。

因为各个现场成本差别很大，几乎没有可以获得的经济数据。两个主要的成本因素是：拦潮闸的规模（长度和高度）决定了资本成本；高潮、低潮间的高度差决定了发电强度。有人基于网络数据来源，对于最大也是最老的朗斯河潮差安装的估计表明，每千瓦时成本在0.04欧元（Lena，1998）到0.09~0.12欧元（Wyre Energy Ltd.，2013）之间，韩国始华潮发电厂是世界上最大的潮差装机，估计成本大约为3亿美元并且发电成本为0.024美元/千瓦时（Wyre Energy Ltd.，2013）。

建设成本未必需要计入发电中。在朗斯项目的案例中，建筑也有高速公路功能，可以使60000辆汽车每天减少旅行距离30千米。始华湖拦潮闸是建筑在已有大坝顶部。

除了前期成本，其他较大成本可能是储水池内部控制、监测和生态管理。挪威公路管理部2012年开展的研究表明，潮差和潮流利用技术的成本在建筑被联合和整合在设计与新的基础设施（如海防设施、水质测量或道路）中的情况下，可以降至40%。此外，将海岸防护设施和桥梁与潮汐能量装机联合的整合方法，可以大大减少设备的维护和操作成本。

潮流利用技术商业阵列的开发仍然处于示范阶段，因此，平准化发电成本为0.25～0.47欧元/千瓦时，较低范围的估计是基于高能力因素和低资本成本估计（SI Ocean，2014）。Carbon Trust指出最高的潮流技术成本，是与装机相关（35%）、建筑物（15%）以及维护和操作（15%），装机成本根据各地变化很大（Carbon Trust，2012）。

到2020年，将阵列的能力因素从大约25%增加到40%，可获得性因子从70%增加到90%。到2020年，如果部署是在200兆瓦的序列，SI Ocean估计平准化发电成本为0.21～0.25欧元/千瓦时（SI Ocean，2013a）。这些估计与Carbon Trust的研究成果类似，估计2020年潮流技术成本为0.17～0.23欧元/千瓦时。高或低品质资源区的部署可能增加到0.16～0.30欧元/千瓦时。假定到2030年，规模升级到2～4吉瓦，平准化成本可能将降到0.20欧元/千瓦时以下。

2. 技术上障碍依然存在

潮汐能的潜力很大，特别是在某些特定地方，在过去几年，全规模潮流技术的成功示范已经得到了政府的支持，以及私有资本在这些地区的技术投资和项目开发。

潮差和潮流能最重要的驱动力，是两类技术能够在靠近城市的地区进行可再生能源发电，对自然景观没有负面的环境影响。积极方面，潮差装机在对防水设施或者水闸作出贡献或者作为其中的一部分的同时，对景观具有最小的影响，零排放和无噪声，但还有很多障碍需要克服。

1）技术障碍

对于潮差利用技术的挑战是提高涡轮机效率。对于潮流利用技术，基本技术已经存在，由于对材料的经验不充分，并且在严酷环境下工作和安装建筑，以及在绩效、生命周期、发电厂技术操作和维护方面缺乏信息和了解而技术挑战上升。

潮流技术要成为常规能源真正的替代技术，需要增加在设计、建设、安装和运行等技术风险方面的关注。根据Crown Estate（2013）和Carbon Trust（2012）的报告，成本需要下降至少50%，与离岸风能发电成本相当。此外，引入其他行业的知识和经验相当重要，如离岸油气装备和离岸风场，包括风险评估、环境影响评估和工程标准。

对材料和方法更广泛的研究、新配件和整个功能原型机的强力测试需要建立上述新技术。对于潮流利用技术，海床固定成本、维护和安装成本需要下降。此外，也要求在阵列排布方面有更多的经验。

2）生态问题

传统潮差利用技术的潜力，用大坝或储水池来封闭河流，由于生态限制是有限的。对人工封闭建筑的经验表明，管理人工潮汐盆地的成本很高并且需要小心监测和计划。加拿大发电厂值得重视，从该电厂运行开始，就有关于对鱼和海洋生物的影响以及如何减少影响证据充分的讨论。目前，这些信息有价值，因为生态问题是在保护水域获得安装许可的重要要求和条件。

通常建于20世纪50年代和70年代的大坝和拦潮闸再次开放，对于位于其下的水体可能有很大的生态益处，因这些梯度的产生有利于水域生态和增加含氧量；潮汐技术在发电的同时，也可以用作水量管理的工具。一种更为创新的潮差利用技术，即不完全封闭储水池，目前处于开发阶段。

对潮流利用技术的挑战不同，生态方面的影响比潮差利用技术要小，但环境监管者缺少相应的专业知识或者环境风险评估工具。海水中生物多样化的基线数据有限，导致收集证据和部署监测增加了成本。

3）缺乏产业凝聚力

潮流利用技术的发展已经同小微企业联系到一起，其中很多是大学项目副产品。因此，在行业内缺乏凝聚力，具有很多不同的设计和大量小规模生产商。大的涡轮机生产商，如ABB、Alstom、Andritz、Siemens和Voith Hydro，通过在启动阶段介入已经进入该新兴产业。新的兴趣正在创造必要的条件，扩展已有的全规模示范涡轮机进入阵列。

潮汐能还要求投资和研发来开发与部署可行、可升级的商业技术与设施，更好地理解环境影响和益处，并且实现市场进入。多数新项目的导向，是帮助技术的商业化，促进研究设施方便进入，或支持海上新示范基地的建立。潮汐利用技术要求与离岸风能和油气类似的支持链。期望大型和多学科产业的参与来促进协同，将产生规模经济并降低成本。

4）缺乏新型融资机制

潮流利用技术多数项目的成本是由政府基金或技术开发商自己提供。澳大利亚、加拿大、法国、爱尔兰、韩国和英国等，已经有积极政策来支持潮流利用技术的研究和示范。一些国家已经启动更积极的海洋能政策。

已经全规模测试的潮流利用技术，对新型融资机制的需求特别关键，并要求通过市场拉动机制规模部署。吸引投资的可能途径：可通过为投资者提供税回报、吸引终端用户，或者通过固定价格，使高成本的商业装机更有吸引力。此外，风险分担或降低保险风险的合适机制，也以减少项目的总成本。

5）不充分的电网设施

对潮流利用技术，与陆上电网的连接可能也是问题所在。一些海岸国家，如葡萄牙、荷兰、挪威、英国的西南和西班牙的一些地区，在靠近海滨地区有高压输送线，但是很多国家拥有潮汐能资源，却缺乏充足的电力输送能力，无法为数量很大的电力提供电网准入，大量外海测试中心也还没有建立电网连接。

对于离岸风能，已经发现类似问题。欧洲委员会与行业和成员国一起，正在支持开发离岸电网整合设施。将离岸风能传送到客户，主要是通过北海国际离岸电网倡议。考虑了离岸风场增长的可能性，并定义建设欧洲离岸电网的选项。

港口设施对于进一步开发非常重要。海洋系统的安装、运行和维护成本高，如果是在高紊流和多变水体中操作则更高。为减少运行和维修时间及成本，从潮汐能离岸阵列位去除变压器的替代物，并在安全和更方便接近的港口设施处进行维护，认为是一个好选择。与其他辅助服务一起，需要适当的空间和港口设施，为海岸地区考虑计划好基础设施管理很有必要，在这些地区，潮汐能代表了真正的替代能源。

6）如何与经济和社会功能整合

考虑到潮差利用技术相对较新，多数项目和工程特别关注设备本身和直接基础设施的技术，对较大体系与其他因素的联合，如船运、娱乐、水防护和生态影响，不仅可降低安装成本，且可降低其他类型成本，提高社会接受度。挪威公路管理局进行了部分示范。

对于潮流利用技术，有很多混合系统计划，将浮动离岸风能与潮流利用技术联合起来。多数情况下，潮流利用技术不能与离岸风场很好匹配，要求强潮汐增加了离岸风场的安装成本。因此，潮汐能的发展需要技术再创新、降低成本和因地制宜。

参考文献

白嘉启，梅琳，杨美伶．2006．青藏高原地热资源与地壳热结构．地质力学学报，（12）：354-362．

包茨．1988．天然气地质学．北京：科学出版社．

北京：国家发展改革委员会．2016．能源发展"十三五"规划．

北京：国家发展改革委员会．2017．电力发展"十三五"规划．

北京：国家能源局．2017．关于可再生能源发展"十三五"规划实施的指导意见．

陈从磊．2016．地热资源在油田地面工程中的应用．中外能源，12：28-31．

陈国云，范杜平．2011．核能发电的特点及前景预测．电力科技与环保，27（5）：48-50．

陈建军，王南，唐红君，等．2016．持续低油价对中国油气工业体系的影响分析及对策．天然气工业，36（3）：1-6．

陈荣书，袁炳存．1986．天然气地质学．武汉：武汉地质学院出版社．

陈硕翼，朱卫东，张丽，等．2018．氢能燃料电池技术发展现状与趋势．科技中国，（5）：11-13．

陈文军，姜胜耀．2013．中国发展小型堆核能系统的可行性研究．核动力工程，2（134）．

戴金星，戚厚发，郝石生．1989．天然气地质学概论．北京：石油工业出版社．

戴金星，邹才能，陶士振，等．2007．中国大气田形成条件和主控因素．天然气地球科学，18（4）：473-484．

杜金虎，杨涛，李欣．2016．中国石油天然气股份有限公司"十二五"油气勘探发现与"十三五"展望，中国石油勘探，21（2）：1-15．

杜金虎，邹才能，徐春春，等．2014．川中古隆起龙王庙组特大型气田战略发现与理论技术创新．石油勘探与开发，41（3）：268-277．

冯建辉，蔡勋育，牟泽辉，等．2016．中国石油化工股份有限公司"十二五"油气勘探发现与"十三五"展望．中国石油勘探，21（3）：1-13．

付金华，魏新善，任军峰．2008．伊陕斜坡上古生界大面积岩性气藏分布与成因．石油勘探与开发，35（6）：664-667，691．

甘浩男，王贵玲，等．2015．中国干热岩资源主要赋存类型与成因模式．科技导报，33（19）：22-27．

关根志，左小琼，贾建平．2012．核能发电技术．水电与新能源，1：7-9．

郭旭升，胡东风．2011．川东北礁滩天然气勘探新进展及关键技术．天然气工业，31（10）：6-11．

国家发展和改革委员会，国家能源局．2016．能源技术革命创新行动计划（2016-2030年）．北京：国家发展和改革委员会．

国家自然科学基金委员会，中国科学院．2012．材料科学．北京：科学出版社．

国网能源研究院．2017．中国新能源发电分析报告．北京：中国电力出版社，1-35．

国网能源研究院有限公司．2017．世界500强电力企业比较分析报告．北京：中国电力出版社，116-117．

侯启军，何海清，李建忠，等．2018．中国石油天然气股份有限公司近期油气勘探进展及前景展望．中国石油勘探，23（1）：1-13．

侯启军，朱兴珊，王武．2015．提高天然气竞争力是优化中国能源结构的关键问题．国际石油经济，6：20-22．

黄辉．2013．可再生能源在油田地面工程中的应用．新能源，6：63-65．

贾承造，魏国齐，李本亮，等．2003．中国中西部两期前陆盆地的形成及其控气作用．石油学报，24（2）：13-17．

贾承造．2017．论非常规油气对经典石油天然气地质学理论的突破及意义．石油勘探与开发，44（1）：1-11．

姜子昂，王富平，段言志，等．2016．新形势下中国天然气市场发展态势与应对策略——以川渝气区为例．天然气工业，36（4）：1-7．

金之钧，蔡立国．2007．中国海相层系油气地质理论的继承与创新．地质学报，81（8）：1017-1024．

金之钧，蔡勋育，刘金连，等．2018．中国石油化工股份有限公司近期勘探进展与资源发展战略，中国石油勘探，23（1）：14-25．

雷芳，娄思卿．2017．后福岛时代世界核能产业发展论述．老区建设，4：37-40．

蔺文静，刘志明，王婉丽，等．2013．中国地热资源及其潜力评估．中国地质，40（1）：312-321．

刘朝全，姜学峰．2018．2017年国内外油气行业发展报告．北京：石油工业出版社．

刘毅军，马莉.2016.低油价对天然气产业链的影响.天然气工业，36（6）：98-109.
马伟斌.2015.我国地热能开发利用现状与发展.中国科学院院刊，31（2）：199-204.
马新华.2017.天然气与能源革命——以川渝地区为例.天然气工业，37（1）：1-8.
马永生.2007.四川盆地普光超大型气田的形成机制.石油学报，28（2）：9-14.
玛杜丽·沙伦，马赫斯赫瓦尔·沙伦.著.张纯辉，沈启慧.译.2017.石墨烯：改变世界的材料.北京：机械工业出版社.
潘继平，杨丽丽，王陆新，等.2017.新形势下中国天然气资源发展战略思考.国际石油经济，25（6）：12-18.
潘自强.2012.坚定地继续发展核电是解决我国能源可持续发展的重要途径.科技导报，30（31）：3.
朴璇，赵忠秀.2017.世界能源替代与经济发展的历史经验对我国重启核电项目的重要启示.现代管理科学，2：3-5.
齐宝森，张刚，栾道成.2007.新型材料及其应用.哈尔滨：哈尔滨工业大学出版社.
乔英存.2013.中国石油企业节能减排的现状分析及对策研究.能源与节约，8：61-62.
青海省地质矿产局.1991.青海省区域地质志.北京：地质出版社.
邱卫林，于雯.2017.新时期我国核能产业发展现状及对策研究.市场分析，184-185.
宋岩，柳少波，赵孟军，等.2009.煤层气藏边界类型、成藏主控因素及富集区预测.天然气工业，29（10）：5-9.
苏罡.2016.中国核能科技中国核能科技"三步走"发展战略的思考.科技导报，34（15）：33-41.
孙光兰，段龙方，董春颖.2016.浅谈能源危机之核能利用.北华航天工业学院学报，26（5）：3-6.
孙小兵.2016.核电在中国中长期能源供应体系中的作用.南方能源建设，3：6-15.
汤旸.2016.核能发电的优势与发展前景.水利与电力.
唐志伟.2009.油田污水余热资源开发利用.化工进展，28：423-423.
汪集暘.2017.中国油田地热研究的进展和发展趋势.地学前缘，24（3）：2-10.
汪少勇.2015.我国石油公司发展新能源的思考.中外能源，20（8）：18-22.
王赓，郑津洋，蒋利军，等.2017.中国氢能发展的思考.科技导报，35（22）：105-110.
王贵玲，刘志明，蔺文静，等.2011.中国地热资源潜力评估.地热能开发利用与低碳经济研讨会——第十三届中国科协年会第十四分会场论文摘要集，14-25.
王香增.2018.陕西延长石油（集团）有限责任公司油气勘探开发进展与张望.中国石油勘探，23（1）：36-43.
王新明.2015.我国油品对机动车尾气排放的影响及升级经济性分析.中国科学院院刊，30（4）：536-539.
王招明.2014.塔里木盆地库车坳陷克拉苏盐下深层大气田形成机制与富集规律.天然气地球科学，25（2）：153-165.
王震，薛庆.2017.充分发挥天然气在中国现代能源体系构建中的主力作用——对《天然气发展"十三五"规划》的解读.天然气工业，37（3）：1-8.
王志刚.2015.涪陵页岩气勘探开发重大突破与启示.石油与天然气地质，36（1）：1-6.
魏伟.2013.生物质能开发利用的概况及展望.农机化研究，3：7-10.
吴其胜，张霞，戴振华.2017.新能源材料.上海：华东理工大学出版社.
吴素芳.2014.氢能与制氢技术.杭州：浙江大学出版社，86-93.
谢玉洪.2018.中国海洋石油总公司勘探新进展及展望.中国石油勘探，23（1）：26-35.
辛培裕.2015.太阳能发电技术的综合评价及应用前景研究.北京：华北电力大学，5-21.
新能源材料科学与应用技术编委会.2016.新能源材料科学与应用技术.北京：科学出版社.
徐步朝，鄢文博，花明.2012.公共安全与低碳经济双重约束下的核能发展模式及路径研究.中外能源，47：38-42.
徐步朝，张延飞，花明.2010.低碳背景下中国核能发展的模式与路径分析.资源科学，32（11）：2186-2191.
薛建球，甘斌.2013.青海共和—贵德盆地增强型地热系统（干热岩）地质—地球物理特征.物探与化探，37（1）：35-41.
薛洁琼.2017.石油经济要闻.国际石油经济，25（5）：107-109.
杨华，付金华，魏新善，等.2011.鄂尔多斯盆地奥陶系海相碳酸盐岩天然气勘探领域.石油学报，32（5）：733-740.
伊文婧，梁琦，裴庆冰.2018.氢能促进我国能源系统清洁低碳转型的应用及进展.环境保护，（2）：30-34.
余本善.2016.国际石油公司新能源业务布局调整及启示.石油科技论坛，5：51-55.

曾峥. 2014. 节能减排政策下的石油行业发展道路研究. 生态经济，30（2）：131-134.

翟明阳. 2014. 电力行业碳捕集现状和发展趋势. 环境科技，27（2）：66-67.

翟秀静，刘奎仁，韩庆. 2017. 新能源技术. 北京：化学工业出版社.

张水昌，张宝民，边立曾，等. 2005. 中国海相烃源岩发育控制因素. 地学前缘，12（3）：39-48.

张引弟. 2017. 石油石化行业 CO_2 捕集利用和封存技术的研究进展. 油气储运，36（6）：637-643.

张宇轩. 2017. 新能源发展前景窥探. 热点聚焦，028-029.

赵文智，汪泽成，张水昌，等. 2007. 中国叠合盆地深层海相油气成藏条件与富集区带. 科学通报，52（增刊 I）：9-18.

赵文智，王红军，徐春春，等. 2010. 川中地区须家河组天然气藏大范围成藏机理与富集条件. 石油勘探与开发，37（2）：146-156.

中国标准化研究院，全国氢能标准化技术委员会. 2016. 中国氢能产业基础设施发展蓝皮书（2016）. 北京：中国质检出版社，中国标准出版社.

《中国电力百科全书》编辑委员会. 2014. 中国电力百科全书（第三版）. 北京：中国电力出版社，177-178.

周戟. 2014. 新材料产业. 上海：上海科学技术文献出版社.

朱继平，罗派峰，徐晨曦. 2014. 新能源材料技术. 北京：化学工业出版社.

朱凯. 2010. 国外大型石油公司新能源业务研究. 首届中国工程院/国家能源局能源论坛论文集. 北京：国务院发展研究中心与壳牌国际. 2018. 高质量能源支撑高质量发展：新时代的中国能源革命.

朱伟林，张功成，钟锴. 2016. 中国海洋石油总公司"十二五"油气勘探进展及"十三五"展望. 中国石油勘探，21（4）：1-12.

邹才能，丁云宏，卢拥军，等. 2017. "人工油气藏"理论、技术及实践. 石油勘探与开发，44（1）：144-154.

邹才能，杜金虎，徐春春，等. 2014. 四川盆地震旦系—寒武系特大型气田形成分布、资源潜力及勘探发现. 石油勘探与开发，41（3）：278-293.

邹才能，赵群，张国生，等. 2016. 能源革命：从化石能源到新能源. 天然气工业，36（1）：1-10.

邹才能. 2014. 非常规油气地质学. 北京：地质出版社.

邹才能. 2015. 中国非常规油气勘探开发与理论技术进步. 地质学报，89（6）：999-1004.

邹才能. 2018. 新时代能源革命与油公司转型战略. 北京石油管理干部学院学报，25（4）：[J] 3-15.

BP. 2017. BP 世界能源统计年鉴.

Chabora E, Zemach E. 2013.Desert peak EGS project. U.S. Department of Energy Geothermal Technologies Office 2013 Peer Review.

Cramer D D. 2008. Stimulating unconventional reservoirs: lessons learned, successful practices, areas for improvement.SPE Unconventional Reservoirs Conference.

Deng Jinfu, Feng Yanfang, et al. 2016. The intrusive spatial temporal evolutional framework in the southeast China. Geological Review, 62（1）：3-16.

Duchane D, Brown D. 2002. Hot dry rock（HDR）geothermal energy research and development at Fenton Hill. GHC Bulletin, New Mexico, USA, 13-9.

Gallagher, K. 1987. Thermal conductivity of sedimentary and basement rocks from the Eromanga and Cooper Basins, South Australia. Exploration Geophysics, 18：381-92.

Gao Wanli, Wang Zongxiu, et al. 2014.Zircon U-Pb geochronological, geochemistry and tectonic implication of Indosinian Granite from southeastern Zhejiang, South China. Acta Geological Sinica, 88（6）：1055-1067.

Genter A, Traineau H, Dezayes C, et al. 1995. Fracture analysis and reservoir characterization of the granitic basement in the HDR Soultz project（France）. Geotherm. Science and Technology, 4（3）：189-214.

Hamburg: Shell Deutschland Oil GmbH. 2017. New energy of the future.

Hori Y, Kitano K, Kaieda H, et al. 1999. Present status of the Ogachi HDR project, Japan, and future plans. Geothermics, 28（4/5）：637-645.

Hu shengbiao, Wang Jiyangl. 1994. Heat flow characteristics of orogenic belts in southeastern China. Geological Review, 40（5）：387-394.

Kaieda H. 2015. Multiple reservoir creation and evaluation in the Ogachi and Hijiori HDR projects, Japan. In: Proceedings world geothermal congress. Melbourne, Australia. 19–25.

Li Jianhua, Zhang Yueqiao, et al. 2014. Cretaceous tectonic evolution of South China: a preliminary synthesis. Earth-Science Reviews, 134: 98–136.

London: BP. 2016. BP Sustainability Report 2016.

London: Shell Group of Companies. 2017. World energy model.

Massachusetts Institute of Technology. 2006. The future of geothermal energy: impact of enhanced geothermal systems (EGS) on the United States in the 21st century. London: Cambridge Press.

Manuel N. 1999. The dependence of permeability on effective stress from flow tests at hot dry rock reservoirs at Rosemanowes (Cornwall) and Fenton Hill (New Mexico). Geothermics, 28 (3): 315–340.

MIT-Led Report. 2006 The future of geothermal energy: impact of enhanced geothermal system (EGS) on the United States in 21st century. MIT-Led interdisciplinary panel, 372.

Moore J, McLennan J. 2013. Concept testing and development at the raft river geothermal field. Idaho. U.S. Department of Energy Geothermal Technologies Office 2013 Peer Review.

Norio Y, Isao M, Hajime S, et al. 2008. Temperature-dependent scale precipitation in the Hijiori Hot Dry Rock system, Japan. Geothermics, 37 (1): 1–18.

Roger P. 1999. The Rosemanowes HDR project 1983—1991.Geothermics, 28 (4/5): 603–615.

Schmoker J W. 2002. Resource-assessment perspectives for unconventional gas systems. AAPG Bulletin, 86 (11): 1993–1999.

Shyi-Min Lu. 2018. A global review of enhanced geothermal system (EGS) .Renewable and sustainable Energy Reviews, 81 (2): 2902–2921.

Stober I, Bucher K. 2012. Enhanced-geothermal-systems (EGS), hot-dry-rock systeme (HDR), deep-heat-mining (DHM). Springer Geology, 163–176.

Walters M. 2013. Demonstration of an enhanced geothermal system at the northwest geysers geothermal field. CA.U.S. Department of Energy Geothermal Technologies Office 2013 Peer Review.

Warpinski N R, Mayerhofer M J, Vincent M C, et al. 2008. Stimulating unconventional reservoirs: maximizing network growth while optimizing fracture conductivity.SPE 114173.

Warpinski N R, Mayerhofer M J, Vincent M C, et al. 2009. Stimulating unconventional reservoirs: maximizing network growth while optimizing fracture conductivity. Journal of Canadian Petroleum Technology, 48 (10): 39–51.

White I C. 1885. The geology of natural gas. Science, 125: 521–522.

Yusuke M, Hiroshi A, Hiroaki N, et al. 2013. Characteristics of large-magni-tude microseismic events recorded during and after stimulation of a geothermal reservoir at Basel, Switzerland. Geothermics, 45 (45): 1–17.

Zhao ping. 1995. Characteristics of heat production distribution in SE China. Acta Petrological Sinica, 11 (3): 292–305.